Spätmittelalter und Reformation

Neue Reihe

begründet von Heiko A. Oberman

herausgegeben von Berndt Hamm
in Verbindung mit Johannes Helmrath,
Jürgen Miethke und Heinz Schilling

15

Spätmittelalterliche Frömmigkeit zwischen Ideal und Praxis

herausgegeben von

Berndt Hamm und Thomas Lentes

Mohr Siebeck

Die Deutsche Bibliothek – CIP-Einheitsaufnahme

Spätmittelalterliche Frömmigkeit zwischen Ideal und Praxis / Hrsg.:
Berndt Hamm ; Thomas Lentes. – Tübingen : Mohr Siebeck, 2001
 (Spätmittelalter und Reformation ; N.R., 15)
 ISBN 3-16-147414-7

© 2001 J.C.B. Mohr (Paul Siebeck) Tübingen.

Das Buch wurde von Computersatz Staiger in Pfäffingen aus der Bembo-Antiqua gesetzt,
von Gulde-Druck in Tübingen auf alterungsbeständiges Werkdruckpapier gedruckt und
von der Großbuchbinderei Heinr. Koch in Tübingen gebunden.

ISSN 0937-5740

Vorwort

Auf dem 42. Deutschen Historikertag in Frankfurt am Main 1998, der unter dem Thema „Intentionen – Wirklichkeiten" stand, war auch eine kirchengeschichtliche Sektion vertreten, die sich mit dem Spannungsfeld „Sein und Schein", „Anspruch und Wirklichkeit" oder „Ideal und Praxis" in der spätmittelalterlichen Frömmigkeit befaßte. Der vorliegende Band, dessen Herausgeber die Sektion gemeinsam planten, enthält die damals vorgetragenen Referate in einer schriftlich überarbeiteten und wesentlich erweiterten Fassung. Hinzu kam der Aufsatz von Eva Schlotheuber, der sich hervorragend in die Konzeption des Bandes einfügte.

* * *

Der Frömmigkeitsbegriff, der in der Themenstellung des Bandes vorausgesetzt wird, ist sehr weit gefaßt. ‚Frömmigkeit' (pietas, devotio) meint die Verwirklichung von Religion im konkreten Lebensvollzug und durch eine bestimmte Lebensgestaltung. Im Blick sind damit gerade auch die Zielsetzungen, Programme, Ideale und Normen, die zur Lebensverwirklichung drängen, also nicht nur die gelebte Frömmigkeitspraxis selbst, sondern auch Frömmigkeit als Intention. Die Frage ist dann, wie sich im sog. ‚Spätmittelalter', d.h. im Zeitraum zwischen ca. 1300 und 1520, intendierte und realisierte Frömmigkeit zueinander verhalten. Wo es um die seelische und leibliche Verwirklichung des christlichen Glaubens in einer adäquaten Lebensgestalt geht, liegt das Problem gravierender Defizite, die schon von den Zeitgenossen (und nicht erst von den Reformatoren) in unendlich vielen Zeugnissen beklagt werden, auf der Hand: daß es eben in alarmierender Weise nicht zur Wirklichkeit eines christlichen Lebens kommt, sondern daß man in einer puren Intention und einem Ideal oder in einer krassen Äußerlichkeit und einem trügerischen Schein steckenbleibt. Damit stellt sich die Frage nach der viel beredeten ‚Krise' des Spätmittelalters. In welchem Sinne hat sie die Gestalt einer Frömmigkeitskrise: als Krise forcierter Ideale, als Krise ausbleibender bzw. verfehlter Praxis oder eher als Krisenprojektion einer bestimmten Forschung und ihrer zeitgebundenen Interessen, Wertungen und Fiktionen?

* * *

Der erste Beitrag von *Thomas Lentes* visiert die zuletzt genannte Möglichkeit an: Er fragt nach der Bewertung sinnlich zum Ausdruck gebrachter (‚symbolischer') Frömmigkeitsformen im Spätmittelalterbild einer über hundert Jahre langen Wissenschaftsgeschichte. Ob man diese symbolischen Formen als veräußerlichenden Verlust wahrer Innerlichkeit oder als notwendige Außenseite echter Frömmigkeit deutete, wurde durch den konfessionellen Standort der Historiker und durch ihre Bedürfnisse nach nationaler Identitätsstiftung, kulturkritischer Zeitdiagnostik oder gegensteuernder Kulturtherapie entschieden. Methodisch ist damit die Frage aufgeworfen, inwieweit die soziologischen, religionswissenschaftlichen und philosophischen Modelle vornehmlich aus den 20er Jahren des 20. Jahrhunderts, die den Status symbolischer Formen zu bestimmen versuchten, eine Epochenimagination „Spätmittelalter" bedingten, die bis heute nachhaltig wirkt.

Petra Seegets zeigt am Beispiel der observanten Nürnberger Konvente der Dominikanerinnen (St. Katharina) und Klarissen (St. Klara), inwiefern die angestrebte klösterliche Vollkommenheit und das praktizierte Leben der Nonnen nicht divergierend auseinanderklaffen, sondern intensiv aufeinander bezogen sind. Die Schwestern meinen, durch die Klosterreformen des 15. Jahrhunderts eine spezifische Form der Lebensgestaltung gefunden zu haben, die ihrem frommen Streben den bestmöglichen Entfaltungsraum bot und so im Alltag Ideal und Wirklichkeit einander annäherte.

Eva Schlotheuber hingegen stellt einen Seelsorger vor, der sein Ideal des frommen Lebens nicht in Übereinstimmung mit der Seelsorgepraxis bringen kann: In seinen Schriften reflektiert Frederik van Heilo, Regularkanoniker der Windesheimer Kongregation (gest. 1455), seine Erfolglosigkeit als Beichtvater in verschiedenen Frauenkonventen der Devotio moderna. Das entscheidende Problem sieht er in der nicht bewältigten Spannung zwischen dem Ideal des reinen Beichtvaters, der kraft seiner höheren ratio und in Sorge um sein eigenes Heil Distanz zu den Frauen wahrt, und dem Beichtvater, der sich, wie die Schwestern es wünschen, affektiv auf ihre Lebensrealität und geistlichen Bedürfnisse einläßt, aber damit seine Integrität verliert.

Christoph Burger analysiert weniger das Scheitern als das Steckenbleiben eines Ideals. Am Beispiel von Johannes Gerson (gest. 1429), Ulrich von Pottenstein (gest. 1416/17) und Johannes von Paltz (gest. 1511) zeigt er, wie spätmittelalterliche Theologen durch ihr katechetisches Ideal dazu geführt wurden, aus der lateinischen Gelehrtensprache herauszutreten, sich in der Volkssprache direkt an Laien zu wenden und ihnen eine verständliche Form des Glaubenswissens zu bieten. Diesen Weg gehen sie aber nicht konsequent weiter, sondern wenden sich dann doch wieder in lateinischen Werken an die klerikalen Vermittler, um „einfache Christen" noch besser zu erreichen und die Führungsrolle des eigenen Standes zu sichern.

Berndt Hamm beschreibt, wie eine lebenspraktisch orientierte Theologie von Heinrich Seuse (gest. 1366) bis Johannes von Staupitz (gest. 1524) mit dem Problem des geistlichen Unvermögens von Christen umgeht. Die affektiven Defizite, z.B. das Nicht-Schmerz-Empfinden-Können über die Sünde, werden schärfer artikuliert als in früheren Jahrhunderten. In genauer Entsprechung dazu wird die entlastende Bedeutung der Barmherzigkeit Gottes („sola misericordia") stärker hervorgehoben und die Mindestanforderung an die Buße der Sünder abgesenkt. Insofern setzt die Reformation eine bestimmte spätmittelalterliche Dynamik fort.

Hans-Martin Kirn fand in der Predigtliteratur von Mendikanten-Autoren verschiedener Länder (zwischen dem ausgehenden 14. und dem frühen 16. Jahrhundert) einen engen Zusammenhang von christlicher Nachfolge-Frömmigkeit und Antijudaismus: Christliche Ideale der Absage an die sündige Welt werden durch die Konstruktion einer jüdischen Weltverfallenheit profiliert. Indem so Judenfeindschaft zum Ausweis christlicher Frömmigkeit stilisiert wird, entsteht eine Spannung zur realen Koexistenz mit Juden. In den Predigten zeichnet sich die Tendenz ab, diese Koexistenz durch Marginalisierung des Judentums bis hin zu seiner Vertreibung immer mehr in Frage zu stellen und so die Wirklichkeit dem Ideal anzunähern.

* * *

Die Aufsätze des Bandes zeigen somit, wie vielfältig das Verhältnis zwischen Frömmigkeitsidealen und Frömmigkeitspraxis im Spätmittelalter ist – und zwar keineswegs im Sinne einer Frömmigkeitskrise, die als Verfall, Mißstände, Veräußerlichung und „Mehr scheinen als sein" zu verstehen wäre. Die Menschen des 14. und 15. Jahrhunderts, besonders nach der Großen Pest, sehen und empfinden beunruhigende Frömmigkeitsdefizite. Aber daß sie so sehen und empfinden und wie sie den Defiziten durch Reform, Seelsorge, Katechese, Predigt, neue theologische Akzente und verschärfte Feindbilder begegnen, ist gerade nicht Hinweis auf einen realen Niedergang von Frömmigkeit, sondern eher Indiz einer wachsenden Sensibilität und mentalen Verunsicherung, verstärkter Bedürfnisse nach Einklang von Innen und Außen, eines Strebens nach Umsetzung geistlicher Ideale in die Alltagswelt vieler, auch einfacher Menschen und damit eines gesteigerten religiösen Gestaltungswillens. Die Beiträge des Bandes verdeutlichen aus verschiedenen Blickrichtungen, warum dieses nach außen, innen und in die Breite gehende christianisierende Gestalten-Wollen immer wieder auf Grenzen und Widerstände stößt, Schiffbrüche erleidet und schließlich in der Reformation eine Art von Scheitern – aber auch eine Art von Fortsetzung und Kulmination – erlebt. Wenn man dies als Frömmigkeitskrise bezeichnen will, dann lagen die Gründe für die Krise nicht in den Intensitäts- und Praxisdefiziten spätmittelalterlicher Frömmigkeit, sondern in der Art ihrer geistlichen Ideale inmitten einer sich verändernden Zeit und eines sich wandelnden menschlichen Erfahrungshorizonts. Im Wechselspiel von Ideal und Praxis, von Intention und Wirklichkeit zeigt sich so die Eigenart spätmittelalterlicher Frömmigkeit: Ideale drängen zur Praxis, Praxis verändert die Ideale, Ideale gestalten die Praxis und Praxis läßt Ideale scheitern.

* * *

Der Band wird durch zwei *Texteditionen* abgeschlossen, die in engem Bezug zu den Aufsätzen stehen: der erste Text (von Johannes Herolt) ist eine Beilage zum Aufsatz von Hans-Martin Kirn, der zweite Text (von Stephan Frido-lin) repräsentiert eine Art von Bußseelsorge, die besonders im Beitrag von Berndt Hamm vorgestellt wird.

* * *

Unser herzlicher Dank gilt zwei studentischen Mitarbeitern für ihre große Sorgfalt: Thomas Zeitler (Erlangen) hat die Beiträge am Computer editorisch einander angeglichen, Georg Henkel (Münster) hat das Personenregister angefertigt. Zahlreiche Korrekturhinweise verdanken wir Dr. Petra Seegets (Erlangen).

Dem Verlag Mohr Siebeck und seinen Mitarbeitern danken wir für die bewährte zuverlässige Betreuung der Drucklegung.

Erlangen/Münster, 15. Juli 2000   *Berndt Hamm*
                                                   Thomas Lentes

Inhalt

Textbeilagen:

Die Deutung des Scheins

Das symbolische Verhalten im Spätmittelalterbild (1830–1945)[1]

Thomas Lentes

„Ist Religion etwas Objektives oder Subjektives?"[2] Als der gerade einmal 22jährige Leopold von Ranke 1817, dem Jahr des 300. Reformationsjubiläums, seinem Tagebuch diese Frage anvertraute, ahnte er wohl kaum, von welcher Bedeutung sie werden sollte. Für die kommenden 150 Jahre Spätmittelalterforschung war damit eine – wenn nicht die wesentliche – Frage formuliert: Ist Religion etwas Objektives oder Subjektives? Entscheidet sie sich am äußeren Schein oder am Sein? Bestimmen symbolische Formen oder eben Ideen ihren Zustand wie ihre Botschaft? Liegt ihr Wesen im äußeren Verhalten, der Äußerlichkeit, oder in der Innerlichkeit verborgen?

Die Frageform war nicht neu. Grundgelegt in den erkenntnistheoretischen Auseinandersetzungen des 18. Jahrhunderts, wendete Ranke sie mit der Brille Fichtes in eine religionsphilosophische und machte sie fruchtbar für die Geschichte der Reformation. So in die Geschichtsschreibung eingeführt, war die Frage nach dem Verhältnis von Form und Gehalt bald mehr als eine kirchenhistorische. Vielmehr bestimmte sie seit dem Beginn unseres Jahrhunderts so manchen politischen wie auch kulturgeschichtlichen Spät-

---

[1] Der vorliegende Beitrag ist der leicht überarbeitete Redetext meines Vortrages beim 42. Deutschen Historikertag in Frankfurt a.M. Für die Drucklegung wurde er lediglich sprachlich überarbeitet und mit wenigen Fußnoten versehen. Entsprechend stellt der Text eine sehr vorläufige Annäherung an den Gegenstand dar und bleibt notwendig thesenhaft. Ich hoffe, später eine begründetere und mit mehr Belegen versehene Fassung vorlegen zu können. Wichtige Anregungen verdanke ich den Arbeiten von OTTO GERHARD OEXLE: Geschichte als Historische Kulturwissenschaft, in: WOLFGANG HARDTWIG – HANS ULRICH WEHLER (Hg.): Kulturgeschichte Heute, Göttingen 1996 (= GeGe Sonderheft 16), S. 14–40; DERS.: Das Mittelalter als Waffe. Ernst H. Kantorowicz' „Kaiser Friedrich der Zweite" in den politischen Kontroversen der Weimarer Republik, in: DERS.: Geschichtswissenschaft im Zeichen des Historismus. Studien zu Problemgeschichten der Moderne, Göttingen 1996 (= KSGW 116), S. 163–215; DERS.: Die Moderne und ihr Mittelalter. Eine folgenreiche Problemgeschichte, in: PETER SEGL (Hg.): Mittelalter und Moderne. Entdeckung und Rekonstruktion der mittelalterlichen Welt, Sigmaringen 1997, S. 307–364; sowie ARNOLD ANGENENDT: Liturgik und Historik. Mediävistische Anmerkungen zu einem vernachlässigtem Thema, Manuskript Münster 2000; bei beiden findet sich weitere Literatur.

[2] LEOPOLD VON RANKE: Tagebücher, hg. von WALTHER PETER FUCHS, München – Wien 1964 (= Leopold von Ranke: Aus Werk und Nachlass 1), S. 116.

mittelalterentwurf. Mal wurde die Frage lediglich als Beschreibungsgrund-
lage genutzt; meist aber diente ihre Beantwortung als normative Vorgabe,
die sehr konkrete politische Konsequenzen zeitigen sollte: als Mittel konfessioneller Polemik und Stigmatisierung im Kulturkampf ebenso sehr wie als
eines der kulturkritischen Zeitdiagnostik.

Diesen Weg gilt es im folgenden anhand von drei Etappen der Spätmittelalterforschung nachzuzeichnen: zunächst der Weg von Ranke zu Janssen
und der Entstehung des konfessionellen Paradigmas im Laufe des 19. Jahrhunderts (1.), sodann die Wende der Forschung von der Konfession zur
Kultur und die damit einhergehende politische Wertung des späten Mittelalters sowie seine Inanspruchnahme für eine kulturkritische Zeitdiagnostik
(2.). Schließlich gilt es die Rolle des symbolischen Verhaltens in den Kulturwissenschaften zu Beginn unseres Jahrhunderts für das Spätmittelalterbild
zu bedenken (3.), um daran abschließend einige Ausblicke auf die Forschungspraxis zu geben (4.).

1. Von Ranke zu Janssen:
Das konfessionelle Paradigma im 19. Jahrhundert

Schon in seinen Studienjahren versucht Ranke, das Verhältnis von Form
und Inhalt, Objekt und Subjekt, Realem und Idee in allen möglichen Spiel-
arten zu bestimmen. Ob in Erkenntnistheorie, in geschichts- oder religions-
philosophischen Fragen: immer notiert er in seinem Tagebuch Lösungsver-
suche im Geiste des deutschen Idealismus Fichtescher Prägung.[3] Dabei wird
die Trennung von Außen und Innen regelrecht zu seinem Kriterium der
Religionsbeschreibung. Für ihn gehen beide nicht zusammen, sondern sind
gänzlich getrennt. Das Eigentliche der Religion zeige sich lediglich in ihrem Kern, nicht aber in den Formen. Nicht die Form, sondern der Kern einer Religion sei ewig und diesen gelte es reinzuhalten, so heißt es etwa in
der ‚Deutschen Geschichte im Zeitalter der Reformation‘ (1839).[4] So sehr
Ranke versucht, einen Zusammenhang von Form und Kern zu bestimmen,
letztlich bleiben beide getrennt. Form konstituiert nicht Ideen und Inhalte,
sondern ist allenfalls deren notwendiger Transporteur. Ob für die Geschichte oder die Religion gelte entsprechend, daß man die „Form auf den Kern"
hin durchschauen müsse und nicht „an ihr selbst (der Form) zu hangen als

---

[3] Das Verhältnis Rankes zum deutschen Idealismus bespricht FULVIO TESSITORE:
Rankes „Lutherfragment" und die Idee der Universalgeschichte, in: Leopold von Ranke
und die moderne Geschichtswissenschaft, hg. v. WOLFGANG J. MOMMSEN für die Kommission für Geschichte der Geschichtsschreibung des Comité International des Sciences
Historiques, Stuttgart 1988, S. 21–36.

[4] DERS.: Deutsche Geschichte im Zeitalter der Reformation, Band 1, hg. v. PAUL
JOACHIMSEN, ND Meersburg – Leipzig 1933, S. 138.

dem Reelen." Real sind einzig Gehalt und Idee. Form sei lediglich der Stoff, in dem Idee und Ewiges zu wirken vermögen; aber: „Nicht als Form ist etwas ewig; nur der Kern, den sie einhält, hält den Winter aus. Die Form ist gut, aber nicht außer der Zeit: Zerschlägst du den Silen, so tritt der Gott Sokrates hervor. Wie schwer ist es doch wohl geistig zu verleugnen, was die Form einhüllt, und an ihr selbst zu hangen als dem Reelen." [5]

Schon 25 Jahre vor der ‚Deutschen Geschichte im Zeitalter der Reformation' führt diese Opposition von Form und Kern bei Ranke zum Signum konfessioneller Identität – so 1814: „Es scheint nicht den unwesentlichsten Unterschied zwischen dem katholischen und protestantischen Kirchenritus auszumachen, daß in diesem die Individualität des Besorgenden so sehr hervortritt, während in jenem der Ritus allein herrscht." [6] Das Katholische erscheint somit auf der Seite der Form und des Objektiven; das Protestantische hingegen auf der Seite des Subjektiv-Individuellen.

Als Ranke sich freilich mit der Reformation zu beschäftigen anfängt, bleibt er zunächst bei einer vermittelnden Position. Idealistisch und romantisch geprägt wendet er sich entsprechend 1817 in seinem Luther-Fragment und an anderen Stellen gegen die rationalistischen Theologen und deren Art der Reformationsdarstellung anlässlich der 300-Jahr-Feiern. Dabei können dann auch symbolische Formen noch der Realität zugeschlagen werden und als historische Notwendigkeit behauptet werden: „Der symbolischen Handlung", dem Abendmahl, gilt es seine Deutung als etwas Realem zu wahren, auch wenn „das Neue Testament die unmystische Deutung begünstigt." [7] Auch das Symbolische und nicht nur die Vernunft verbürge mithin die Göttlichkeit, und alle Geschichtlichkeit und deren symbolischen Formen seien ebenso ernst zu nehmen wie die Schrift selbst. Gegen die historisch-kritische Exegese wendet er entsprechend ein, daß die letzte Norm nicht die Rationalität des Anfangs sei, sondern eben auch die in der Geschichte gewachsenen und von der Geschichte geprüften Formen.

Trotz dieser differenzierten Sicht des Symbolischen, die ihm gar den Stempel des „Krypto-Katholiken" einbringen konnte, wird Rankes Position nach 1830/31 einseitiger und mit Blick auf die politischen Ereignisse zunehmend konfessioneller. Ins Zentrum seiner Religionssicht rückt nun das Nicht-Symbolische und Unmittelbare. Spätestens 1839 war diese konfessionelle Zuordnung von Form und Gehalt bereits Teil seiner historiographischen Praxis geworden. Christlich zu sein bedeutete unmittelbar, jenseits der Formen dem Göttlichen anzuhängen. Das Spätmittelalter konnte er folglich in der ‚Deutschen Geschichte im Zeitalter der Reformation' lediglich als Abfall von der Reinheit der Offenbarung beschreiben: „Denn es war alles ein einziges Gebilde, aus den Keimen, welche die früheren Jahrhunder-

---

[5] Alle Zitate RANKE: Tagebücher (wie Anm. 2), S. 109.
[6] Ebd. S. 111.
[7] Ebd. S. 115f.

te gepflanzt, eigentümlich emporgewachsen, in dem sich geistliche und weltliche Macht, Phantasie und dürre Scholastik, zarte Hingebung und rohe Gewalt, Religion und Aberglaube begegneten."[8] Formen wie der Marienkult, „naive und wundergläubige Hingebung", „ausschweifendste Ausdrükke", aber auch Doktrinen, Lehrsätze und Satzungen hätten das Eigentliche des Christlichen verstellt.[9] Die Reformation als Konsequenz lag auf der Hand: „Es war notwendig, den unter der tausendfältigen Verhüllung verborgenen Kern der Religion wieder einmal rein zutage zu schaffen."[10] Symbolische Formen brachten den „Kern" nicht zum Ausdruck, ganz im Gegenteil erschienen sie Ranke nun als Verhüllungen des menschlichen Geistes. Das Ende des Mittelalters wird damit zu einer Sache der Vernunft, die geradezu zwangsläufig war: „Ich weiß nicht, ob ein vernünftiger, durch keine Vorspiegelung der Phantasie verführter Mann ernsthaft wünschen kann, daß dies Wesen sich soll unerschüttert und unverändert in unserem Europa verewigt hätte."[11]

Wie sehr Ranke die Dichotomie von Form und Gehalt als konfessionelles Paradigma verstand, spiegelt noch sein Spott über die Konversion des vormaligen protestantischen Pastors und Historiographen Innozenz III., Friedrich (von) Hurter[12]. Die Konversion sei wohl dadurch ausgelöst worden, daß sich Hurter beim Hochamt gebeugt und ein paar Mal gekniet habe. Zwar sei dies nur ein Gerücht. Doch: „Wahr scheint in ihm ein Widerwille gegen den Rationalismus, eine Vorliebe für glänzende Formen." Verstimmt durch die Revolution von 1831 sei Hurter so in die „Hände der Katholischen geraten".[13] Schlussendlich notiert er 1870 die unsymbolische Unmittelbarkeit als Signum der Reformation: „Das Wesentliche", so über Meister Eckhart und Dietrich von Freiberg, „liegt in der unmittelbaren Beziehung des Menschlichen zum Göttlichen ohne Vermittlung der Kirche. An die Mystik dieser Zeiten knüpfte Luther an."[14]

Was sich bei Ranke noch als Zeitcharakteristik ausnahm, sollte in den konfessionellen Auseinandersetzungen der 1870/90er Jahre zum politischen Programm erhoben werden.[15] Das Spätmittelalter in der Rankeschen Fassung galt fortan als Signum des Katholischen überhaupt. Mancher Polemiker wandte Rankes Sätze nun auch auf den Katholizismus der eigenen

---

[8] Vgl. RANKE: Deutsche Geschichte (wie Anm. 4), S. 137f.

[9] Ebd. S. 136–138.

[10] Ebd.

[11] Ebd.

[12] Zu Hurter vgl. G. BÖING: Art. ‚Hurter, Friedrich v.', in: LThK[2] 5, 1960, Sp. 543.

[13] So in den Tagebüchern (wie Anm. 2), S. 331f.

[14] Ebd. S. 133.

[15] Die gesamte Gemengelage zwischen politischer Entwicklung in Deutschland, konfessioneller Zuordnung und Mittelalterbild bedürfte einer weit genaueren Durchdringung. Bei Ranke jedenfalls deutet sich an, dass er nicht zufällig an entscheidenden kirchlichen und politischen Daten (1817, 1830/31, 1870) pointierte Position zu Mittelalter und Reformation ebenso bezieht wie zu den konfessionellen Differenzen.

Zeit an. Bei Gustav Kawerau etwa – protestantischer Geistlicher und Ge-
schichtsschreiber[16] – wurde Rankes Satz entsprechend aller Konjunktive
und Vergangenheitsformen beraubt und umformuliert: Niemand kann
wünschen, daß dieses Wesen (= der Katholizismus) sich verewigt.

In diese konfessionell hochexplosive Situation traf dann die ,Geschichte
des deutschen Volkes seit dem Ausgang des Mittelalters‘[17] aus der Feder des
katholischen Priesters Johannes Janssen.[18] Angestoßen von Johann Friedrich Boehmer sollte hier eine explizit katholische Sicht vorgestellt werden.
Obschon bereits 1857 begonnen und 1876 zum ersten Mal erschienen, wurde sie zu einem der Hauptwerke in der publizistischen Auseinandersetzung
des Kulturkampfes und dessen Nachwehen. Bis 1890 bescherte dieser Janssens Werk 15 Auflagen. Obschon er sich jeder politischen wie theologischen Polemik enthielt: Janssen drehte den Spieß einfach um. Die Zustände
der Kirche seien insgesamt positiv zu werten. Das äußere Verhalten der
Frömmigkeit spiegele dies nur wider. Nicht übertriebenes Äußeres oder
Veräußerlichung gar präge die Zeit. Ganz im Gegenteil sei der Aufschwung
der Frömmigkeit Ausdruck einer gehobenen Christlichkeit. Nicht nur, daß
Janssen das Spätmittelalter als höchst produktive Epoche zu zeigen versuchte. Seine Probleme sah er im Gegensatz zu Ranke auf genau dem anderen
Ende der Skala von Subjektiv und Objektiv. Gefahr, so Janssen, drohte der
spätmittelalterlichen Kirche nicht durch ein Zuviel an äußeren Formen und
schon gar nicht durch eine Veräußerlichung. Gefahr drohte – und sollte
schließlich ihre Gestalt im Luthertum annehmen – durch die Infragestellung der äußeren Formen. Mystik, Nominalismus, antisakramentale Häre-
sien seien alles Vorboten dessen gewesen, was bei Luther dann zur Vollendung komme.

Die Kritik ließ nicht lange auf sich warten. Folgt man der Kritik, wie sie
Janssen in seinem Zusatz-Band ,An meine Kritiker‘[19] sowie in seinem ,Ein
zweites Wort an meine Kritiker‘[20] beantwortete, so richtete sich diese vornehmlich gegen Janssens Darstellung und Bewertung der äußeren Formen
der Religion. Der katholische „Anti-Ranke", als den ihn viele sahen, beton-
te dagegen beständig Notwendigkeit und Wert äußerer Formen. Wo seine
Gegner überhaupt historisch und nicht nur dogmatisch argumentierten,
verwies er sie entsprechend auf die Erfahrungen der Alten Kirche. Nahmen
die Protestanten für sich in Anspruch, zu deren Verinnerlichung zurückgekehrt zu sein, so konterte Janssen: Die spätmittelalterliche Kirche habe nur

---

[16] Zu Kawerau vgl. E. W. ZEEDEN: Art. ,Kawerau, Gustav‘, in: LThK² 6, 1961, Sp. 100.

[17] JOHANNES JANSSEN: Geschichte des deutschen Volkes seit dem Ausgang des Mittelalters, fortgesetzt von L. v. Pastor, 8 Bände, Freiburg 1878–1894.

[18] Zu Janssen vgl. HUBERT JEDIN: Art. ,Janssen, Johannes‘, in: LThK² 5, 1960, Sp. 871–
872.

[19] JOHANNES JANSSEN: An meine Kritiker, Freiburg 1891.

[20] JOHANNES JANSSEN: Ein zweites Wort an meine Kritiker nebst Ergänzungen zu den
drei ersten Bänden meiner Geschichte des deutsch.. Volkes, Freiburg 1884.

zur Blüte gebracht, was schon am Anfang des Christentums grundgelegt war; nämlich Gnadenvermittlung durch die Kirche und durch Sakramentalität, Wallfahrten, Reliquienkult und Wunderglaube als Bestandteile des Christlichen überhaupt.

Hatte Ranke noch einen mittleren Weg gesucht und – jedenfalls zunächst – Objektives und Subjektives zusammenzudenken versucht, so zeigen die Positionen Janssens wie seiner Kritiker, daß nun das Paradigma bis ins 20. Jahrhundert hinein konfessionell zementiert war: Fortan wurden dem Katholischen überhaupt die symbolischen Formen zugemessen, während der Protestantismus mit dem Subjektiven identifiziert wurde. Jetzt wurde dies zudem nicht nur auf die Geschichte übertragen, sondern zur Waffe in Kulturkampf und konfessioneller Polemik erhoben.

Bei aller konfessionellen und eindeutig auch politischen Ausrichtung der Auseinandersetzungen: Janssens Geschichte wie auch die Kontroversen um sie waren forschungsgeschichtlich höchst produktiv und innovativ.[21] Nicht nur, daß Janssen mit Fug als Begründer einer eigentlichen Spätmittelalterforschung gelten kann: Darüber hinaus hat er auch methodisch höchst innovativ gewirkt. Von einer eigentlichen Spätmittelalter-Forschung kann vor Janssen eigentlich nicht gesprochen werden. Ranke etwa hatte dem späten Mittelalter in seiner ‚Deutschen Geschichte im Zeitalter der Reformation' nur wenige Seiten gewidmet.[22] Betrachtet man zudem die protestantischen Reaktionen auf das Werk Janssens, so zeigen sich diese völlig überrascht. Bei aller Distanz zu dessen ‚Geschichte des deutschen Volkes seit dem Ausgang des Mittelalters' zollen die Rezensenten ihm wenigstens methodisch Respekt. Zu lange habe man das späte Mittelalter selbst gar nicht in Augenschein genommen und könne von daher kaum seine Bedeutung für die Reformation ausloten. In den Schriften des Vereins für Reformationsgeschichte findet diese Überraschung der protestantischen Autoren schon in den Titeln ihren Niederschlag, wenn dort die Folgen von Janssen für Reformation und Reformationsgeschichtsschreibung vielfältig variiert werden.[23] Wie sehr die Historiographen des Protestantismus sich von Janssen geradezu überfahren fühlten, zeigt ihre Befürchtung, daß ein unbefangener Leser geneigt sein könne, nach der Lektüre diesem Glauben zu schenken und schließlich zu konvertieren.[24]

---

[21] Eine intellektuelle Biographie Janssens, die versucht, Biographie, Forschung und politisches Engagement sowie die Rezeption nachzuzeichnen, steht aus.

[22] Vgl. PAUL WUNDERLICH: Die Beurteilung der Vorreformation in der deutschen Geschichtsschreibung seit Ranke, Erlangen 1930 (= Erlanger Abhandlungen zur mittleren und neueren Geschichte 5), S. 5.

[23] So betitel Gustav Bossert eine Arbeit ausdrücklich mit ‚Württemberg und Janssen', Halle 1884 (= Schriften des Vereins für Reformationsgeschichte 2); weitere Beispiele bei Janssen (wie Anm. 19 und 20).

[24] So ausdrücklich bei BOSSERT (wie Anm. 23), S. 2, und vielen anderen Rezensenten, die Janssen in seinen beiden Antworten aufführt und zitiert.

Die Folgen für die Forschungspraxis lassen sich erahnen: Zum einen wurde die Geschichte nun auch in die Kontroverstheologie eingeführt. Hatte Ranke noch seinem katholischen Antipoden Johann Adam Möhler und dessen Hauptwerk ‚Symbolik oder Darstellung der dogmatischen Gegensätze der Katholiken und Protestanten'[25] vorgeworfen, vom Standpunkt des Dogmatikers die Geschichte zu unterschätzen,[26] so ereiferten sich gegen Janssen gerade dessen protestantische Kritiker über ein Zuviel an historischer Argumentation. Gustav Kawerau etwa brachte dies auf die Formel: „Jetzt wird noch mit der Geschichte gefochten."[27] Historisches Denken erhielt nun auch in der Theologie einen vornehmen Rang und sollte die Dogmatik zunehmend als theologische Leitwissenschaft verdrängen bzw. auch in der Dogmatik das historische Argument einführen.

Auf die Subjekt-Objekt-Debatte sowie deren Bedeutung für historische Darstellung und Wertung sollte sich Janssens Methode nicht weniger auswirken. Angeregt durch Johann Friedrich Böhmer verstand er seine ‚Geschichte des deutschen Volkes' ja ausdrücklich als Kulturgeschichte.[28] Religiöse Praxis und Unterweisung, Wissenschaft und Kunst, Landwirtschaft, Gewerbe, Handel und Wirtschaft sollten – so Janssen – zu einem „Gesamtbild" gefügt werden. Die Kontroversen um sein Buch lösten in beiden Konfessionen eine Fülle an Forschungen aus, die sich auf die religiöse Praxis und auf die mit ihr verbundenen Formen konzentrierten. So sehr also der Ausgangspunkt ein konfessionelles Vorurteil war, gerade dadurch wurden methodisch neue Wege beschritten und neue Gegenstandsbereiche historischer Forschung erschlossen. Die zentralsten Beispiele für die von Janssen ausgelösten Forschungen seien lediglich erwähnt: Katholischerseits legte in den 90er Jahren der Innsbrucker Kirchenhistoriker und Schüler von Kaspar Julius v. Ficker sowie von Ludwig von Pastor, Emil Michael[29], eine ganz in der Nachfolge Janssens stehende sechsbändige ‚Geschichte des deutschen Volkes vom 13. Jahrhundert bis zum Ausgang des Mittelalters' (Freiburg 1897–1915) vor, die nicht zuletzt wegen ihrer Auseinandersetzung mit Rankes Weltgeschichte nicht weniger Kontroversen auslöste.

Während Michael freilich am Handbuchcharakter Janssens festhielt, manifestierte sich bei anderen Autoren dessen methodische Innovation. Jetzt erst lässt sich überhaupt von einer eigentlichen Frömmigkeitsgeschichtsfor-

---

[25] JOHANN ADAM MÖHLER: Symbolik oder Darstellung der dogmatischen Gegensätze der Katholiken und Protestanten nach ihren öffentlichen Bekenntnisschriften, hg. v. JOSEF RUPERT GEISELMANN, Darmstadt 1958.

[26] Vgl. RANKE: Deutsche Geschichte (wie Anm. 4), S. 138, Anm. 2.

[27] Ähnlich formuliert dies auch BOSSERT (wie Anm. 23), S. 1.

[28] Vgl. etwa mit Berufung auf Boehmer die Bemerkungen zur Kulturgeschichte im Vorwort zur 15. Auflage (= JOHANNES JANSSEN: Geschichte des deutschen Volkes seit dem Ausgang des Mittelalters, Bd. 1: Die allgemeinen Zustände des deutschen Volkes, Freiburg [15]1890, VIIff.)

[29] Zu Michael vgl. H. WOLTER: Art. ‚Michael, Emil, SJ', in: LThK[2] 7, 1962, Sp. 401.

schung sprechen. Auf protestantischer Seite wurde diese ausgelöst durch die nach dem Erscheinen Janssens empfundene Lücke einer eigenen Darstellung der kirchlichen Zustände vor der Reformation. Die Schriften des Vereins für Reformationsgeschichte, in den 80er Jahren geradezu das Hausorgan der Anti-Janssen-Front, belegen dies eindrücklich. Hier wie auch in der übrigen protestantischen Kirchengeschichtsschreibung entstehen nun eine Fülle von regional-orientierten frömmigkeitsgeschichtlichen Studien, die sich dem Spätmittelalter widmen.

In der katholischen Kirchengeschichtsforschung lässt sich die Konzentration auf die religiöse Praxis und die symbolischen Formen des Religiösen nicht übersehen. Zu erinnern ist etwa an den Jesuiten Stephan Beissel (1841–1915)[30] mit seiner typischen Kulturkampf-Biographie. 1871 in den Jesuitenorden eingetreten, widmete er sich – zumal aufgrund seiner kunsthistorischen Ausbildung – ausdrücklich der Geschichte der religiösen Ausdrucksformen: Reliquienkult, Gebet, Marienverehrung sollten seine wichtigsten Arbeitsfelder bilden. Keine Generation später und nicht weniger abhängig und gefördert von Johannes Janssen, tritt Nikolaus Paulus (1853–1930)[31] mit seiner dreibändigen ‚Geschichte des Ablasses im Mittelalter' (1922–23) auf den Plan. Erstmals lag damit ein Werk vor, das weitgehend unpolemisch den Fokus auf das fraglos zentrale Thema der kontroverstheologischen Spätmittelalter- und Reformationsforschung der Zeit, den Ablaß, lenkte. Nicht nur die theoretischen Äußerungen, sondern vor allem auch die Frömmigkeitspraxis im Umfeld des Ablasses nahm Paulus in den Blick. Daß er eine zentrale Teilstudie zudem noch dem Verhältnis von Ablaß und Kultur widmete, dürfte einen Nachhall des kulturgeschichtlichen Ansatzes von Janssen darstellen.

Wie sehr die Konzentration auf die Religionspraxis auch bei protestantischen Historikern zu Neubewertungen führen konnte, läßt sich am Beispiel des Erlanger Kirchenhistorikers Theodor Kolde[32] nachzeichnen. In seinem 1884 in Gotha publizierten Lutherbuch wird zwar dem Spätmittelalter auch nur wenig Raum eingeräumt, doch legt er erheblichen Wert auf die religiösen Erscheinungsformen und zeichnet – obschon Protestant – ein wesentlich positiveres Bild der Religiosität als sonst üblich. Solche Sicht dürfte mit seiner Methode zusammenhängen. Schließlich wollte er – so nach Selbstaussagen – historisch und nicht dogmatisch arbeiten und entsprechend das „mittelalterliche Ideal der Religion" selbst als Meßlatte an das Spätmittelalter anlegen. Freilich konnte ihm noch 1930 der Schmeidler-Schüler Paul Wunderlich vorwerfen, Kolde sei dem „katholischen Stand-

---

[30] Zu Beissel vgl. A. STENZEL: Art. ‚Beissel, Stephan, SJ', in: LThK² 2, 1958, Sp. 136.
[31] Zu Paulus vgl. R. BÄUMER: Art. ‚Paulus, Nikolaus', in: LThK² 8, 1963, Sp. 235; sowie demnächst meine bio-bibliographische Einleitung zu NIKOLAUS PAULUS: Geschichte des Ablasses im Mittelalter, 3 Bde., Neudruck Darmstadt 2000.
[32] Zu Kolde vgl. WUNDERLICH (wie Anm. 22), S. 13f.

punkt zu weit entgegengekommen"; er habe „insbesondere auf das hinter den sinnlichen Erscheinungsformen sich bergende religiöse Bedürfnis zu starken Nachdruck gelegt."[33] Solche Urteile zeigen, wie sehr die Erforschung – zumal eine positive Wertung – „sinnlicher Erscheinungsformen" zwar zunehmend an Raum gewann, aber dennoch oftmals suspekt blieb.

2. Von der Konfession zur Kultur: Veräußerlichung und Verinnerlichung als politische Wertung und kulturkritische Zeitdiagnostik nach 1900

Nach dem Kulturkampf zeigt sich die Spätmittelalter-Forschung zwar nach wie vor konfessionell geprägt, doch ist die konfessionelle Auseinandersetzung und Polemik auch in der Forschung entspannt. Fraglos hatte die Beteiligung der Katholiken am Ersten Weltkrieg hierzu beigetragen. Immerhin konnte 1917 der Evangelische Oberkirchenrat die protestantischen Historiker anweisen, sich anläßlich der 400-Jahrfeier der Reformation jeder antikatholischen Polemik zu enthalten. Schließlich hätten die Katholiken im Krieg die gleichen Lasten getragen und es ginge nicht mehr länger um den konfessionellen Widerstreit, sondern um die Zukunft von Kultur und Nation überhaupt.[34]

Für das Spätmittelalterbild war dieser Paradigmenwechsel in mehrfacher Hinsicht folgenreich. Nicht nur, daß fortan die konfessionelle Polemik aus der Forschung zurückgedrängt wurde. Lange vor Josef Lortz dürfte diese aus den Hauptrichtungen der Spätmittelalterforschung auf beiden Seiten verschwunden gewesen sein.[35] Wichtiger war eine zweite Auswirkung: Die

---

[33] Ebd. S. 14.

[34] Vgl. den Abdruck des Erlasses des Evangelischen Oberkirchenrates zur Vierhundertjahrfeier der Reformation ROBERT STEIN: Vom Geist echter Duldung, in: Hochland 15, 1917/18, S. 370–372: „Für das gesprochene wie das gedruckte Wort muß aber daran mit Ernst und Sorgfalt festgehalten werden, daß die Polemik gegen die katholische Kirche, jedes gehässige und verletzende Wort gegen die Volksgenossen anderen kirchlichen Bekenntnisses ausgeschlossen bleiben soll. Die schwere Zeit hat uns mit ihnen in der Liebe zu Kaiser und Reich und dem Einsatz von Gut und Blut für das Vaterland zusammengeführt, und die gemeinsame geistliche Arbeit der Geistlichen beider Konfessionen an unseren Kriegern und an Verwundeten und Sterbenden hat einen Friedensstand geschaffen, den wir bei freudigem Bekenntnis zu den Gütern der Reformation nicht durch völlig entbehrliche Seitenblicke und Vorwürfe gegen die katholische Kirche in Gefahr bringen wollen." Im gleichen Artikel wie im gesamten Jahrgang des ‚Hochlandes' finden sich weitere Zeugnisse von katholischer wie protestantischer Seite, die auf eine Überwindung der konfessionellen Polemik zielen.

[35] Die Frage einer Entkonfessionalisierung der Forschung bedürfte einer weit differenzierteren Darstellung. Einerseits darf nicht außeracht gelassen werden, daß es auch nach 1918 durchaus kontroverstheologisch polarisierende Darstellungen gab (etwa in der Generation von Max Lenz). Doch dürfte andererseits keineswegs erst mit dem katholi-

Stoßrichtung der Spätmittelalter-Forschung verlagerte sich nun vom konfessionellen auf das politische Feld. Selbst dort, wo sich die historische Forschung auf die eigene Gegenwart richtete, ging sie nun von der konfessionellen über zur kulturellen und politischen Frage. Entsprechend wird nun auch das Forschungsinteresse insgesamt weit über die kirchen- und frömmigkeitsgeschichtlichen Fragen hinweggehoben. Wenige Andeutungen dürften dies belegen: Die Arbeiten zum 400. Reformationsjubiläum lassen schon im Titel den Wechsel erkennen. Jetzt sind es vor allem die „Profanhistoriker", die wesentliche Beiträge liefern und schon die Titel zeigen die Stoßrichtung. In einem einzigen Jahr, 1917, erschienen:

- Johannes Haller: Die Ursachen der Reformation;
- Hans von Schubert: Die weltgeschichtliche Bedeutung der Reformation;
- Georg von Below: Die Ursachen der Reformation;
- Georg von Below: Die Reformation und der Beginn der Neuzeit;
- Georg von Below: Die Bedeutung der Reformation für die politische Entwicklung.

Die Weichen für die Forschung waren damit bis in die 30er Jahre gestellt: vornehmlich Historiker und nicht die an theologischen Fakultäten lehrenden Kirchenhistoriker sahen die Reformationszeit nun als ihre Forschungsaufgabe, wobei die ausdrücklich sich zum Protestantismus bekennenden Allgemeinhistoriker überwogen.[36] Jetzt wird Ursachenforschung betrieben, und jenseits der konfessionellen Polemik rückt die politische Geschichte ebenso sehr wie die Frage nach der Opposition von Mittelalter und Neuzeit in den Vordergrund.

Doch war damit keineswegs das grundlegende Deutungsmuster verschoben. Der Bewertungsmaßstab nämlich blieb der gleiche: Äußerlichkeit und Innerlichkeit, Form und Gehalt, Hülle und Kern stellten die Pole dar, an denen das historisch vergangene Geschehen bemessen wurde. Dieses bipolare Verstehensmuster wurde in der Folge mit ganz unterschiedlichen Prozessen synchronisiert:[37]

1. Zum einen blieb die konfessionelle Zuordnung des Katholischen als äußerlich und des Protestantischen als innerlich bestehen. Diese Zuordnung konnte alsbald gar von katholischen Forschern übernommen werden, wurde dann allerdings mit eindeutig antimoderner Wertung versehen.

2. Neu allerdings war, daß die Unterscheidung Innerlich und Äußerlich auf den historischen Prozess übertragen wurde. Ob bei Treitschke, von

---

schen Kirchenhistoriker Joseph Lortz eine unpolemische Auseinandersetzung mit der Reformation begonnen haben, wie dies gemeinhin noch angenommen wird.

[36] Dabei war der konfessionelle Standpunkt so manches protestantischen Historikers durchaus auch von einer Überwindung der konfessionellen Polemik geprägt; vgl. hierzu etwa von Belows Annäherungen an Görres wie sie bei STEIN (wie Anm. 34), S. 371, dargestellt ist.

[37] Hierzu ausführlicher die Arbeiten von OEXLE und ANGENENDT (wie Anm. 1).

Schubert, Haller, Georg von Below: Das Mittelalter galt als die Zeit des Außen und der Form, während Neuzeit und Moderne mit dem Individuellen,
Inneren und Subjektiven gleichgesetzt wurden.

3. Schließlich wurde die Zuweisung nun auch national-ethnisch getroffen. Auch dies bei Ranke grundgelegt, wurde es nun mit dem politisch-na-
tionalen Gedanken verbunden und auch für die Rassenideologie genutzt.
Man könnte Historiker wie die kirchenhistorische Zunft gleich welcher
Konfession Revue passieren lassen. Wie sehr die rassischen Vorstellungen
das Spätmittelalterbild durchzogen sei lediglich an Gerhard Ritter vorgeführt. Ritter – später selbst im Kreis um den 20. Juli und Bekennender
Christ – konnte noch 1931 – fast im Rankeschen Wortlaut – schreiben, daß
die Reformation aus einem seit dem 13. Jahrhundert schwelenden „geheimen Widerstreit zwischen dem [formal-äußerlichen] Geist des romanischen
Kirchentums und den Gemütsbedürfnissen einer besonderen deutschen
Frömmigkeit" entstanden sei.[38] In seiner Luther-Biographie, die gänzlich
von deutsch-nationalen Gedanken geprägt ist, zeichnet er freilich ein sehr
differenziertes Bild. Zwar übernimmt er alle bipolaren Modelle, doch warnt
er davor, die Völkerpsychologie allzu sehr über die historischen Prozesse zu
stellen. Dennoch ändert dies nichts daran, daß auch Ritter in Luther das
Deutschtum zu der ihm eigenen Christlichkeit finden sieht.[39]

Der Gedanke von der spezifisch germanischen Innerlichkeit, die in der
Reformation zu ihrer gültigen Entfaltung gekommen sei, wird 1917 ebenso
wie in der Zwischenkriegszeit zum entscheidenden Erklärungsmodell für
einen spezifisch deutschen Weg des Christlichen. Auch dies war bereits bei
Ranke grundgelegt: Wenn auch bei weitem nicht so politisch zugespitzt,
konnten nach ihm die Romanen das Neue nicht schaffen, sondern eben nur
die Germanen.[40] Daß es sich dabei keineswegs um ein rein protestantisches
Phänomen handelt, liegt auf der Hand. Katholiken wie Josef Lortz etwa
sollten ebenfalls über das Verhältnis von Innerlichkeit und Äußerlichkeit
zum nationalen Gedanken finden.[41] Doch konnten solche bipolaren ethnischen Zuordnungen, zumal wenn sie für die eigene Zeitdiagnostik frucht-

---

[38] GERHARD RITTER: Die geistigen Ursachen der Reformation, in: Zeitwende 7,
1931, S. 1–13, hier S. 9. Zur katholischen Spielart dieses ethnischen Argumentes bei JOSEF
LORTZ vgl. WIM DAMBERG: Das Spätmittelalter. Wandel eines Epochenbildes und Konsequenzen für die Reformationsdeutung von Joseph Lortz, in: Historisches Jahrbuch 117,
1997, S. 168–180.

[39] Vgl. die Einleitung zu seinem Lutherbuch: GERHARD RITTER: Luther. Gestalt und
Tat, München ³1943. Bezeichnenderweise fällt diese Einleitung im Laufe der 50er Jahre
aus den Neuauflagen heraus und wird durch eine andere ersetzt.

[40] Vgl. RANKES ‚Umriß einer Abhandlung über die Einheit der romanischen und germanischen Völker und von ihrer gemeinschaftlichen Entwicklung', in: DERS.: Geschichten der romanischen und germanischen Völker von 1494 bis 1514, Leipzig 1885, S. XV–
XXX.

[41] Vgl. DAMBERG (wie Anm. 38).

bar gemacht werden sollten, durchaus auch kritisiert werden, wie sich etwa an Max Scheler vorführen ließe.[42]

3. Die Entdeckung des symbolischen Verhaltens
zu Beginn des 20. Jahrhunderts und seine Konsequenzen
für das Spätmittelalter-Bild

Ob vom konfessionellen Standpunkt, der historischen Synchronisation oder der ethnisch-nationalen Bestimmung: In den 20er Jahren gerät die Frage nach der Verinnerlichung und Veräußerlichung in der Spätmittelalterforschung ganz in die Bahnen eines neuen Interesses am Symbolischen und jener Mittelalterbegeisterung, die Otto Gerhard Oexle ausführlich beschrieben hat.[43] All dies freilich mit durchaus divergierenden Konsequenzen. Insgesamt geschieht die Untersuchung des späten Mittelalters nun ganz unter dem Eindruck des Ersten Weltkrieges und im Fluidum des Kulturpessimismus der Weimarer Zeit. Am Spätmittelalter vermeinte man, die Bedingungen kultureller Krisen und neuer Anfänge überhaupt studieren zu können.

Das programmatische Schlagwort hierzu war „Zeitwende", das positiv oder negativ auf das Spätmittelalter angewandt wurde. Eine Fülle einschlägiger Publikationen griff nicht zufällig auf dieses Schlagwort zurück:

1. 1925 benannte sich die protestantische Zeitschrift ‚Furche' in ‚Zeitwende' um. Wie bei ihrem katholischen Pendant, dem ‚Hochland', ging es auch ihr um eine religiöse fundierte Auseinandersetzung mit der Gegenwartskultur.[44] Dem Titel entsprechend erschienen dann etliche Aufsätze zum späten Mittelalter, wie etwa Gerhard Ritters Reforma-

---

[42] Vgl. MAX SCHELER: Vom kulturellen Wiederaufbau Europas, in: Hochland 15, 1918, S. 663–681, insbes. S. 664f., wo er gegen das Paradigma vom romanischen Formwillen und der germanischen Innerlichkeit mit Blick auf die Herausforderungen nach dem Ersten Weltkrieg schreibt: „Ein weit gefährlicherer Feind als der Positivismus aber ist für das humanistische Bildungsideal als gemeinsam europäischer Bestandteil der nationalen Bildungsideale gegenwärtig der reflektierte Kulturnationalismus. Er tritt, weniger in England und Russland, sehr stark aber in den romanischen Ländern und in Deutschland hervor. Dort der Begehr nach einer spezifisch ‚lateinischen Renaissance, d.h. einer wesentlich rhetorischen Formkultur', der sich auch schon einige besonders französisch-italienische Gesellschaften gewidmet haben. Hier ein Durcheinander von Forderungen, die bald in der grotesken Form des Alldeutschtums eine resolute Ausscheidung sowohl des ‚jüdisch-christlichen Geistes', wie man hier zu sagen sich erkühnt, als des antikischen ‚Renaissancegiftes' aus der deutschen Seele fordern, an den germanischen Mythos anknüpfen wollen und unter einseitiger Pflege der vaterländischen Geschichte im Sinne einer Helden- und Kriegsgeschichte einen möglichst luftdichten Abschluss des germanischen Geistes in sich selbst verlangen."
[43] Wie Anm. 1.
[44] Eine systematische Durchsicht der ‚Zeitwende' wie des ‚Hochlandes' steht aus. Da-

tionsaufsatz[45] und Justus Hashagens ‚Risse im Mittelalter‘[46]. So sehr mit der „Zeitwende“ an die Metaphorik der Anfänge des Christentums sowie an dessen Apokalyptik angespielt werden sollte: Nun wurden die eigene Zeit wie auch das Spätmittelalter einem apokalyptischen Wendeparadigma unterzogen. Die anstehende Zeitwende der eigenen Kultur und Gesellschaft sollte mit Blick auf Spätmittelalter und Reformation als historisches Vorbild und Lehrbeispiel dienen. In katholischen Kreisen war das Wendeparadigma nicht minder bekannt. Die unterschiedlichsten Artikel zum späten Mittelalter etwa im ‚Hochland‘ zeigen dies deutlich. Luzian Pfleger etwa, Neffe und Biograph von Nikolaus Paulus, benutzt dies überdeutlich in seinem Aufsatz zur „Beurteilung der vorreformatorischen Zustände“: die Rede vom „Zersetzungsprozeß des 15. Jahrhunderts“ und der „Regeneration“ weist nur zu deutlich auf den apokalyptischen Hintergrund hin.[47] Gleichermaßen etwa griff Max Scheler auf den Übergang vom Mittelalter zur Renaissance in seinem Aufsatz ‚Vom kulturellen Wiederaufbau Europas‘ zurück.[48]

2. 1932 untertitelt Willy Andreas sein ‚Deutschland vor der Reformation‘ mit „Eine Zeitenwende“[49]. Schon im ersten Satz zeigt er, wie sehr er Zeitwende als kulturdiagnostische Programmatik verstand: „Die Darstellung einer der schwersten Erschütterungen unserer Geschichte, einer wahren Zeitenwende, macht den Inhalt des folgenden Werkes aus, das selber im Zeichen einer allgemeinen, für Deutschland besonders drückenden Kulturkrise erscheint.“[50]

3. Freilich mit der neuen Erfahrung des Schreckens des Dritten Reiches und des zu Ende gehenden Zweiten Weltkrieges, aber mit gleicher Metaphorik und gleichem kulturtherapeutischen Impetus erschien dann 1948 Will-Erich Peukerts zu Unrecht vergessene ‚Die große Wende‘[51], die er sehr bewußt am 2. Februar 1945 (Lichtmess) mit *inter faeces et urinam nascimur* (Paracelsus) überschrieb und ihr einen seiner biographischen Erfahrungen entsprechenden Untertitel verlieh: ‚Das apokalyptische Saeculum und Luther‘. Auch begründet er sein Buch mit der eigenen Zeit: „Meine Untersuchung entstand aus einem inneren Zwange. Ihr Verfasser musste sich Rechenschaft geben. Er mußte versuchen, in den Jahren, als die Grundpfeiler unserer Zeit zu wanken begannen, ‚hinter den Vorhang zu schauen‘. Ein

---

bei dürfte diese wichtige Ergebnisse für die Frage nach der publizistischen Verbreitung des Mittelalterbildes im Schnittfeld von Konfession, Kultur und Politik ergeben.

[45] Vgl. Anm. 38.

[46] Zeitwende 1, 1925, S. 337–348.

[47] Hochland 14, 1917, S. 740–752.

[48] Vgl. SCHELER (wie Anm. 42).

[49] WILLY ANDREAS: Deutschland vor der Reformation. Eine Zeitenwende, Stuttgart 1932.

[50] Ebd. S. 1.

[51] WILL-ERICH PEUKERT: Die große Wende, Hamburg 1948.

vergangenes Geschehen wurde zum Spiegel, in dem das Heute in seinen Grundzügen erkannt wurde."[52]

Ob Katholiken oder Protestanten, Modernitätsbegeisterte oder Mittelalterverehrer: allen galt nun das Spätmittelalter – darin ihrer eigenen Zeit gleich – als eine Epoche des Umbruchs und der Veränderung.

Verhandelt wurden beide Krisen unter dem Stichwort von der Krise des Symbolismus, in der immer neu die Bipolarität von Innen und Außen, Inhalt und Form, Kern und Hülle verhandelt wurde. Im folgenden können nur kürzeste Andeutungen dazu gegeben werden, die eine weit differenziertere Betrachtung verdienten, da hier die zentralen Probleme der Spätmittelalter-Forschung bis in die Gegenwart hinein grundgelegt worden sein dürften.

1. *In allen Kulturwissenschaften lässt sich seit dem Anfang des Jahrhunderts und verstärkt in den 20er Jahren ein neues Interesse sowie ein zunehmend positiveres und weniger normatives Interesse an symbolischen Formen feststellen.* Die Namen von Georg Simmel, Ernst Cassirer, Edmund Husserl, Aby Warburg mögen fürs Erste als Hinweis genügen.

2. *Alle suchten sie nach einer neuen Verhältnisbestimmung von Innen und Außen und betonten in je unterschiedlicher Spielart und mit unterschiedlichen Konsequenzen den Vorrang des Äußeren.*

Ich nenne nur die Stichworte unter denen es verhandelt wurde:

a) Ritus und Mythos – Kult und Dogma: Gerade in religionsphilosophischem Kontext wird nun darüber gestritten, welchem von beiden, dem Rituell-Kultischen oder dem Mythos bzw. Dogma, der Vorrang für die Wesensbestimmung von Religion wie von Kultur überhaupt zuzusprechen sei. In den folgenreichsten Positionen führte dies etwa bei Ernst Cassirer zur Hervorhebung der symbolischen Formen. Der Ritus sei das Primäre, während Mythos und Dogma diesem erst nachgeordnet seien. Anders entschieden sich Friedrich Heiler und Martin Buber, die das Eigentliche des Religiösen im Innern und der Unmittelbarkeit verorteten. Bei aller Phänomenologie, die Heiler in die Religionswissenschaft einführte, letztgültig waren nicht die Phänomene und symbolischen Formen, sondern eben das Wesen der Religion, das allenfalls in den Formen zum Ausdruck kommen konnte.

Nicht zufällig für die in diesen Entwürfen zum Ausdruck kommende Suche nach Sinnvergewisserung dürfte es sein, daß in die gleiche Zeit auch die Entstehung einer eigenen deutschen Religionswissenschaft fiel.[53] Rudolf Ottos ‚Das Heilige' erschien eben gerade 1917 und führte mit seinem Kampf gegen den Rationalismus und seinem Plädoyer für die Innerlichkeit

---

[52] Ebd. S. 647.

[53] Nicht einarbeiten konnte ich HANS G. KIPPENBERG: Die Entdeckung der Religionsgeschichte. Religionswissenschaft und Moderne, München 1997. Die gleichen Paradigmen, insbesondere die Diskussion um die Verhältnisbestimmung von Innen und Außen bzw. symbolischen Formen und religiös-kulturellem Gehalt, die sich für die Spätmittelalter- und Reformationsforschung zeigen lassen, finden sich auch in dieser Diskussion.

gegen Begriff und Form zu heftigen Auseinandersetzungen. Offenbar wurde in diesen Jahren die Verhältnisbestimmung von Ritus und Kult neu austariert.

b) Leben und Form: Von der Bergsonschen Lebensphilosophie ausgehend sollte die Gegenüberstellung von Leben als dem Ungestüm-Dynamischen und der Form als dem Statisch-Geordneten geradezu zu einem methodischen Paradigma für die unterschiedlichsten kulturwissenschaftlichen Ansätze werden. In der Soziologie war Georg Simmel von dieser Dichotomie sehr geprägt. Katholischerseits wandten Max Scheler und die katholischen „Existentialisten" wie Theodor Haecker, Ferdinand Ebner und Theodor Steinbüchel das Paradigma an, um dadurch den am Mittelalter geschärften objektiven Geist des Katholischen zu unterstreichen. Das für das Mittelalterbild der 20er Jahre weithin bekannte Werk ,Das Mittelalter und Wir. Ein geschichtsphilosophischer Versuch über den Sinn eines Zeitalters' (Bonn 1923) des Scheler-Schülers Paul Ludwig Landsberg[54] ist von dieser Polarisierung von Leben und Form gänzlich durchdrungen.

Soziologen, Religionsphilosophen wie Historiker versuchten mit solchen Ansätzen, dem Formalen seine Dignität zurückzugeben. Gerade in den katholischen Entwürfen, zumal den mediävistischen Arbeiten Landsbergs und anderer, sollte so ein antimoderner Einspruch formuliert werden, der gegen die „Ungebärdetheit des Lebens" bei Nietzsche die Notwendigkeit von Form und Gestalt einforderte, deren Höhepunkt man gerade im Spätmittelalter erblickte.

Kants Verhältnisbestimmung von Begriff und Anschauung wird nun auf die Leben-und-Form-Konstellation übertragen. Entsprechend formulierte der protestantische Religionswissenschaftler Heinrich Frick in seinem Band ,Religiöse Strömungen der Gegenwart' (Leipzig 1923), der bezeichnenderweise mit „Das Heilige und die Form" untertitelt war: „Geist ohne Gestalt ist blind, Form ohne Kraft (= Geist) ist leer." Und analysierte ersteres als Gefahr der „Gemeinschaftsbewegung" und zweiteres als Gefahr der liturgischen Bewegung. Der George-Kreis wird in dieser Linie durch seine ganz ähnliche neue Betonung der Form für die Mittelalterforschung sowohl als Impulsgeber als auch als Impulsempfänger wichtig; Wolfram von den Steinen und Ernst Kantorowicz sind hier nur die bekanntesten Gestalten.

c) Letztlich ist es das Verhältnis von Subjekt und Objekt, das durch Husserls Phänomenologie neu bewertet wird und der Welt des Objektiven einen höheren Wert zumißt. Zumindest in der Husserl-Rezeption ist ein antimoderner Zug dann unverkennbar. Nicht nur, daß aus dem Schülerkreis Husserls einige, wie etwa Edith Stein, die Konversion zum Katholizismus wählten, weil sie dort den objektiven Geist walten sahen. Theologen wie etwa Romano Guardini erarbeiteten gerade am Mittelalter diesen Geist des

---

[54] Zu Landsberg und seinem Mittelalterbild vgl. OEXLE: Das Mittelalter als Waffe (wie Anm. 1).

Objektiven im Katholischen und stellten ihm Spätmittelalter und Reformation als subjektivistische Dekadenz gegenüber.[55]

3. *In der Spätmittelalterforschung der 1920er bis 1940er Jahre wird diese neue Wertschätzung des Symbolischen – ob nun in der Spielart von Ritus/Kultus, von Form oder des Objektiven – in unterschiedlicher und durchaus ambivalent zu bewertender Weise fruchtbar. Einerseits nämlich dient sie als Paradigma im Kampf um und gegen die Moderne, als Kulturdiagnostik oder gar als Kulturtherapeutikum. Andererseits aber verhilft sie zu manchem methodischen Neuansatz.*

Der Symbolismus als Waffe im Kampf gegen die Moderne sei am katholischen Spätmittelalterbild vorgeführt. Der Symbolismus gilt hier als das Signum des Mittelalters schlechthin. Dessen Sub-Signaturen (Kollektivismus, Irrationalismus, Objektivismus) haben, wie Otto Gerhard Oexle[56] und jüngst Arnold Angenendt[57] gezeigt haben, das Mittelalterbild der 20er Jahre weithin geprägt. Verhandelt wurden freilich alle drei Signaturen unter dem Signum des „Symbolismus". Letztlich bleibt es ein Forschungsdesiderat, die theoretischen Positionen im Streit um den Stellenwert des Symbolischen sowohl für die Mittelalter-Geschichtsschreibung als auch für Lebenspraxis und Ideologiebildung auszuleuchten. Vorerst jedenfalls spricht vieles für die These, daß gerade das bipolare Denken, bei dem immer zwischen einer unsymbolisch-unmittelbaren Innenseite und der symbolisch-vermittelnden Außenseite getrennt wurde, das ausschlaggebende Denkmodell war, das nicht nur zu einer scharfen Grenzziehung zwischen Mittelalter und Reformation führte, sondern darüber hinaus auch die historische Beschreibung politisch verzweckbar werden ließ. Letztlich muß man gar fragen, ob nicht gerade die aufgezeigten bipolaren Modelle, die in Philosophie und Soziologie verhandelt wurden, nicht gar überhaupt das Spätmittelalterbild generierten. Trifft dies zu, wäre darin der Schlüssel einer Epochenimagination gefunden, die die Spätmittelalterforschung bis in unsere Tage hinein prägte. Dann aber wäre zu überprüfen, inwieweit die beständige Forschungsfrage nach der Veräußerlichung der spätmittelalterlichen Welt nicht ein Problem der Epoche selbst war, sondern durch das bipolare Beschreibungsmodell überhaupt erst geschaffen wurde.

Das symbolische Weltbild des Mittelalters und dessen Sinnvergewisserung durch symbolische Formen wurden jedenfalls von der katholischen Kulturzeitschrift ‚Hochland' ebenso propagiert wie von Theologen wie etwa Romano Guardini und Kirchenhistorikern vom Schlage eines Josef Lortz. Dem Spätmittelalter – so Lortz – eigne es, diesen Symbolismus durch Innerlichkeit einerseits und veräußerlichende Hypertrophie andererseits zu „zersetzen". Das Paradebeispiel „Nominalismus" ist weithin bekannt.[58]

---

[55] Vgl. hierzu demnächst ANGENENDT (wie Anm. 1).
[56] Wie Anm. 1.
[57] Ebd.
[58] Vgl. dazu DAMBERG (wie Anm. 38).

Ohne Frage leitete Lortz katholischerseits einen Neuansatz im Spätmittelalter-Bild ein.[59] Anders als noch von Janssen, der gerade die Blüte des Äußeren als Signum einer intakten Religiosität sah, werden seit den 1910er Jahren auch von Katholiken eine übertriebene und inhaltsleere Veräußerlichung sowie Tendenzen der Verinnerlichung im späten Mittelalter beschrieben. Doch wird dies nicht wie bei den Modernitätsgläubigen des 19. Jahrhunderts als Fortschritt gefeiert, sondern im Gegenteil als Dekadenz („Zersetzung") vom zur Norm des Christlichen erhobenen Symbolismus des Mittelalters verstanden.

Dieses Dekadenzmodell teilen die katholischen Autoren mit den meisten zeitgenössischen Spätmittelalterforschern. Justus Hashagen[60] sollte ja in der protestantischen ‚Zeitwende' entsprechend die „Risse im Mittelalter" beschreiben. Aus ihnen stieg nun nicht mehr der Geist der Moderne als gefeierter Geist einer neuen Stabilität auf, sondern die Zersetzung des symbolischen Kosmos, der mit „heidnischen Ideen" den Symbolismus des Mittelalters zerstörte.

Zeigt sich an solchen Mittelalter- und Spätmittelalterbildern wie sehr das Symbolische zur Beschreibungs- und Deutungskategorie werden konnte, so wird zudem allenthalben die Rückkehr zum Symbolismus als Therapeutikum der eigenen Kultur empfohlen, die sehr konkrete Folgen zeitigte. Ich deute dies nur an einigen wahllosen Beispielen aus Religions- und Forschungspraxis an: Katholischerseits suchen die liturgische sowie die Jugendbewegung im Rückgriff auf das Mittelalter neue Sinnvergewisserung in äußeren Formen. Als etwa 1919 der katholische Jugendverband „Bund Neudeutschland" gegründet wurde, gab dieser sich den Wahlspruch „Neue Lebensgestaltung in Christus". Schon im Motto waren also Leben und Gestalt zusammengeführt und es nimmt nicht Wunder, daß auch hier das Mittelalter wieder das Vorbild abgab. Bis in Sprache und Organisationsform jedenfalls griff man auf mittelalterliche Vorbilder zurück. Evangelischerseits konnte die Formsuche gleichermaßen sich am Mittelalter orientieren, so etwa, wenn man an den expressionistischen Kirchbau in Berlin-Schmargendorf denkt, wo die Heilig-Kreuz-Kirche mit einer mittelalterlich konzipierten Brauthalle ausgestattet wurde. In der Jurisprudenz gab es ebenfalls eine Rückwendung zur mittelalterlichen Symbolwelt; so etwa forderte Rudolf Smend 1928 neue symbolische Repräsentationsformen des Staates. Für die Geschichtsschreibung reicht es an Ernst Kantorowicz und Percy Ernst Schramm zu erinnern, deren Arbeiten wohl in der Linie dieser Suche nach Symbolvergewisserung zu verstehen sein dürften. Schramm hat dies ausdrücklich formuliert und schloß sich all denen an, die das Mittelalter dort zu Ende sahen, wo das Symbolische sich überlebt habe.

---

[59] Ebd.
[60] JUSTUS HASHAGEN: Risse im Mittelalter, in: Zeitwende 1, 1925, S. 337–348.

Wie eng sich diese Symbolsuche mit nationalsozialistischen Ideen verbinden ließen, liegt auf der Hand.[61] Für Josef Lortz jedenfalls ist sie überdeutlich – erhoffte er doch von den Nationalsozialisten, daß sie die durch
die Zersetzung des Spätmittelalters entstandene Spaltung des deutschen
Volkes überwandten. Seine ökumenische Idee – zur Zeit seiner Publikation
gar nicht mehr neu – dürfte unter dem Strich der nationalen zu verdanken
gewesen sein. Zersetzung des Formalen der mittelalterlichen Welt wie die
Wendung ins Subjektiv-Innerliche galten so den Mittelalterbegeisterten
wie den Vertretern der Moderne als Signaturen der ganzen spätmittelalterlichen Welt.

Zeigt die deutsche Spätmittelalterforschung mit ihrer Suche nach einer
Überwindung der spätmittelalterlichen Symbolzersetzung dergestalt Wege,
die durchaus mit der nationalsozialistischen Ideologie konform gehen
konnten, so hatte Jan Huizinga freilich schon 1919 von einem ganz ähnlichem Ausgangspunkt einen völlig anderen Weg beschritten: Obschon auch
er in seinem ‚Herbst des Mittelalters‘ von der spätmittelalterlichen Zersetzung des Symbolismus ausging, studierte er dies nicht an den deutschen
Verhältnissen, sondern am Beispiel des burgundischen Hofes.[62] Gleichermaßen sind auch bei ihm die kulturkritischen Töne nicht zu überhören.
Doch so sehr er die Betrachtung des symbolischen Verhaltens und das Dekadenzmodell der Deutschen teilte, bei ihm ging beides in völlig andere
Richtung.

Er wollte keine Rückkehr zum mittelalterlichen Symbolismus, sondern
eine Suche nach neuen, der Moderne angemessenen Formen. Nicht zufällig
überschrieb er entsprechend sein letztes Kapitel ‚Das Kommen der Neuen
Form‘. Nicht der Rückgriff auf das Alte war für ihn entscheidend, sondern
die neue Form, die sich durch die anscheinend übersteigerten äußeren Formen des späten Mittelalters hindurch zu entwickeln schien. Dabei blieb er
gänzlich skeptisch gegenüber der deutschen Hoffnung auf eine Rückkehr
des mittelalterlichen Symbolismus. Fraglos diagnostizierte auch er in seiner
kulturkritischen – in Deutschland kaum bekannt gewordenen Schrift – ‚In
den Schatten von morgen. Eine Diagnose des geistigen Leidens unserer
Zeit‘[63] (1935) eine Kulturkrise seiner Gegenwart und verglich diese ausdrücklich mit dem 15./16. Jahrhundert. Dabei aber blieb der Vergleich ein
wesentlich formaler. Das Studium vergangener „Kulturkrisen" könne nicht
dazu anhalten, vor diese Krisen zurückzugreifen, sondern lediglich an ihnen
zu studieren, wie sie überwunden werden können. Einen Weg zurück hinter
die Neuzeit schlug er entsprechend aus.

---

[61] Vgl. die Andeutungen bei Damberg (wie Anm. 38) und Angenendt (wie Anm. 1).
[62] Zu Huizinga und seinem kulturgeschichtlichen Ansatz vgl. Christoph Strupp: Johan Huizinga. Geschichtswissenschaft als Kulturgeschichte, Göttingen 2000.
[63] Ich benutze die 4. Auflage von ‚In de schaduwen van morgen. Een diagnose van het
geestelijk lijden van onzen tijd‘, Haarlem 1936. Zur Kulturkritik bei Huizinga vgl.
Strupp (wie Anm. 62), S. 255–278.

Bei aller Wertschätzung und allem bleibenden Verdienst der Arbeit Huizingas zeigen sich jedoch Inkonsequenzen: Geschaffen hat er eine bis heute
unüberholte symbolische Verhaltenslehre der Kultur. Die Anfrage richtet
sich lediglich an sein Dekadenzschema, das bis heute noch viele Historiker
prägt. Wenn man symbolisches Verhalten als Muster der Kulturbeschreibung
ernstnimmt – muss man sich dann nicht eines normativen Davor (Frühmittelalter, so die katholische Lösung) und Danach (so Huizinga) enthalten? Ja,
sind dann Beschreibungen wie „symbolische Hypertrophie" oder „Veräußerlichung" überhaupt sinnvolle Bestimmungen? Oder muß man nicht
symbolisches Verhalten zu allererst in sich beschreiben und fragen, welche
Normen durch dieses konstituiert werden und welches Kultur- und Gesell-
schaftsmodell bzw. welche soziale Praxis sich in ihm gestaltet?

Der erste der dies für das Spätmittelalter tat, war der heute in Vergessen-
heit geratene und wegen seiner Mystizismen verpönte Will-Erich Peukert
in seiner ‚Grossen Wende‘[64]. Nicht die äußeren Formen – so Peukert – waren im 15. Jahrhundert veräußerlicht und übersteigert, vielmehr hatten sich
alle kulturellen Paradigmen so sehr verändert, daß eben neue Formen an
ihre Stelle traten. In der Lesart Peukerts lösten die bürgerlichen die bäuerlichen Formen eben ab:

*„Ein nicht-mehr-Bauer, Luther [...] rechtete mit der Kirche um die Form der reli-
giösen Äußerungen, und die Kirche hat ihn nicht begriffen; niemand begriff, daß eine
neue, daß die nach-bäuerliche Zeit, in den Tagen ihre Ansprüche angemeldet hatte.
Der Gegner der Kirche hieß nicht Luther, der Gegner der Kirche und der Formen
dieser Kirche war die neue, die nachbäuerliche Zeit; die Zeit, die an die Stelle des
umfassenden Wertes Kirche einen Wert „Kultur" zu rücken suchte [...] Nicht also,
und so gelangen wir nun zum Wesentlichen, war etwa das Christentum des fünfzehnten Jahrhunderts ausgeartet und veräußerlicht, es paßte in dieser Zeit nur nicht
in die im fünfzehnten Jahrhundert stark und immer stärker sich anmeldende neue
Zeit [...] Wenn aber das alles gilt, dann war die Kirche nicht verderbt, wie man in
den konfessionell gerichteten Kirchengeschichten immer wieder nachgewiesen findet.
Und nicht um der Verderbtheit einer Kirche willen sank die mittelalterliche Welt zu
Grabe, stieg die neue auf. Weil eine Kultur verging, deswegen und nur aus diesem
Grunde ist die Kirche dieser untergehenden Kultur dem Frühlingssturm des Kommenden erlegen. Nicht weil sie schlecht war, sondern weil sie einer Welt gehörte, die in
ihrem Glanz vorüber war. "*[65]

So sehr man heute die Vorstellung von einer Ablösung der bäuerlichen
durch die bürgerliche Kultur zurückweisen wird: methodisch hob Peukert
die Forschung auf einen neuen Stand. Das Paradigma von Veräußerlichung
und Verinnerlichung, bis heute nicht nur in der Kirchengeschichtsschrei-

---

[64] Vgl. Anm. 51.
[65] Ebd. S. 78ff.

bung lebendig, war zerbrochen. Statt auf dieses zu achten, galt und gilt es fortan, die Veränderungen kultureller Paradigmen und die sich darin verändernden religiösen Formen zu beschreiben.

4. Forschungsperspektiven

Die vorhergehenden Bemerkungen sind zugegebenermaßen bruchstückhaft und vorläufig. Deshalb sollen abschließend einige Punkte für die weitere Arbeit dargestellt werden:

1. Die philosophischen Konzepte von Hegel bis Husserl sowie die Kulturkritik der 20er Jahre waren weitgehend von den bipolaren Modellen von Form und Gehalt, Hülle und Kern, Außen und Innen, Objektiv und Subjektiv geprägt. Diese Kategorien bestimmten nachdrücklich die Forschungspraxis und damit die Sicht des späten Mittelalters. Damit aber gilt es, diese Kategorien weit mehr als bisher selbst wiederum zu historisieren. Anderenfalls könnte es sein, daß durch die Hintertür solcher Kategorien nicht nur unser eigenes Spätmittelalterbild beeinflußt wird. Zudem könnte die methodische Grundfrage nach Norm und Realität, nach Innerlichkeit und Äußerlichkeit gar nicht so sehr eine Frage der Zeit selbst gewesen sein, sondern sich jener Epochenimagination verdanken, die wir von der konfessionellen, deutsch-nationalen wie auch kulturkritischen Geschichtsschreibung des 19. und der ersten Hälfte unseres Jahrhundert geerbt haben.

2. Die Historisierung unserer Kategorien tut jedenfalls in weit differenzierterer Weise Not, als dies im vorliegenden Aufsatz geschah. Ganze Fächer gar, wie etwa die Volkskunde und Religionswissenschaft verdanken ihre Entstehung in weiten Teilen ja gerade der Symbolbegeisterung oder wenigstens Symboldebatte der 20er Jahre. An Rudolf Otto haben wir oben erinnert. Für die Volkskunde ließe sich Ähnliches zeigen. Adolf Spamers Arbeiten über die „Zersetzung" von Handschriften etwa, dürfte nicht zufällig den gleichen Begriff gewählt haben, der anderen als Signum des späten Mittelalters überhaupt galt. Solche Analogien über die Fachgrenzen hinweg gilt es erst noch zu sammeln. Für die Spätmittelalterforschung jedenfalls dürfte die Symboldebatte der 20er Jahre noch lange nicht ausreichend erhellt sein. Fest freilich dürfte stehen, daß das Spätmittelalter – betrachtet man seine publizistische Präsenz – zum *tempus classicus* für das Studium der kulturellen Krise aufstieg. Die Mittelalterbegeisterung der Jahrhundertwende wie der 20er Jahre entzündete sich jedenfalls vornehmlich eben am Spätmittelalter und der an ihm diagnostizierten Krise des Symbolischen. Suchte man am Mittelalter, vor allem dem Frühmittelalter, Identität, so am Spätmittelalter und der ‚Reformation', die Krise und ihre Überwindung zu studieren. Jedenfalls läßt sich am Beispiel der katholischen Zeitschrift ‚Hochland' zeigen, daß der „heile" Symbolismus dem Frühmittelalter und der Romanik zugeordnet wurde, die Krise des Symbolismus dagegen dem Spätmittelalter. Ob es ver-

wunderlich ist, daß nach dem Zweiten Weltkrieg zunächst einmal die Früh-
mittelalter-Forschung so hohe Konjunktur hatte? Wie heute umgekehrt in
einer Zeit, da allenthalben etwa über die Konsequenzen der neuen Medien
diskutiert wird, nicht zufällig das symbolische Verhalten im Spätmittelalter
neue Urständ feiern dürfte.

3. Doch wäre viel weiter zu fragen. Konkret müssten die bekannten und
zum Teil schon aufgearbeiteten Gruppenbildungen, die den Symbolismus
geradezu auf ihre Fahnen schrieben (George-Kreis; Bund Neudeutschland
etc.), unter dem Gesichtspunkt des bipolaren Denkmodells erforscht werden. Dabei müsste verstärkt auch die konfessionelle Frage mit einbezogen
werden. Das Forschungsinstitut für Sozialwissenschaften in Köln um Max
Scheler, die Jugend- und Liturgiebewegung wie auch die konfessionelle
Publizistik (etwa die Zeitschriften ‚Hochland‘ für die Katholiken und die
‚Zeitwende‘ für die Protestanten) stellen vorzügliche Forschungsgegenstän-
de dar.

4. Neben den religionswissenschaftlichen und theologischen Symbolstu-
dien (Odo Casel etc.) wären die Soziologen und deren Einfluss auf die Spätmittelalterforschung weiter zu überprüfen. Auffällig jedenfalls ist, daß Georg von Below die Auflösungen des symbolischen Verhaltens im Spätmittelalter mit Georg Simmel erklärte, der die Reformation aus dem Prinzip der
Kraftersparnis verstehen wollte, indem nämlich der heilsbedürftigen Seele
der Umweg über das Priestertum erspart worden sei.[66] Dabei wäre vor allem darauf zu achten, wie sich die unterschiedlichen Symbolkonzeptionen
nicht nur auf die Spätmittelalterforschung niederschlugen, sondern mittels
dieser wiederum auch für Modernisierungskonzepte auf der einen und
rückwärtsgewandte Kulturkritik auf der anderen Seite genutzt werden
konnten.

Der Einfluß Ernst Cassirers, Georg Simmels, Aby Warburgs u.a. auf
Theologie und Geschichte wäre viel detaillierter als bislang aufzuarbeiten.
Die Tatsache etwa, daß Will-Erich Peukert einer der wenigen deutschen
Spätmittelalterforscher war, der in seinem Literaturverzeichnis auf Cassirer
und Warburg verwies, dürfte daraufhin deuten, daß auch ein Strang des
neuen Symbolverständnisses greifen konnte, der nicht zwangsläufig zu einem Renaissance-Versuch des mittelalterlichen Symbolismus führen musste. Die Bedeutung von Cassirers ‚Philosophie der symbolischen Formen‘
liegt insgesamt für die Geschichtsforschung wie für die Theologie noch
weitgehend im Dunkeln.

5. Schließlich wäre mit Blick auf unsere eigene Forschungspraxis zu fragen, ob die Prozesse, die wir für das 15./16. Jahrhundert behaupten, nicht
bereits viel früher anzusetzen wären und die Beschreibung eines Transfor-
mationsprozesses des symbolischen Verhaltens schon im 12./13. Jahrhun-

---

[66] Georg von Below: Die Ursachen der Reformation, München – Berlin 1917
(= Historische Bibliothek 38), S. 4 mit Anm. 1.

dert[67] viel sachgemäßer wäre als die Annahme einer *revolution symbolique*[68] im 16. Jahrhundert oder wie auch immer die Vorstellung eines Bruches zwischen Mittelalter und Reformation bezeichnet werden mag. Daß sich im Laufe des späten Mittelalters die Verhältnisbestimmung von Form und Inhalt änderte, steht außer Frage, seit wann und aus welchem Grund sie dies tat, gilt es neuerlich anzugehen.

Auch hierin lassen sich Vorreiter feststellen. Was die Epocheneinteilung angeht, hatten Josef Andreas Jungmann, Josef Lortz, Justus Hashagen ganz ähnliche Linien gezogen – freilich aufgrund ihrer Suche nach Normativität. Jedenfalls dürfte die kulturelle Transformationsleistung zwischen 1300 und 1600 in den kommenden Jahren als ein Umbau des symbolischen Gefüges immer stärker in den Blick treten.

6. Die Konsequenzen für die Frage nach der Genese der reformatorischen Bewegung liegen auf der Hand. Nicht nur daß zu prüfen gilt, wie sehr unser Bild von der Reformation überhaupt eine Erfindung der zurückliegenden 150 Jahre Forschung ist. Das Verhältnis von theologischer Idee und kulturellen Veränderungen wäre neu zu bestimmen. Kann man wirklich glauben, daß eine theologische Idee, wie die Rechtfertigungslehre, eine Kultur verändert (wie der ansonsten in hohem Maße verdienstvolle Bernd Moeller dies jüngst noch tat)[69], oder muß man nicht eher davon ausgehen, daß theologische Ideen, um wirken zu können, bestimmter kultureller Voraussetzungen bedürfen? Überdies ist schon fraglich, daß die Rechtfertigungslehre gänzlich neu und unvorbereitet gewesen wäre.

7. Was die Einschätzung des späten Mittelalters als einer Zeit der symbolischen Hypertrophie und Veräußerlichung angeht, läßt sich zudem mittlerweile von der Frühneuzeit-Forschung lernen, daß von einer symbolischen Erstarrung im 15. Jahrhundert und dem entsprechenden Verhalten keine Rede sein kann. Die frühe Neuzeit hat ja – vermutlich in weit höherem Maße als das späte Mittelalter – alle mögliche Handlungsvollzüge mit symbolischen Inszenierungen begleitet.

8. Nicht nur, daß damit Huizingas Leitidee für das späte Mittelalter in Frage steht: Was die Untersuchung des symbolischen Verhaltens überhaupt angeht, dürfte zudem deutlich geworden sein, daß seine Betrachtung des Symbolischen als einer Verdoppelung eines Inhaltes ebenso irreführend sein

---

[67] Ich verweise zu dieser Frage lediglich auf den Band: Kulturelle Reformation. Sinnformationen im Umbruch (1400–1600), hg. v. BERNHARD JUSSEN und CRAIG KOSLOFSKY, Göttingen 1999 (= Veröffentlichungen des Max-Planck-Instituts für Geschichte 145), in dem jüngst ein solches Konzept ausprobiert wurde.

[68] So der Titel der sehr hilfreichen Studie von OLIVIER CHRISTIN: Une révolution symbolique. L'iconoclasme huguenot et la reconstruction catholique, Paris 1991.

[69] BERND MOELLER: Die Rezeption Luthers in der frühen Reformation, in: Reformationstheorien. Ein kirchenhistorischer Disput über Einheit und Vielfalt der Reformation, hg. v. BERNDT HAMM, BERND MOELLER u. DOROTHEA WENDEBOURG, Göttingen 1995, S. 9–29.

kann, wie der beständige Vergleich symbolischen Verhaltens mit irgendwelchen außerhalb seiner zu suchenden Normen. Zunächst gilt es, symbolisches Verhalten in sein eigenes Recht zu setzen. Ob sich dann zeigt, daß es Epochen gibt, die stärker über symbolisches Verhalten funktionieren als andere, wäre dann noch zu prüfen. Zunächst jedenfalls muß unterstellt werden, daß im symbolischen Verhalten immer kultureller Sinn nicht nur aufscheint, sondern überhaupt erst konstituiert wird und zwar in gleich welcher Gesellschaft.

9. Was Veränderungsprozesse angeht, wäre also weniger nach dem Verlust des Symbolischen (P.E.Schramm), seiner Hypertrophie oder Veräußerlichung (Huizinga) zu suchen, sondern nach den Veränderungen der Formen selbst. Dies lässt sich leicht am Beispiel des Gebetes erläutern: Im späten Mittelalter und im Verlaufe der frühen Neuzeit wird beim Beten das körperliche Verhalten durch eine höhere Betonung von Textverstehen, innerem Nachvollzug und Bewährung in der Lebenspraxis verändert. Dabei wird das mimetische Körperverhalten zwar zurückgedrängt, aber von einem Verlust des Körperlichen als Ganzem kann keine Rede sein. Die Formen verändern sich nur: man denke etwa an die Bedeutung des Gesangs in den neugläubigen Kirchen oder an Ignatius von Loyola, der zwar keine körperliche Mimesis im Gebet mehr kennt, dafür aber die Ruhigstellung des Körpers und ähnliches mehr um so nachdrücklicher fordert. Trotz der Ablehnung der körperlichen Mimesis bleibt also der Körper nicht weniger in der religiösen Praxis präsent. Nicht die soziale, religiöse oder kulturelle Praxis wird weniger formlos oder das symbolische Verhalten überhaupt gar verdrängt. Allein die Formen und die Symbole sind kulturellem Wandel unterworfen.

Die unterschiedlichen, in den letzten Jahren erst begonnenen Großprojekte zur Symbolik dürften dazu helfen, das symbolische Verhalten in sein eigenes Recht zu setzen, und lassen erwarten, daß dies auch zu einer neuen Bewertung der symbolischen Formen und symbolischen Kommunikation im Spätmittelalter überhaupt wie in der spätmittelalterlichen Religiosität im besonderen führen wird.

Leben und Streben
in spätmittelalterlichen Frauenklöstern[1]

Petra Seegets

Für Uli, Erna und Frau Herold

„Leben und Streben in spätmittelalterlichen Frauenklöstern" – im Kontext der Sektion „Sein und Schein – Spätmittelalterliche Frömmigkeit im Spannungsfeld zwischen Anspruch und Wirklichkeit" erweckt dieses Thema Assoziationen, die sich auf die Diskrepanz oder gar den Widerspruch zwischen „Leben" und „Streben" beziehen. Die Konjunktion „und" wäre in diesem Fall disjunktiv, eventuell auch adversativ gebraucht, um aufzuzeigen, inwieweit die hehren Ansprüche christlicher, durch die geistlichen Orden geformter Glaubens- und Lebensideale einerseits und die reale Existenz mittelalterlicher Klosterfrauen andererseits auseinanderklafften.

In der Tat sind vorreformatorische, das heißt aus einer Zeit, die nicht durch grundsätzliche Kritik am Ordenswesen bestimmt ist, stammende Quellen bekannt, in denen ein Bild von Nonnen gezeichnet wird, die mehr oder weniger stark gegen die klösterlichen Regeln oder Konventionen verstoßen und auf diese Weise als Hinweis dafür gelten können, daß auch der Bereich eines mittelalterlichen Frauenklosters keine heile, allein auf die Ewigkeit hin ausgerichtete Welt darstellte: Da pflegen Ordensschwestern unkeusche Beziehungen zu Männern – schlimmstenfalls zu Priestern und Mönchen[2] –, sie nehmen es mit Armutsgelübde und Klausurforderungen nicht so genau[3], oder sie leben nicht aus frommer Gesinnung im Kloster, sondern weil sie von ihren Familien dorthin abgeschoben wurden[4].

---

[1] Für wertvolle Anregungen und Hinweise danke ich herzlich Barbara Steinke.

[2] Vgl. Daichman: Wayward Nuns, v.a. S. 5–10, und McNamara: Sisters, S. 353–362 und 365–371.

[3] Verstöße gegen das Armutsgelübde scheinen häufiger an Mönchen als an Nonnen bemängelt worden zu sein (so bereits Degler-Spengler: Klarissenkloster, S. 74), sorgten jedoch auch in Frauenklöstern für Auseinandersetzungen (vgl. Kist: Klarissenkloster, S. 23). Dagegen galt die Verletzung der aktiven und passiven Klausur stärker als weibliches Vergehen (vgl. Degler-Spengler: Klarissenkloster, S. 65, und Daichman: Wayward Nuns, S. 20), weshalb man diesem Thema bei der Einführung von Reformen in Frauenklöstern enorme Aufmerksamkeit schenkte (vgl. Boris: Communities, S. 116 und 118f).

[4] Vgl. McNamara: Sisters, S. 354 und 364.

Ich werde mich im vorliegenden Aufsatz allerdings nicht solch augenfälligen und zuweilen skandalösen Vorgängen und Zuständen zuwenden, die ein vordergründig reizvolles, aber zu wenig differenziertes Bild des Verhältnisses von Anspruch und Wirklichkeit malen[5]. Es geht vielmehr darum, einige Aspekte der zwar unspektakulären, jedoch produktiven Spannung zwischen Streben und Leben herauszuarbeiten, die die Existenz spätmittelalterlicher Nonnen bestimmte. Die herangezogenen Quellen stammen dabei aus dem Bereich der beiden Nürnberger Frauenklöster St. Katharina (Dominikanerinnen) und St. Klara (Klarissen) während des 15. und frühen 16. Jahrhunderts, wobei der Schwerpunkt auf Texten aus dem umfangreichen Bestand des Dominikanerinnenkonventes liegen wird[6].

Ich werde zunächst erläutern, was ich im vorliegenden Zusammenhang unter dem Begriff der „produktiven Spannung" verstehe und dies anhand eines ereignisgeschichtlichen Beispiels kurz illustrieren. Danach werde ich mich zwei Themen zuwenden, die in der literarischen Überlieferung beider Klöster immer wieder auftauchen und die Beziehung von Anspruch und Wirklichkeit reflektieren.

Spreche ich von einer „produktiven Spannung", so geht es um folgendes: Das Leben, verstanden als die irdisch gebundene Existenz der Nonnen und ihre Bewältigung, sowie das Streben im Sinne einer zielgerichteten Orientierung, die mit dem Interesse ihrer Umsetzung in die Realität verbunden ist, Leben und Streben also waren in beiden spätmittelalterlichen Klöstern auf das engste miteinander verflochten und standen in einer fruchtbaren, wirkkräftigen Wechselbeziehung. Das primär aber nicht ausschließlich von religiösen Faktoren bestimmte Streben zielte darauf ab, die irdische Existenz zu prägen und in eine erfolgversprechende Vorstufe zum erwarteten Leben nach dem Tod zu verwandeln, indem es drängte, monastische Normen und Ideale in die Gestaltung des Alltags umzusetzen. Das einer Vielzahl von weltlichen und geistlichen Einflüssen unterworfene Leben wiederum bot die Möglichkeit, Impulse des Strebens aus der Sphäre der guten Vorsätze und Absichten in die Realität menschlichen Seins im Hier und Jetzt zu transformieren.

Als spannungsreich erwies sich diese Wechselbeziehung insofern, als Leben und Streben in den Konventen häufig nicht ohne die Erfahrung von Scheitern, Überforderung und Frustration in Kongruenz zu bringen waren. Gerade die Spannung zwischen Ansprüchen und realen Gegebenheiten al-

---

[5] Eine umfassende Untersuchung der Frage, inwieweit die gegen Nonnen vorgebrachten Vorwürfe – insbesondere diejenigen der sexuellen Aktivität – tatsächliche Mißstände aufgreifen oder eher als Klischees, literarische Topoi und Produkte männlicher Machtphantasien zu bezeichnen sind (vgl. McNamara: Sisters, S. 371, und Rath: Reich, S. 122f), steht noch aus.

[6] Zu St. Katharina grundlegend: Fries: Kirche, zu St. Klara: Kist: Klarissenkloster, Deichstetter / Eckstein / Machilek: Klarakloster und Caritas Pirckheimer, S. 71–89 (= Katalognummer 41–71).

lerdings war es, die die persönliche Weiterentwicklung einzelner Nonnen hervorbrachte, Veränderungsprozesse in den Gemeinschaften vorantrieb und zu Aufbrüchen anstieß.

Besonders augenfälliges Beispiel für einen Prozeß der Umformung religiöser Existenz in den beiden Klöstern durch sich ändernde bzw. erneut existentiell akzeptierte Ideale sind die Reformen des 15. Jahrhunderts.

Bevor die Nürnberger Dominikanerinnen, mehrheitlich Angehörige des Patriziats und der Ehrbarkeit, 1428 der Observanz zugeführt wurden[7], sträubten sie sich über dreißig Jahre lang erfolgreich gegen alle von Provinzleitung, örtlichem Predigerkloster und städtischem Rat getragenen Versuche, eine strengere Beobachtung der Regel in ihrem Konvent durchzusetzen. Ende 1428 beugten sie sich schließlich der Übermacht der Reformbefürworter und begaben sich unter die Leitung von Schwestern aus dem bereits in die Observanz überführten Konvent Schönensteinbach im Elsaß, die auf Wunsch des Rates nach Nürnberg gereist waren, um durch die Übernahme der Führungsämter im Kloster für eine möglichst zügige und reibungslose Akzeptanz der strengen Regelbeobachtung zu sorgen. Nachdem die Observanz im Katharinenkloster Fuß gefaßt hatte, wurden die dortigen Schwestern nun ihrerseits zum Ausgangspunkt weiterer Klosterreformen, sandten sie doch zwischen 1436 und 1513 acht Reformdelegationen in andere Häuser ihres Ordens[8].

Was die Nürnberger Klarissen anbelangt, so gestalteten sich die Vorgänge um ihre Eingliederung in den observanten Zweig der franziskanischen Ordensfamilie weniger dramatisch, obgleich auch hier über Jahre hin um Erneuerung oder Beibehaltung der konventualen Grundlagen gerungen wurde: Die Mehrheit der ebenfalls aus der Oberschicht der Stadt stammenden Schwestern hegte nach einer Reihe von innerklösterlichen Auseinandersetzungen während der ersten Hälfte des 15. Jahrhunderts[9] das Verlangen nach einer grundlegenden Reform des als defizitär empfundenen Gemeinschaftslebens, so daß sich das Kloster 1452 freiwillig, ja eifrig der Straßburger Observantenprovinz anschloß.[10]

Beide Nürnberger Klöster durchlebten im „Jahrhundert der Reform" unter dem Vorzeichen der Rückkehr zur alten Regel tiefgreifende Veränderungen, die schließlich in eine Neugestaltung des Konventsalltags und der geistlichen Ausrichtung der Schwestern mündeten.

---

[7] Zur Reform des Katharinenklosters allgemein: v. KERN: Reformation (mit einem Abdruck wichtiger Quellen), FRIES: Kirche, S. 19–26, und KIST: Klosterreform, S. 34–36.

[8] FRIES: Kirche, S. 27–32, KIST: Klosterreform, S. 36 und BORIS: Communities, S. 114f.

[9] Vgl. ein um 1410 an den Nürnberger Rat gerichtetes Schreiben der Schwestern (Abdruck bei KIST: Klarissenkloster, S. 153–162).

[10] Zur Reform der Klarissen siehe KIST: Klosterreform, S. 42–44, KIST: Klarissenkloster, S. 19–55, sowie BORIS: Communities, S. 116.

Dabei werden – und hier komme ich auf die bereits eingangs genannten Begriffe zurück – verschiedene Aspekte des Verhältnisses von Streben und Leben, Anspruch und Wirklichkeit sichtbar: Zunächst wird deutlich, daß die Dominikanerinnen bis 1428 prinzipiell davon ausgingen, persönliches Wohlbefinden, klösterliches Leben und spirituellen Anspruch in einer harmonischen Balance zu halten und deshalb keine Veränderungen zu benötigen. Obwohl wichtige Bezugsgrößen aus ihrer Umwelt das im Katharinenkloster praktizierte Streben nach einem gottgefälligen Leben als unzureichend kritisierten, gelang es ihnen über einen beachtlichen Zeitraum hinweg, den Status quo aufrecht zu erhalten.

Im Gegensatz dazu klafften in den Augen vieler Klarissen Anspruch und Wirklichkeit innerhalb ihres Konvents zu weit auseinander: Für sie stellte die keineswegs nur durch Gleichgültigkeit, Bequemlichkeit und die Sehnsucht nach einem ungezwungenen Lebenswandel aufgeweichte, sondern vielfach durch sachliche Notwendigkeiten, Dispense und Privilegien gelockerte Disziplin[11] ein Hindernis auf dem Weg zur geistlichen Vervollkommnung dar, das nur durch einen radikalen Umbruch zu beseitigen war.

Nachdem sie den einschneidenden Schritt in die Observanz getan hatten, engagierten sich beide Konvente bis zum Vorabend der Reformation durch personellen Einsatz in anderen Gemeinschaften für die neu etablierte Strenge. Ein maßgeblicher Grund für dieses Engagement dürfte darin zu suchen sein, daß das andernorts praktizierte klösterliche Leben in den Augen der Nürnbergerinnen unzureichend erschien. Deshalb versuchten sie, zur Besserung der Zustände beizutragen, indem sie ihr eigenes, mittlerweile das Leben formende Streben nach genauerer Regelbeobachtung durch Reformdelegationen in andere Ordenshäuser trugen und dort die gelebte Frömmigkeit und die Haltung geistlichen Inhalten gegenüber durch Vorbild und Leitung neu formten[12].

Ohne persönliche Unzulänglichkeiten und individuelle Schwächen einzelner Schwestern zu verdrängen oder zu leugnen, herrschte in beiden Nürnberger Frauenklöstern nach Einführung der Observanz bis ins 16. Jahrhundert hinein die Auffassung vor, eine ihrer Regel im Grunde angemessene Form monastischer Existenz gefunden zu haben[13].

---

[11] Zum Problem der Definition von Defiziten, Mängeln und Verfall innerhalb der Orden vor den Reformen des 14. und 15. Jahrhunderts äußert sich grundlegend – jedoch beschränkt auf die männlichen Ordenszweige – ELM (Verfall, S. 191–210). Eine Untersuchung spätmittelalterlicher Frauenklöster im Hinblick auf die Frage nach begrifflicher Fassung, Ursachen und Erscheinungsformen der Verhältnisse und Zustände, die man sich durch Einführung der strengen Regelbeobachtung einzudämmen oder abzuschaffen bemühte, existiert meines Wissens noch nicht.

[12] Zur Reformtätigkeit der Klarissen siehe KIST: Klarissenkloster, S. 55–63, zu derjenigen der Dominikanerinnen s.o. Anm. 8.

[13] Tatsächlich findet sich in einer wahrscheinlich im Klarissenkloster zusammengestellten Sammelhandschrift (Cgm 4439) die durch Johannes Trithemius an Mönche und Nonnen gerichtete Aufforderung, sich nicht auf der einstmals vollzogenen kollektiven

Wie nun gelangten die Konvente zu dieser Einschätzung? Bislang wissen wir darüber nur wenig, aber ein erster Schritt auf dem Weg zur Klärung der Problematik dürfte darin bestehen, zu fragen, wodurch im Zeitraum nach der Reform das Selbstverständnis der Nonnen und damit ihre Bilder, Vorstellungen und Ideale von der eigenen Ordensgemeinschaft sowie von klösterlichem Leben und klösterlicher Spiritualität im Allgemeinen nach der Reform inspiriert, gespeist und gefestigt wurden[14]. Sowohl die Wahrnehmung der eigenen Gemeinschaft als auch die Einschätzung des Ordenswesens im Allgemeinen hingen von einer Vielzahl von Faktoren ab, die auf die Frauen einwirkten. Dabei spielten der soziale und wirtschaftliche Hintergrund der Gemeinschaftsmitglieder, ihr Bildungsstand, die Einflußnahme ihrer Familien auf den Konvent, die Reputation des Klosters in seiner geistlichen und weltlichen Umgebung, seine Einbindung in den Orden und nicht zuletzt die seelsorgerliche, theologische und soziale Kompetenz der für die Nonnen tätigen Geistlichen eine zentrale Rolle.

Fragen wir, auf welcher Basis man sich in den Konventen mit der Spannung zwischen Anspruch und Wirklichkeit des klösterlichen Standes auseinandersetzte, bzw. in welchen Ausprägungen und mit welchen Inhalten das Thema „Kloster" in den Konventen präsent war, so ist neben den eben genannten Komponenten vor allem auf die Bestände der Konventsbibliotheken zu verweisen, die den Schwestern als Quelle, Anregung und Entscheidungshilfe für die affektive und intellektuelle Durchdringung der eigenen Lebensform dienten.

Ordensreform auszuruhen, sondern, falls nötig, eine individuelle und existentielle Reform zu vollziehen: „[...] gee ein wenig jn die v(er)horung deine(r) gewise(n) vnd sich, ob du noch habst die eige(n)schaft ei(n)s gute(n) closte(r) me(n)sche(n); ob du abe(r) beken(n)st, daz dir etwaz geprist, so v(er)saum nit, dich schir wid(er) zu reformire(n), daz du nit gemechlich ab nemst durch trackheit, wan(n) es ist geschribe(n), wer daz klei(n) ve(r)saumpt, d(er) felt gemechlich jn daz groß [...]" (ebd., 8rf).

Hier kommt explizit eine Haltung zum Ausdruck, die viele andere Texte aus den beiden Nürnberger Frauenklöstern implizit durchzieht: Durch die Einführung der strengen Regelbeobachtung ist es gelungen, den Orden auf den rechten, von Gott und den Ordensgründern gewiesenen Weg zurückzubringen. Jede in der Zeit nach den Reformen lebende Schwester jedoch ist verpflichtet, täglich ihr Innerstes und seine Übereinstimmung mit den durch die Reform gesetzten Richtlinien zu erforschen. Sie muß ihre Verfehlungen vor sich selbst, vor ihrem Konvent und vor Gott eingestehen und die angebotenen Hilfsmittel (Schuldkapitel und Sakramente) annehmen, um sich auf diese Weise als Teil einer Gemeinschaft zu bewähren, die für sich die Befolgung der Observanz beansprucht.

Zu Cgm 4439 insgesamt siehe: Die deutschen Handschriften, S. 128–130, zu 1r-48v: VOLK: Joannis Trithemii Liber. Zur historischen Einordnung dieses Bandes und seiner Verbindung zu den Nürnberger Franziskanern und Klarissen vgl. SEEGETS: Passionstheologie, S. 123–130 und KIST: Klarissenkloster, S. 122.

[14] Dem Selbstverständnis und der Eigenwahrnehmung mittelalterlicher Nonnen wurde m. E. bislang nur wenig Aufmerksamkeit geschenkt. Erste Ansätze liegen vor bei JOHNSON: Mulier, die sich allerdings ausschließlich französischen Quellen des 11.-13. Jahrhunderts widmet.

Auch wenn die zum Buchbestand der Gemeinschaften gehörende Literatur größtenteils nicht durch die Nonnen selbst verfaßt, sondern lediglich durch sie kopiert wurde, so daß wir sie nicht als zu Papier gebrachte Gedanken und Überzeugungen einzelner Schwestern, nicht als vox ipsissima der Klosterfrauen werten können, ist ihre Prägekraft nicht zu unterschätzen: Da Auswahl und Zusammenstellung der Texte in der Regel zielgerichtet erfolgte und viele Bände in der privaten oder gemeinschaftlichen Lektüre Verwendung fanden, sind sie als Ankerpunkte der klösterlich-theologischen Tradition der einzelnen Konvente zu betrachten.

Hier ist in erster Linie natürlich an die jeweilige Ordensregel, ihre Interpretationen und Ergänzungen, also an Konstitutionen, Statuten und Ordinationen zu denken[15], die regelmäßig in den Versammlungen der Gemeinschaften verlesen wurden und auf diese Weise wohl die Basis des Wissens aller Schwestern über klösterliche Lebensformen und ihre ordens-, provinz- oder konventsspezifische Auslegung gebildet haben dürften[16].

Neben solchen rechtlich relevanten und für alle Angehörigen eines Klosters verbindlichen Texten findet sich in den Bibliotheken der Konvente allerdings eine Fülle von Quellen, die sich dem Thema unter verschiedenen theologischen und seelsorgerlichen Aspekten nähern. Im Unterschied zur Regel und deren Interpretationen sind sie nicht obligatorisch und erheben sie nicht den Anpruch, das Leben der Nonnen in seiner Gesamtheit zu ordnen. Soweit ich sehen kann, wurden diese meist im Hinblick auf die Privatlektüre einzelner Nonnen verfaßten Texte bislang kaum unter der Fragestellung untersucht, inwiefern sie Hinweise auf die Wahrnehmung der klösterlichen Existenz und das Selbstverständnis ihrer potentiellen Leserinnen geben können.

Bei den hier herangezogenen Quellen handelt es sich um Passagen aus Schriften, die sich als Ganzes mit anderen Inhalten befassen[17], aber auch um vollständige Traktate, Predigten, Allegorien und Sinnsprüche oder Gedichte. Sie sind in vielerlei Hinsicht als heterogen zu bezeichnen: Ihre Entstehung erstreckt sich über einen Zeitraum von mindestens 90 Jahren (von der Reform in Katharina bis zur Reformation)[18], und sie gehen auf unterschiedliche Autorinnen und Autoren zurück, deren geistlicher Hintergrund

---

[15] Für den Bereich der Dominikanerinnen: HONEMANN: Dominikanerinnen-Konstitutionen, v. KERN: Reformation, S. 16–20 und LEE: Materialien, S. 64–66 und 70–84. Für die Klarissen: HOLZAPFEL: Handbuch, S. 639–643 und 646–650, WOLF: Klarissenregel, RUH: Klarissenstatuten, KIST: Klarissenkloster, S. 19–21, 24–27, 57, 89–91 und 162–165, STRAGANZ: Statuten, MACHILEK: Klarissenorden und Caritas Pirckheimer, S. 67f (= Katalognummer 39a und 39b).

[16] Anhaltspunkte für Häufigkeit und Modus des Verlesens normativer Texte in den Konventen geben z. B. die Statuten Leonis' für die Klarissen (vgl. KIST: Klarissenkloster, S. 25) und die Ordination Texerys für die Dominikanerinnen (vgl. v. KERN: Reformation, S. 20). Zu diesem Thema vgl. auch EHRENSCHWENDTNER: Bildungswesen, S. 338f.

[17] Das gilt z. B. für JOHANNES EINZLINGERs *Predigt von Gelassenheit*, Cgm 4439, 54r-57r.

[18] Zur Datierung einzelner Codices bzw. Texte bestehen häufig Unsicherheiten. Erste

schon deshalb weitgehend im Dunkeln liegt, da gerade viele in Sammel-
handschriften festgehaltene Beiträge anonym überliefert sind. Darüberhinaus wurden nicht alle Texte exklusiv für Nonnen verfaßt; Trithemius' *Liber
de triplici regione claustralium* etwa richtete sich ursprünglich an Klosterleute
beiderlei Geschlechts und wurde nur flüchtig im Hinblick auf die Bedürfnisse der Klarissen überarbeitet. Schließlich weisen sie differierende Zielsetzungen auf: Eine kleine Gruppe der Quellen legt ihren Schwerpunkt darauf,
Hilfestellungen für die Bewältigung des durch Gottesdienste strukturierten
Konventsalltags zu geben, indem etwa Anweisungen für den korrekten
äußerlichen Vollzug des Chorgebets oder der Messe erteilt werden[19]. Während diese Texte eine große inhaltliche Nähe zu liturgischen Werken auf-
weisen, da sie nahezu ausschließlich erläutern, zu welchem Zeitpunkt ein
bestimmter Bestandteil der Liturgie zu singen ist oder eine Verneigung der
Chorschwestern stattzufinden hat[20], zielt die Mehrzahl der Schriften darauf
ab, theologische Klärung für Fragen des klösterlichen Lebens und monastischer Frömmigkeit zu geben oder bestimmte Aspekte des Themas seelsorgerlich zu durchleuchten. Ob sie wie der *Traktat vom rechten Klosterleben*[21],
das *Lob des Klosterlebens*[22] oder die *Heilsame Lehre für Klosterleute*[23] versuchen,
der Existenz in einem Orden als Ganzer Sinn zuzuweisen, oder ob sie nur
einzelne Fragen aufgreifen, die sich im Alltag einer Nonne stellen: In den
Quellen geht es darum, Gebärden, Verhaltensweisen, Gewohnheiten,
Pflichten und Vorschriften spirituelle Tiefe und geistlichen Sinn zuzuweisen, um den einzelnen Schwestern Lebens- und Glaubenshilfe zu geben und
sie in den Gesamtkonvent zu integrieren[24].

Anhaltspunkte zum Zeitraum der Niederschrift liefern: Die Handschriften der Stadtbibliothek Nürnberg, S. 1–429 und Die deutschen Handschriften, S. 128–130.
    [19] So z.B. Cent V, App. 81, 23r-39r.
    [20] Im Gegensatz zu genuin liturgischen Büchern (Antiphonalien, Gradualien usw.) ge-
leiten sie jedoch nur mittelbar durch den Vollzug des Gottesdienstes; sie stellen vielmehr
Hilfsmittel für den rechten Gebrauch liturgischen Schrifttums dar, indem sie in dieses einführen, es mit kurzen Kommentaren versehen und knapp interpretieren.
    [21] Cent V, App. 81, 154v-157r.
    [22] Cent VI, 43b, 24r-42v = Cent VI, 53, 57r-71r.
    [23] Cent V, App. 81, 175v-186v = Cent VI, 43e, 239v-245r.
    [24] Gerade die Notwendigkeit, nicht Individualität, sondern willige Einordnung in die
Gemeinschaft zu pflegen, wird wiederholt hervorgehoben; vielleicht wirken hier noch
Erinnerungen an innerklösterliche Entwicklungen des 13. und 14. Jahrhunderts nach, die
unter dem Vorzeichen der Förderung des eigenen Seelenheiles zum verstärkten Rückzug
einzelner Nonnen aus der vita communis und zur Konzentration auf solipsistisches, mystisches Erleben geführt hatten (vgl. ELM: Frömmigkeit, S. 42–44 und WILLIAMS-KRAPP:
Dise ding, S. 63). Der Gehorsam wird als wirkkräftiges Mittel der Überwindung des eigenen Willens eingeschärft (Cent V, App. 81, 178r), es wird davor gewarnt, Heilige zu vereh-
ren, denen der eigene Orden keine herausragende Rolle zumißt (Cent VI, 46d, 56v), ei-
genmächtig Bestandteile des Chorgebetes auszutauschen oder zu verändern (Cent VI,
46d, 57r) und sich dem Konvent zu entziehen, um – an sich begrüßenswerte, jedoch der
„gemayn(n) vbung" stets unterzuordnende – Privatandachten zu halten: „[…] dar vmb so
wissent vn(d) merkent, ob daz wer, daz ir in der weil vnd stund, so man preym oder ein

Zu diesem Zweck wird der gesamte Tagesablauf eines spätmittelalterlichen Konvents deskriptiv dargestellt, erläuternd kommentiert und durch mehr oder weniger umfangreiche Exkurse über die klösterliche Verankerung von Tugenden wie Geduld, Barmherzigkeit, Demut, Jungfräulichkeit und Gehorsam als Vollzug der gottgefälligsten und deshalb überreich gesegneten Lebensform interpretiert. Darüberhinaus erfahren einzelne Probleme ausführliche Zuwendung: Das angemessene Verhalten bei Tisch[25] und während des Schuldkapitels[26] wird theologisch gedeutet, die rechte geistliche Haltung zu manueller und anderer Arbeit wird freundlich aber bestimmt in Erinnerung gerufen[27], und die Frage, welche Art der Lektüre für bestimmte Schwestern geeignet ist[28], bildet ebenso den Gegenstand mahnender wegweisender Erörterungen wie der Umgang zwischen Ordensvorgesetzten, Amtsinhaberinnen und Untergebenen[29].

Ich greife im folgenden aus der Fülle der in den Quellen behandelten Themenkreise zwei heraus, die mir für die Entwicklung und Profilierung der Eigenwahrnehmung und des Selbstverständnisses spätmittelalterlicher Nonnen besonders wichtig erscheinen: Zum einen die Frage nach der Beschaffenheit und Bedeutung des klösterlichen Standes als solchem, zum anderen das ebenso als Vorrecht wie auch Verpflichtung der Orden verstandene Chorgebet.

Die Tatsache, als Nonne im jungfräulichen Stand zu leben, wird in Texten beider Nürnberger Klöster als Geschenk Gottes verstanden, hat doch Christus die Schwestern „vor vil tawssent auß erwelt" und sie „also geadelt, sei(n) gespanse(n) zu sei(n)"[30]. Nicht eigene Leistung, sondern Gottes Er-

---

andrew kurtze zeit singt, aine(n) gantze(n) salter gepeten mochtent [...] oder vil and(er) guter besunder pet tunt oder unßers here(n) leyden mit ein ander in In(n)ykait mit groszem ein gekertem andacht bedenke(n) vnd betrachte(n), ez wer nyt genunk noch gerecht vnd got het es nit v(er)gut vo(n) euch; war vmb? da seit ir schuldig, dem Covent ze helfent, daz gemain gut ze volbringent [...] dar vmb so ist solich besvnder andacht zu der zeit ye nyt von got, ja es ist mer von digner natur vn(d) vo(n) dem poßen geist vnd dor umb ist auch do vo(n) nyt zehalte(n)." (ebd., 74rf).

Die für private Andacht und Rückzug der Konventsmitglieder vorgesehenen Phasen im Tagesablauf bergen ohnehin Gefahren in sich, werden sie nicht umsichtig gehandhabt: Wer sich während dieser Zeiten nicht den ihm aufgetragenen Aufgaben widmet, sondern seinen Gedanken nachhängt, muß mit schrecklichen Folgen rechnen, „Wan die zell macht eine(n) müsige(n) closte(r) mensche(n) eintwede(r) ein tier od(er) eine(n) teufel." (Cgm 4439, 29v).

[25] Cgm 4439, 28r–29v. Eine theologische Deutung des Geschmackes im Konvent servierter Gerichte entwickelt Cent V, App. 81, 181v–182v.

[26] Cgm 4439, 11v–14v und Cent VI, 46d, 66rf.

[27] Cgm 4439, 39r–43v; Cent V, App. 81, 180v–181v. Entschiedener als in den Nürnberger Konventen wurde die integrative Bedeutung und Interpretation körperlicher Arbeit in Frauengemeinschaften der Devotio Moderna betont, vgl. BOLLMANN: Diskurse, S. 258f.

[28] Cgm 4439, 30vf.

[29] Cgm 4439, 44r–45v; Cent V, App. 81, 177r–181v.

[30] Cgm 4439, 57v–60r, hier zitiert: 58v. Vgl. BONMANN: Eine unbekannte Weihnachtsansprache.

barmen ist es, das eine Frau ins Kloster führt, ihr dort Versorgung und Ansehen verschafft[31]. Nikolaus der Kartäuser faßt das um die Mitte des 15. Jahrhunderts mit dem Bild der Rückkehr aus dem Exil zusammen, wenn er eine
Seele voller Dankbarkeit bekennen läßt: „[...] ich pin kume(n) vo(n) egyt-
te(n) land ge(n) nazareth, vo(n) d(er) finster(n) werlt czu de(m) grwende(n)
clost(er)lebe(n)“[32].

Dieses Zitat deutet bereits an, daß eine Näherbestimmung der herausra-
genden Qualitäten des klösterlichen Standes vor allem über den Vergleich
mit der weniger erstrebenswerten Existenzform, dem Leben in der Welt,
stattfindet[33]. Dem Laienstand ist das Ordenswesen in jeder Hinsicht überlegen, so daß eine anonyme Autorin oder ein anonymer Autor etwas unge-
lenk reimen kann: „Wiltu noch vast höher steigen / in ein closter soltu dich
neigen / vnd dar innen wol leben / vnd götlicher ding pflegen.“[34]

Besonders deutlich wird der gewaltige Qualitätsunterschied zwischen
Welt und Kloster, vergleicht man die Ehe zwischen Mann und Frau mit der
Verbindung zwischen Gott und der Nonne. Erstere bringt zwar irdische
Genüsse hervor, bleibt jedoch stets mit weltlichen Unsicherheiten, Gefahren und Schmerzen behaftet, während die Gemahlschaft zwischen Christus
und der Klosterfrau ungetrübte Freuden bereitet und schon jetzt auf die
Ewigkeit hin angelegt ist[35]. Beneidet eine Nonne Frauen, die außerhalb der
Klostermauern ein scheinbar schönes Leben führen, so rät ihr deshalb der
bereits erwähnte Kartäuser Nikolaus: „O tochter von jrlm [Jerusalem]
merck nit auf dy töchter vo(n) Babilonia, die da singe(n) vn(d) springe(n)
czu d(er) hell ringe(n)! Sy tancze(n) vn(d) swancze(n) mit eytelen
krencze(n) vnd werltliche(n) glencze(n) vn(d) dz alles eyttenliche(n) vmb
ein klein löblein vn(d) wolgefalle(n) in verlorner lieb de(n) tugent dy be(n);
vil mer sol man hy lustlich singe(n) vn(d) czu got springe(n) mit gute(n)

---

[31] EBERHARD VON KLEVE erinnert die Nürnberger Dominikanerinnen im Rahmen
seiner Visitation im Jahre 1518: „Ir habt es nit vo(n) euch, das ir ein guten Namen, ein gut
geschrey habt, daz ir v(er)sehen, fest Ew(er)r narung habt, essen vnd trincke(n) und
cleid(er), das ir got lob seyt, singt vn(d) lest im cho(er)r; dz ist: der h(er)r hot sich Ew(er)r
erparmt.“ (A 26, Rep 89 / 265b, 4rf).

[32] Aus der *Predigt zur Einsegnung einer Schwester* (Cent VI, 43b, 21r–24v (Zitiert: 23v)
= Cent VI, 60, 276r–282r). Eine kurze Einführung in den Text und seine Edition nach der
aus dem Nürnberger Augustinerinnenkloster Pillenreuth stammenden Handschrift Cgm
750, 100r–107v legt vor: LAMPRECHT: Der Mönch. Zu Nikolaus dem Kartäuser siehe auch
WILLIAMS-KRAPP: Nikolaus von Nürnberg.

[33] Diese Sichtweise besitzt Tradition, wie etwa die Einschätzung BERNHARD VON
CLAIRVAUX' zeigt: Die Welt stellt ein Tal der Tränen dar, während das Kloster als freud-
volle Stadt Gottes beschrieben werden kann. Vgl. LECLERCQ: Epilogue, S. 270f.

[34] Cent VI, 43 e, 196v.

[35] So JOHANNES DIEMAR, der in der Einleitung seiner Predigt *Von der geistlichen Gemahlschaft* (Cgo 406, 8r–15r, abgedruckt bei LEE: Materialien, S. 105–113) bemerkt: „So
hat die leiplich hochzeit und e an ir xiiij stuck, aber dar jnen ist sye uber treffen dye geistlichen mit got.“ (Zitat nach LEE: Materialien, S. 105). Zu DIEMAR vgl. LEE: Materialien,
S. 32–63 und RENNER: Diemar.

begirde(n) vn(d) an der engel tancz mit alle(n) gotz heillige(n) an ire(n) hochczeite(n) Jubilire(n) vn(d) an der selen sich czire(n)"[36].

Unbestritten stellt das Kloster im Vergleich zum Laienstand einen höherwertigen Status dar, der mit Hilfe zahlloser Bilder, Verheißungen und Gegenüberstellungen beider Lebensformen plastisch ausgemalt wird: Man konzediert zwar grundsätzlich, daß auch Weltmenschen die Möglichkeit offensteht, eine innige geistliche Verbindung mit Gott einzugehen, vergißt aber nicht zu betonen, daß eine solche „geistliche Ehe" stets durch weltliche, vor allem familiäre Verpflichtungen und Rücksichtnahmen der Gläubigen beeinträchtigt ist[37]. Um wieviel umfassender sind die Möglichkeiten einer Nonne, sich ganz ihrem Bräutigam hinzugeben, „wan ein junckfraw ist frey und darf nicht vil sorgen mere"[38], da sie ihr Vertrauen darauf setzen kann, daß sich statt eines Mannes Gott selbst und die Klosteroberen um ihre Bedürfnisse kümmern[39]!

Nehmen die Hinweise auf weltliche Anforderungen und Widrigkeiten, vor denen eine Klosterfrau bewahrt bleibt, in den Quellen nur relativ schmalen Raum ein[40], so äußern sich viele Autoren ausführlich über das, was das

---

[36] Cent VI, 43b, 23r (= LAMPRECHT: Der Mönch, S. 124).

[37] In diesem Sinne resümiert JOHANNES DIEMAR am Ende seiner Predigt (s. o. Anm. 35): „Auch so mugen also die geistlichen e haben mit got dem herrn die e leut, und auch sust die frumen menschen, wie wol sie nimoht junckfrawen sein, aber sie haben mer hindernus. Dar umb so uber trift sye die junckfraschaft." (Cgo 406, 14vf, Zitat nach LEE: Materialien, S. 113).

Texte, deren Ziel in der Bestätigung der monastischen Lebensform oder der Propaganda für den Ordenseintritt liegt, entlarven die (weltliche) Ehe zuweilen nicht nur als Hemmnis auf dem Weg zur Seligkeit, sondern erheben sie sogar zum Gegenstand einer Lobrede des Widersachers Gottes: In der in Norddeutschland überlieferten Legende *Preventa und Adoptata* preist der Teufel die Ehe, da sie dafür sorge, daß sich Verheiratete stärker um irdische Güter und weniger um die Erfüllung des göttlichen Willens und um gute Werke bemühten. Vgl. PALMER: Preventa, S. 297.

[38] Cgo 406, 9v (Zitiert nach LEE: Materialien, S. 106). Vgl. auch Cgm 4439, 32r: „[...] hab mit leide(n) den, die bekumert sind jn werltliche(n) geschefte(n) vnd sag danck de(m) almechtige(n) got, vmb daz er hat wolen, daz du frei werst, jm zu dinen."

[39] Cgm 4439, 4r.

[40] So kommt z. B. Cent VI, 53, 58r zum Resümee: „In diß werlnt nit nit furchte(n), nicht arbeytten, nycht vederb(e)n, daz ist vnmüglichen vnd darvmbe so verderben die alle". Häufiger als pauschale Zusammenfassungen einer negativen Sicht der außerklösterlichen Welt finden sich Bemerkungen über die wenig anziehenden Folgen und Begleiterscheinungen der irdischen Ehe, in der ungeratene Männer und unfolgsame Kinder schon manche Frau zur Verzweiflung gebracht haben (Cent VI, 43b, 21v (= LAMPRECHT: Der Mönch, S. 121)). Diese direkten, mit starken Werturteilen verbundenen Vergleiche zwischen Ehe und Klosterleben waren auch außerhalb Nürnbergs weit verbreitet, wie eine Predigt GEILER VON KAYSERSBERGS deutlich macht, die Nonnen in dem Gefühl bestärken soll, sich für den besseren Weg entschieden zu haben: „Wenn der man haym kommet, so stinckt jm das maul von wein, so hetest erwan drey oder vier rotzkolben umb sich lauffen und wenn dieselben eefrauwen gern wolten got dienen und sich mit gott bekümmern, so müssen sy dem man gehorsam und unndertedig sein". (Zitiert nach SCHÜPPERT: Frauenbild, S. 146).

Klosterleben im Vergleich zu einer dem Irdischen verhafteten Existenz zu bieten hat. Ohne – eben klang es bereits an – die durch einen Konvent gebotenen, dem leiblichen Wohl zuträglichen Aspekte wie gesicherte Unterkunft, Kleidung und Nahrung zu übergehen, werden doch besonders die genuin geistlichen Privilegien des Ordensstandes herausgestrichen.

Vornehmlich in St. Katharina beschäftigte man sich gerne mit den Möglichkeiten spekulativer Gotteserkenntnis[41] und den „geistlichen Lüsten", auf die man im Kloster als Stätte besonderer Gottesoffenbarung hoffen durfte[42], – sicher schwingen hier noch Erinnerungen an die große aber mittlerweile vergangene Zeit der Nürnberger Mystikerinnen nach. Unter Hinweis auf das Buch Hosea werden Nonnen aufgefordert, der Welt zu entsagen, um sich wie das Volk Israel durch Gott in die Wüste führen zu lassen. Nur in der Abgeschiedenheit des Klosters, in der Abkehr „vo[n] allen werntlichen dingen vnd sorgen" werde Christus, den die Quelle als „schamigen gemahel vnd gesponczen" beschreibt, zu seiner Braut sprechen, sie „kwssen [küssen] mit dem kuwss seins mu(n)des vnd also mit seinen arme(n) umbfahen"[43]. Hier, abseits vom „getümeln dez volcks" und in aller „heymlicheyt" werde der besondere Schatz, den Gott für die entbehrungswillige Nonne bereithalte, aufgetan[44], hier komme es zur unmittelbaren Begegnung von Gott und frommer Klosterfrau. Die unio wird mit Worten Bernhards als ein Geschehen beschrieben, das nicht nur die Seele, sondern auch das sinnenhafte Empfinden der Nonne in seinen Grundfesten so sehr erschüttert, befriedigt und beglückt, daß zusammenfassend versichert wird: „Gar nycht nit werstu hinfure me(h)r bege(h)rn."[45]

Das Einswerden der gläubigen Seele mit Gott ist allerdings eine für viele Nonnen unerreichbare, und für diejenigen, die damit beschenkt werden, seltene, in der Regel einmalige Erfahrung, die zwar tiefe Erfüllung, aber gleichzeitig auch brennende Sehnsucht nach Wiederholung hinterläßt[46]. Deshalb gehört die unio nur bedingt zu den Erwartungen, an die eine Frau ihren Entschluß, in ein Kloster einzutreten, knüpfen kann.

Wer sich einem Orden anschließt, geht diesen Schritt in der Absicht, den „verderbnisse[n]" der Welt „czu enpflyhen"[47] und sein Leben vollkommen Gott zu weihen, um so mit einer gewissen Sicherheit auf das ewige Heil zusteuern zu können. In der Tat darf man sich ein vorbildliches, den Anforderungen Gottes entsprechendes Kloster als eine Art Schiff vorstellen, das seine Passagiere durch das Meer des Lebens trägt und sie schließlich, wie es in

---

[41] Cent VI, 43b, 22r.
[42] Cent VI, 53, 59v.
[43] Cent VI, 53, 61rf.
[44] Cent VI, 53, 59v–61r.
[45] Cent VI, 53, 61v.
[46] Cent VI, 53, 62rf.
[47] Cent VI, 53, 70r.

der Quelle heißt, „czu dem land dez ewygen heylss vnd" an „daz vffer der rwe vnd der sycherungen" bringt[48].

Aber der klösterliche Stand bietet nicht nur ein gewisses Maß an Unterstützung auf dem Weg hin zur Seligkeit, sondern auch die begründete Hoffnung, nach dem Tod für den rigorosen Verzicht auf irdische Freuden in exklusiver, für Weltmenschen nicht verfügbarer Weise entschädigt zu werden. Eine Nonne, die durch das bewußte Verharren in der Jungfräulichkeit ihren eigenen Körper und seine Forderungen oder Bedürfnisse besiegt hat, darf einer besonderen Belohnung entgegensehen[49]. Ebenso wie Märtyrer und Lehrer wird sie Gott einst mit einer Krone versehen, die sie sogar noch über die Heiligen hinausheben wird, denn „were(n) all schecz pein ain ander auf ainer wog, dy yunkfrawlichkayt mit irem schacz uber treff sy all schecz […] er [Gott] gibt in [den Jungfrauen] ein besunder krönlein, dy vber dy ere, dy den heylige(n) gemayncklich, wirt gegeben."[50]

Es wurde bereits darauf hingewiesen, daß sich im Buchbestand beider Klöster Texte finden, die in der Tatsache, als jungfräuliche Nonne zu leben, primär ein Zeichen göttlichen Erbarmens und erst in zweiter Linie einen Hinweis auf persönliche Leistung erkennen[51]. Hat Gott eine Schwester für seinen Dienst auserwählt, von irdischen Lasten befreit und bislang im Kloster behütet, so sollte es ihr eine Selbstverständlichkeit sein, sich dieses großzügigen Geschenkes würdig zu erweisen und die eigene Dankbarkeit zum Ausdruck zu bringen, indem sie sich am Vorbild Christi und Mariens orientiert[52] und bewußt am Erhalt und Ausbau der verliehenen Privilegien mitarbeitet, also mit Gott kooperiert. Das erfordert etwa die immer neue Anstrengung, sich von weltlichen Gedanken und Sorgen freizumachen, die sie gerade dann überfallen, wenn sie sich auf geistliche Inhalte zu konzentrieren hat, also etwa während des Chorgebets oder während der persönlichen Betrachtungszeiten. Erreicht sie diese Befreiung nicht, so steht es um ihr Gemüt wie um einen „vogel, d(er) gepunte(n) ist auf daz ertrich" und „sich nit mag auf erhebe(n) zu fliege(n) zu(m) himel"[53].

Nicht nur die Konzentration auf geistliche Übungen ist es, um die sich die Nonne mit aller Kraft zu bemühen hat, auch das willentliche Streben

---

[48] Cent VI, 53, 69vf. Allerdings gebraucht der Traktat dieses Bild im Sinne einer Warnung: Man sollte alle erdenkliche Sorgfalt darauf verwenden, nicht in eine weltlichen Bindungen verhaftete Gemeinschaft, eine Art löchriges Schiff einzutreten, da in diesem Falle die auf den Klosterstand gerichteten Hoffnungen enttäuscht würden und alles Mühen umsonst wäre.

[49] Cent VI, 86, 89rf.

[50] Cent VI, 43 l, 258rf. Auch DIEMAR verheißt Klosterfrauen in Anlehnung an Mk 4, 8 und 20, dereinst ihre asketische Saat in Form von überwältigenden Ernteergebnissen genießen zu können (Cgo 406, 12r. Ediert bei LEE: Materialien, S. 109).

[51] Siehe oben, Anm. 31.

[52] Cent V, App. 81, 176v, Cent VI, 43e, 208r, Cent VI, 43b, 24r (= LAMPRECHT: Der Mönch, S. 126).

[53] Cgm 4439, 48v.

nach Tugenden und dessen Kehrseite, die Vermeidung der Sünde haben stete Wegbegleiterinnen zu sein. Es gilt, zwar mit Gottes Hilfe, aber eben auch durch eigene Anstrengung die äußere Hülle des Lebens im Konvent durch ein „innerliches Klosterleben" zu füllen[54], was bedeutet, daß sich die Schwestern darum zu bemühen haben, Lebensform und persönlichen Glauben in Übereinstimmung zu bringen[55]. Gelingt das nicht, so ist der Mensch, wie es in einer Quelle heißt, „an [ohne] sach in dem closter vnd in dem orden vnd wer im auch vil pesser, er wer in der werlt, den(n) das er in dem closter ist, wan(n) stirbt er also, so stirbt er an zueifel nit wol vnd stirbt auch wirs, den(n) ob er in der werlt stu(e)rb."[56]

Jede Nonne muß sich darüber im klaren sein, daß Gott einst Rechenschaft für ihr Tun, Denken und Empfinden verlangen wird und sie sich deshalb nicht auf der bereits erlangten Gnade ausruhen darf. Das gilt eben auch für die äußerlich-praktische und innerlich-geistliche Gestaltung ihres klösterlichen Alltags, wie eine Mahnung aus dem Klarakonvent zeigt. Dort heißt es: „Hab sorg, daz du die zeit nutzlich anlegst, wan von alle(n) zeite(n) wirstu zu kurtz got rechn(un)g gebe(n)."[57] Die Schwestern sind es Gott schuldig, das Beste aus ihren Tagen im Kloster zu machen, weil er sie in seinen Dienst berufen hat.

Ebenso bindet sie jedoch Schuld an diejenigen, deren Stiftungen und Almosen ihren Konvent erhalten. Da sie Menschen, die in der Welt unter Mühen arbeiten, die Möglichkeit verdanken, sich ganz auf Gottesdienst und geistliche Übungen zu konzentrieren, sind sie verpflichtet, ihnen Hochachtung entgegenzubringen[58] und die Verantwortung des stellvertretenden Gebets auf sich zu nehmen[59]. Die Erinnerung an diese Aufgabe wird ebenso

---

[54] Cent V, App. 81, 156v: Der im Kloster lebende Mensch „mag sich selber aber wol darzu schick(e)n vnd lencken, das im got die ersten gnod von zimlicheit geb, vnd das beschiht, wen(n) das ist, das der me(n)sch das sein tu(e)t".

[55] Eine genauere Bestimmung dieses Strebens nach Gleichklang von Außen und Innen versucht die *Geistliche Belehrung* (Cent VI, 43b, 17r–19r), indem sie daran erinnert, wie wenig erfolgversprechend es ist, das Heil durch strenge Frömmigkeitsübungen wie Fasten, Wachen, Beichten und häufigen Sakramentsgenuß herbeiführen zu wollen, ohne gleichzeitig an einer grundlegenden Veränderung des Herzens hin zum Tugendstreben und an der Verschmelzung des eigenen Willens mit dem Willen Gottes zu arbeiten.

[56] Cent V, App. 81, 155rf.

[57] Cgm 4439, 29v.

[58] Cgm 4439, 41r: „[...] wan(n) als die gaistliche(n) ding on mit wircku(n)g d(er) zeitliche(n) nit lang muge(n) [bestehen], Also, der do hant raich vmb gotez willen die noturft dez leibs dine(n), die do got dine(n) [Randergänzung: in d(er) gaistlikait], zweifel ich nit, zu nennen eine(n) diene(r) gotez".

[59] So fordert STEPHAN FRIDOLIN in einer 1492 im Klarissenkloster gehaltenen Predigt jede einzelne seiner Hörerinnen auf, sich zu Beginn des Chorgebetes fest vorzunehmen, „dz du es wöllest thon zu hilff vnd trost allen glaubigen vnd besunder zu hilff allen den, die dich mit irem almußen vffenthalten in dem dienst gottes" (Mgf 1040, 1, 1rb. Zitat nach: Mittelalterliche Deutsche Predigten, S. 2). Zu Mgf 1040 vgl. SEEGETS: Passionstheologie, S. 60–89.

prägnant wie bedrohlich folgendermaßen fomuliert: „Closterleut vnd die werltlich priesterschaft / sy hab(e)n klein oder grosse macht, / sy niessen daz almusen all geleich, / Daz do hot gegeb(e)n der arm vnd der reich; / vnd der aller su(e)nd / Laden sy vff sich zu aller stund / Darvmb su(e)llen sy fu(e)r got treten / vnd fu(e)r sich vnd ander leut peten / vnd die gnad von got erwerb(e)n / das sy icht v(e)bel werden sterb(e)n. / Anders sy werden dem teu(e)fel zu teyl / vil tieffer, den der ley"[60].

Gerade das tägliche Chorgebet stellt eine Leistung dar, die die Nonnen für Gott und ihre Nächsten zu erbringen haben[61], ja es kann sogar die Rede davon sein, daß es sich bei seinem ordnungsgemäßen Vollzug um die fällige Bezahlung einer Schuld handle[62].

In seiner Eigenschaft als spezifisch monastische Form der religiösen Betätigung fungiert es in der Rolle eines identitätsstiftenden Elements, unterscheidet es doch in charakteristischer Weise Lebensstil, Tagesablauf und fromme Praxis von Klosterleuten, Laiinnen und Laien.

Nicht gerade schmeichelhaft – das in den Quellen vermittelte Bild vom Weltmenschen deckt die gesamte Spannbreite von der Hochachtung bis zur Verachtung ab – wird behauptet, daß außerhalb des Klosters Lebende „gewonlichen piß mitternacht oder lenger mit spilen, singen, gaffen, hofieren, trincken vnd essen, vnnuczen sundigen worten vnd wercken vnd falscher freud vnsinnicklichen wachen vnd verzeren ir zeit, vnd dar nach in den schla(o)ff der sund in den linden petten verschla(o)ffen alle selig metten, fru(e)meß, vnd dar zu gar vil des tagszeit, piß das sie der hunger auß dem pett treibt"[63].

Zur im stellvertretenden Gebet gipfelnden „Dienstleistungsmentalität" mittelalterlicher Nonnenkonvente vgl. auch ANDRASCHEK-HOLZER: Frauenklöster, S. 112f.

[60] Cent VI, 43e, 204vf.

[61] DIEMAR hebt die Satisfaktionskomponente des stellvertretenden Gebets der Nonnen hervor, indem er feststellt: „Also auch die closter leut, die sullen das almusen prauchen zu dem lob gocz, und sullen da genunck thon für ir und ander menschen sund, die das gestift haben, so sy singen die vij zeit." (Cgo 406, 62v, Zitat nach LEE: Materialien, S. 179). Damit trägt er eine Position vor, die sich auch bei TRITHEMIUS findet: „Dar vmb hab sorg, daz du solche(n) guttate(n) gotez [die Versorgung mit allen Notwendigkeiten des irdischen Lebens] nit vndanckp(er) seist vnd leb nach d(er) regel, die du gelobt hast vnd pit für die, dy deine(m) closter habe(n) pracht die zeitlichen hab, daz in d(er) almchtig got parmhertziglich geb daz ewig leben." (Cgm 4439, 28v).

[62] Deshalb empfiehlt FRIDOLIN seine erste Predigt über die Vorbereitung zum Chorgebet als Hilfsmittel für jeden Menschen, „das syn tagzeit andechtigklich volbringen will vnd got recht bezalen, das er im schuldig ist von gelüpt wegen" (Mgf 1040, 1, 1ra. Zitat nach: Mittelalterliche Deutsche Predigten, S. 1).

[63] Cent V, App. 81, 194r. Im Kontext der Nürnberger Klöster dürfte es undenkbar gewesen sein, daß Nonnen andernorts ein Leben führten, das dem als befremdlich wahrgenommenen Verhalten von Weltleuten nahekam. Wie ein aus dem Jahre 1442 stammender Bericht über eine englische Klosterfrau zeigt, war dies jedoch durchaus möglich: In einem Visitationsbericht der Catesby Priory wird festgehalten, eine Nonne „pernoctavit apud fratres Augustinianos Northamptonie et ibidem cum ipsis saltauit et citherauit vsque me-

Geistliche und Klosterleute hingegen verzichten der Quelle zufolge auf derartige Lustbarkeiten; stattdessen „ligen oder ruen" sie nur „ein kurcze zeit", und das „in herein hemd vnd herten petten [...], vnd wen sie horen des hochsten kuniges zaichen, die glocken klingen, das sie mit freuden auß iren petten springen vnd mit den engeln ein fro(e)lich zech heben an, got zu loben in den psalmen mit gar süßem don."[64]

Diese Schilderung eines Idealzustandes war allerdings übertrieben, legen viele der Quellen, die sich mit dem Thema Chorgebet beschäftigen, doch Zeugnis von der Not ab, die manche Nonne im Zusammenhang mit den Horen umtrieb.

Allem Anschein nach fiel das Verlassen des Bettes im Morgengrauen nicht jeder Schwester leicht[65] und es war weder selbstverständlich, pünktlich zum Chor zu erscheinen und diesen erst nach Abschluß des Gebetes wieder zu verlassen[66], noch an jeder der, wie es in Nürnberg hieß, „sieben Zeiten" teilzunehmen[67]. Viele Nonnen wurden von der Sorge umgetrieben, durch Verfehlungen im Vollzug der Konventsandachten Sünden auf sich zu laden; diesem Zustand trugen verschiedene Traktate Rechnung, indem sie versuchten, durch Detailerläuterungen Sicherheit im Umgang mit den Horen zu geben[68]. Gewiß resultierte ein Teil des immer wieder beklagten gebrochenen Verhältnisses zum Chorgebet daraus, daß es manchen Schwestern nicht gelang, ein unmittelbares, persönliches Verhältnis zu dessen Inhalten zu entwickeln und daß andere den Sinn der dort gesprochenen und gesungenen Texte, ja den Sinn der Horen als solchen nicht zu fassen in der Lage waren; zumindest werden Nonnen getröstet, die beunruhigt grübeln, ob es Sünde sei, das Gehörte und Gelesene nicht zu verstehen[69] und es wird wiederholt dazu aufgerufen, sich anzustrengen, um wenigstens den

---

diam noctem, et nocte sequenti pernoctauit cum fratribus predicatoribus Northamptonie consimiliter citherisando et saltando etc." (DAICHMAN: Wayward Nuns, S. 21).

[64] Cent V, App. 81, 194v.

[65] TRITHEMIUS beginnt seine Ausführungen zum rechten Vollzug der täglichen Mette mit der Belehrung: „So d(er) andechtig Closter mensch zu d(er) mette(n) geweckt wirt, so sol er vo(n) stund on vo(n) jm auß treibe(n) ale trackheit dez schloffz [...] Also vo(n) stundon sol er sich auf richte(n) [...] vnd sol sitze(n) jn seine(m) pet" (Cgm 4439, 2v). Wie eine Mahnung EBERHARD VON KLEVES verrät, hatten die Nürnberger Dominikanerinnen auch noch während des frühen 16. Jahrhunderts mit diesem Problem zu kämpfen: „Audite! So dz erst czeichen gehort wirt, sol man auf sten vn(d) mit dapfer eilu(n)g kume(n) [...] So ma(n) zu meten auf clopft, nit lang besynn, sund(er) behend auf gestande(n)!" (A 26, Rep 89/ 265b, 7v).

[66] „Man sol auch pey dem anfang der zeit sein vnd sol dapey beleiben vntzan daz end." (Cent VI, 46d, 55r).

[67] Cent VI, 46d, 53v und 55v-56v.

[68] Z. B. Cent VI 46d, 53v-57r.

[69] Cent VI, 46d, 54r: „[...] wer vo(n) gepreste(n) der kunst nyt v(er)stet, daz er list oder hort lessen, daz ist im kein sund, wenn daz ist, daz er svst dar auff merckt vn(d) seine fleiß dar zu tut vnd mit andacht dar auf loßent."

aus: Cent V, App. 34 p, Bl. 59r.

Wortlaut korrekt und verständlich wiederzugeben[70] bzw. die Bestandteile jedes Chorgebets nach Maßgabe des eigenen Ordens[71] in der richtigen Reihenfolge, ohne willkürliche Auslassungen und Einfügungen zu absolvieren[72]. Die Ursache solcher vor allem auf äußerliche Aspekte der Gemeinschaftsandachten bezogener Mahnungen dürfte zum einen auf dem Interesse an einem reibungslosen Ablauf des Konventslebens beruhen, zum anderen aber auch die Erkenntnis repräsentieren, daß die formale Beherrschung des Chorgebetes eine wichtige Voraussetzung dafür war, die Gottesdienste mit ganzem Herzen und ganzer Seele mitvollziehen zu können – und gerade darauf legte Gott Wert[73].

Die Tatsache, daß während des 15. Jahrhunderts eine ansehnliche Zahl von Predigten und Traktaten über das Chorgebet gehalten, schriftlich niedergelegt und kopiert wurden[74], die zu einem verbesserten Wortverständnis dieses konstitutiven Elements klösterlicher Existenz beitragen sowie die persönliche Beziehung der Nonnen zu dessen Inhalten vertiefen wollten, läßt also eine nicht ganz problemlose Gebetspraxis der Konvente vermuten. Jeder der Autoren versuchte nach Kräften, wenigstens die eine oder andere der am weitesten verbreiteten Bedrohungen der Konventsandacht, die man in mangelhafter Vorbereitung[75], Gleichgültigkeit, Zerstreutheit, Routine und Unverständnis erkannte, soweit in Schranken zu weisen, daß nicht gedankenloser oder von Versäumnissen begleiteter Vollzug des Chorgebets den Zorn Gottes herausforderte[76] oder gar das Tor in die Verdammnis öffnete[77].

Zusammenfassend sei folgendes festgehalten:

Zu Beginn des vorliegenden Beitrages wurde das Verhältnis von Streben und Leben in den Nürnberger Klöstern der Dominikanerinnen und der Klarissen mit dem Begriff der „produktiven Spannung" umschrieben, um

---

[70] „Die menschen, die dz götlich ampt nit verstond, die söllen sich doch flissen, dz sy die wort recht vnd ordenlich sprechen." (Mgf 1040, 1, 1va, zitiert nach: Mittelalterliche Deutsche Predigten, S. 4). Vgl. auch Cent VI, 46d, 54r.

[71] Cent VI, 46d, 56v.

[72] S. o. Anm. 24.

[73] Cent VI, 46d, 53v.

[74] Dazu zählen u. a. STEPHAN FRIDOLINS Predigtzyklen, vgl. SEEGETS: Passionstheologie, S. 57–89.

[75] Da FRIDOLIN davon ausgeht, daß „die aller gröst krafft der syben Zeit stet an der vor bereittung des gemütz", widmet er diesem Thema eine ganze Predigt (Mgf 1040, 1, 1ra–2va. Edition: Mittelalterliche deutsche Predigten, S. 1–7).

[76] Cgm 4439, 36 v.

[77] „Es ist not den geistlichen, die da die zeit singen oder lesen, das sye acht haben auf die samen lesung irs herczen: und ist gar swer mit den, die da unachtsam sein, und der tugent nit achten, und kein hicz hand, und gen oben hin, und gent allzeit da hin mit plinden herczen [...] und leben also hin ein tag als den ander in lawikeit; das ist ein offen zeichen ewiger verdamnus!" (Cgo 406, 74v, zitiert nach LEE: Materialien, S. 198).

zu zeigen, daß die Wechselbeziehung von Idealen und Vorsätzen auf der einen, sowie vorgegebenen Sachverhalten, Bedingungen und Möglichkeiten auf der anderen Seite ein zentrales Element der Weiterentwicklung einzelner Nonnen und der Konvente als ganzer darstellte.

Als markanter Höhepunkt dieser Spannung während des späten Mittelalters fallen die Reformen des 15. Jahrhunderts ins Auge. Sie bilden insofern eine Zäsur, als sich dem Verständnis der Schwestern zufolge in ihrem Vollzug Anspruch und Wirklichkeit soweit aneinander annäherten, daß die spezifische Form monastischen Lebens, die man nun praktizierte, dem frommen Streben bestmöglichen Entfaltungsraum bot.

Wie die Bibliotheken der Konvente nahelegen, bemühten sich Dominikanerinnen und Klarissen in den Jahrzehnten nach der Reform nicht um weitere grundlegende Veränderungen der Lebenspraxis, sondern um die fortschreitende Vervollkommnung des bereits eingeschlagenen Weges.

Brennpunkte des klösterlichen Selbstverständnisses und des Willens zur immer stärkeren geistlichen Durchformung des Lebens waren zum einen das Wissen um die Privilegien des monastischen Standes, zum anderen das Bewußtsein, als Ordensfrauen besondere Verpflichtungen eingegangen zu sein. Beides wird in Quellen deutlich, die sich mit dem Proprium des Ordenswesens und dem Chorgebet auseinandersetzen – ob dieses Ergebnis durch Quellen gestützt wird, die sich mit anderen Problemstellungen klösterlichen Lebens befassen, werden weitere Forschungen, die etwa die Kleidervorschriften oder die nachdrückliche Hervorhebung der Klausurordnungen zum Gegenstand der Untersuchung machen, zu zeigen haben.

Das Interesse der Nürnberger Nonnen des 15. und frühen 16. Jahrhunderts galt in vielerlei Hinsicht einem zähen Ringen um einen persönlichen und gemeinschaftlichen Reifungsprozeß mit dem Ziel einer vollkommenen Erfüllung der Observanz.

Dem daraus resultierenden Bedürfnis nach klärenden und unterstützenden Hilfsmitteln versuchten die in den Konventsbibliotheken vorhandenen Texte zu entsprechen, indem sie theologische Deutung und seelsorgerlichen Beistand bereitstellten.

Literatur

1. Handschriften

Stadtbibliothek Nürnberg:
– Cent V, App. 34p
– Cent V, App. 81
– Cent VI, 43b
– Cent VI, 43e
– Cent VI, 43l
– Cent VI, 46d

– Cent VI, 53
– Cent VI, 60
– Cent VI, 86

Stadtarchiv Nürnberg:
– A 26, Rep 89/ 265b

Bayerische Staatsbibliothek München:
– Cgm 750
– Cgm 4439

Staatsbibliothek Preussischer Kulturbesitz Berlin:
– Cgo 406
– Mgf 1040, 1

2. Gedruckte Quellen und Fachliteratur
(Abkürzungen folgen dem Abkürzungsverzeichnis der TRE)

ANDRASCHEK-HOLZER, RALPH: *Frauenklöster* des Mittelalters in neuer Sicht: Neue Aspekte zu Geschichte und Kultur des Göttweiger Nonnenkonvents, in: SMGB 106 (1995), S. 101–120.

BOLLMANN, ANNE: Weibliche *Diskurse*. Die Schwesternbücher der Devotio Moderna zwischen Biographie und geistlicher Konversation, in: Kultur, Geschlecht, Körper, hg. v. Genus – Münsteraner Arbeitskreis für Gender-Studies, Münster 1999, S. 241–284.

BONMANN, OTTOKAR: *Eine unbekannte Weihnachtsansprache* der Charitas Pirckheimer, in: FS 24 (1937), S. 182–189.

BORIS, ANNE CLIFT: *Communities* of Religious Women in the Diocese of Bamberg in the Later Middle Ages, Diss. submitted to the Faculty of the School of Arts and Science of the Catholic University of America, Washington D.D. 1992.

Caritas Pirckheimer 1467–1523. Eine Ausstellung der Katholischen Stadtkirche Nürnberg, Kaiserburg Nürnberg 26. Juni – 8. August 1982, zusgest. von Lotte Kurras und Franz Machilek, München 1982.

DAICHMAN, GRACIELA S.: *Wayward Nuns* in Medieval Literatur, Syracuse 1986.

DEGLER-SPENGLER, BRIGITTE: Das *Klarissenkloster* Gnadental in Basel 1289–1529, Basel (Diss.) 1969.

DEICHSTETTER, GEORG / ECKSTEIN, RUDOLF / MACHILEK, FRANZ: Das *Klarakloster* zu Nürnberg, in: Caritas Pirckheimer 1467–1523. Eine Ausstellung der Katholischen Stadtkirche Nürnberg, Kaiserburg Nürnberg 26. Juni – 8. August 1982, zusgest. von Lotte Kurras und Franz Machilek, München 1982, S. 69f.

Die deutschen Handschriften der Bayerischen Staatsbibliothek München. Die mittelalterlichen Handschriften aus Cgm 4001–5247, neu beschrieben von Karin Schneider, Wiesbaden 1996.

EHRENSCHWENDTNER, MARIE-LUISE: Das *Bildungswesen* in Frauenklöstern des Spätmittelalters. Beispiel: Dominikanerinnen, in: Handbuch des bayerischen Bildungswesens, hg. v. Max Liedtke, Bd. 1: Geschichte der Schule in Bayern: Von den Anfängen bis 1800, Bad Heilbrunn 1991, S. 332–348.

ELM, KASPAR: *Frömmigkeit* und Ordensleben in deutschen Frauenklöstern des 13. und 14. Jahrhunderts, in: Vrouwen en mystiek in de Nederlanden (12de-16de eeuw). Lezingen van het congres „Van Hadewijch tot Maria Petyt", Antwerpen 5–7 september 1989 onder redactie van Thom Mertens, Antwerpen 1994, S. 28–45.

–: *Verfall* und Erneuerung des Ordenswesens im Spätmittelalter. Forschungen und Forschungsaufgaben, in: Untersuchungen zu Kloster und Stift, hg. v. Max-Planck-Institut für Geschichte, Göttingen 1980 (= Veröffentlichungen des Max-Planck-Instituts für Geschichte 68 / Studien zur Germania Sacra 14), S. 188–238.

FRIES, WALTER: *Kirche* und Kloster zu St. Katharina in Nürnberg, in: Mitteilungen des Vereins für Geschichte der Stadt Nürnberg 25 (1924), S. 3–143.

Die Handschriften der Stadtbibliothek Nürnberg, Bd.1: Die deutschen mittelalterlichen Handschriften, bearb. von Karin Schneider, Beschreibung des Buchschmucks durch Heinz Zirnbauer, Wiesbaden 1965.

HOLZAPFEL, HERIBERT: *Handbuch* der Geschichte des Franziskanerordens, Freiburg 1909.

HONEMANN, VOLKER: Art. *Dominikanerinnen-Konstitutionen,* in: VerLex², Bd. 2, 1980, Sp. 188f.

JOHNSON, PENELOPE: *Mulier* et monialis: The Medieval Nun's Self-Image, in: Thought. A Review of Culture and Idea 64 (1989), S. 242–253.

KERN, THEODOR VON: Die *Reformation* des Katharinenklosters zu Nürnberg im Jahre 1428, in: Jahresbericht des historischen Vereins für Mittelfranken 31 (1863), Beilage I, S. 1–20.

KIST, JOHANNES: Das *Klarissenkloster* in Nürnberg bis zum Beginn des 16. Jahrhunderts, Nürnberg 1929.

–: *Klosterreform* im spätmittelalterlichen Nürnberg, in: ZbKG 32 (1963), S. 31–45.

LAMPRECHT, IRMA: *Der Mönch* Nikolaus, ein Vorläufer Abrahams a Santa Clara, in: Münchener Museum für Philologie des Mittelalters und der Renaissance 5 (1932), S. 115–167.

LECLERCQ, JEAN: *Epilogue:* Does St Bernard have a Specific Message for Nuns?, in: Medieval Religious Women, Vol. 1: Distant Echoes, hg. v. John A. Nichols und Lillian Thomas Shank, Kalamazoo 1984 (= Cistercian Studies Series 71), S. 269–278.

LEE, ANDREW: *Materialien* zum geistigen Leben des späten fünfzehnten Jahrhunderts im Sankt Katharinenkloster zu Nürnberg. Mit besonderer Berücksichtigung der Predigten Johannes Diemars, Heidelberg (Diss.) 1969.

MACHILEK, FRANZ: Der *Klarissenorden,* in: Caritas Pirckheimer 1467–1523. Eine Ausstellung der Katholischen Stadtkirche Nürnberg, Kaiserburg Nürnberg 26. Juni – 8. August 1982, zusget. von Lotte Kurras und Franz Machilek, München 1982, S. 61–63.

McNAMARA, JO ANN KAY: *Sisters* in Arms. Catholic Nuns through Two Millenia, Cambridge (Mass) / London 1998.

Mittelalterliche Deutsche Predigten des Franziskaners Stephan Fridolin, 1. Heft: Predigten über die Prim, hg. v. Ulrich Schmidt, München 1913 (= Veröffentlichungen aus dem Kirchenhistorischen Seminar München IV/1).

PALMER, NIGEL F.: „*Preventa* und Adoptata". Eine erbauliche Klosterlegende aus dem 15. Jahrhundert, in: Poesie und Gebrauchsliteratur im deutschen Mittelalter. Würzburger Colloquium 1978, hg. v. Volker Honemann, Kurt Ruh, Bernhard Schnell u.a., Tübingen 1979, S. 290–303.

RATH, BRIGITTE: Im *Reich* der Topoi. Nonnenleben im mittelalterlichen Österreich zwischen Norm und Praxis, in: L'Homme. Zeitschrift für Feministische Geschichtswissenschaft 7/1 (1996), S. 122–134.

RENNER, PETER: Art. *Diemar,* Johannes, in: VerLex², Bd. 2, 1980, Sp. 88f.

RUH, KURT: Art. *Klarissenstatuten* (mhd. u. mndl.), in: VerLex², Bd. 4, 1983, Sp. 1187–1190.

SCHÜPPERT, HELGA: *Frauenbild* und Frauenalltag in der Predigtliteratur, in: Frau und spätmittelalterlicher Alltag. Internationaler Kongress Krems an der Donau 2. bis 5. Oktober 1984, Wien 1986 (= Österreichische Akademie der Wissenschaften. Philosophisch-Historische Klasse, Sitzungsberichte 473. Veröffentlichungen des Instituts für mittelalterliche Realienkunde Österreichs 9), S. 103–156.

SEEGETS, PETRA: *Passionstheologie* und Passionsfrömmigkeit im ausgehenden Mittelalter. Der Nürnberger Franziskaner Stephan Fridolin (gest. 1498) zwischen Kloster und Stadt, Tübingen 1998 (= Spätmittelalter und Reformation NR 10).

STRAGANZ, MAX: *Statuten* des Klarissenklosters Brixen, in: FS 16 (1919), S. 143–170.

VOLK, PAULUS: *Joannis Trithemii Liber* de triplici regione claustralium, in: SMGB 48 (1930), S. 446–452.

WILLIAMS-KRAPP, WERNER: „*Dise ding* sint dennoch nit ware zeichen der heiligkeit". Zur Bewertung mystischer Erfahrungen im 15. Jahrhundert, in: Zeitschrift für Literaturwissenschaft und Linguistik 20, Heft 80 (1990), S. 61–71.

–: Art. *Nikolaus von Nürnberg II* (Nikolaus der Kartäuser), in: VerLex², Bd. 6, 1987, Sp. 1126f.

WOLF, NORBERT RICHARD: Art. *Klarissenregel* (mhd. u. mndl.), in: VerLex², Bd. 4, 1983, Sp. 1184–1187.

„Nullum regimen difficilius
et periculosius est regimine feminarum"

Die Begegnung des Beichtvaters Frederik van Heilo
mit den Nonnen in der Devotio moderna

EVA SCHLOTHEUBER

Es war bei den Schwestern vom gemeinsamen Leben üblich, daß ein Beichtvater bei dem Konvent lebte, der gemeinsam mit der *mater* oder Priorin die Leitung des Konvents übernahm.[1] Er wurde deshalb nicht nur als *confessor,* sondern auch als *rector* bezeichnet. Zu den Aufgaben, die mit der geistlichen Leitung zusammenhingen, der Predigt, dem Meßamt, der Beichte und der Wahrung der Disziplin im Kapitel, wurde dem Beichtvater auch die Vertretung des Konvents in weltlichen Angelegenheiten anvertraut. Ein gewisses Maß an Bildung und vor allem ein vorbildlicher Lebenswandel galten als Voraussetzung für die Übernahme des Beichtamtes, gerne gesehen war, wenn möglich, auch ein relativ fortgeschrittenes Alter. Großer Wert wurde in den der Devotio moderna nahestehenden Konventen auf die Ausbildung der Brüder gelegt,[2] sie unterhielten gute Bibliotheken,[3] und viel-

---

[1] Vgl. GERHARD REHM: Die Schwestern vom gemeinsamen Leben im nordwestlichen Deutschland. Untersuchungen zur Geschichte der Devotio moderna und des weiblichen Religiosentums, Berlin 1985 (= Berliner Historische Studien 11; Ordensstudien 5), S. 190–203. Vgl. auch KASPAR ELM: Die Bruderschaft vom gemeinsamen Leben. Eine geistliche Lebensform zwischen Kloster und Welt, Mittelalter und Neuzeit, in: Ons Geestelijk Erf 59, 1985, S. 470–496.

[2] Vgl. GEORGETTE EPINEY-BURGARD: Die Wege der Bildung in der Devotio Moderna, in: Lebenslehren und Weltentwürfe im Übergang vom Mittelalter zur Neuzeit, hrsg. von Hartmut Boockmann, Bernd Moeller und Karl Stackmann, Göttingen 1989 (= Abhandlungen der Akademie der Wissenschaften in Göttingen. Phil.-hist. Kl. 3. F., Nr. 179), S. 181–200. Vgl. zum Bildungsideal der Brüder vom gemeinsamen Leben ANDREAS BERIGER: Rutger Sycamber von Venray: Rede zum Lob der Brüder vom gemeinsamen Leben (1501), in: Ons Geestelijk Erf 68, 1994, S. 129–143. Vgl. auch MICHAEL SCHOENGEN: Die Schule von Zwolle von ihren Anfängen bis zum Auftreten des Humanismus, Diss. Phil. Freiburg/Schweiz 1898.

[3] Vgl. THOMAS KOCK: Die Buchkultur der Devotio moderna: Handschriftenproduktion, Literaturversorgung und Bibliotheksaufbau im Zeitalter des Medienwechsels, Frankfurt a.M. 1999 (= Tradition – Reform – Innovation 2).

fach kopierten die Brüder Bücher professionell als Auftragsarbeiten.[4] Bei den Schwestern vom gemeinsamen Leben lag der Schwerpunkt auf der Handarbeit, mit der sie ihren Unterhalt bestritten, auch nachdem um die Mitte des 15. Jahrhunderts mit der Annahme einer Ordensregel, der Augustinusregel oder der Tertiarinnenregel der Franziskaner, in vielen Konventen das monastische Element verstärkt wurde.[5] Mit der Entscheidung, nach einer Ordensregel zu leben, waren die Einführung der Klausur verbunden und eine Erweiterung der religiösen Pflichten, vor allem des Chorgebets.[6] Nur etwa eine halbe Stunde zweimal in der Woche war in den Schwesternhäusern als Zeit für die eigene Lektüre vorgesehen.[7] Aber auch die Windesheimer Statuten für Frauenklöster, die innerhalb der Devotio moderna eine stark monastische Ausrichtung repräsentierten, erwähnen keine besondere Ausbildung der geistigen Fähigkeiten der Mädchen und Frauen.[8] Der

---

[4] Vgl. NIKOLAUS STAUBACH: Der Codex als Ware. Wirtschaftliche Aspekte der Handschriftenproduktion im Bereich der Devotio moderna, in: Der Codex im Gebrauch, hrsg. von Christel Meier, Dagmar Hüpper und Hagen Keller, München 1997 (= Münstersche Mittelalter-Schriften 70), S. 143–163.

[5] Großes Augenmerk auf die Bildung zu legen, hätte dem devoten Ideal der Schwesternhäuser, ohne Gelübde freiwillig in Armut, Keuschheit und Gehorsam zu leben, widersprochen. Diese Ausrichtung der Häuser blieb auch nach der Annahme einer Regel prägend. Rehm konstatiert: „Aus den Schwesternhäusern hervorgegangene Tertiarinnen- oder Augustinerinnenklöster zeigen nach allem, was wir wissen, in ihrer spirituellen Ausrichtung und den Idealen ihres Gemeinschaftslebens eine wesentlich größere Affinität zu der Devotio moderna als zu zwar die gleiche Regel befolgenden, aber in gänzlich anderem Umfeld entstandenen älteren Klöstern. Als Tertiarinnen lehnten sie sich nicht an die Franzikaner an, als Augustinerinnen blieben sie weiterhin den Fraterherren verbunden, auch wenn die Bedeutung der Windesheimer Chorherren zunahm." REHM (wie Anm. 1), S. 37f. In den lateinischen Statuten für die Schwesternhäuser in Herford, Lemgo, Detmold, Eldagsen und Meringhausen von 1461 heißt es: *Studium earum non sit multa legere sed talia sicut principaliter convenit exercere.* Gemeinsame Gespräche über geistliche Themen waren diesen Statuten zufolge aber vorgesehen: *Cum aliquando mater licenciam dat, ut sorores simul in collatione de sacra scriptura vel aliis utilibus materiis ac proficuis ad suum profectum loquantur, tunc nulla cum proposito silere debet [...];* ebd. Anlage III, S. 259 und S. 262. Eine eigene Handschriftenproduktion und der Aufbau einer Konventsbibliothek setzte im Kloster Nazareth bei Geldern zu dem Zeitpunkt ein, als die Schwestern vom gemeinsamen Leben dort die Augustinusregel annahmen; vgl. MONIKA COSTARD: Predigthandschriften der Schwestern vom gemeinsamen Leben. Spätmittelalterliche Predigtüberlieferung in der Bibliothek des Klosters Nazareth in Geldern, in: Die deutsche Predigt im Mittelalter, hrsg. von Volker Mertens und Hans-Jochen Schiewer, Tübingen 1992, S. 206.

[6] Vgl. Nikolaus Staubach und Anne Bollmann (Hgg.): Schwesternbuch und Statuten des St. Agnes-Konvents in Emmerich, Emmerich 1998, S. 10. Sie benennen als Hauptaspekte dieser Entwicklung den „Rückzug aus der Welt, Unabhängigkeit der geistlichen Versorgung und eine Sublimierung des asketisch-devoten Leistungs- und Vollkommenheitsideals".

[7] Vgl. CATHERINE LINGIER: Boekengebruik in vrouwenkloosters onder de invloed van de Moderne Devotie, in: Boeken voor de eeuwigheid, Amsterdam 1993 (= Nederlandse literatuure en culture in de middeeuwen 3), S. 280–294.

[8] RUDOLPHUS TH. M. VAN DIJK: De constituties der Windesheimse vrouwenkloosters voor 1559: bijdrage tot de institutionele geschiedenis van het Kapitel van Windesheim. 2,

Beichtvater besaß also in Bezug auf die religiöse Unterweisung der Schwestern ein großes Gewicht.[9] Er stellte vielfach die Tischlektüre zusammen, unterwies und korrigierte die Schwestern in der Beichte, in dem alle zwei Wochen abgehaltenen Schuldkapitel und in der Predigt. Dementsprechend sind es diese Fähigkeiten, die in dem 1503 von der Schwester Mechtild Smeeds[10] fertiggestellten Emmericher Schwesternbuch an dem zweiten Beichtvater Peter van Gendt (gest. 1484)[11] lobend hervorgehoben werden: *Seer voel guedes leerden hi den susteren in den capittel, in der bicht ende in der colacien, ende dit was hem alle wege bereit in* [...].[12] *Voel gueder gewonten hevet hi geordeniert, als bi sonder hevet hi gemaect een regiester, woe dat men alle wege die heilige scrieft leesen sal, ellick in synre tijt, op sijn geschicte steede, op dat gheen boecken en waren, daer die susteren geen proffit af en hadden.* [...] *Hi ordenierden die lexsen, woe men die leesen solde des avents op et coer ende hi scref si ons oec selver.*[13] So waren es neben dem guten Einfühlungsvermögen bei der Beichte, seiner Präsenz im Konvent und einem regeltreuen Lebenswandel vor allem anregende Predigten über für sie wichtige Themen, die die Schwestern an ihrem Beichtvater schätzten.

Nimwegen 1986 (= Middeleeuwse studies 3). Ein spezielles Kapitel über die Ausbildung des Nachwuchses fehlt hier (zum Amt der *armaria* vgl. ebd. S. 773f.), ebenso wie in den lateinischen und den niederdeutschen Statuten der Schwestern vom gemeinsamen Leben; vgl. REHM (wie Anm. 1), Anlage III und IV, S. 256–310.

[9] Eine weitere Quelle religiöser Unterweisung waren Predigten auswärtiger Prediger, wie z.B. die des Franziskaners Johannes Brugman, der auch im Emmericher Schwesternhaus gepredigt und großen Eindruck hinterlassen hatte, vgl. STAUBACH: Schwesternbuch (wie Anm. 6), S. 11. Seine Predigten besaß auch das Kloster Nazareth in Geldern; vgl. COSTARD: Predigthandschriften (wie Anm. 5), S. 210.

[10] Das Emmericher Schwesternbuch ist anonym überliefert. Nikolaus Staubach und Anne Bollmann konnten als Schreiberin aber Mechtild Smeeds identifizieren, die von 1491 bis 1504 die Leitung des Konvents innehatte. Staubach beurteilt sie als eine „trotz ihrer Sympathie für geistliche Einfalt und Humilitas durchaus gebildete, lebenskluge und urteilssichere Frau, die, mit literarischen Konventionen vertraut, in Prolog und Epilog über ihre Rolle als Autorin und den Charakter ihres Werkes reflektiert und durch zahlreiche offene und versteckte Zitate eine ausgedehnte Belesenheit verrät". Vgl. STAUBACH: Schwesternbuch (wie Anm. 6), S. 20f. Zum Emmericher Schwesternbuch vgl. auch unten S. 51f.

[11] Peter van Gendt kam aus dem Heer Florenz-Haus der Brüder vom gemeinsamen Leben aus Deventer, aus dem die ersten drei Beichtväter der Emmericher Schwestern stammten, deren Viten den Anfang des Emmericher Schwesternbuchs bilden. Vgl. ebd. S. 44 Anm. 1. Der reformorientierte Geistliche Peter van Gendt betrieb von Anfang an sehr energisch die Annahme der Ordensregel, durch die das Schwesternhaus 1463 in ein Augustinerinnenkloster umgewandelt wurde. Es ist daher kein Zufall, daß besonders an Peter van Gendt die Bemühungen hinsichtlich der geistlichen Unterweisung der Schwestern hervorgehoben wurden. Vgl. auch ebd. S. 44 (fol. 5v): *Ende in der leeringe gaf hem onse lieue Here sijn sunderlinge genade, want hi gaf hem claer verlicht verstant dat hi in corter tijt volleert wart ende wart een meijster in der schrieft.*

[12] Ebd. S. 50 (fol. 11r).

[13] Ebd. S. 52 (fol. 12r).

Die Beichtväter waren nicht fest auf längere Zeit an einen Konvent gebunden, obwohl in der Regel ein stabiles Verhältnis von beiden Seiten angestrebt wurde. Denn Grundlage für die Ausübung des Beichtamtes war ein gegenseitiges Vertrauensverhältnis. Wurde es zerstört oder konnte es erst gar nicht hergestellt werden, löste man die Verbindung wieder, wodurch sich die vielfach zu beobachtende Fluktuation der Beichtväter erklärt. Sowohl die Brüder vom gemeinsamen Leben als auch die Chorherren der Windesheimer Kongregation, die Frauenkonvente betreuten, betrachteten das Beichtamt häufig eher als Last, als *iugum,* eben wegen der Nähe zu den Frauen und der weitgehenden Trennung vom eigenen Kloster.[14] Wie beispielsweise das Ansinnen des Lübecker Bischofs, einen der Brüder als Beichtvater für eine Schwesternkongregation gehen zu lassen, im Konvent aufgenommen wurde, zeigen die Annalen der Brüder vom gemeinsamen Leben des Lüchtenhofes bei Hildesheim[15]: „Im Jahr 1496 nach dem Fest Visitatio Marie[16] schickte uns der ehrenwerte Herr Dietrich Arndes, Bischof von Lübeck und Dekan des Hildesheimer Doms,[17] einen Bittbrief, damit wir den Schwestern in Plön[18] einen Beichtvater überließen, – worüber die Brüder, Verschiedenes

---

[14] Vgl. REHM (wie Anm. 1), S. 139. Die Brüder vom gemeinsamen Leben des Lüchtenhofes bei Hildesheim weigerten sich mehrfach, einem um 1476 entstandenen Nachtrag zur Chronik des Peter Dieburg zufolge, 1464 den Bitten des Windesheimer Chorherrn Johannes Busch nachzukommen, ihren Mitbruder Wilhelm von Sutlon als Beichtvater in einen Schwesternkonvent zu schicken – auch weil er für die Brüdergemeinschaft als nützlich und notwendig angesehen wurde. Später wurden die Pestfälle im Konvent von einigen Brüdern mit dieser Weigerung in Verbindung gebracht und als Strafe Gottes dafür angesehen. Der Schreiber des Nachtrags faßt die Episode mit einem Kommentar zum grundsätzlichen Problem der Entsendung von Beichtvätern zusammen: Der wohlbekannten Gefahr für das Seelenheil des jeweiligen Bruders (auch durch seine Trennung vom Konvent) stand die Verpflichtung zur Betreuung der Schwesternhäuser gegenüber: *Hec tamen non scribo, ut ex facili causa persone emittantur, quoniam et ibi periculum est, set ut discrete fiat et sciamus omnes, nos esse populum domini et oves pastoris.* Vgl. R. DOEBNER (Bearb.): Annalen und Akten der Brüder des gemeinsamen Lebens im Lüchtenhofe zu Hildesheim, Hannover/Leipzig 1903 (= Quellen und Darstellungen zur Geschichte Niedersachsens 9), S. 51.
[15] PETER DIEBURG, der Verfasser der Annalen, war von 1476–1494 Rektor der Brüder vom gemeinsamen Leben des Lüchtenhofes in Hildesheim. Vgl. zum Konvent der Hildesheimer Brüder W. Leesch/E. Persoons/A. G. Weiler (Hgg.): Monasticon fratrum vitae communis, Bd. 2: Deutschland bearb. v. W. J. Alberts, 1979 (= Archief- en Bibliotheekswezen in Belgiee, Extranr. 19), S. 83–93.
[16] 2. Juli 1496.
[17] Dietrich Arndes, Bischof von Lübeck 1492–1596. Er hatte außerdem die Dekanate an St. Blasien in Braunschweig und am Dom zu Hildesheim inne. Vgl. Erwin Gatz (Hg.): Die Bischöfe des Heiligen Römischen Reiches 1448–1648. Ein biographisches Lexikon, Berlin 1996, S. 26.
[18] Das Schwesternhaus in Plön (*conventus sanctorum decem milium militum*) war vom Michaeliskonvent aus in Lübeck 1468 gegründet worden. Bischof Albrecht von Lübeck bestätigte den Schwestern 1472 die Annahme der Augustinusregel und unterstellte sie dem Prior der Brüder vom gemeinsamen Leben in Segeberg. Vgl. MONASTICON WINDESHEMENSE, hrsg. von Wilhelm Kohl/ Ernest Persoons und Anton G. Weiler , Bd. 2: Deutsches Sprachgebiet, Brüssel 1977 (= Archives et Bibliothèques de Belgique, Extranr. 16), S. 405.

bedenkend, sehr bestürzt waren. Und weil er aufgrund des Dekanats für die Vergabe der Altarpfründe des heiligen Anthonius verantwortlich war, scheuten wir uns, es ihm abzuschlagen, damit er nicht, einmal verärgert, diese einem anderen übertrüge und wir so des vollen Rechts am Kasten[19] beraubt würden, an dem wir uns jetzt erfreuen. Schließlich einigten wir uns nach vielen Beratungen und schickten unseren geliebten Bruder, Heinrich Göttingen dorthin, der ausreichend vorsichtig und von ehrenwertem Lebenswandel war, damit er es für einige Zeit versuche. Obwohl dieser sich damit sehr schwer tat und kaum dazu zu bewegen war, willigte er schließlich ein, indem er sich der göttlichen Weisung anvertraute, behielt sich aber vor, daß er die Möglichkeit habe zurückzukehren, wenn er erkennen könnte, daß es dem Heil der Seele oder des Körpers schade."[20]

Gleichzeitig scheint aber die Funktion des Beichtvaters bei den Nonnenkonventen Teil der internen Ordenskarriere gewesen zu sein, mögliche Voraussetzung also für die Übernahme eines leitenden Amtes. Aufgrund der vielfältigen weltlichen Pflichten, die bei Schwesternhäusern mit dem Beichtamt verbunden waren, ließ es sich jedoch nur schwer mit einer eher zurückgezogenen Lebensweise und kontemplativer Frömmigkeit verbinden. Auf der anderen Seite gab es jedoch auch Brüder, die dieses Amt wegen der damit verbundenen Freiheiten gerne übernahmen, wobei dann möglicherweise aber der erwünschte Effekt auf die Schwesternkongregation verfehlt wurde.[21] So konnte es vorkommen, daß sich ein Beichtvater, wie Arnold von Deventer im niederländischen Schwesternhaus Wamel,[22] *turpiter et inhoneste* verhielt, sich auf eine ländliche Pfarrstelle absetzte und zudem eine der Schwestern dorthin mitnahm.[23] Die Schwierigkeit, geeignete Beichtvä-

---

[19] 1453 war dem Rektor des Hildesheimer Brüderhauses die Verwaltung des Antonius-Altars in der Antoniuskapelle des Doms übertragen worden; vgl. Leesch: Monasticon vitae communis (wie Anm. 15), S. 91.

[20] Vgl. Doebner: Annalen (wie Anm. 14), S. 133f.: *Anno domini 1496 post Visitacionis misit ad nos graciosus dominus Theodericus Arndes episcopus Lubicensis ac decanus ecclesie maioris Hildensemensis litteras supplicatorias pro confessore concedendo sororibus in Ploen, de quo multum fuerunt fratres consternati varia pensantes. Et, quia racione decanatus fuit collator altaris sancti Anthonii, timuimus eum offendere, ne exacerbatus conferret alteri et sic privaremur omni iuri(!) conservatorii, quo nunc gaudemus. Tandem post varios tractatus consensimus et misimus illuc fratrem nostrum dilectum Hinricum Gottingen satis providum et honestum in moribus, ut probaret ad tempus aliquod. Qui licet fuerit valde difficilis ad hoc et vix posset induci, acquievit tamen resignans se ordinacioni divine, reservans sibi facultatem redeundi, si videret sibi posse obesse ad salutem anime vel corporis.* Weiter heißt es: *Quem utique semper volumus recipere cum omni caritate, quandocumque rediret et solitam fraterne dileccionis bonitatem impendere cum graciarum accione, quod sic posuerit animam suam pro fratribus in casu tali, ubi nobis evenire magnum periculum et indignacio dominorum nostrorum posset.*

[21] Vgl. dazu Rehm (wie Anm. 1), S. 140f.

[22] Das Schwesternhaus Wamel war von dem Buijskenshaus in Deventer gegründet, die Neugründung aber durch Schwestern des St. Agnes Klosters in Emmerich verstärkt worden; Staubach: Schwesternbuch (wie Anm. 6), S. 9, Anm. 25.

[23] Vgl. Rehm (wie Anm. 1), S. 198.

ter zu finden, war in der Struktur der Betreuung der Schwesternhäuser angelegt: Zum einen wurden die Männerkongregationen zahlenmäßig und
materiell belastet, zum anderen brachte die relativ unabhängige Stellung der
Beichtväter eine Gefahr für ihr Seelenheil, die Disziplin und den Lebenswandel mit sich.

Die Beichte selbst bestand aus dem Bekennen der Sünden, der Korrektur
und der Auflage von Bußleistungen sowie der vom Priester gesprochenen
Absolution. Sie war insofern auch mit der Kommunion direkt verbunden,
da sie ihr vorausgehen sollte. 1215 hatte das 4. Laterankonzil unter Papst Innozenz III. die jährliche Pflichtbeichte für Laien eingeführt,[24] und dem
Priester kam dabei seit der Scholastik eine vermittelnde Funktion zwischen
Gott und dem Sünder zu. Die Schlüsselgewalt der Kirche verhalf ihm zur
Erkenntnis des Gewissensstandes, ermächtigte zur Bußauflage und zur
Absolution. Hinzu kam noch die deprekative Bitte des Priesters um Verge-
bung für den Büßer. Die Pflichtbeichte der Laien war in der Regel wohl
eine „einseitige" und stark formalisierte Angelegenheit.[25] Im monastischen
Bereich aber, woher sie stammte, hatte die Beichte eine viel weitergehende
Funktion. Sie diente zur permanenten Erziehung und Vervollkommnung
der Religiosen. Der Windesheimer Fraterherr und Beichtvater Frederik van
Heilo (gest. 1455) schrieb über die Funktion der „wahren", verinnerlichten
Beichte: „Die wahre Beichte aus reuiger und demütiger Seele erlöst die
Schuldigen und reinigt das Hartnäckige, und das, was befleckt und be-
schwert, weil es gegen die Vernunft, gegen das Recht, gegen die Disziplin
und die Ordnung durch den hartnäckigen Willen herausgepresst worden
ist".[26] Die Beichte der Laien wurde in der Regel öffentlich in der Kirche

---

[24] Vgl. MARTIN OHST: Pflichtbeichte. Untersuchungen zum Bußwesen im Hohen
und Späten Mittelalter, Tübingen 1995 (= Beiträge zur historischen Theologie 89), S. 41–
47. Die komplizierte Entwicklung der Beichte und der Bußpraxis wird hier vor allem anhand der normativen Quellen, insbesondere der *Summa angelica* des Angelus de Clavassio
(gest. 1495), sorgfältig dargelegt.
[25] Das lassen auch die detaillierten, vorformulierten Fragebeispiele der Beichtsummen
erkennen, denen jeweils entsprechende Bußauflagen zugeordnet sind, wodurch die persönliche Einschätzung der Beichte durch den Priester normiert und vielleicht auch nach-
vollziehbar gemacht werden konnte. Von einem weitgehend formalen Charakter der
Beichte ist wohl auszugehen, obwohl an die Beichtväter den Beschlüssen des 4. Lateran-
konzils zufolge der Anspruch gestellt wurde, die näheren Umstände der Sünde und des
Sünders genau zu erforschen, also die dahinterliegende Intention zur Sünde, um zu finden, welchen Rat er geben und welches Mittel er anwenden müsse, „um den Kranken zu
heilen"; vgl. ARNOLD ANGENENDT: Geschichte der Religiosität im Mittelalter, Darmstadt
2000 (2. überarb. Aufl.), S. 651.
[26] FREDERIK VAN HEILO: *Tractatus contra pluralitatem confessorum et de regimine sororum*,
Universitätsbibl. Amsterdam, Cod. IE 26, fol. 18r: *Vera confessio ex animo contrito et humiliato
absolvit reos et mundat contentiosa, et [quae] contra rationem, contra ius, contra disciplinam ac ordinem de pertinaci voluntate extorta inquinat et gravat*. Zu der Hs. vgl. unten Anm. 50. Zu Frederik van Heilo vgl. unten S. 53f. Die „Wahrheit" war, Berndt Hamm zufolge, ein ‚Leitbe-
griff' der nach innen strebenden spätmittelalterlichen Frömmigkeitstheologie. „Gegenüber der Veräußerlichung und Vermaterialisierung der kirchlichen Frömmigkeitsformen

abgenommen, indem das Beichtkind vor dem Priester kniend diesem seine Sünden bekannte.[27] In den Nonnenklöstern begann schon im 13. Jahrhundert eine Entwicklung, die dem direkten körperlichen Kontakt bei der Beichte ein Ende setzte, gleichzeitig aber die Beichte aus dem öffentlichen Raum in eine privatere Sphäre verlegte, in den sogenannten Beichterker. Getrennt durch ein meist mit einem Tuch verhängtes Holzgitter war die Seite der Nonnen von der Klausur aus zugängig, die Seite des Priesters dagegen von außen, manchmal direkt von der Straße.[28] Die Beichterker sollten sicherstellen, daß bei häufigem Beichten zwischen dem Priester und der beichtenden Nonne kein Sicht – und kein Körperkontakt entstehen konnte. Der Ausschluß der Öffentlichkeit und die Abgeschlossenheit des Raums ermöglichten auch eine größere Konzentration auf die Beichte und eine intimere Atmosphäre. Vorgeschrieben war die Beichte in den Frauenkonventen zweimal im Monat, wie es sowohl die Statuten der Windesheimer Kongregation als auch die der Schwesternhäuser festlegten.[29] Die Beschreibungen des Emmericher Schwesternbuchs lassen aber erkennen, daß bei Bedarf oder in Notfällen in der Praxis wesentlich häufiger gebeichtet werden

---

suchte man eine Tiefendimension der Echtheit geistlichen Lebens, ‚wahre' Frömmigkeit, ‚wahre' Reue etc"; vgl. BERNDT HAMM: Frömmigkeitstheologie am Anfang des 16. Jahrhunderts. Studien zu Johannes Paltz und seinem Umkreis, Tübingen 1982 (= Beiträge zur Historischen Theologie 65), S. 233.

[27] Vgl. dazu für das Spätmittelalter das Altarretabel Rogiers van der Weyden (Antwerpen, königliches Museum), das die sieben Sakramente darstellt (entst. um 1453–1455). Vgl. ODILE DELENDA: Rogier van der Weyden. Das Gesamtwerk des Malers, Stuttgart/Zürich 1988, S. 134. Ein Detailausschnitt ist bei MARTIN DAVIES: Rogier van der Weyden, London 1972 Nr. 56 zu finden. Es zeigt einen Mann, der im Seitenschiff der Kirche vor einem Priester kniet, der ihm die Beichte abnimmt. Daneben wartet eine Frau, um ebenfalls die Beichte abzulegen. Das Bild zeigt also die Beichtpflicht von Männern und Frauen, aber sozusagen verkürzt, da Männer und Frauen wohl nicht gleichzeitig vor dem Priester anzutreffen waren, sondern verschiedene Beichttermine hatten.

[28] Ein solcher Beichterker ist noch in der Stadtkirche St. Michael in Jena erhalten, einer ehemaligen Zisterzienserinnenkirche; vgl. FRIEDRICH MÖBIUS: Nonnen im Beichterker, in: H. Sciurie (Hg.): Eros – Macht – Askese: Geschlechterspannungen als Dialogstruktur in Kunst und Literatur, Trier 1996 (= Literatur, Imagination, Realität 14), S. 25 –76, mit Abbildungen des Beichterkers in Jena.

[29] Vgl. VAN DIJK: De constituties (wie Anm. 8), S. 815. Auch die Statuten der niederrheinischen Schwesternhäuser schrieben die Abnahme der Beichte im Abstand von 14 Tagen vor; vgl. REHM (wie Anm. 1), S. 291. Diese Bestimmung war aber nur ein „Anhaltswert". Vor hohen Feiertagen, in der Advents- und in der Fastenzeit wurde entsprechend häufiger gebeichtet und die Kommunion empfangen. Vgl. auch PETER BROWE: Die häufige Kommunion im Mittelalter, Münster 1938, S. 92–96. Johannes Busch, der in der zweiten Hälfte des 15. Jahrhunderts vielleicht den besten Einblick in die Gepflogenheiten der Frauenklöster hatte, die der Devotio moderna bzw. der Klosterreform nahestanden, schreibt in seinem *Liber de reformatione monasteriorum: In omnibus enim pene monialium monasteriis reformatis ad morem ordinis nostri de quindena in quindenam in Saxonia solent communicare, nisi propter notabile festum communio earum differretur seu preveniretur.* Vgl. JOHANNES BUSCH. Liber de reformatione monasteriorum, hrsg. von Karl Grube, Halle 1886 (= Geschichtsquellen der Provinz Sachsen 19), S. 637. Vgl. zu Johannes Busch unten Anm. 31.

konnte. Nicht nur für das religiöse Empfinden der Einzelnen hatte die Beichte eine wichtige Funktion, sondern auch für die Atmosphäre im gesamten Konvent. Die *mater* des Tertiarinnenkonvents Nazareth in Beverwijk[30] wandte sich aus diesem Grund auch an Johannes Busch[31]: „Die Priorin dort sagte mir, daß sie es gerne sähe, daß ihren Schwestern jeweils im Abstand von fünfzehn Tagen die Beichte abgenommen würde und sie die Kommunion empfingen, weil sie durch nichts anderes besser als durch die heilige Kommunion und die häufige Beichte jene in gutem Frieden und in klösterlicher Disziplin zu halten vermöchte".[32]

Durch Korrektur und Selbstreflexion, die zur permanenten Erziehung und Vervollkommnung dienten, entstand hier zwischen dem Beichtvater und dem „Beichtkind" offensichtlich leicht eine persönliche Beziehung, in manchen Fällen eine besondere Nähe. Ging alles gut, konnte sich zum Konvent insgesamt ein gegenseitiges Vertrauensverhältnis einstellen, zumal wenn der Beichtvater, wie bei den Schwesternhäusern üblich, ständig bei der Gemeinschaft wohnte – wenn auch in eigenen Räumlichkeiten. Aus dieser Konstellation ergab sich ein Problem von Nähe und Distanz, das nicht allein räumlich verstanden und empfunden wurde.[33] Eine Auflösung

---

[30] Vgl. MONASTICON WINDESHEMENSE (wie Anm. 18), Bd. 3: Niederlande, Brüssel 1980, S. 172f. Vgl auch H. J. J. Scholtens: De koorzusters van Nazareth in Beverwijk, in: Bijdragen voor de geschiednis van het bisdom Haarlem, Tome 62, 1950, S. 19–31.

[31] Vgl. C. MINIS: Art. Johannes Busch, in: Die deutsche Literatur des Mittelalters. Verfasserlexikon, Bd. 1, Berlin/New York 1978, Sp. 1140–1142. Vgl. auch NIKOLAUS STAUBACH: Das Wunder der Devotio moderna. Neue Aspekte im Werk des Windesheimer Geschichtsschreibers Johannes Busch, in: Windesheim 1395–1995. Kloosters, Teksten, Invloeden, hrsg. von A. J. Hendrikmann / P. Bange / R. Th. M. van Dijk, Nijmegen 1996, S. 170 – 185.

[32] Vgl. JOHANNES BUSCH: Liber de reformatione (wie Anm. 29), S. 654: *Priorissa ibidem mihi dixit, quod libenter haberet, ut sorores suae de quindena in quindenam confiterentur et communicarent; quia per nullam rem melius quam per sacram dominici corporis communionem et frequentem confessionem eas in bona pace et claustrali disciplina posset conservare.* Dem Bericht des Johannes Busch zufolge hatte der Schwesternkonvent die Windesheimer Chorherren in Sion (*Domus beate Marie*) bei Beverwijk, wo sich Busch aufhielt, gebeten, die geistliche Betreuung des Klosters zu übernehmen: *Patres tamen nostri in monasterio Syon vocato in Beverwijk consilio et auxilio presertim in spiritualibus eas gubernant, videlicet in confessionibus audiendis, in consiliis dandis, in adversitatibus eas defendendis et in similibus.* Vgl. ebd. Zu dieser Nachricht paßt, daß der Windesheimer Chorherr Frederik van Heilo die geistliche Betreuung der Schwestern des Kloster Nazareth bei Beverwijk übernommen hatte; vgl. zu Frederik van Heilo unten S. 53f. Zur *Domus beate Marie in Sion* vgl. MONASTICON WINDESHEMENSE (wie Anm. 18), Bd. 3, S. 159–174. SCHOLTENS: De koorzusters (wie Anm. 30), S. 20 bestätigt das und weist darauhin, daß die Schwestern 1430 durch bischöfliche Anweisung dem Regularkanonikerhaus in Sion für die geistliche Betreuung unterstellt worden seien.

[33] Gleich auf ihrer ersten Versammlung 1433 hatten die in Münster versammelten Fraterherren, die ebenso wie das Zwoller Kolloquium einen Zusammenschluß von Brüderhäusern bildeten, Beschlüsse gefaßt, die das Zusammenleben von Beichtvater und Nonnen regelten. Die räumliche Trennung von Beichtvaterwohnung und Schwesternräumen wurde gefordert, und die Schwestern sollten auch auf keinen Fall das Paterhaus betreten, der Beichtvater seinerseits die Konventsgebäude nur in dringenden Notfällen: *Eo-*

des Verhältnisses von Beichtvater und Nonnenkonvent durch eine der beiden Seiten führte deshalb leicht zur Verbitterung. Als die Doesburger Schwestern sich weigerten, weiterhin einen der Fraterherren als Beichtvater anzunehmen, reagierten diese äußerst empfindlich und kleideten ihre Kritik in das abgewandelte Bibelwort: *Filias educavi et enutrivi, ipse autem spreverunt me*,[34] und der Windesheimer Chorherr Frederik van Heilo gibt als eine Redensart wieder, die in den Konventen kursierte: *Gratia nulla perit nisi gratia sola sororum.* Und er fügt hinzu: *Sic fuit, est et erit, ondank in fine laborum.*[35]

Im Emmericher Schwesternbuch wurden neben den Viten von 64 Schwestern auch die Lebensbeschreibungen der ersten drei Beichtväter des Konvents mitaufgenommen. Das Schwesternbuch sollte geistlichen Lektürestoff bieten, „der die Tugenden des devoten Gemeinschaftslebens durch eindrucksvolle Beispiele zu befördern vermochte" und, wie Nikolaus Staubach und Anne Bollmann weiter ausführen, „(es) bietet nicht eine Sammlung entrückter, idealer und unerreichbar scheinender Tugendmuster, sondern die konkreten Lebensläufe von Angehörigen einer geistlichen Gemeinschaft, die in ihnen die Geschichte ihres eigenen Hauses und die Erinnerung an ihre Ursprünge, Fortschritte und Prüfungen vor Augen hat".[36] Die Beschreibungen der Beichtväter spiegeln ihre Rolle im Konvent aus der Sicht der Schwestern wider und die idealen Eigenschaften, die den Schwestern an den Beichtvätern besonders wichtig waren, die sie rühmten und schätzten.[37] Idealerweise verband den Beichtvater mit dem Konvent die *vaderlicke mynne*. So heißt es über den von den Schwestern sehr verehrten ersten Beichtvater Wilhelm Blijfer (gest. 1464)[38]: *Hi hadde soe vaderlike mynne totten susteren, dat hi*

---

dem anno [1433] *fuit diffinitum, quod infra annum confessores sororum debent suas habitaciones sic disponere, ut non sit contigua domui sororum, ad vitandum pericula et diffamiam, et quod habeant socium secum et, si posset fieri, quod non haberent necesse transire per domum sororum, quando celebrabunt missam, et quod nullo modo sorores intrent domum confessoris et nec confessor nec aliquis vir sine notabili et evidenti necessitate ingrediatur domum sororum, et si omnino necesse esset ingredi domum, quod predicatur sororibus, ut fugiant et caveant se, nec confessor nec aliquis permittatur solus ingredi sine socio.* Doebner: Annalen (wie Anm. 14), S. 255. Vgl. Rehm (wie Anm. 1), S. 139.

[34] Jes 1,2 *filios enutrivi et exaltavi ipsi autem spreverunt me.* Vgl. Rehm (wie Anm. 1), S. 193. Zu den Doesburger Fraterherren vgl. ebd. S. 17.

[35] Vgl. Cod. I E 26 (wie Anm. 50) fol. 78 v.

[36] Vgl. Staubach: Schwesternbuch (wie Anm. 6), S. 17. Zu dem 1419 von Deventer aus in Emmerich gegründeten Schwesternhaus vgl. ebd. S. 8–10. Vgl. auch sehr einleuchtend zur Einordnung des Schwesternbuchs in die literarische Tradition ebd. S. 18f. Vgl. zur Gründung des Konvents auch Rehm (wie Anm. 1), S. 63.

[37] Als „typische" Eigenschaften kann man z. B. das immer wiederkehrende *sachtmoedigh, oetmoedich* etc., aber auch die Wendung *hi had soe groete gracie [...] in biecht toe hoeren* bezeichnen, zu dem Ausdruck *gracie* vgl. unten Anm. 70. Daneben lassen die Beschreibungen aber auch ganz realistische Züge erkennen; ein Eindruck, der durch die Wiedergabe kleiner Episoden aus dem täglichen Leben verstärkt wird, aber auch dadurch, daß immer wieder einzelne Redewendungen der Beichtväter in direkter Rede eingefügt wurden.

[38] Wilhelm Blijfer stammte aus Doesburg und war in das von Florenz Radewijns gegründete Haus der Brüder vom gemeinsamen Leben in Deventer eingetreten. Der Rektor

*si duck heiten ,mijn kijnder', gelick als oec dede die heilighe sancte Johannes ewange-
list, die sijn discipellen plach toe heiten sijn kijnder,*[39] *want dat wort ,kijnt' is suet ende
mijnlick in den oeren des ondersaten toe hoeren wtten monde sijns oerfsten.*[40] Die väterliche Fürsorge des zweiten Beichtvaters Peter van Gendt (gest. 1484)[41]
umfaßte, dem Bericht des Schwesternbuchs zufolge, die vollständige Verantwortung für das Seelenheil der Schwestern: *Hi plach to seggen: „Kijnnder, sijt
vrie tot mij, wes v aen comt van bijn(n)en of van butten, ontsiet v niet, ic salt v helpen
dragen, ic salt v staen als een vaste muere. Ia, ic sal den Here rekeninge voer v doen in
den daghe des oerdels."*[42] Eine bemerkenswerte Aussage, nach der Peter van
Gendt die Gemeinschaft mit den Frauen als eine Gemeinschaft in Leben und
Tod betrachtete. Ganz konkret lobten die Schwestern an ihm die ständige Bereitschaft, für den Konvent zur Verfügung zu stehen. Notfalls war er bereit, die
Beichte Tag und Nacht, früh oder spät, abzunehmen: *Hi en ontsach geen tijt in
der bicht, dach noch nacht, vroe noch lat, wie daer sijnre begeerden, ende daer en was hi
geen wtnemer, mer alre mallik bereit, en(de) plach toe seggen:* […] *Want ic sijn daer om
hier ende dijt is myn ampt, dat ic bicht hoere ende den susteren diene, hier heb ic die
kost ende kleder vor.*[43] Das Verhalten des Beichtvaters bei der Beichte und seine

---

des Fraterhauses Gotfried Toern van Moers schickte ihn um 1429 als Beichtvater in das
Emmericher Schwesternhaus, dem er eine ungewöhnlich lange Zeit mehr als 30 Jahre
lang vorstand; vgl. STAUBACH: Schwesternbuch (wie Anm. 6), S. 39 Anm. 1.

[39] 1. Joh 18, 36.

[40] Vgl. STAUBACH: Schwesternbuch (wie Anm. 6) S. 41 (fol. 3r). Auch noch an anderer
Stelle wird über ihn gesagt, daß er die Nonnen wie die eigenen Kinder liebte: *Hi had soe
groete liefde tot sijnnen ondersaten, dat hi sy al mynden, als of et syn natuerlicke kinder hadden ghe-
weest.* Vgl. ebd. S. 40 (fol. 2r).

[41] Peter van Gendt wurde dem ersten Beichtvater Wilhelm Blijfer um 1462 zur Seite
gestellt, als dieser erkrankte. Vgl. auch oben Anm. 11. Unter seiner Leitung wurde die Umwandlung des Schwesternhauses in ein Augustinerinnenkloster vollzogen. Sein Interesse
an geistlicher Literatur und Bildung lassen auch die Beschreibungen des Schwesternbuchs
erkennen. Er hinterließ (verlorengegangene) Aufzeichnungen über visionäre Erlebnisse
und eine noch erhaltene Vita des 1461 gestorbenen Matthias aus Zupthen aus dem Fra-
terhaus in Deventer (Brüssel, Bibliothèque Royale, 8849–59, fol. 60r-66r). Vgl. STAUBACH:
Schwesternbuch (wie Anm. 6), S. 44 Anm. 1.

[42] Vgl. ebd. S. 48 (fol. 9r). Diese Verbundenheit mit den Schwestern kommt noch an
einer anderen Stelle zum Ausdruck, wo der Eindruck einer bewußten Tradition dieser
Verbindung durch den Ordensoberen vermittelt wird: *Ende dit hevet mij* (PETER VAN
GENDT) *oec mijn guede pater heer Ebbert* (Egbert ter Beeck, 5. Rektor des Heer Florenz-
Hauses 1450–1483) *geleert, doe hi mij hier sant ende oerdenierden mij pater. Want doe seide hi tot
mij: ,Peter, broeder, siet daer toe, dat gi et soe mact, wanneer gi comt in den hemel voer den ogen Gades, dat gi dan v mijnste susterken mede brengt, of wee v in der ewicheit.'* Ebd. S. 49 (fol.10v).

[43] Vgl. ebd. S. 48 fol. 9r. An diesen Beschreibungen wird deutlich, daß die vierzehn-
tägige Abnahme der Beichte nur einen ganz allgemeinen Richtwert darstellte, aber es
kommt auch der hohe Stellenwert zum Ausdruck, der dem Beichtbegehren der Schwestern eingeräumt wurde. Das war für den Beichtvater mit ganzem körperlichen Einsatz
verbunden. Im Winter schlug er im unbeheizten Beichterker nach dem Hören der Beichte die Hände gegeneinander und trat mit dem einen Fuß auf den anderen, um sich zu
wärmen: *Hi hevet oec duck in den wijnter geseten ende hoerden bicht, dat hi groete kelde leet, ia dat
hi nauwe en voelden, dat hi hande of voete hadde. Ende als hi dan op stont, soe plach hi den enen*

ständige Präsenz waren ein offensichtlich sehr wichtiges Moment, das immer wieder aufgegriffen wird. Bei dem Beichtvater Wilhelm Blijfer ist es sein „sanftmütiges und gutmütiges" Eingehen auf die Schwestern, wobei er sich durch kein gebeichtetes Vergehen verdrießen ließ, wodurch er das enge Vertrauensverhältnis zu den Schwestern bewahrte: *Hi had die gracie in bicht toe hoeren, dats hem niet en verdroet, want hij was baven maeten sachtmoedich ende verbeidende, seer guettelick, soe dat hem nijemant ontsien en droeft* [niemand brauchte sich zu fürchten] *in enighen dyngen toe belien* [bekennen] *of toe apenbaeren, woe danich dat si oec waren. Want hi was soe rechte vaderlick, dat hi altoes begherden mit guettelicheit den menschen toe trecken van sijnen sunden ende ondochden. Hi en spaerden hem selven niet in der bichten vroe noch late, mer was altoes bereit ende willich.*[44] Zwei im Schwesternbuch besonders augenfällige Eigenschaften treten deutlich hervor: einerseits der auf Verständnis und Einfühlungsvermögen basierende, aufopferungsvoll „dienende" Einsatz für das Seelenheil der Schwestern,[45] andererseits die Schutzfunktion, die in seiner Rolle als väterlicher Berater zum Ausdruck kommt.

Vor diesem Hintergrund stellt sich die Frage, wie die Beichtsituation in den Schwesternhäusern aus der Sicht eines Beichtvaters wahrgenommen wurde. Der Regularkanoniker Frederik van Heilo[46] hat in seinen Schriften

---

voet op den anderen toe treden ende syn hande toe samen toe wriuen ende toe slaen, op dat hi sich soe wat verwermden. Vgl. ebd. S. 49 (fol. 10r).

[44] Vgl. ebd. S. 40 (fol. 1v). So auch über Peter van Gendt: *Hij had soe groete gracie van onsen lieven Here ontfangen in biecht toe hoeren, dat sijns ghelicke nauwe en was. Ende hi konde enen ijegelicken genoch wesen, want hi had alsoe doer geloepen alle die hocken enre crancker conciencie, dat die geen, die daer bichten, geloven mochten dat hi alle dingen sach ende dat hi in allen dingen onder vonden was. Hi was in der bicht oetmoedich van herten, suet ende mijnlick van woerden* [...]. Ebd. S. 48 (fol. 8v). Zu dem auch von Frederik van Heilo verwandten Begriff der *gratia* vgl. unten Anm. 70.

[45] Dementsprechend heißt es auch von Peter van Gendt, vgl. ebd. S. 48 (fol. 9r): *Hi had in ghewonten, dat hi niet hast nader missen en wolde spreken, op dat sijn herte toe langer becommert solde sijn mit godlicken dijngen; ende dit plach hi der moeder toe seggen, op dat si hem hier geen hijnder in wesen en solde avermits enijgen wtwendigen dijngen, mer hi seide: „Ist sake, dat mij ijemant van den susteren begeert, die laet vrilick toe mij comen, want ic sijn hoere alre knecht".*

[46] Vgl. zu Frederik van Heilo H. J. J. SCHOLTENS: Art. ‚Frederik van Heilo', in: Dictionnaire de Spiritualité 5, 1964, Sp. 1188f. Frederik van Heilo (gest. am 11. Oktober 1455) wurde Ende des 14. oder zu Beginn des 15. Jahrhunderts in Heilo bei Alkmaar geboren. Über sein Leben vor dem Eintritt in das Brüderhaus und seine Ausbildung ist weiter nichts bekannt. Vgl. auch R. R. POST: The modern devotion. Confrontation with Reformation and Humanism, Leiden 1968 (= Studies in Medieval and Reformation Thought 3), S. 490–492. Ohne Angabe von Gründen vermutet Post in ihm einen Säkularpriester, der erst nachdem er sein Beichtvateramt aufgegeben hatte, um 1445 in das zur Windesheimer Kongregation gehörende Regularkanonikerkloster Haarlem eintrat. Diese Annahme kann aber nur wenig Wahrscheinlichkeit für sich beanspruchen, da vor allem seine Briefe, die er als Beichtvater an befreundete Fraterherren schrieb, ihn als Mitglied eines Konvents zu erkennen geben, worauf auch Pool ausdrücklich hinweist. Vgl. JAN C. POOL: Frederik van Heilo en zijn schriften, Amsterdam 1866, S. 87. In seiner Grabschrift (vgl. unten Anm. 51) wird die Wendung *huius conventus donatus* gebraucht. Möglicherweise hat er einem der Konvikte angehört, in denen Schüler und Studenten von den Brüdern vom gemeinsamen

einen ungewöhnlich tiefen Einblick in die Situation eines Beichtvaters gegeben. Seine persönlichen und entschiedenen Stellungnahmen zu seiner Situation als Beichtvater und seine innere Haltung gegenüber den Schwestern verdienen eine etwas sorgfältigere Betrachtung, als ihnen bislang zuteil wurde.[47] Frederik van Heilo gehörte dem Windesheimer Kloster Maria-Visitatie zu Haarlem[48] an und war Beichtvater nacheinander in drei verschiedenen Frauenklöstern, vermutlich bei Schwestern vom gemeinsamen Leben in Warmond, in Leiden und bei den Tertiarinnen des Nazarethklosters in Beverwijk.[49] Von dort ist er 1451 in seinen Heimatkonvent zurückgekehrt. Frederik van Heilo hat mehrere Schriften verfaßt,[50] von denen sich

---

Leben betreut wurden, und ist später dann in den Haarlemer Konvent eingetreten. Ein solcher Lebenslauf war nicht ungewöhnlich, die Jugendlichen sollten sich nach der Schulausbildung mit etwa 14 oder 15 Jahren für ein religiöses Leben entscheiden können (*secundum scientiam et discretionem*). Vgl. EPINEY-BURGARD (wie Anm. 2), S. 182 und 193. Vgl. auch BERIGER (wie Anm. 2), S. 129–134.

[47] So nur ganz summarisch die Darstellung bei Post (wie Anm. 46), S. 490–492. POOL (wie Anm. 46) gibt zu seiner – teilweise aus dem Zusammenhang gerissenen – Wiedergabe der Texte Interpretationen und stellt auch die einzelnen Äußerungen Frederiks in einen theologiegeschichtlichen Zusammenhang. Er konnte ihn jedoch kaum in seinem religiösen Umfeld und als Windesheimer Chorherr fassen, vor allem aufgrund des damaligen Forschungsstands.

[48] Vgl. MONASTICON WINDESHEMENSE (wie Anm. 18), Bd. 3 S. 241–253. Die Regularkanoniker des Domus Beate Marie prope Haerlem wurden 1407 in die Windesheimer Kongregation aufgenommen.

[49] Zum Nazarethkloster in Beverwijk vgl. oben Anm. 30. Vgl. SCHOLTENS: De koorzusters (wie Anm. 30), 23f. POOL (wie Anm. 46), S. 9f. vermutet in den anderen beiden Häusern das Hieronymushaus in Leiden (seit 1448 lebten die Schwestern dort nach der Augustinusregel) und das Ursulakloster in Warmond. Nach REHM (wie Anm. 1), S. 200f. Anm. 56 kann diese Zuweisung aber nicht überzeugen, da es in Leiden und Warmond jeweils mehrere Frauenkonvente gab, die unter dem Einfluß der Devotio moderna standen und so von einem Windesheimer betreut werden konnten.

[50] Eine Handschrift, die aus dem Sion-Kloster bei Beverwijk stammt und um 1534 geschrieben worden ist, enthält alle Schriften, die von ihm überliefert sind: *Opuscula aliquot domini Frederici de Heylo* (Universitätsbibliothek Amsterdam, Catalogus der Handschriften II, Amsterdam 1902, Nr. 610 (Codex IE 26), S. 107). Aus diesem Codex zitiere ich die Texte Frederiks van Heilo (im folgenden: Cod. IE 26). Diese Hs. liegt auch der Teiledition von J. C. Pool zugrunde. Im Codex enthalten sind folgende Schriften: *Tractatus contra pluralitatem confessorum et de regimine sororum* (fol. 3r – 68v); *Epistola eiusdem de modo et forma regendi sorores sive quomodo sorores sint dirigende et gubernande* (fol. 68v-73v); *Alia epistola eiusdem* (fol. 73v-81r); *Formula eiusdem quedam vite religiose* (fol. 81r-90r); *Apologia eiusdem super resignatione regiminis sororum* (fol. 90r-99r), *Tractatus eiusdem de peregrinantibus sive contra peregrinantes* (fol. 99r-107r); *Copulata pro confessore sororum a domino Theoderico de Haixen* (fol. 107r-119v) und die Chronikfragmente *Ex libro domini Frederici de fundatione domus regularium prope Haerlem* (fol. 129r-139v). Die Schrift *De pluralitate confessorum et de regimine sororum* enthält auch die Handschrift 49 der Landesbibliothek Wiesbaden; vgl. GOTTFRIED ZEDLER (Bearb.): Die Handschriften der Nassauischen Landesbibliothek zu Wiesbaden, Leipzig 1931, S. 58f (15. Jh.). Diesen Traktat, ein „Handbuch" für Rektoren bzw. Beichtväter der Schwesternkonvente, hat er während seiner Zeit als Beichtvater in Beverwijk geschrieben: *Explicit tractatus de pluralitate confessorum et de regimine sororum a venerabili viro domino Frederico confessore monialium in Beverwic editus*; vgl. ebd. Dieser Traktat ist noch ein

vor allem der *Tractatus contra pluralitatem confessorum*, mehrere Briefe und eine *Apologia* mit dem Amt und der Amtsführung des Beichtvaters befassen. Er war offensichtlich ein sensibler und, wie es der Niederländer Jan Carel Pool bezeichnete, ein sehr skrupulöser Mensch, jedoch mit scharfer Wahrnehmung. Mit einer langsamen oder vielleicht zögerlichen Sprechweise (*eloquium tardum*) ausgestattet – wie die Inschrift auf seinem Grabstein besagt –, besaß er jedoch eine angeborene Begabung zum Schreiben, sowohl in Versen als auch in Prosa.[51] Nachdem er lange Zeit versucht hatte, in den drei Frauenkonventen den Anforderungen, die an einen Beichtvater gestellt wurden, gerecht zu werden, resignierte er schließlich vor dieser Aufgabe, die zu tief in sein Leben eingegriffen und seine religiösen Intentionen aus dem Gleichgewicht gebracht hatte. Der lange und offensichtlich ernsthafte Versuch, die ihm gestellte Aufgabe zu lösen, bildet den Hintergrund der Äußerungen Frederiks. Hinzu kam die für ihn schwierige Situation, in der er sich als Priester und einziger Mann einer Gemeinschaft von Frauen gegenübergestellt sah, für deren Seelenheil und friedliches Zusammenleben er die Verantwortung zu tragen hatte. Sein Bemühen, seine Situation mit dem Verstand, der *ratio*, zu durchdringen und dadurch zu verbessern, schlägt sich in mehreren Briefen und vor allem in dem *Tractatus contra pluralitatem confessorum* nieder, worin er sich mit der Beichtsituation und der *natura feminarum* auseinandersetzt. Allgemeine Auffassungen von der *natura feminarum* wer-

weiteres Mal überliefert zusammen mit der *Apologia super regimine sororum* in der Hs. 11817–40 (15. Jahrhundert) Brüssel, Bibliothèque Royale; vgl. J. VAN DER GHEYN (Bearb.): Catalogue des Manuscrits de la Bibliothèque Royale de Belgique, Brüssel 1903, Tome 3, Nr. 1691, S. 83–87.

Die meisten seiner Schriften sind nicht erhalten, im Beverwijker Codex werden insgesamt 19 Titel erwähnt. Vgl. auch POOL (wie Anm. 46), S. 34f. Vgl. auch MONASTICON WINDESHEMENSE (wie Anm. 18), Bd. 3 S. 246. Die Angaben dort zu den bei Pool veröffentlichten Schriften sind fehlerhaft. Pool hat die *Apologia* ganz ediert (Pool, S. 69–85) und kurze Auszüge aus dem Traktat: *Epistola domini Frederici contra pluralitatem confessorem et de regimine sororum* und aus dem Brief: *Epistola domini Frederici de modo et forma regendi sorores* (ebd., S. 42–56) wiedergegeben. Außerdem ist bei Pool der Traktat: *De peregrinantibus sive contra peregrinantes* (ebd. S. 116–129) abgedruckt, der sich gegen die Pilgerfahrten der Religiosen zum Jubeljahr 1450 nach Rom und den Erwerb von Ablaßbriefen richtet. Weiterhin die erhaltenen Fragmente der Klosterchronik des Konvents in Haarlem, in der u.a. auch von dem Besuch des Nikolaus von Kues im Kloster berichtet wird (ebd., S. 133–162, 162–165, 166–167).

[51] Vgl. ebd. S. 9. In der um 1534 wohl in Beverwijk entstandenen Einleitung zur Hs., Cod. IE 26 (wie Anm. 50), fol. 1v wird Frederik van Heilo in der Einleitung zu seinen Schriften wie folgt charakterisiert: [...] *vir devotus ac literatus, poeta, rhetor et theologus, quemadmodum ex scriptis eius probatur. Edidit autem multa opuscula, que in predicto conventu et in diversis monasteriis habentur* [...]. Die Aufschrift seines Grabsteins wird in der Hs. ebenfalls wiedergegeben (*Sequitur epithaphum quod habetur super sepulchrum eius et precedit iste versus*), vgl. ebd. fol. 2r –2v: *Hoc tumulo dominus requiescit iam Fredericus/ ex Heylo genitus, vere virtutis amicus/ huius conventus donatus, qui fuit aptus/ tranquillus, castus, studiosus, corde quietus/ mente columbinus, devotus, pectore dulcis/ Christum quesivit, Christo frequenter inhesit/* [...] *Qui licet eloquio tardus foret in referendo/ attamen ingenti scribendi preditus arte/ nunc per dictata, nunc fecit per metra compta/ tractatus pulchros, sermones atque libellos* [...].

den dabei aufgegriffen, Frederik van Heilo fügt diesen aber seine persönlichen, häufig schmerzlichen Erfahrungen mit den Schwestern hinzu. Doch
sind an seinen Beschreibungen nicht nur seine Beobachtungen der weiblichen Natur interessant, sondern auch die Dimension der Begegnung zwischen Beichtvater und Nonne.

Sinn und Ziel des religiösen Lebens bestand nach der Auffassung Frede-
ricks van Heilo im *profectus*[52]. Der *profectus* betraf den inneren Menschen:
„[…] der aus zwei Teilen besteht, freilich aus dem Intellekt und dem Affekt,
die in uns allen sehr verdorben sind, aber besonders bei den Frauen, welche
zu verbessern und zu korrigieren die Mühsal dieser Zeit ist".[53] Dabei war es
allgemeiner Auffassung nach der Verstand, der durch das Erkennen des Besseren den Affekt leiten sollte, und das war, nach dem Urteil Frederiks, bei
den Frauen schwer zu erreichen, „die nur selten durch den Gebrauch der
Vernunft geleitet werden" (*que raro usu rationis ducuntur*).[54] Frederik van
Heilo dachte in dieser Hinsicht ganz in den Bahnen der mittelalterlichen
Tradition von den prinzipiellen Fähigkeiten der Frau. Die männliche Da-
seinsweise wurde für die volle Verwirklichung des Menschseins gehalten,
die weibliche dagegen für eine verminderte oder abgeschwächte.[55] Wenn

---

[52] Ebd. fol. 25v: *Quamvis autem finis vite presentis caritas non profectus dicendus sit* […]
*malui tamen profectum quam charitatem appellare quod per religionem intenditur, quia sanitas huius
vite non est in aliquo statu vite sed in progressu* […].

[53] Ebd. fol. 25v, *Interior autem homo qui consistit in duobus, scilicet* (fol. 26r) *in intellectu et
affectu, qui multum corrupti sunt in omnibus nobis, sed precipue in feminis, quas emendare et corrigere
huius temporis labor est.*

[54] Ebd. fol. 26v in dem „Handbuch" für Beichtväter, dem *Tractatus contra pluralitatem
confessorum et de regimine sororum*, im sechsten Kapitel unter der Überschrift *De natura feminarum*. Dieses Kapitel besteht aus einer kleinen Zusammenstellung der grundsätzlichen
Eigenschaften der Frauen – offensichtlich unter dem Gesichtspunkt zusammengefaßt,
warum ihre geistliche Betreuung die Beichtväter häufig an den Rand ihrer Möglichkeiten
bringt. Seine Auffassung von der Natur der Frauen bringt er auch in einem Brief an einen
befreundeten Bruder zum Ausdruck, der sich wohl anschickte, das Beichtamt in einem
Schwesternkonvent zu übernehmen: *Non enim viros regere sed feminas instituere tui officii erit,
que utique sicut a viris condicione diverse sunt, ita et more et mente valde dissimiles sunt, ut non ea
forma et regula regi possint qua fratres gubernantur.* […] *Mollis enim et multum passibilis est
ipsarum animus, qui affectionibus potius ducitur quam aliquo consilio et ratione.* Vgl. ebd. fol. 68v-
69r. Die Hierarchie der Begriffe *sensus* und *ratio* war durch die grundlegende theologisch-
philosophische Literatur im Prinzip festgelegt, so z. B. in der *Consolatio philosophiae* des
Boethius, auf die sich Frederik van Heilo auch an anderer Stelle bezieht. Die Wahrnehmung stellte sich bei Boethius als viergliedrige Stufenfolge der Erkenntnis dar, vom *sensus*
– der Sinnlichkeit oder Fähigkeit zu sinnlicher Wahrnehmung, – über die nächst höhere
Stufe, die *imaginatio* – die Fähigkeit, sich etwas sinnlich Wahrnehmbares vorzustellen, – bis
zur *ratio*, dem Verstand oder der Fähigkeit zur Abstraktion, durch die eine Gotteserkenntnis möglich war, während die *intelligentia*, die Vernunft oder die Schau reiner Grundfor-
men, nach Boethius allein Gott vorbehalten war.

[55] Vgl. Elisabeth Gössmann: Anthropologie und soziale Stellung der Frau nach Sum-
men und Sentenzen des 13. Jahrhunderts, in: Soziale Ordnungen im Selbstverständnis des
Mittelalters, hrsg. von Albert Zimmermann, Halbbd. 1, Berlin 1979, S. 283. Sie weist in
diesem Zusammenhang daraufhin, daß die biblischen Stellen über das Mann-Frau-Ver-

der Unterschied der Geschlechter in erster Linie im körperlichen, vor allem im sexuellen Bereich gesehen wurde, und die scholastische Theologie davon ausging, daß die Seele der Männer und der Frauen gleichen Ursprungs und somit gleich beschaffen waren, so führte doch die körperliche Schwäche der Frauen dazu, daß sich die Seele in ihr weniger gut entfalten konnte, – eine Vorstellung, die aus der Antike herrührte.[56] Elisabeth Gössmann weist daraufhin, daß diese Einschränkungen für die Frau aber nicht in Hinblick auf ihr religiöses und geistliches Leben galten: „Denn Mann und Frau sind, wie es heißt, in gleicher Weise von Christus erlöst und haben infolgedessen auch in gleicher Weise die Möglichkeit, ihr Menschsein kraft der Gnade spirituell zu entfalten".[57] Die Frau konnte zu einer wirklichen Gleichstellung als geistlich lebende Person aber nur durch die ihr von Gott gewährte Gnade gelangen, dessen Unterstützung bei der wesenhaft schwächeren Konstitution der Frau entsprechend stärker ausfallen mußte. Einer Annäherung Gottes über die *ratio* stand bei der Frau entgegen, daß ihre intellektuellen Fähigkeiten als von Natur aus geringer und weniger klar eingeschätzt wurden,[58] eine Haltung, die ja auch bei Frederik van Heilo deutlich zum Ausdruck kommt.[59] Aus der Analogie Augustins, der dem Mann die *ratio superior* und

---

hältnis mit aristotelischen Begriffen interpretiert wurden, aber auch die augustinisch-neuplatonische Denkweise Wesentliches zur Ausbildung der hochscholastischen Anthropologie der Geschlechter beitrug. Vgl. auch ANGENENDT (wie Anm. 25), S. 265.

[56] Vgl. GÖSSMANN (wie Anm. 55), S. 292. Eine der wenigen Äußerungen einer Frau zu diesem Thema verdanken wir der italienischen Humanistin Isotta Nogarola (um 1420–1466). 1451 verfaßte sie einen Dialog „De pari aut impari Evae atque Adae peccato" (S. 187–221) und eine Questio zu dem gleichen Thema: „Quaestio, utrum Adam vel Eva magis peccaverit" (S. 240–257). Feinsinnig argumentierend, – obwohl, wie sie entschuldigend sagt, *non hoc opus femineum est* (S. 191) – geht sie ganz selbstverständlich von der angeborenen weiblichen Schwäche und Inferiorität der Frau aus: *Deus quum hominem creavit, ab initio creavit illum perfectum et animae eius potentias perfectas, et dedit ei maiorem veritatis rationem et cognitionem, maiorem quoque sapientiae profunditatem [...].* Vgl. Isotae Nogarolae Veronensis opera quae supersunt omnia accedunt Angelae et Zeneverae Nogarolae epistolae et carmina collegit Alexander Comes Appongi, hrsg. von Eugen Abel, Bd. 2, Wien 1886, S. 199. Vgl. zu Isotta Nogarola Rinaldina Russell (Hrsg.): Italian Women Writers. A Bio-Biographical Sourcebook, 1999, S. 313–323. Vgl. auch ERICH MEUTHEN: Der Frauenanteil an der literarischen Produktion im deutschen 15. Jahrhundert und im italienischen Quattrocento. Ein Vergleich, in: Studien zur Geschichte des Mittelalters. Jürgen Petersohn zum 65. Geburtstag, hrsg. von Matthias Thumser, Annegret Wenz-Haubfleisch und Peter Wiegand, Stuttgart 2000, S. 321f.

[57] Vgl. GÖSSMANN (wie Anm. 55), S. 283.

[58] WILHELM VON AUXERRE schreibt um 1215 in seiner weit verbreiteten *Summa aurea*, als zweiten unter den drei Gründen, weshalb die Gottbildlichkeit der Frau hinter der des Mannes zurückstehe: *Quia vir perspicaciorem intellectum habet naturaliter quam mulier et secundum ordinem naturae mulier debet ei subici.* WILHELM VON AUXERRE: *Summa aurea,* hrsg. von Phillip Pigouchet für Nicolaus Vaultier und Durand Gerlier, Paris 1501 (ND Frankfurt 1964), fol. 58v. Grundlegend war I Cor 11, 5–8. Vgl. auch GÖSSMANN (wie Anm. 55), S. 283f.

[59] Er bezieht sich mehrfach nachdrücklich auf diese allgemein verbreitete Auffassung, so z..B. Cod. IE 26 (wie Anm. 50), fol. 8r: *In feminis enim non est aliqua firmitas aut constancia ex se propter defectum rationis et propter vehementia passionis, et* (fol. 8v) *ideo oportet quod ab uno*

der Frau die *ratio inferior* zuordnete, entwickelte sich eine Identifizierung der Frau als „Sinnenwesen" und des Mannes als „Vernunftwesen". Von diesem Standpunkt aus gesehen, faßt Elisabeth Gössmann zusammen, „erschien die bestehende soziale Ordnung als naturgegeben, wobei die Realität des Menschseins ganz in den Hintergund trat. Denn wie die Sinne der Lenkung durch die *ratio* bedurften, so bedurfte ganz selbstverständlich auch das weibliche Geschlecht der Lenkung durch das männliche".[60]

Der Überzeugung Frederiks van Heilo zufolge reichten einfach übernommene Lehrmeinungen der Autoritäten allerdings nicht aus, um die für den *profectus* des inneren Menschen notwendigen Inhalte zu vermitteln, – nur eine selbst errungene innere Überzeugung vermochte ihrerseits andere tiefergehend zu verändern: „Was nämlich aus dem eigenen Verstand und der Empfindung hervorgebracht wird, ist lebendig und wirkungsvoll, und überzeugt leicht durch eben diese Gemütsbewegung und die Empfindung des Redenden. Wer aber von anderen nehmen will, was er anderen lehren will, wird davon wiederum andere nicht unterrichten können, wovon er selbst nicht geformt worden ist".[61] Wenn das Empfinden der Seele (*sensus animi*) nicht davon durchdrungen worden ist, heißt es weiter, ist es nicht die eigene Rede, sondern die einer Vorlage, und eine solche Ermahnung habe keine Überzeugungskraft. Hier wird, ungewöhnlich präzise formuliert, ein ganz bestimmter Bildungsanspruch sichtbar, der im 15. Jahrhundert allgemein zu beobachten ist: Die suchend gefundene eigene Haltung und die Ausstrahlungskraft der so zum Besseren geformten eigenen Seele sollen (als *exemplum*) überzeugen, die gelebte Frömmigkeit mitreißen.[62] Die von zwei

---

regnantur ac firmentur per quem habent modum et spem vite, ipse habent se ad suum superiorem sicut materia ad formam.

[60] Vgl. GÖSSMANN (wie Anm. 55), S. 288.

[61] Vgl. Cod. IE 26 (wie Anm. 50), fol. 33r: *Quod enim de proprio intellectu ac sensu promitur, vividum et efficax est et ipso motu et affectione dicentis facile persuasibile. Qui vero ex aliis sumet quod alios docebit, non poterit de illo alios informare, de quo nondum ipse formatus est. Quicquid memoriter aliquis tenet ex dictis sanctorum, de quo non est imbutus et formatus proprius animi sensus, non est suum dicendum sed illius de quo id sumptum est. Ac ita ammonicio talis pocius mortui est quam viventis, quia non est illius qui illam dicit sed* (fol. 33v) *qui primo illam scripsit, nec habet alacritatem neque efficacem virtutem, quia de proprio sensu non processit.*

[62] Zum hohen „moraldidaktischen Wert des Exempels" in seiner schriftlichen Form vgl. STAUBACH: Das Wunder (wie Anm. 31), S. 180f. In humanistischen Kreisen wurde ebenfalls „statt des wissenschaftlich Allgemeinen das lehrende Exempel favorisiert"; Peter Schulthess und Rudi Imbach (Hgg.): Die Philosophie im lateinischen Mittelalter. Ein Handbuch mit einem bio-bibliographischen Repertorium, Düsseldorf/Zürich 1996, S. 287. Frederik van Heilo selbst kommt mehrmals darauf zurück: *Stabilius et efficacius est testimonium vite quam lingue* [...]; Cod. IE 26 (wie Anm. 50), fol. 40v und: [...] *quia plus movent corda hominum bona exempla quam verba*; ebd. Auch im Emmericher Schwesternbuch wird das „beispielhaft geführte Leben" des Beichtvaters (Wilhelm Blijfer) neben das Wort gestellt und als Form der Vermittlung propagiert: *Ende hier en hevet hi hem selven niet mede vernedert, mer voel meer vermeeret ende verheven in den oghen Gades ende in den herten der menschen, den hi gaf een exempel der volcomenre oetmoedicheit en(de) daer hi oec in bewijst, dat hi niet en leerden mit worden, hi en dede dat ierst mitten wercken, ghelick als dede onse lieve here Ihesus*

Seiten her begriffene Bildung, durch das belehrende Wort und durch das
vorbildhaft geführte Leben, war auch in ihrer pädagogischen Ausrichtung
typisch für die Haltung der Brüder vom gemeinsamen Leben.[63] Angestrebt
war, wie es auch Frederik van Heilo zum Ausdruck bringt, eine die ganze
Lebenseinstellung umfassende, innere Weiterbildung mit dem Ziel der voll-
ständigen Ausrichtung der Seele auf Gott.

Die Auffassung, daß er selbst mit dem eigenen Verstand die Bibel oder die
Kirchenväter durchdringen müßte, um sich die gelesenen Gedanken „zu eigen" zu machen,[64] führte bei Frederik van Heilo zu einem sehr persönlichen Zugriff auf die überlieferten Zeugnisse: „So sollte es der Leser, der sie
hochschätzt, mit den einzelnen Teilen der heiligen Schrift machen, was auch
immer Eigentum eines anderen gewesen ist, mache er zu dem seinen, um es
gut zu erkennen und sich einzuverleiben, ja um sich zu bilden; davon könnte er ermuntern, reden und erklären, in dem er nicht auf die Autoritäten
achtet, was dieser oder jener gesagt hat, sondern [darauf] was seine eigene
Wahrnehmung von den heiligen Lektionen durchtränkt ihm eingeben
wird".[65] Er zog die Lektüre der Bibel selbst als einen „Weg zu Gott" sogar
einer Vermittlung religiöser Inhalte durch die Kirchenväter, die *auctores*, vor.
In der Formulierung des Ziels seiner Bemühungen, dem „Einswerden" mit
Gott, kommt mystisches Gedankengut durch: „Das göttliche Wort nämlich,
das im Herzen des Vaters verbleibend alles erneuert, errichtet, ordnet und

---

Christus ende oec sijn dijscipellen leerden to doen. Vgl. Vgl. STAUBACH: Schwesternbuch (wie
Anm. 6), S. 41 (fol. 2v).

[63] Zur Bedeutung des Exempels vgl. auch EPINEY-BURGARD (wie Anm. 2), S. 189.

[64] Er legt diesen Gedanken in dem *Tractatus contra pluralitatem confessorum* dar, und zwar
im siebten Kapitel unter der Überschrift *Informatio quedam generalis ad confessores,* die die
didaktische Zielsetzung der Schrift zum Ausdruck bringt: *Operam dare debemus, ut quod le-
gimus vel audimus ab aliis non paciamur manere aliorum, sed ut illis assentiendo fideliter et immu-
tando per propriam ingenii virtutem nostram faciamus, sicut cibus, qui corpori alienus est, per diges-
tionem proprie nature sibi connaturalis efficitur.* Cod. IE 26 (wie Anm. 50), fol. 33v. Dem Vergleich liegt event. Ez I, 3 zugrunde.

[65] Cod. IE 26 (wie Anm. 50), fol. 33v: *Sic de singulis passibus sacre scripture diligens lector
facere debet, ut quicquid alterius fuerat bene intelligendo et sibi incorporando, immo informando effi-
ciat suum; de quo possit exhortari, loqui ac disserere, non respiciendo ad auctores, quid ille vel ille
dixerit, sed quid proprius sensus per sacras lectiones imbutus sibi suggesserit.* Der Begriff der
„Inkorporation" wird im gleichen Zusammenhang, nämlich in Bezug auf das Lesen der
biblischen Schriften, auch im Emmericher Schwesternbuch verwandt. Über den zweiten
Beichtvater Peter van Gendt heißt es dort: *Daer hevet hi sich gegeven tot alre gehoersamheit
ende onderdanicheit sijnre oersten, en(de) tot willighe bereitheit sijnre medebruderen, [...] ende altoes die heilige schrieft toe leesen ende toe incorporieren [...].* Vgl. STAUBACH: Schwesternbuch
(wie Anm. 6), S. 44 (fol. 5v). Bemerkenswert ist auch seine Beurteilung von Gebet und
Lektüre im Hinblick darauf, was als der beste Weg zur Vermittlung verinnerlichter Religiosität anzusehen ist. Im zehnten Kapitel: *Qualiter ipsarum affectus sunt sanandi* heißt es:
*Quapropter iudicio meo sorores plus exhortande sunt ad devotam lectionem sacre scripture quam ad
orationem precipue illorum auctorum quorum doctrina redolet pietatem. [...] Secundum qualitatem
lectionis mens formatur. Et ideo cavendum est, ne lectio ipsarum (sc. sororum) habeat aliquid vanum
aut curiosum, quod illis nequaquam expedit.* Vgl. Cod. IE 26 (wie Anm. 50), fol. 50r.

im Sein erhält, senkt sich und fließt durch die heilige Schrift zu uns herab und lenkt unseren Geist auf die Wege des Heils und erneuert ihn von aller Gebrechlichkeit und führt ihn zurück zu Gott, damit wir eins sein werden mit Gott, und himmlische Söhne Gottes sind, an die die Rede Gottes gerichtet ist."[66]

In seinem „Handbuch" für Beichtväter in Schwesternkonventen,[67] dem *Tractatus contra pluralitatem confessorum et de regimine sororum*, wendet sich Frederik van Heilo in 13 ausführlichen Kapiteln dagegen, daß zwei gleichberechtigte Beichtväter in einem Schwesternkonvent lebten, weil die Schwestern sie dann gegeneinander ausspielten. Vermutlich war diese, von Seiten der Oberen ins Auge gefaßte Maßnahme ein Versuch gewesen, den Beichtvätern die Situation zu erleichtern und möglicherweise eine gewisse gegenseitige Kontrolle zu bewirken.[68] Im Zuge seiner Argumentation beschreibt Frederik auch das Wesen der Schwestern: „Sie sind in der Lage, aus einem Verdacht lange Geschichten zusammenzuspinnen. Sie sind freilich schwankend und wankelmütig, können nicht in Ruhe und ohne Tätigkeit sein.[69] Und sie streben auch nicht zu irgendjemandem mit Verstand und Mäßi-

---

[66] Ebd. fol. 90r: *Nam verbum divinum, quod in corde patris manens omnia innovat, instituit, ordinat et in esse conservat, per sacram scripturam descendens ac manans ad nos, dirigit mentem nostram per semitas salutis et innovat eam ab omni vetustate ac reducit in deum, ut unum simus cum deo, et filii dei excelsi sunt(!), ad quos sermo dei factus est.* Vgl. auch ebd. fol. 50r: *Lectio enim sancta sensum sanctorum cordi inserit legentis. Et facit cum sanctis non solum intellectum conformem sed etiam* (fol. 50v) *consimilem habere affectum.* Seine Auffassung macht zugleich klar, wie individuell der Weg aufgefaßt ist – trotz aller allgemein formulierter Anleitung, und daß er so verstanden im Prinzip einer theologisch gebildeten Elite vorbehalten war.

[67] Frederik van Heilo geht in diesem Text auf die wichtigsten Bereiche ein, bei denen der Beichtvater in einem Schwesternkonvent gefordert ist, und gibt ihnen auch, teilweise in die direkte Rede verfallend, regelrecht Argumentationshilfen bei Auseinandersetzungen mit den Schwestern. Aus dem „Handbuchcharakter" der Schrift ist es auch zu erklären, warum diese in drei Handschriften überliefert ist; vgl. oben Anm. 50. Da das „Handbuch" von POOL (wie Anm. 46) kaum berücksichtigt wird, möchte ich den Text in einer Edition zugänglich machen.

[68] Das Münstersche Kolloquium hatte bereits 1431 bei seinem ersten Zusammentreten beschlossen, daß dem Beichtvater ein „socius" zur Seite gestellt werden sollte, möglichst ein Priester. Vgl. DOEBNER: Annalen (wie Anm. 14), S. 256. Frederik van Heilo wendet sich hier aber ausdrücklich nicht gegen diese Regelung, sondern dagegen, daß beide Priester mit gleichen Befugnissen ausgestattet wurden.

[69] Was Frederik van Heilo von einer solchen Geisteshaltung hält, erfährt man aus einem Brief, den er an einen seiner Brüder richtet, damit […] *etiam absque me habeas, secundum que interdum animi tui mores componas ac cursum vite tue dirigas, que presens tibi aliquotiens insinuare curavi;* Cod. IE 26 (wie Anm. 50), fol. 81r. In diesem Brief heißt es, vgl. ebd. fol. 84v: *Qui linguam suam nescit regere et cohibere, diabolo prostituit domum mentis. Inquietum malum est plenum veneno mortifero, quo multi inficiuntur. Multa mala operatur et facit consuetudo fabulandi, facit hominem inopem interius et exhaurit omnem devotionem. Inclinat ad multas levitates, ad odium discipline et negligentiam statutorum. Non libet illi orare, non legere, non studere, cui semper libet fabulari. Nescit consistere in cella, chorus sibi carcer est, divinum officium* (fol. 85r) *longum.* In seinem „Handbuch" für Beichtväter geht er ausführlich darauf ein, wie wichtig das Schweigen vor allem für den inneren Frieden der Klostergemeinschaft sei; vgl. ebd. fol. 43r-44v.

gung, sondern im Ansturm der Gefühle werden sie davongetragen, welche sie nicht mit Verstand verdauen, sondern nach vollzogener Vollstreckung zurückblasen. Und so ist es nicht zu verwundern, wenn Zwietracht und Verwirrung der Schwestern unter verschiedenen Beichtvätern und vielen Begleitern entstehen, sondern es wäre vielmehr ein Wunder, wenn Friede und Eintracht gewahrt werden könnten. Dergestalt ist nämlich die Natur der Frauen, daß sie sich schnell zu irgendeinem Mann hingezogen fühlen, dem sie durch irgendeine Lebensführung verbunden sind, indem sie häufig nicht beachten, wieviel Gnade er besitzt, sondern wie er von Gestalt ist."[70] Während er weiter ausführt, daß die Frauen ihre Zuneigung nicht nach verstandesgemäßer Einsicht, sondern dem Gefühl nach verteilen und sich dann auch noch in dieser Gefühlszuweisung als äußerst beharrlich erweisen – nicht ohne darauf hinzuweisen, daß das in einem gewissen Gegensatz zu ihrem sonstigen wankelmütigen Verhalten steht – , fährt er über die Natur der Frauen fort: „Zu wem sie sich hingezogen fühlen, der handelt niemals schlecht in ihren Augen, und jenem, von dem sie sich abgewendet haben,

---

[70] Ebd. fol. 7v: *Sciunt enim ex suspicione longas fabulas contexere. Instabiles quippe et mobiles sunt, nescientes quiescere et sine molitionibus diversis esse. Nec ratione aut modestia quicquam tentant, sed impetu feruntur affectionum, quas non dirigunt consilio sed executione facta respirant, nec mirum est si sub diversis confessoribus ac pluribus sociis seu familiaribus discordia et turbatio surgant sororum, sed si pax et concordia servarentur potius esset mirandum. Illa denique natura feminarum est, quod cito afficiuntur circa aliquem virum quadam sibi conversatione convinctum, in quo frequenter non respiciunt id quod gratie est sed quod nature.* Frederik van Heilo verwendet den Begriff *gratia* für die durch den göttlichen Geist beseelten Bestandteile des Menschen, und zwar als eine Art Gegenbegriff zu *natura*, die die körperliche, von Affekten beherrschte Seite des Menschen bezeichnet. Die *mens* war für beides empfänglich, sie konnte von der geistlichen, aber auch von der affektiven Seite her beeinflußt werden: *Mens enim cum difficultate in superiis rebus tenetur, sed statim suo pondere concidit.* Ebd. fol. 50v. Es wird deutlich, daß hier die Vorstellung ganz sinnlich mit der materiellen Schwere des Körpers und der Leichtigkeit der nach oben weisenden Geistigkeit verbunden war. Das implizierte für den geistlichen lebenden Menschen eine gewollte Leibfeindlichkeit. Vermutlich wurde der Begriff *gratia* in ähnlichem Sinne auch im Emmericher Schwesternbuch gebraucht (vgl. oben S. 53), nämlich als eine geistige Fähigkeit, die durch das religiöse Leben vergrößert werden konnte. Das kommt auch in einem dem dritten Beichtvater Coernelius van Mechelen (gest. 1494) zugeschriebenen „Zitat" zum Ausdruck: *Ende daer heb ic dit gevoelen van* [wenn sich die Schwestern von den Beichtvätern unterweisen und beraten lassen], *dat si alre best toe vreden sijn in hoere conciencien ende dat sij alle dage meer toe nemen in dochden ende in gracien.* Vgl. Staubach: Schwesternbuch (wie Anm. 6), S. 61 (fol. 20v). Johannes Gerson definiert die *gratia* als einen *habitus* des Geistes, der von Gott übernatürlich in den Menschen eingegossen ist, ihn belebt und *formaliter* würdig macht, unmittelbar Handlungen hervorzubringen, die Gott gefällig sind und als Verdienste gelten. Vgl. Sven Grosse: Heilsungewißheit und Scrupulositas im späten Mittelalter. Studien zu Johannes Gerson und Gattungen der Frömmigkeitstheologie seiner Zeit, Tübingen 1994 (= Beiträge zur Historischen Theologie 85), S. 115, Anm. 366. So auch generalisierend Berndt Hamm: Von der Gottesliebe des Mittelalters zum Glauben Luthers. Ein Beitrag zur Bußgeschichte (Festschrift Hans Schumm), in: Blätter für pfälzische Kirchengeschichte und religiöse Volkskunde 64, 1997, S. 353 (mit Anmerkungen abgedruckt in: Lutherjahrbuch. Organ der internationalen Lutherforschung 65, 1998, S. 19–44).

wissen sie auch bei recht Getanem nicht die Gunst zu bewahren, gleichsam
als besäße eine Tat oder eine Anordnung nicht ein eigenes Gewicht des Lo-
benswerten, sondern als hinge sie ab von der Würde oder der Anerkennung
des Handelnden. Sie wissen nämlich nicht zu prüfen, was gemacht wird,
sondern [nur] von wem es gemacht wird".[71] Die Liste der weiblichen Unzulänglichkeiten ist noch länger; die Nonnen, sagt er, verdrehen die Worte
der Priorin und des Beichtvaters, murmeln murrend miteinander und „ver-
klappen alle geheimen", wie der Niederländer Pool es ausdrückt.[72] Hier
sind ganz offensichtlich schlechte Erfahrungen mit im Spiel gewesen.

Wir erfahren aus Frederiks *Tractatus contra pluralitatem confessorum* aber
auch noch von einem anderen Punkt, der in der Beichtsituation eine Rolle
gespielt hat: die Neigung zum Selbstmord. Für den Beichtvater stellte sich
damit zugleich auch die Frage, wie mit einer Situation, in der eine Schwester dem Selbstmord nahe scheint, umgegangen werden kann. Diesem offensichtlich für die Beichtväter nicht unerheblichen Punkt widmet er ein
ganzes Kapitel unter der Überschrift *Doctrina contra eas que sibimet vite pericula
parant*.[73] Dort heißt es: „Zunächst ist es gleichsam ein Zeichen vorgetäusch-
ter Versuchung, daß sie offen sind vor anderen in Bezug auf diese Versuchung, deshalb gerne davon reden, und andere gleichsam in Schrecken ver-
setzend so etwas über sich erzählen [...]. Die Melancholischen aber, die
Traurigen, Schwermütigen, Schweigsamen, die die Winkel und die Einsamkeit lieben, verheimlichen die Leiden, und weil sie nicht freiwillig davon
reden wollen, wenn sie von dieser Passion ergriffen werden, muß man sich
um sie fürchten, und sie sind zu beobachten, damit sie nicht irgendetwas
Schlechtes gegen sich unternehmen, wie es schon einige Männer und
Frauen im religiösen Kleid getan haben [...]. Jene sind liebenswürdiger zu
behandeln und es muß ihr Eifer geweckt werden, damit sie gegen diese Passion kämpfen, damit sie nicht mit dem gegenwärtigen Leben das Ewige ver-
lieren [...]." [74] Hier wird deutlich, wie zu den theologischen Gesichtspunk-

---

[71] Cod. IE 26 (wie Anm. 50), fol. 8r: *Ad quem afficiuntur, nunquam agit male in oculis
ipsarum, et ad eum quem declinant etiam in beneactis nesciunt servare favorem, tanquam actio aut
ordinatio non haberet proprium pondus laudis sed penderet de dignitate seu estimatione agentis.
Nesciunt enim examinare quod fit sed a quo fit. [...] Et non solum exhortande sunt, sed etiam co-
gende, ut totam mentis affectionem ad unum convertant!*

[72] Vgl. POOL (wie Anm. 46), S. 56.

[73] Cod. IE 26 (wie Anm. 50), fol. 21r -25v.

[74] Ebd. fol. 21v: *Primo enim quasi quoddam ficte tentationis indicium est, apertas coram aliqui-
bus de tali tentatione esse, inde libenter loqui ac alias quasi terrendo tale aliquid de se commemorare.
Insuper garrule, leves aut ira fervide, etiam agilem ac vivacem* (fol. 22r) *habentes naturam, de tali
tentatione non sunt multum curande. In quibus licet posset surgere quidam motus aut appetitus necis,
non tamen in illis propter nature levitatem figitur, sed pertranseunte hora aut die, dum per alia oc-
cupantur, solvitur fantasia et ad sensum proprie nature redeunt, quam cum sentiunt nudatam de tali
affectu, adire non possunt. Verum melancholice, tristes, graves, taciturne, angulos ac solitudinem aman-
tes, dissimulantes passiones nec inde loqui libenter volentes, si ista passione contingantur, timende sunt
ac observande, ne quid in se malum moliantur, sicut iam nonnulli viri femineque habitu religiosi fece-*

ten der Seelsorge psychologische fast unmerklich hinzutraten und wie, anders als bei dem weitgehend einseitigen Abnehmen der Beichte bei den Laien, dem Beichtvater hier eine viel weitergehende Sorge und Einsicht in die Seele des Einzelnen zukam, entspringend aus seiner Verantwortung für den inneren *profectus* der Schwestern. In einem derartigen Verhältnis war ein gewisses „Aufeinandereingehen", ein – wenn auch sicherlich ungleicher – Austausch schon mitangelegt, wie ja auch im Emmericher Schwesternbuch das Verhältnis des Beichtvaters zu den Nonnen als ein Lehrer – Schülerinnen Verhältnis charakterisiert wird. Daß das Verhältnis tatsächlich von einem gegenseitigen Einfluß geprägt war, verschweigt Frederik van Heilo ganz und gar nicht. In seiner „*Apologia super resignatione regiminis sororum*", die er an seinen Prior, vermutlich Nikolaus Paep,[75] richtet, um seine definitive Aufgabe des Beichtamtes zu erklären, heißt es: „Das heftige Verlangen nach Liebenswürdigkeit erhöht die Schwierigkeit beim Hören der Beichte. Deshalb ist es notwendig, daß, wenn ein Mann vorsichtig und ein Wächter seines Gewissens sein will, er sich nicht auf eitle Geschichten mit ihnen einläßt und sie nicht neugierig über ihre Schwächen und Abschweifungen befragt. Ihr Gewissen wollen einige aus Scham, andere aus Berechnung nicht offenbaren. Sie schweigen und wollen ihre Sünden nicht erzählen, damit sie durch Schweigen die Möglichkeit zu sprechen vorbereiten, damit nämlich der Beichtvater Gelegenheit hat zu fragen [...]. Wenn er schmeichelnd und liebenswürdig ist, provoziert er eine Zuneigung der einen zum anderen, und er kann jene nicht von sich fernhalten, sondern sie verschaffen sich stets durch irgendeine Kunst seine Anwesenheit, aus dem Wunsch sich zu unterhalten."[76] Wenn er streng und unnachsichtig ist, heißt es weiter, murren und

---

runt. [...] *Iste blandius tractande sunt et ad alacritatem exhortande, ut contra passionem vigilent,* (fol. 22v) *ne cum presenti vita eternam amittant,* [...] *ne perdant illam dulcem societatem sanctorum.*

[75] Vgl. Monasticon Windeshemense (wie Anm. 18), S. 253.

[76] Cod. IE 26 (wie Anm. 50), fol. 93v: *Auget quoque audiende confessionis difficultatem vehemens desyderium affabilitatis, quo fit ut, si vir cautus et custos sue conscientie esse voluerit, ne vanas cum eis fabulas misceat, ne de fragilitatibus ipsarum aut excessibus curiose scrutetur. Conscientiam suam alique ex pudore, alique ex arte aperire nolunt. Tacent* (fol. 94r) *nec eloqui culpas volunt, ut silentio fandi copiam comparent, ut confessor occasionem habeat interrogandi.* [...] *Qui si blandus et affabilis est, alterius in alterum provocabit affectum et a se illas avertere non poterit, sed semper presentiam sui arte quadam colloquendi cupiditate parabunt. Si vero rigorosus fuerit et zelo quodam ac serio preditus, graves nihilominus erunt, que detrahendo, susurrando et murmurando causabuntur, apud quasdam minus sibi quam ceteris fieri.* Für die jeweils angemessene Art, die Sünden zu erfragen, gaben die Beichtsummen genaue Richtlinien. Die *Summa de paenitentia* des Raimund von Pennaforte z. B. gibt zahlreiche Beispiele für den Priester in dem Kapitel *Sequitur utrum sint faciende interrogationes in confessione a sacerdote, et de quibus, et qualiter.* Vgl. S. Raimundus de Pennaforte. Summa de Paenitentia, hrsg. von X. Ochoa und A. Diez, Rom 1976 (= Universa Bibliotheca Iuris, I Tomus B), Sp. 827f. Von einer im Beichtverhältnis bestehenden „gegenseitigen Einwirkung" gehen die Beichtsummen aber nicht aus. Thematisiert werden deshalb mögliche „Folgen" des Beichtgespräches nicht auf der „emotionalen", sondern nur auf einer informationsbezogenen Ebene, und zwar in zweierlei Hinsicht: Einmal bezogen auf die beichtende Person, damit nicht unfreiwillig durch die Fragen die einschlägige Kenntnis des Sünders erweitert bzw. seine Neugier geweckt

murmeln sie untereinander, oftmals muß er, statt ihre Schuld zu tadeln, – sie trösten. Bisweilen muß er eine zur Kommunion auffordern oder diese wenigstens gestatten, wenn sie sich eigentlich ihrer enthalten müßte. „Schwierig ist es", sagt er weiter, „das rechte Maß und die Mitte zu finden. Wenn sie vom Empfang des göttlichen Geschenkes abgehalten werden, macht es Kummer. Wenn sie zugelassen werden, ist es bedenklich. Wenn sie bei der Beichte für ihre Delikte getadelt werden, wollen sie in Zukunft nicht beichten oder sie verheimlichen etwas, wenn sie beschwichtigt werden, nehmen sie aus der Nachsicht den Mut zu sündigen".[77] Auf eine solche Dimension gegenseitiger „Einwirkung" war das Beichtgespräch im Grunde nicht angelegt.[78] Wenn auch im monastischen Bereich der Schwerpunkt der Beichte prinzipiell eher auf der Erforschung des Gewissens und dem inneren *profectus* lag, und damit verbunden, wie es das Emmericher Schwesternbuch ausdrückt: auf der Zunahme „*in dochden ende in gracien*",[79] so wird durch die Schilderungen Frederiks van Heilo aber ein weiterer Aspekt deutlich: das Beichtgespräch erscheint nicht unerheblich von den zwischenmenschlichen Beziehungen und auch den jeweiligen emotionalen Bedürfnissen geprägt. Die Formulierung *auget quoque audiende confessionis difficultatem vehemens desiderium affabilitatis* […][80] läßt diese Dimension der Beichte gut erkennen. Die Rolle des Beichtvaters bei den Schwesternhäusern[81] wirkte wohl in die Beichtsituation hinein und ließ sich davon kaum trennen. Gerade seine Einsicht in die einzelnen Persönlichkeiten konnte jedoch zu einem Problem werden, denn die Beichte und die Reaktion des Beichtvaters wurde so auf eine persönlichere, und damit zugleich subjektivere Ebene gezogen.

---

wurde, und andererseits bezogen auf die Person des Beichtvaters, dessen Seelenheil bei zu ausführlichen Schilderungen in Gefahr geraten konnte. MARTIN OHST weist darauf hin, daß dabei sexuelle Handlungen gemeint gewesen waren, der Priester also in der Beichtsituation vor solchen Äußerungen geschützt werden sollte. Vgl. OHST: Pflichtbeichte (wie Anm. 24), S. 246.

[77] Cod. IE 26 (wie Anm. 50), fol. 94r: *Difficile est temperamentum et medium invenire. Si averuntur a perceptione divini muneris,* (fol. 94v) *egritudinem facit; si admittuntur, scrupolosum est. Si iurgantur in confessione pro delictis, in futuro confiteri nolunt vel dissimulant; si mulcentur, ausum et licentiam ex indulgentia capiunt peccandi.*

[78] Als „wirkliche Sinnmitte des (Buß-)Verfahrens" bezeichnet OHST die Absolution, deren Voraussetzung neben Beichte und Reue auch die prinzipielle Bereitschaft zur Übernahme von Satisfaktionen ist; vgl. OHST: Pflichtbeichte (wie Anm. 24), S. 264. Von diesem Standpunkt aus sollte der Beichtvater sein Verhalten regulieren, dem auch bei der Beichte der Laien sehr weitgehend die Verantwortung für das Gelingen des Beichtgesprächs zugesprochen wurde.

[79] Vgl. oben Anm. 70.

[80] Vgl. oben Anm. 76.

[81] Bei den Dominikanerinnen wird die Rolle des Beichtvater als „persönlicher Berater" und als „eine Art dogmatische Kontrollinstanz" beschrieben; vgl. BÉATRICE W. A. ZIMMERMANN: Gott im Denken berühren. Die theologischen Implikationen der Nonnenviten, Freiburg/Schweiz 1993, S. 50. Die hier beschriebenen Beziehungen der Beichtväter zu den Dominikanerinnen in Töss und Adelhausen tragen ganz ähnliche Züge, wie die Beschreibungen der Schwestern vom gemeinsamen Leben.

Frederik van Heilo erkannte durchaus die Schwierigkeit. Es war seiner Ansicht nach nicht möglich, das Amt des Beichtvaters angemessen auszu-führen und gleichzeitig in einem engen Vertrauensverhältnis mit den Non-nen zu stehen: „Den reinen und keuschen Beichtvater (*confessorem purum*), der die Krankheiten der Seele nicht kennt, weisen sie als unnütz und un-kundig zurück, weil er für sich und nicht für andere leben solle. Den freimü-tigen und offenen, häufig unkeuschen, der unter einem gewissen Mantel der Notwendigkeit und um das Geständnis herauszulocken seiner Unkeusch-heit bei der Befragung folgt, umschlingen sie als den Mann ihrer Seele."[82] Vielleicht standen Frederik van Heilo als angemessene innere Haltung bei der Beichte die Vorgaben des Kanzlers der Pariser Universität Johannes Gerson (gest. 1438) vor Augen, dessen Schriften in der Devotio moderna weite Verbreitung gefunden hatten und dessen Begriff vom *confessor purus* er hier aufgreift. In Gersons Traktat *De arte audiendi confessiones* heißt es gleich zu Beginn unter den ersten grundsätzlichen Vorbemerkungen: „Der Beichtvater möge vor allem anderen dafür sorgen, daß er rein (*purus*) ist. [...] Er versetze sich in die Höhe oder in das Licht der Vernunft, indem er in sich selbst, so viel er kann, von dem äußeren Menschen abrückt, sowohl bei sich als bei den anderen, so daß er im Geist wandele und nicht im Fleisch, damit nicht möglicherweise die Verlockung durch die Formen der Körper bei ihm selbst zur Schlinge des Verderbens wird; er sei ganz darauf bedacht, die Be-schaffenheit der Seelen geistig zu durchschauen und beachte (dabei) den Unterschied der Geschlechter oder der Formen nicht. Was nützt es ihm im übrigen, wenn er die ganze Welt gewönne, aber Schaden an der eigenen Seele erleide."[83] Johannes Gerson fordert hier von dem Beichtvater, daß er in der Lage sein sollte, bei der Beichte den Verstand von der sinnlichen Wahrnehmung so weit wie möglich zu trennen, und zwar ganz deutlich nicht nur hinsichtlich seiner Würdigung des jeweils Beichtenden, sondern auch damit das Seelenheil des Priesters nicht in Gefahr geriet, auf dessen Schutz er mit dem Matthäuszitat unmißverständlich hinweist.[84] Eine solche

---

[82] Cod. IE 26 (wie Anm. 50), fol. 94v: *Purum confessorem et pudicum quasi morbos anime ignorantem tamquam inutilem et imperitum respuunt, qui sibi debeat et non aliis vivere. Liberum vero et apertum, plerumque et impudicum, qui quodam neccessitatis et eliciende confessionis pallio impuritatem suam in scrutando sequitur, ut virum anime sue amplectuntur.*

[83] Mt 16,26. Vgl. P. GLORIEUX (Bearb.): Johannes Gerson, Opera omnia, Paris 1968, Bd. VIII, 401, S. 10: *Provideat autem ante omnia confessor purus esse, quia purgandis animabus in-vigilat.* [...] *Collocet se confessor in arce seu specula rationis, abstrahens semetipsum quantum po-tuerit ab homine exteriori, tam in se quam in aliis, ut spiritu ambulet et non carne, ne forte illectus formis corporum fiat ipse laqueus perditionis sibi ipsi; totus in animarum perspicienda qualitate spiri-tualiter invigilet, non attendens discretum sexuum vel formarum; alioquin quid ei proderit si univer-sum mundum lucretur, animae vero suae detrimentum patiatur.*

[84] Vgl. BRIAN PATRICK McGUIRE: Sexual Control and Spiritual Growth in the Late Middle Ages: The case of Jean Gerson, in: Nancy van Geusen (Hg.): Tradition and Ecstasy: The Agony of the Fourteenth Century, Ottawa 1997, S. 128–131. Er weist auf die ausge-feilte psychologische Haltung hin, die Gerson dem Beichtvater vorschreibt, wobei ganz

innere Haltung scheint Frederik van Heilo als Ideal bei der Beichte angestrebt zu haben, wobei er in gleicher Weise wie Johannes Gerson die damit
verbundene Berücksichtigung des eigenen Seelenheils hervorhebt. Die äußeren Umstände, in denen er sich befand, erschwerten allerdings ganz im-
mens die klare innere Trennung von *affectus* und *ratio*. Es wird vor diesem
Hintergrund leicht verständlich, wenn er weiter schreibt: „Wenn dem Er-
fahrenen geglaubt wird, ist kein Regiment (wenn es gewissenhaft geführt
wird) schwieriger und gefährlicher als das über die Frauen, welche den Aufrechten, Gerechten und Integeren nicht lieben, sondern den schmeicheln-
den, der durch eine gewisse Gemeinschaft und das tägliche Leben leicht
Zuneigung weckt und fühlt, der zu ihrer Wahrnehmung gebeugt werden
kann. Schneller wird er nämlich durch die Frau hinuntergezogen, als jene
durch den Mann aufgerichtet. Schneller wird er verweichlicht, als jene ge-
stärkt wird. Deshalb geschieht es, daß sie häufig keine strengen und frommen Rektoren haben, sie, die, obgleich sie gute empfangen, ihnen aber nicht
erlauben, gut zu bleiben, sondern sie weichen allmählich die männliche
Ernsthaftigkeit auf, so daß der Mann durch die Leichtfertigkeit der Seele
und andere Verführungen des Lebens eine Frau wird“.[85] Dieses Problem der
mangelnden Distanz, das sich aus seiner engen Verbindung zum Konvent
oder zu einzelnen Nonnen ergab, war für Frederik van Heilo mit einem
weiteren Problem verbunden: Das Aufeinandertreffen der Geschlechter. Die
andersartige Beschaffenheit der weiblichen Sensualität, aber auch unterschiedliche Bedürfnisse waren es seinem Bericht zufolge, die die Verständi-
gung zwischen Männern und Frauen erschwerten. Der spezifische Unterschied der Frauen zu den Männern lag, so sagt Frederik van Heilo – der
Mönch –, in der Art und Weise, mit der Frauen zugleich mit dem Verstand
immer auch ihre Sinne befragten, Denken und Fühlen miteinander verban-
den oder vielleicht besser gesagt nicht trennten.[86] So faßten sie ihre Umwelt
fast zwangsläufig auch anders auf und reagierten dementsprechend auch anders auf sie. Daß er dabei sehr differenziert die männlichen und weiblichen
Eigenschaften der Menschen nicht unbedingt als auf das biologische Geschlecht festgelegt ansah, zeigt sein abschließender Vorschlag an seinen Pri-
or, wie ein geeigneter Beichtvater für Nonnen beschaffen sein müßte: „Er
möge etwas von der weiblichen Sanftmut haben, die ihn süß und liebens-

---

deutlich wird, daß für Gerson durch die Beichte eine grundlegende moralische Erziehung
vor allem der Jugend intendiert war.

[85] Cod. IE 26 (wie Anm. 50), fol. 95v: *Si experto creditur, nullum regimen (si debite fiet) dif-
ficilius et periculosius est regimine feminarum, que rectum, iustum et integrum non diligunt sed blan-
dum, qui communione quadam et usu vite cito afficit et afficitur, qui ad sensum illarum inflecti potest.
Cicius quippe per feminam vir destituitur quam illa per virum instituatur. Cicius ille effeminatur
quam illa vigoretur. Quo fit, ut graves frequenter et devotos non habeant rectores, que, licet bonos acci-
piant, bonos non sinunt permanere sed passim gravitatem virilem (ut vir femina levitate animi et aliis
corruptelis vite fiat) emolliunt.*

[86] Vgl. auch ebd. fol. 95r: *Hoc dico quod valde impure et infecte earum receptiones sunt, que
cupiditate nimia ardent et non tam spiritualis boni respectu quam corporalis aguntur.*

wert mache, und etwas von der männlichen Festigkeit, damit er sich nicht über das hinaus, was ihnen nützt, zu ihnen herablasse; damit er durch das, was weiblich ist, ihnen gefalle, so daß er ihnen beistehen und mit seinen Ratschlägen gehört und angenommen werden könne, und durch das, was männlich ist, die Autorität der Leitung wahre, so daß er vom Urteil der Vernunft, welche freilich der Gelegenheit anzupassen ist, nicht abweiche. "[87]

Am interessantesten für unser Thema ist vielleicht die von Frederik van Heilo konstatierte, mit der intimeren Kenntnis einhergehende Übernahme spezifisch weiblicher Auffassungsweisen, von ihm als „Verweiblichung" beschrieben. Je nach Charakter und Empfindung der Zeiten konnte das von seinen Beichtväterkollegen aber auch als positive Erweiterung des eigenen Denkens empfunden werden, wobei man an die bekannten engen Beziehungen zwischen Beichtvätern und Dominikanerinnen in der Mystik denken könnte. Es war im Grunde ein altes, aber immer wieder neu aufgefaßtes Problem, das Brian P. McGuire zusammengefaßt hat: „Religious women were both an inspiration and a threat to clerical men in the medieval church".[88]

Frederik van Heilo geht in seinem Rechtfertigungsschreiben an den Prior aber auch auf die Art der Beziehung ein, die er sich idealerweise zu seiner Umwelt vorstellen konnte und möglicherweise wünschte, – die geistige Freundschaft. 1444 war sein Haus bei Haarlem auf den gemeinsamen und einhelligen Wunsch der *Patres* in ein geschlossenes Kloster umgewandelt worden,[89] und die Neigung der Chorherren zu einem gemeinschaftlichen, von der Außenwelt weitgehend abgeschnittenen Leben entsprach seiner Meinung nach wohl den notwendigen Voraussetzungen für eine „Freundschaft im Geiste". Ein solches Gemeinschaftsgefühl, basierend auf der Einheit der Herzen (*conformitas cordium*) war im 15. Jahrhundert für das Lebens- und Verbundenheitsgefühl der neuen geistlichen Gemeinschaften und der von ihnen ausgehenden Reform konstituierend. Aber gerade die hier in der Theorie angestrebte Form geistlicher Freundschaft und geistigen Austausches war, Frederik zufolge, mit Frauen nur sehr eingeschränkt möglich: „Weil also Eintracht die Gleichheit der Herzen bedeutet, freilich gleichartig sowohl in der Seele als auch im Sinn zu sein, geht der Mann, wenn sie einträchtig sein sollen, von sich weg zur weiblichen Empfindung, weil diese nur schwer aufsteigt zur männlichen Seele und zum männlichen Sinn, so daß sie dem Aufrechten und in heilsamer Meinung Verharrenden zustimmt. […] Indem der Mann dem Weiblichen allmählich zustimmt, wird der Mann also

---

[87] Ebd. fol. 98v: *Habeat aliquid feminee placiditatis, que dulcem faciat et amabilem, et aliquid virilis constantie, ne ultra quam expedit eis condescendat, ut per id quod femineum est eis placeat, ut succurrere et in consiliis audiri et recipi possit, et per id quod virile est auctoritatem (regiminis) servet, ut a iudicio rationis, que tamen tempori attemperanda est, non recedat.*

[88] BRIAN P. MCGUIRE: Late Medieval Care and Control of Women: Jean Gerson and his Sisters, in: Revue d'histoire ecclésiastique 92, 1997, S. 6.

[89] MONASTICON WINDESHEMENSE (wie Anm. 18), S. 250.

verweiblicht und legt seine männliche Beständigkeit ab, weicht die Festigkeit der Seele auf und gibt sich Kindereien und Geringfügigkeiten hin."[90] Es ist durchaus möglich, daß Frederik van Heilo hier von dem Tugendbegriff der Stoiker beeinflußt wurde, – in ähnlicher Weise verstanden, wie dieser in die humanistischen Kreise Eingang fand.[91] Berndt Hamm definiert das Verständnis von stoischer Tugendlehre im 15. Jahrhundert als „ein eklektisches Phänomen, wie es schon für Cicero und sein Verständnis von ‚virtus‘ charakteristisch ist: d.h. ein Zusammenfließen platonischer, aristotelischer, kynischer und stoischer, auch epikureischer Traditionen unter einer gewissen Dominanz popularisierter stoischer Vorstellungen von Autarkie und rationaler Affektbeherrschung des Weisen. Die ursprüngliche Rigorosität des stoischen Tugendideals wird dabei durch die aristotelische Idee der vernünftigen, den Extremen feindlichen Mäßigung gedämpft."[92]

In dieses Bild fügt sich der Freundschaftsbegriff Frederiks van Heilo gut ein – ein Freundschaftsbegriff, der reflektiert und an der klassischen Literatur herausgebildet war. In seiner Argumentation verweist er auf Aristoteles: „Freundschaft entsteht nämlich aus der Ähnlichkeit und wird durch Gleich-

---

[90] Cod. IE 26 (wie Anm. 50), fol. 97r: *Cum ergo concordia est conformitas cordium, parilem scilicet habere et sensum et animum, si concordes essent, vir vadit a se ad sensum muliebrem, quia illa difficulter ascendit ad animum et sensum virilem, ut consentiat erecto et in sententia salubri perseveranti.* […]. (fol. 97v) *Effeminatur ergo sensim femine consentiendo vir et virilem deponit constantiam et rigorem animi emollit ludicrisque et levitatibus sese impendit.*

[91] Die Beziehungen zwischen den humanistischen Kreisen und der Devotio moderna sind vielfach diskutiert worden; vgl. REINHARD MOKROSCH: Das Verhältnis der Devotio moderna zu Humanismus und Reformation, in: TRE 8, 1981, S. 609–612. Gegen einen direkten Einfluß humanistischer Gedanken auf die Schriften Frederiks van Heilo spricht eigentlich die Zeit, – in der ersten Hälfte des 15. Jahrhunderts waren sie nördlich der Alpen wohl noch nicht weit verbreitet. REINHOLD MOKROSCH formuliert aber vorsichtig: „Zur Zeit Grootes und auch noch lange danach fühlte sich die „Intelligenzija" dank seiner unmittelbaren Schüler von Studien in Bann gezogen (…). Noch vor den Humanisten wandten sie sich dem Quellenstudium zu und haben so möglicherweise in den Niederlanden Voraussetzungen für die Aufnahme humanistischer Denkweise geschaffen, noch bevor es zum Austausch mit den geistigen Strömungen Italiens kam". Vgl. ebd. S. 608.

[92] Vgl. BERNDT HAMM: Hieronymus-Begeisterung und Augustinismus vor der Reformation. Beobachtungen zur Beziehung zwischen Humanismus und Frömmigkeitstheologie (am Beispiel Nürnbergs), in: Augustine, the Harvest, and Theology (1300–1650), hrsg. von Kenneth Hagen, Leiden/New York/Kopenhagen, 1990, S. 183. Seneca wird, HAMM zufolge, zum „Sprachrohr stoischer Moralphilosophie". So bezeichnet auch Frederik van Heilo Seneca als *moralis philosophus* (Cod. IE 26, fol. 92r) und er zitiert ihn am Schluß der *Apologia* mit den Worten: *Seneca reprehendit eos qui in huius vite brevitate supervacua discunt et inutilia sequuntur, cum veris et necessariis totum tempus non sufficiat.* Vgl. ebd. fol. 98v. Auch den mit der stoischen Auffassung verbundenen Tugendkanon (vgl. HAMM: Hieronymus-Begeisterung S. 184f.) von *ratio et modus, temperantia, modestia, continentia, constantia, patientia, gravitas* und „den Rückzug in die Einsamkeit"(*solitudo*), kann man unter Fredrik van Heilos Begriff von ‚virtus‘ versammelt sehen. Hieronymus (*beatus et expertus Hieronimus*) zufolge können, so sagt Frederik van Heilo, die zentralen Eigenschaften *castitas* und *continentia* nicht den Frauen selbst zugeschrieben werden, sondern sie müssen von den Männern dazu angeleitet werden. Vgl. ebd. fol.96r-96v.

artigkeit der Bestrebungen bewahrt. Sich an den gleichen Dingen erfreuen, die gleichen Dinge zu lieben und zu tun, ist, wie der Philosoph in seiner Ethik[93] sagt, der Ursprung und die Wirkung der Freundschaft. Nicht bleibt aber (der Mann) der Freund der Frau, der das nicht liebt, von dem jene will, daß es geliebt wird, der nicht tut und macht, wie jene wünscht, daß es geschehe. Der Rückzug der Körper voneinander folgt also häufig auf die Verschiedenheit der Seelen. Deshalb habe auch ich mich von jenen zurückgezogen, weil ich ihnen nicht in allem gehorchen und ihrem Willen zustimmen wollte."[94] In seiner Argumentation ist aber ein deutlicher Bruch: Der Freundschaftstheorie stellt er seine eigenen – schlechten – Erfahrungen gegenüber. Wieder werden unterschiedliche Intentionen und Bedürfnisse genannt, die ein Begegnen von Männern und Frauen auch bei der Seelenfreundschaft verhindern. Die Nonnen haben offensichtlich eine andere Auffassung von einem ihnen „freundschaftlich" verbundenen Beichtvater, so wie diese Beziehung ja auch im Emmericher Schwesternbuch in ihrer optimalen Form als unaufhörliche und unverbrüchliche väterliche „Minne" beschrieben wird, die Tag und Nacht im Dienst an den Schwestern aufgeht und keine Trennung nach verschiedenen Interessen zuläßt. Frederik van Heilos radikale Konsequenz, weil die Unterschiede zum Denken und Handeln der Frauen für ihn zu groß sind, nun auch körperlich die Trennung von den Nonnen zu vollziehen, entspringt aber noch aus einer anderen Wurzel. Daß er einen solchen Schritt gegen den Wunsch seiner Oberen tun und in dieser Art und Weise begründen konnte, liegt in seiner Vorstellung eines Zusammenhangs zwischen der Liebe zu den anderen und der Liebe zu sich selbst begründet, die vielleicht auch auf Aristoteles zurückgeht.[95] Aristoteles führt detailliert aus, daß die wahre Liebe zum anderen aus der Liebe zu sich selbst entspringt. Dementsprechend stellt Frederik van Heilo grundsätzlich gleich zu Beginn der *Apologia* klar: „So, Vater, so habe ich zu meinem Schaden und zum Gewinn für andere gehandelt, so zu dienen und für andere nützlich zu leben, ist verkehrt und gegen die Ordnung der Nächstenliebe, welche bei einem selbst beginnt, wenn freilich auch in der Seelsorge und bei der Leitung der Seelen allein das Heil der Seelen gesucht wird".[96] Der Widerspruch zwischen beiden Lebensauffassungen, bei denen

---

[93] ARISTOTELES. Ethica Nicomachea VIII, 3–5; Aristoteles Latinus. Ethica Nicomachea. Translatio Grosseteste. Textus recognitus, hrsg. von Renatus A. Gauthier, Leiden 1973, Bd. 4, S. 530f.

[94] Cod. IE 26 (wie Anm. 50), fol. 97v: *Amicitia enim ex similitudine oritur et parilitate studiorum conservatur. Consimilibus quippe delectari, similia diligere et operari (ut Philosophus multipliciter in Ethicis probat) amicitie causa est et effectus. Non ergo cum feminis amicus manet, qui non diligit quod illa vult diligi, qui non agit nec operatur ut illa cupit fieri. Sequitur ergo frequenter differentiam animorum recessus ab invicem corporum. Recessi ergo et ipse ab illis, quia nolebam in omnibus parere et ipsarum assentire voluntati.*

[95] ARISTOTELIS. Ethica Nicomachea (wie Anm. 93) IX, 8.; S. 554.

[96] Cod. IE 26 (wie Anm. 50), fol. 91v: *Sic, Pater, sic detrimento mei lucra aliis feci, sic servire*

einerseits die Sorge um das Seelenheil der Schwestern im Vordergrund stand und andererseits das Bestreben, die eigenen religiösen Intentionen zu verfolgen und zu vervollkommnen, war praktisch unauflösbar[97] – und hinter den zugrundeliegenden Ideen standen in beiden Fällen in seiner Zeit gültige moraltheologische Forderungen.

Im Grunde genommen war es also sein „Selbstbewußtsein" im Sinne des Wortes, sein an der Lektüre geformtes und von ihm bewußt wahrgenommenes Selbst, das er in Gefahr sah.[98] Er möchte auch im Dienst bei den Schwestern die eigene Identität gewahrt wissen, will verhindern, daß er langsam von sich entfremdet wird, *sensim a se alienatur.*[99] „Ich habe mich von ihnen zurückgezogen, Vater", schrieb er an seinen Prior, „damit ich zu mir komme, ich habe jene verlassen, damit ich mich (wieder)finde."[100] Den Konflikt berührte er auch in einem Brief an einen befreundeten Beichtvater: „Dies schreibe ich Dir, mein geliebter Freund, indem ich mich mit Dir ermahnen will, daß wir vorsichtig wandeln, weil dies schlechte Tage sind, damit nicht wir, die wir anderen als Führer des Weges gesetzt worden sind, von den Pfaden der Tugend abirren und so fremde Wunden heilen, die eigenen aber vernachlässigen".[101] Er war sich offenbar der Gefahr durchaus bewußt, daß der enge Kontakt und die Belehrung der Frauen so sehr erfüllen kann, daß man sich selbst und den Zustand der eigenen Seele vergaß. Bei der Warnung vor dem „selbstlosen" Helfen blieb Frederik van Heilo jedoch

---

et vivere aliis (quamvis) utiliter et non servire sibi preposterum est et contra ordinem charitatis, que incipit (fol. 92r) *a seipso, si tamen in cura et regimine animarum sola animarum salus queritur.*

[97] Frederik van Heilo war nicht der einzige, der hier einen Widerspruch empfand. Nach Rehm (wie Anm. 1), S. 120, ging es auch bei den Brüdern des Lüchtenhofes bei Hildesheim (vgl. oben Anm. 14) „im Grunde bei diesem Konflikt um die Frage nach dem Verhältnis von Selbstheiligung und Sorge für den Nächsten".

[98] Dieses „Ernstnehmen der eigenen Gefühle" ist vermutlich ein Gesichtspunkt, den er mit den humanistisch geprägten Zeitgenossen gemeinsam hat. So schreibt P. O. Kristeller: Gegenüber der Antike wies das Denken der Humanisten eine neue Dimension auf, „die Neigung, die eigenen persönlichen Gefühle und Erlebnisse, Meinungen und Ansichten ernst zu nehmen. Ein Zug von Subjektivität durchdringt alle humanistische Literatur". Vgl. Paul Oskar Kristeller: Der italienische Humanismus der Renaissance und seine Bedeutung, in: DA 43, 1987, S. 172.

[99] Vgl. Cod. IE 26 (wie Anm. 50), fol. 93v.

[100] Ebd. fol. 97v-98r: *Recessi ergo, Pater, ab eis, ut ad me accederem, reliqui eas, ut me invenirem.* Daß er mit dem Abschied von den Schwestern zu sich und seinen religiösen Zielen zurückfinden möchte, durchzieht die gesamte Abhandlung: *Et tantum a me et a pristino sensu recessi, quod difficillimum erat quod sui reverti;* ebd. fol. 91v. Und nochmals: *Recessi itaque a sororibus, non ut haberem plura commoda corporis, sed ut haberem plures causas salutis.* Vgl. ebd. 98r.

[101] Cod. IE 26 (wie Anm. 50), fol. 73r: *Hec tibi, Charissime, scribo me tecum commonens ut caute ambulemus, quoniam dies mali sunt, ne nos, qui aliis duces itineris constituti sumus, a semitis* (fol. 73v) *virtutis aberremus et sic curemus vulnera aliena, ne* (!) *negligamus propria.* Im *Tractatus contra pluralitatem confessorum* geht er nochmals etwas abstrakter auf diesen Punkt ein: *Potius igitur cogitandum est, ut integra maneat nostra voluntas, quam ut integra eorum vita sit. Non enim est alienum malum nostrum sed proprium.* Vgl. ebd. fol. 41v.

nicht stehen. Vielleicht hatte er versucht, die Motivation und Einstellung der Menschen zum Helfen zu ergründen, denn er warnt an anderer Stelle explizit vor der unbewußten Selbsttäuschung, die mit der Belehrung und dem Dienst an anderen verbunden sein kann: „Und wir kommen deshalb selten zu einem gesunden Zustand, weil wir nicht wissen, daß wir krank sind. Wir glauben nämlich, daß wir gesund sind und daß die Krankheit der Ungeduld durch eine fremde Sünde entstanden ist und nicht durch unsere eigene. Und deshalb wünschen wir, andere zu verbessern, und wir erhoffen durch die Gesundheit der anderen die eigene wiederzugewinnen".[102] Diese Einsichten setzen eine ausgeprägte Reflexion des eigenen Selbst voraus, die sich, so scheint es, in erster Linie auf seine religiöse Existenz bezog.

Eine solche innere Abgrenzung war jedoch kaum mit den Anforderungen zu vereinbaren, die die Schwestern an die Person des Beichtvaters stellten. Die Frauen konnten seiner Einschätzung nach die Ebenen von *ratio* und *affectus* nicht trennen, sie betrachteten mit den *beneficia* der Seele die des Körpers gleich mit. Ließ sich der Mann auf diese Vermischung der Ebenen von *ratio* und *affectus* ein, so der Schluß Frederiks, wird er als Beichtvater unbrauchbar, denn dann ist für ihn auch ein körperliches Begehren der Frauen die natürliche Folge. Was die Folgen einer mangelnden Trennung beider Bereiche betrifft, daß nämlich auch der Beichtvater in seine Gefühle verwickelt werden könnte, so kommt er zu demselben Schluß, den Johannes Gerson in seinem Beichtraktat auf abstrakter Ebene formuliert hat. Der *sensus,* die sinnliche Wahrnehmung, bewirkten dann leicht vom Verstand, der *ratio*, den *consensus*, schon sieht sich der Mann mitten ins Feuer gestellt, *in igne positus,* und soll nicht brennen, und … – na, da bedurfte es schon eines dafür zu Recht bewunderten heiligen Bernhards, um dem zu wiederstehen.[103] An diesem Punkt greift er auf eine traditionelle Begründung des Entstehens der Sünde im Menschen zurück, die sich auf die bei Gen. 3 erzählte „Ursituation der Sünde" stützt.[104] Die Schlange wird beim Sünden-

---

[102] Cod. IE 26 (wie Anm. 50), fol. 41v: *Et ideo raro ad sanitatem venimus, quia nos egrotare nescimus. Opinamur enim nos sanos esse et inpacientie egritudinem de alieno fore vicio et non de nostro. Et ideo optamus alios emendari et sanitate aliorum speramus propriam recuperare.* Zu dem Thema fügt er noch hinzu: *Si enim nosmetipsos secundum voluntatem nostram habere non possumus, quanto minus alios habere poterimus.* [...] *Nemo enim corrigi et emendari potest, nisi velit.* Ebd. fol. 34r – 34v. Später hat man für dieses Phänomen die Bezeichnung „Helfersyndrom" geprägt.

[103] Ebd. fol. 93r: *Et licet sensus delectationis sine consensu peccatum non est, tamen quod in carne est blandimento quodam ad mentem progreditur, ut sensus consensus fiat.* [...] *Maius miraculum beatus Bernardus ducit in materia fertili voluptatis* (fol. 93v) *incorruptum manere quam mortuos suscitare.*

[104] Den Untersuchungen der ELISABETH GÖSSMANN zufolge läßt sich diese Deutung im Sentenzenkommentar des Thomas von Aquin (gest. 1274), aber vor allem in den franziskanischen Interpretationen, in der Summe des Alexander von Hales (gest. 1245) sowie im dem Sentenzenkommentar Bonaventuras (gest. 1274) verfolgen; vgl. GÖSSMANN (wie Anm. 55), S. 293.

fall mit der *sensualitas* verglichen, die versucht, die Frau zu verführen, indem sie die *ratio inferior* im menschlichen Individuum zu einer Handlung antreibt.[105] „Die Frau verführt den Mann, wenn die *ratio inferior* auch die *ratio superior* dazu bringt, der Sünde zuzustimmen, wodurch erst das *peccatum gravissimum et moralissimum* entsteht". Elisabeth Gössmann faßt weiter zusammen: „Also hat die „Frau" im Menschen nach dieser psychologischen-allegorischen Denkweise die entscheidende Mittlerfunktion beim Zustandekommen einer schweren Schuld, und das Bild von der Frau als einer gefährlichen Verführerin, der keinerlei Verantwortlichkeit im sozialen Leben zuzutrauen ist, kann sich festigen".[106]

Die intime Kenntnis der Frauen, die durch die Beichte ermöglicht wurde, trug laut Frederik nicht unerheblich dazu bei, körperliches Begehren zu wecken: „Ihre Beschmutzung wird vom Beichtvater abgewaschen, und wie den Dreck aus der Kloake, so zieht er aus jenen die Begierde, und ihre Gemütsbewegung und Leidenschaft durchdringen das Herz des Hörenden. Wie ein Tuch nämlich, mit dem ein unsauberes Gefäß gereinigt wird, allen Dreck des gereinigten Gefäßes in sich aufnimmt, so werden wir vielfach, während wir jene durch die Beichte und die Absolution gereinigt haben, selber durch das Gehörte und anderes verdorben. Deshalb verhalte sich der Beichtvater sehr vorsichtig, wenn er als Arzt zu den wankelmütigen Mädchen und Frauen gerufen wird, damit er nicht, während er jene von den Wunden heilen muß, selbst durch den Pfeil der Liebe verwundet, damit er nicht mit dem Speer der Begierde durchbohrt wird, damit nicht die Flamme die Blüten der Keuschheit verbrenne, damit er so ihnen Ratschläge für das Leben gibt, daß er dem eigenen Heil nicht schade".[107] Frederik van Heilo benennt hier zwei Faktoren, die sich für ihn bei der Beichte in den Frauenkonventen zu einer echten Belastung auswuchsen: Einerseits die Aufgabe des Beichtvaters, die Dinge zu beseitigen, die das Verhältnis zwischen Gott und dem Sünder stören konnten, und die den Beichtvater zum „Auffang-

---

[105] Diesen traditionellen Vergleich, die Frau mit einer Schlange gleichzusetzen, greift Frederik van Heilo auch auf, wenn er auf die sexuelle Anziehung zu sprechen kommt, die von den Frauen bei den Männern hervorgerufen wird gerade durch die intime Einsicht, die sie ihnen in der Beichtsituation gewähren: *Sed non est tutum diu habitare cum serpente* (gemeint ist das Zusammenleben mit den Schwestern), *mordet enim in silentio, et sensus voluptatis qui est in carne leviter complacens progreditur ad animi consensum. Blanda res est et que cito figitur in animo et suaviter occupat et penetrat viscera mentis, ut is qui non multum cautus in talibus est, faciliter transeat in affectum carnis.* [...] *Nemo sibi de sua virtute confidat, in hac re fortior est natura quam gratia.* Vgl. Cod. IE 26 (wie Anm. 50), fol. 72v-73r.

[106] Vgl. GÖSSMANN (wie Anm. 55), S. 293.

[107] Cod. IE 26 (wie Anm. 50), fol. 92v: *Sordes ipsarum a confessore abluuntur et, sicut sentina immundiciam, ita ex ipsis trahit cupiditatem, et ipsarum motus atque affectus audientis pectus penetrant. Sicut enim pannus, quo immundum vas tergitur, in se capit omnes vasis detersi sordes, ita frequenter, dum illas per confessionem et absolutionem mundamus, ex auditis et aliis contaminamur. Quapropter diligentissime sibi assit confessor, dum lubricis puellis vel feminis medicus advocatur, ne, dum ipsarum debet curare vulnera, ipse Veneris iaculo vulneretur,* (fol. 93r) *ne telo saucietur libidinis, ne flamma exurat flosculos castitatis, ut sic illarum vite consulat, ut proprie non obsit saluti.*

becken" für die gebeichteten Sünden werden ließen. Andererseits benennt er die Gefahr der emotionalen und sexuellen Anziehungskraft, die sich bei dem intensiven Kontakt leicht entwickelte. In Bezug auf den ersten Punkt wuchsen im Spätmittelalter ganz allgemein die Erwartungen, die an die Beichtväter gestellt wurden, weil die Kirche mehr und mehr den Anspruch erhob, den Einzelnen von der Verantwortung für sein jenseitiges Ergehen zu entlasten.[108] Das Phänomen, das Frederik van Heilo hier beschreibt, daß nämlich durch seine vermittelnde Stellung zwischen Gott und dem Sünder die gebeichteten Sünden sozusagen bei ihm verblieben, kam in der Pflichtbeichte der Laien in diesem Ausmaß aber gar nicht zum Tragen. Die Kirche ging wohl davon aus, daß mit der Absolution des Sünders auch die gebeichteten Sünden „verschwunden" waren. In den Bußanleitungen wurde deshalb gar nicht thematisiert, welche Auswirkungen der Inhalt eines Beichtgesprächs auf den Priester haben konnte. Nur mögliche rechtliche Folgen seines im Beichtgespräch erworbenen Wissens, nämlich wann und unter welchen Umständen ein Priester das Beichtgeheimnis brechen durfte, wurden diskutiert.[109]

Je näher und persönlicher die Beziehungen zwischen Beichtvater und seinem Gegenüber waren, je intensiver und tiefgründiger das Gewissen durchforscht wurde,[110] um so größer war wohl auch der Einblick des Beichtvaters in die Persönlichkeit seines Gegenübers. Das barg potentiell die Gefahr in sich, daß die geistige Nähe in körperliche Anziehungskraft umschlug. Diese Problematik wurde immer dann – wenngleich von Seiten der Kirche nur vorsichtig – thematisiert, wenn geistlich lebende Personen beiderlei Geschlechts nicht streng von einander getrennt lebten. In den Anfängen des Mönchtums, als die monastischen Lebensformen noch nicht voll ausgebildet waren, weist Basilius von Cäsarea[111] auf die Gefahr hin, daß für die Jungfrau nichts schlimmer wäre, als ihre Liebe zu den reinen Worten des Evangeliums mit der zu dem Mann zu verwechseln, der sie ausspricht: „Es

---

[108] Vgl. OHST: Pflichtbeichte (wie Anm. 24), S. 287.

[109] Ebd. S. 284f. Das Problem spiegelt sich aber möglicherweise in der Sorgfalt, mit der die Beichtsummen versuchen, durch die Limitierung auf Todsünden und besondere Fragenkataloge das Beichtgespräch nicht ausufern zu lassen. Nach Astesanus de Ast OFM (gest. 1330) sollte ganz konkret nur nach Sünden gefragt werden, nicht nach *fabulis vel aliis mundanis*; vgl. ebd. S. 246 Anm. 59.

[110] So lehrte auch der Emmericher Beichtvater Peter van Gendt die Nonnen bei der Beichte „offen" zu sein: *Hi plach soe guetelich de susteren toe leeren, woe si bichten solden ende sunderlinge den iongen ende onbekenden ende riet hem, dat si altoes apen solden wesen in hoere bichten. En(de) seide: „Wildi God ende den menschen behagen, soe halt v conciencie reijn"*. STAUBACH: Schwesternbuch (wie Anm. 6), S. 48 fol. 9r.

[111] Unter den Schriften des BASILIUS VON CÄSAREA (gest. 379) ist ein Traktat überliefert, der vor dem Jahr 358 entstanden sein muß, der vielleicht BASILIUS VON ANKYRA zugeschrieben werden kann. Über dessen Person ist sonst nicht viel bekannt, dieser Traktat fand allerdings weite Verbreitung; vgl. FRANCO CAVALLERA: Dictionnaire de Spiritualité 1, 1953: Art. ‚Basile d'Ancyre', Sp. 1283.

gibt in der Tat irgendwelche [Frauen], die sich uneingedenk des Grundsatzes verhalten, die Diener ebenso lieben wie den Bräutigam; indem sie dies tun, lieben sie gottlos".[112] Eine Diskussion dieser Problematik läßt sich wiederum im 13. Jahrhundert im Zusammenhang mit der Betreuung der religiösen Frauengemeinschaften durch die Bettelordenspriester erkennen, und zwar diesmal auch im Zusammenhang mit der Beichte, dem jetzt engsten Berührungspunkt zwischen Frauen und Männern. Deutlich wird es beispielsweise in der Adelhauser Chronik der Dominikanerin Anna von Munzingen zu Beginn des 14. Jahrhunderts. Über die Schwester Metze Tüschlin heißt es dort: *Die selbe swester tet einest ganzte bichte eime brediger, und der brediger tet ir gütlich mit worten, die giengen ir in ze liebi.* In einem nächtlichen Traumgesicht wird ihr gezeigt, daß ihr aus der Truhe ihr kostbarstes Kleinod entwendet wird: *Da wundret si sich sere, was das were; da wart ir zu verston geben, daz es were irs hertzen minne. Und si kerte wider und zoch ir hertze von irme bichter und von allen menschen.*[113] Hier wird nicht nur „das Keuschheitsgebot sublimiert, um auch unbewußte affektive Bindungen an andere Menschen zu unterbinden",[114] sondern es wird auch vor der Gefahr gewarnt, die aus einer solchen emotionalen Bindung zum Beichtvater erwachsen kann. Das sexuelle Moment wird in diesen Äußerungen noch nicht gesondert erfaßt. Unter dem Ausdruck der *caritas carnis* wird die emotionale und die sexuelle Zuneigung subsumiert und vielleicht auch zusammen begriffen.

Außerhalb des Klosters war im 14. Jahrhundert die Verbindung von Sexualität und Beichte der säkularen Welt durchaus ein Begriff. In den „Mären" wird eindringlich vor der Gefahr gewarnt, die aus der Intimität der Beichte erwuchs.[115] Besonders deutlich greift das Thema eine Kleinepik mit dem Titel „Der Guardian" auf: Ein Barfüßermönch überredet eine

---

[112] Vgl. PG 30, c. 36, 741 A; vgl. auch c. 37, 744 B. Herzlich bedanken möchte ich mich bei Prof. Dr. H. Castritius, TU Braunschweig, für die Übersetzung aus dem Griechischen. Explizit geht Basilius auf die körperliche Liebe als Folge dieser Verwechslung ein, spricht sich aber bezeichnenderweise noch nicht für eine vollständige Trennung der Geschlechter aus: „Sie [= die Jungfrau] soll ja nicht eingesperrt und von diesen [= den Dienern ihres Bräutigams, nämlich Christus] isoliert werden"; vgl. ebd. C. 36, 740 D. Vgl. SUSANNA ELM: „Schon auf Erden Engel": Einige Bermerkungen zu den Anfängen asketischer Gemeinschaften in Kleinasien, in: Historia 45, 1996, S. 495–496, die allerdings Basilius ungenau zitiert und seine Aussagen zusammenzieht. Vgl. auch HUBERTUS LUTTERBACH: Sexualität im Mittelalter. Eine Kulturstudie anhand von Bußbüchern des 6. und 12. Jahrhunderts, Köln 1999 (= Beihefte zum Archiv für Kulturgeschichte 43).

[113] Vgl. ANNA VON MUNZINGEN: ‚Chronik' von Adelhausen, hrsg. von J. König, in: Freiburger Diözesan-Archiv 13, 1880, S. 161–162.

[114] So OTTO LANGER: Mystische Erfahrung und spirituelle Theologie. Zu Meister Eckharts Auseinandersetzung mit der Frauenfrömmigkeit seiner Zeit, München 1987, S. 103.

[115] So auch „Die drei Mönche zu Kolmar von Nieman", vgl. Heinrich Niewöhner (Hg.): Neues Gesamtabenteuer. Das ist Fr. H. von der Hagens Gesamtabenteuer in neuer Auswahl. Die Sammlung der mitteldeutschen Mären und Schwänke des 13. und 14. Jahrhunderts, 2. Aufl. hrsg. von Werner Simon, 1967, S. 202–208.

Witwe eine ihrer beiden Töchter in ein Kloster zu geben.[116] Als diese kurze Zeit später schwanger wurde, erzählt sie, zur Rede gestellt: „*Ei, er sprach, er seß an gotes stat und mocht pinden und enpinden, und ob ich genad wolt vinden, so scholt ich mich an den rück legen, und wes er mit mir wolt pflegen, das ich das gedultiklichen lid, da püsset ich all mein sünd mit.*"[117] Nicht nur das Ausnutzen der Beichtsituation kommt hier zur Sprache, sondern es schwingt ganz deutlich auch der Mißbrauch geistlicher Gewalt mit. Uneinsehbar und kaum nachprüfbar für die Nichteingeweihten war die Stellung der Priester mit einer Gewalt verbunden, die hier zusammen mit sexueller Gewalt als Ohnmacht der Frau vorgestellt wird. Zusätzliche Spannung erhält die Szene dadurch, daß der Guardian sie zuvor zu einem Leben als Nonne überredet hatte, wodurch Keuschheit und Sexualität schärfer kontrastiert erscheinen und die Nonne als noch weitergehender der Verfügungsgewalt des Priesters „auf Gedeih und Verderb" unterworfen beschrieben wird. Die Verse drücken dies in den Worten des Priesters aus: „[…] *und wil die auch nach meim willn leben, ich pring sie an der engel schar*"[118], und sie spiegeln damit sicher das Bewußtsein einer Gefahr wieder, wie es die säkulare Gesellschaft – auch angesichts der teilweise massenhaften Eintritte von Frauen ins Kloster – empfunden hat.

Frederik van Heilo berührt diesen heiklen Punkt zunächst auch ganz im Rahmen der auch von Basilius von Cäsarea aufgezeigten Erklärung: Die geistige Nähe konnte durch die – unzulässige – Übertragung der religiösen Gefühle auf die Persönlichkeit des Gegenübers leicht in körperliche Liebe umschlagen. Unter diesen Umständen mußte die Beichte dem Seelenheil mehr schaden als es fördern. Vor allem die bewußte oder unbewußte Kompetenzüberschreitung bei der Beichte trug dazu bei, die wieder, traditionell in der Suche der Beweggründe, von der Frau ausgehend gedacht wird: „Von dem Beichtvater ist zu verlangen, daß er die Sünden hört, feststellt und bestraft, sowie die Absolution erteilt. Wer in der Beichte etwas anderes fordert, liebt den Beichtvater und nicht die Beichte, er füttert nämlich seine Sinnlichkeit, gegen die die Beichte eingeführt worden ist. Wie könnte also eine solche Beichte von Sünden befreien, die die Sünden nicht beschneidet sondern hegt?"[119]

---

[116] Der Franziskaner wird mit den Worten zitiert: „*Volgt meiner leer, so kumpt ir zu grosser eer, und volget meinem rat: dem höchsten, den di werlt hat, dem schült ir* [die Witwe] *doch di einen* [eine der Töchter] *geben, und wil die auch nach meim willn leben, ich pring sie an der engel schar, die imer wert on ende gar.*" Vgl. Hanns Fischer (Hrsg.): Die deutsche Märendichtung des 15. Jahrhunderts, München 1966 (= Münchner Texte und Untersuchungen zur deutschen Literatur des Mittelalters 12), S. 259.

[117] Ebd. S. 266. Die Geschichte endet mit den vielsagenden Worten: „[…] *und hüt man sich, das ist mein rat, vor dem wolf, der in der schwarzen kutten gat. Das rat ich auf di treue mein allen gotes scheflein, wenn das sie wölln peichten sich, das sie denn gedenken an dich und peichten, das man es sech* [sehe]*, das in nit als dir geschech.*" Ebd. S. 267.

[118] Vgl. unten Anm. 116.

[119] *Confessor expetendus est qui audiat, destinat, puniat et absolvat culpas. Qui aliud querit in*

Frederik van Heilo, der sich etwa tausend Jahre nach Basilius von Cäsarea
an seine Beichtväterkollegen wendet, faßt die Dynamik der Gefühle in ihrer
ganzen Bandbreite aber schon schärfer und er kann die sexuelle Kompo-
nente von der emotionalen trennen und benennen. Vor allem weicht er in
diesem Punkt von dem traditionellen Begründungsschema der Frau als Ursache der Verführung ab und kann erstmals auch eine aktive Rolle der Männer erkennen: „Wer [von den Beichtvätern] nämlich dergleichen Heimlich-
keiten hören will, nicht um ihres [sc. der Schwestern] Heils, sondern um der
eigenen Leichtfertigkeit willen, weil er dergleichen wissen will, sündigt deshalb mehr, weil er das Sakrament des Seelenheils der Sünde willfährig
macht. Und so beschmutzt er sich sehr, während er jene zu reinigen sucht.
Einige freilich machen sich vor, dies um die Beichte zu entlocken zu tun,
die, wenn sie sorgfältig die eigene Absicht erforschten, erkennen könnten,
daß sie eher durch die eigene Begehrlichkeit als durch die Liebe zur Beichte
gelenkt werden. „[120] Gerade dieses Abweichen vom traditionellen Begründungsschema deutet darauf hin, daß er sich in diesem Fall auf seine eigenen
Beobachtungen stützt. Diese Unterscheidungskraft und die doch ganz er-
staunlichen psychologischen Einsichten sind möglicherweise ein Ergebnis
der intensiven Gewissenserforschung, die im 15. Jahrhundert zunehmend
und besonders in der Devotio moderna eine so große Rolle gespielt hat. Die
Gewissenserforschung hätte somit ganz entscheidend dazu beigetragen, zu
einer differenzierteren Kenntnis der Beweggründe des eigenen Handelns zu
gelangen, und sie wäre dann ein ganz wichtiger Faktor in dem Prozeß der
Individualisierung. Das würde auch erklären können, warum das traditionelle Grundschema vom Entstehen der Sünde und der Rolle der Frau
von Frederik van Heilo zwar ganz selbstverständlich tradiert, aber gleichzeitig grundlegend überschritten wird. Es ist als ein Versuch anzusehen, diffe-
renzierter empfundene Verhältnisse zu fassen, sowohl was die eigene innere
Haltung anbelangte, als auch das Verhältnis der Geschlechter zueinander.

Was die Beichte betrifft, weist Frederik van Heilo mehrfach unmißverständlich darauf hin, daß durch diese Konstellationen die Beichtsituation ad

---

confessione confessore non confessionem diligit, sed nutrit sensualitatem contra quam confessio est in-
stituta. Igitur qua ratione poterit talis confessio culpas emendare que culpas non resecat sed fovet.
Cod. IE 26 (wie Anm. 50), fol. 17r. Im dritten Kapitel des *Tractatus contra pluralitatem confes-*
sorum geht er unter dem Gesichtspunkt darauf ein, daß sich die Schwestern in einigen Fällen weigerten, bei dem ihnen zugewiesenen Beichtvater zu beichten. Seine Argumentation lautet, daß wer mehr von der Beichtsituation fordert, als jeder beliebige Beichtvater
zu geben in der Lage ist, nämlich das Hören der Beichte, Feststellen, Bestrafen und die
Absolution der Sünde, eher den Beichtvater liebt als die Beichte. Das grundsätzliche Problem der beiderseitigen Nähe ist in seinen Äußerungen unüberhörbar.

[120] Ebd. fol. 72r: *Qui enim talia occulta vult audire, non propter earum salutem sed propter pro-*
priam petulantiam, quia talia libet scire, eo magis peccat, quo sacramentum salutis trahit in obsequium
voluptatis. Et (fol. 72v) *valde se contaminat, dum eas purgare querit. Nonulli tamen sibi fingunt hoc*
facere causa eliciende confessionis qui si caute intentionem propriam perpenderent, viderent se potius
duci propria libidine quam confessionis amore.

absurdum geführt ist. Auch wenn er seine Leser nicht so definitiv damit konfrontiert, ist seine Kritik an der Beichtsitution ganz grundsätzlicher Art. Da die emotionale Ebene nicht grundsätzlich ausgeschaltet werden kann, müssen sich fast zwangsläufig aus seiner Sicht das Seelenheil gefährdende Beziehungen zwischen den Priestern und den Frauen ergeben. Wie er mehrfach betont, gelingt es dem Menschen auch bei äußerster Anstrengung „im Geist zu leben" (*in arce rationis*) im allgemeinen nicht, sich vom Körper und dessen Gesetzen zu befreien, oder wie er es formuliert – *in hac re fortior est natura quam gratia.*[121]

Wenn man bedenkt, wie groß die psychologische Bedeutung der Beichte gerade für die in Klausur lebenden Nonnen und Mönche gewesen sein muß, wenn sie beispielsweise mit der Neigung zum Selbstmord kämpften, dann wird deutlich, wie leicht die Grenzen bei der Beichte überschritten werden konnten und wie viel der Beichtvater gegebenenfalls aufzufangen in der Lage sein mußte – zumal sich ernsthafte innere Konflikte Einzelner vermutlich schnell auf den ganzen Konvent ausweiten konnten. Von Seiten der Beichtväter kamen auf dieser Ebene dann häufig eigene Bedürfnisse und Sehnsüchte direkt oder indirekt zum Tragen: *Difficile est audire carnalia sine sensu carnalitatis, tractare aut audire lubrica sine lubricitate*[122], lautet Frederiks Begründung. Die vermittelnde Stellung des Beichtvaters wurde also wohl vor allem in der Hinsicht zu einem Problem, daß der Beichtvater – war er sich dessen erst einmal bewußt geworden – mit dem Gehörten und von anderen Gelebten, ihren Ängsten und Sehnsüchten, nun seinerseits fertig werden mußte. Das Verhältnis zu den Schwestern wurde auf der anderen Seite wiederum belastet, wenn dies nicht gelang. Eine Möglichkeit für den Beichtvater, den inneren Konflikt zu umgehen, war vielleicht der Versuch, diese ganze Problematik zu ignorieren, indem das eigene Selbst weitgehend ausgeschaltet und „selbstloser" Dienst am Nächsten geübt wurde. Ein sicher vielfach gewählter Weg, der zudem von den Nonnen positiv gewürdigt wurde, den Frederik aber als Verlust der eigenen religiösen Identität fürchtete.

Selbstkritisch auf diese Problematik anspielend formuliert er also in Bezug auf seine Funktion im Frauenkloster an seinen Prior: „Ich füge also hinzu, daß, weil die weibliche Natur, wie Cicero in seiner Rhetorik sagt, unbesonnen ist,[123] vorsichtig mit ihnen gehandelt, gesprochen und umgegangen werden muß, damit nicht der Mann, der ihnen eine Richtschnur im guten Handeln sein sollte, der sie festhalten und durch die Vorschriften des frommen Lebens anleiten könnte, für sie zum Grund des Untergangs (*causa ruine*) wird, so daß er die Begierden vergrößert, welche zu mindern er gehalten ist, damit er nicht die Seele durch Schmeicheleien und Verführungen ent-

---

[121] Vgl. oben Anm. 105.
[122] Vgl. Cod. IE 26 (wie Anm. 50), fol. 58v-59r.
[123] Rhetorica ad Herennium IV, 23, 16, hrsg. von T.E. Page, London 1954, S. 286.

flammt, er, der jene zur Mäßigung ermahnen sollte".[124] Bezeichnend ist, daß Frederik van Heilo in der *Apologia* von sich ausdrücklich als Mann (*vir*) spricht und nicht die allgemein übliche Bezeichnung für Beichtväter wählt: nämlich Vater (*pater*), eine Bezeichnung, die das eigene Geschlecht eher zu verbergen versucht. Dementsprechend bezeichnet er sein Gegenüber auch nicht als „sein Beichtkind" oder „seine Tochter", sondern als Frauen und Mädchen. Er stellt durch die von ihm gewählte Bezeichnung die Beziehung zu ihnen also gleichsam klar, und es wird verständlich, daß er infolgedessen Spannungen zwischen den Geschlechtern erkennen und sie zum Ausdruck bringen kann, wenn er diese nicht sogar durch seine innere Haltung noch gefördert hat. Die Illusion der geschlechtslosen quasi-Verwandtschaft (wie z.B. daß häufig wiederkehrende: ein Beichtvater liebe die Nonnen wie die „eigenen Töchter"[125]) nimmt er möglicherweise bewußt heraus, denn das Verhältnis Vater – Tochter beinhaltete ja auch eine sehr weitgehende und möglicherweise in bestimmter Art und Weise übernommene Verantwortung für sie, so vielleicht wie Peter van Gendt sein Beichtamt verstand. Frederik van Heilo beschreibt seine Stellung und Aufgabe bei den Nonnen gegenüber einem anderen Beichtvater als *nos, qui aliis duces itineris constituti sumus*,[126] woraus klar hervorgeht, daß er sich seiner Verantwortung bewußt war. Auf welchem Weg allerdings das Ziel, die Nonnen zu einem Klosterleben nach den Vorstellungen der Observanz zu führen, am besten verwirklicht werden konnte, darüber konnte man sehr verschiedener Auffassung sein. Frederik van Heilos innere Einstellung beruhte auf einer sehr entschiedenen Auffassung vom „freien Willen": „Niemand kann meinen Willen außer mir ändern, sonst wäre es nicht mein eigener. Also kann ich gut sein, wenn ich will, und ich kann schlecht sein, wenn ich will."[127] Er sah es offensichtlich nicht als den geeigneten Weg an, die Nonnen vollständig von ihrer Verantwortung für sich und ihr Handeln zu befreien, sondern er wollte sie wohl (wie der heilige Hieronymus) dazu aufzufordern, sich selbst für das eignes Seelenheil einzusetzen. Diese Haltung kommt in dem *Tractatus contra pluralitatem confessorum* in Form einer direkten Ansprache an eine anonyme

---

[124] Cod. IE 26 (wie Anm. 50), fol. 95r: *Addo tamen quod, cum mulieris natura, ut Cicero in sua dicit Rhetorica, inconsyderata sit, caute cum eis agendum, loquendum et conversandum est, ne vir qui eis esse debet bene agendi ratio, qui illas continere et per pie vite instituta dirigere possit, fiat eis causa ruine, ut augeat cupiditates, quas minuere tenetur, ne blandimentis et ludicris animum inflammet, qui eas ad temperantiam* (fol. 95v) *debet exhortari.*

[125] Vgl. oben Anm. 40.

[126] Vgl. Cod. IE 26 (wie Anm. 50), fol. 73r.

[127] Ebd. fol. 41v: *Nemo potest voluntatem meam propriam preter me mutare, alioquin propria non esset. Ergo quando volo possum esse bonus, et quando volo possum esse malus.* In diesem Punkt stimmte seine Haltung mit der des NIKOLAUS VON KUES überein: *Quisque enim homo liberum habet arbitrium velle scilicet et nolle.* Vgl. EDUARD ZELLINGER: Cusanus-Konkordanz unter Zugrundelegung der philosophischen und der bedeutensten theologischen Werke, München 1960, S. 245, Sermo 18, 22 und Sermo 71, 106.

Schwester[128] – allerdings wiederum in Form eines schweren Vorwurfs – zum Ausdruck: „Du täuschst dich, du Unglückliche, du täuschst dich. Du willst dich entschuldigen, die du allein schuldig bist. Du klagst die Natur an. Du hast jene verdorben. Du hast dir aus schlechter Gewohnheit Schlingen geknüpft, aus welchen du dich nur schwer zu befreien vermagst, welche so wie sie einzig aus deinem Willen gewunden worden sind, so auch von keinem anderen Willen außer dem deinem gelöst werden können. Und wie keiner für dich gesündigt hat, so darf keiner für dich gegen die Sünde kämpfen. Verschaffe du dir die Kräfte. Ein großer und unversehrter Wille kann großen und schweren Sünden widerstehen. Die Gewohnheit lenkt und bestimmt, aber ohne deine Zustimmung treibt sie nicht zur Sünde".[129] Die Vorstellung, daß die aus dem „falschen" Willen gewundenen Bande zu einem Netz schlechter Gewohnheiten wurden, das die an sich zum Guten strebende Natur gleichsam fesselt, hat Frederik van Heilo wohl bei Augustin in den *Confessiones* gefunden.[130] Für die Art der Ansprache, die ihm vermutlich als ein sehr effektiver Weg für den *profectus* der Nonnen erschien, konnte er auf die Briefe des Hieronymus zurückgreifen, in denen die Frauen ganz ähnlich direkt angesprochen und mit ihrem „Fehlverhalten" konfrontiert wurden.[131]

Frederiks hier vorgestellte Haltung gibt zunächst Rätsel auf. Wie kommt ein devoter Beichtvater dazu, seine Beichttätigkeit abzulehnen, weil er um seine (religiöse) Identität fürchtet? Woher nimmt er das „Selbstbewußt-

---

[128] Dieser Einschub könnte eventuell auf einen Brief zurückgehen, den FREDERIK VAN HEILO an eine der Schwestern gerichtet und für den *Tractatus* ins Lateinische übersetzt hatte.

[129] Cod. IE 26 (wie Anm. 50), fol. 19v: *Falleris, o Misera, falleris. Te excusare vis, que sola in culpa es. Naturam accusas. Illam tu corrupisti. Tibi ex mala consuetudine vincula nexuisti, quibus difficulter careas, que, sicut de sola tua voluntate nexa sunt, ita nulla alia nisi tua voluntate solvi possunt. Et sicut nullus pro te peccavit, ita pro nullus certare contra peccatum debet. Tu tibi vires arroga. Magnis et gravibus peccatis magna et integra voluntas resistere potest. Consuetudo inclinat ac disponit, sed sine tuo assensu non impellit ad peccatum.*

[130] Augustinus: Confessiones VIII, V, 10, CCSL XXVII, Turnhout 1981, S. 119: *Cui rei ego suspirabam ligatus non ferro alieno, sed mea ferrea voluntate. Velle meum tenebat inimicus et inde mihi catenam fecerat et constrinxerat me. Quippe ex voluntate perversa facta est libido, et dum servitur libidini, facta est consuetudo, et dum consuetudini non resistitur, facta est necessitas. Quibus quasi ansulis sibimet innexis – unde catenam appelavi – tenebat me obstrictum dura servitus.* Der Gewohnheit schreibt Frederik van Heilo eine ähnlich wichtige Rolle zu: *Omnia ex consuetudine pendent; hoc sumus quod agere et cogitare consuevimus. Et quod in nobis ex mala consuetudine viciosum est, per bonam consuetudinem denuo mutari et emendari potest.* Vgl. Cod IE 26 (wie Anm. 50), fol. 82r-82v.

[131] Vgl. z.B. CSEL 54, 1910, *Epistolae pars I,* S. 323–328 *Ad Asellam* und S. 466–485 *Ad Furiam de viduitate servanda.* In diesen Zusammenhang fügt sich gut ein, daß der *Tractatus contra pluralitatem confessorum* in der Wiesbadener Handschrift mit dem Brief des Hieronymus *Ordo vivendi deo ad Eustochium* (Hs. 49, fol. 88–122) zusammengebunden worden ist. Vgl. zu der Wiesbadener Hs. oben Anm. 50. Da der Einband der Handschrift aus dem 15. Jahrhundert stammt, kann man wohl davon ausgehen, daß die Traktate ursprünglich so zusammengestellt wurden.

sein", den Frieden seiner Seele gegen das Seelenheil vieler anderer abzuwägen – und sich dann auch noch für sich selbst zu entscheiden? Hinter Frederik van Heilos innerer Haltung stand jedoch nicht das neuzeitliche „Erkenne dich selbst". Er kann in der Bewegung vor dem Hintergrund der stark verinnerlichten, aus der mystischen Tradition der Devotio moderna Impulse schöpfenden Theologie gesehen werden,[132] mit ihrer „Betonung der menschlichen Entscheidungsfähigkeit, der Satisfaktions- und Verdienstmöglichkeiten durch innere geistliche Aktivität [...]".[133] Die Fragen nach seinem „Selbstbewußtsein" lassen sich möglicherweise dann befriedigend beantworten, wenn man berücksichtigt, daß sich Frederik van Heilo möglicherweise philosophisch-theologischen Überzeugungen zu eigen gemacht hat, die auch Nikolaus von Kues vertrat.[134] Ihn hatte Frederik van Heilo auf seiner Legationsreise 1451 auch in seinem Kloster bei Haarlem getroffen, und war von diesem Mann sehr beeindruckt zurückgeblieben.[135] Nikolaus von Kues war ein bedeutender und integrativer Vertreter einer verinnerlichten Theologie. Seine Philosophie, auf der Schwelle zwischen mittelalterlicher und neuzeitlicher stehend, faßte den Menschen „als lebendigen

---

[132] Vgl. HAMM: Hieronymus-Begeisterung (wie Anm. 92), S. 139. Dieses ‚Eintreten in sich selbst', das in der augustinischen Tradition stehend aus Interesse am *homo interior* herrührte (vgl. HAMM: Frömmigkeitstheologie, wie Anm. 26, S. 233), faßt Frederik van Heilo als ein „in sich zuhause" sein auf: *Nusquam domi est qui animi sui possessor non est.* Vgl. Cod. IE 26 (wie Anm. 50), fol. 24r.

[133] HAMM: Hieronymus-Begeisterung (wie Anm. 92), S. 142.

[134] Er vertrat auch hinsichtlich des Ablasses die Ansichten des NIKOLAUS VON KUES; vgl. Cod. IE 26 (wie Anm. 50), fol. 131v-132v. Es gibt allerdings keine Hinweise darauf, daß er dessen komplizierten metaphysischen Vorstellungen des nur in der Negation zu begreifenden Gottes gefolgt ist; vgl. BURKHARD MOJSISCH: *Nichts* und *Negation*. Meister Eckhart und Nikolaus von Kues, in: Historia Philosophiae Medii Aevi. Studien zur Geschichte der Philosophie des Mittelalters, hrsg. von Burkhard Mojsisch und Olaf Pluta, Amsterdam 1991, Bd. II, S. 675–693, bes. S. 687–692. Vgl. zum Verhältnis der Devotio moderna zu den philosophischen Strömungen der Zeit ILARIO TOLOMIO: La Filosofia spirituale della „Devotio moderna", in: Medioevo 8, 1982, S. 205–228.

[135] Vgl. Erich Meuthen (Hrsg.): Acta Cusana: Quellen zur Lebensgeschichte des Nikolaus von Kues, Bd. I, 3b (1451 Sep. 5– 1452 März), 1996, S. 1125 – 1131. Er beschreibt den Aufenthalt des Kardinals in seinem Haarlemer Konvent vom 11. – 13. September 1451und dessen sorgfältige Suche nach ihm unbekannten Büchern: *Itaque venit ad domum nostram* [...] *susceptus atque ad ecclesiam deductus est. Qui eodem die cenam suam cum* (fol. 136r) *fratribus in refectorio fecit, adeo quietus et deditus sibi ac lectioni mense, ut unus e fratribus putaretur. Erat quippe literarum studiosissimus cultor. Unde et librariam nostram invisens et libros diligenter revolvens querebat, si forte aliquid novi inveniret, ex quo scientie sue lumen quoddam accederet. Hinc quoque in libraria Egmonde dum diligenter scrutaretur, invenit librum rabbi Moysi de interpretatione quarundam dictionum, que apud Hebreos obscure et ambigue sunt, diu desyderatum et in omnibus librariis quas visitabat quesitum, de quo cum commisisset abbati quod suis illum expensis pro domino apostolico excribi faceret, ille exactissime in optima litera proprio precio descriptum domino pape graciosum munus offerri fecit.* Cod. IE 26 (wie Anm. 50), fol. 135v-136r. Frederik van Heilo beschreibt auch die Reaktion auf eine *collatio*, die Nikolaus von Kues im Konvent hielt: *Quod quidem verbum, postquam latius prosecutus fuit, reverendissimus pater dominus legatus de eterna sapientia, que integram et sanam sacre religionis observantiam prestat, resumpsit, in quo ita omnes vi sue exhortationis commovit, ut audientes ardenti sacre religionis impleret affectu.* Vgl. ebd. fol. 137r.

Spiegel Gottes auf, den er, der Mensch, in seiner Selbstreflexion zu erfassen versucht. Der Mensch wird sich dabei seiner Selbst bewußt und macht sich die Funktion des Subjekts (also seiner selbst) im Erkennen deutlich",[136] aber nur bezüglich auf die Kräfte seines Selbst, die zur Gotteserkenntnis beitragen können (*ratio, sensus animi* etc.). Nikolaus von Kues vertrat eine Philosophie der Selbstentfaltung des Geistes bzw. des Intellekts. Mittelalterlich war die Auffassung, daß er das Sein als Erkennen (*intellegere*) interpretierte, in die Neuzeit wies hingegen die als Voraussetzung mit der Gotteserkenntnis verbundene Selbstreflektion und Selbstbestimmung.

Daß diese Anschauung des Menschen als „lebendiger Spiegel Gottes"[137] dem Denken Frederik van Heilos zugrunde lag, läßt sich nicht nur mittelbar aus seiner inneren Haltung erschließen, die er ja ungewöhnlich offen darlegt. Er hat sie auch in Worte gefaßt: „Unsere Seele ist wie ein Spiegel, weil sie in sich die Bilder der Dinge aufnimmt, auf welche sie gerichtet wird. Wenn sie zum Höchsten gerichtet wird, dann verbleibt sie in ihrer natürlichen Würde und aus ihr scheinen die himmlischen und göttlichen (Dinge) zurück und sie wird wirklich geistlich gemacht. Wenn sie aber nach unten gerichtet wird, so gleicht sie dem unverständigen Vieh und wird ihm gleich".[138] Seine Auffassung vom Menschen bedingte aber, daß nur der Teil des menschlichen Selbst begriffen und anerkannt werden konnte, der nämlich, der sich in Beziehung zur Gotteserkenntnis setzen ließ. Die Sexualität, seine gesamte Existenz als Mann, mußten in Bezug auf dieses Ziels als unwichtig bzw. noch eher als störend betrachtet werden. Indem die Nonnen Frederik van Heilo aber, wie sie es gewohnt waren, als ganzen Menschen forderten, offensichtlich auch als Mann bewerteten und ansprachen, wurde er sich wohl erst über ganze Ausmaß dieses inneren Widerspruchs gewahr. Die innere Trennung, die er anstrebte, um „im Geist zu wandeln", wie es Johannes Gerson formuliert hatte, wurde jedoch durch ständige Gemeinschaft mit den Frauen zwangsläufig teilweise rückgängig gemacht, auf seinem Weg zur möglichst klaren Erkenntnis Gottes empfand Frederik dies subjektiv als Rückschritt.

---

[136] SCHULTHESS: Die Philosophie (wie Anm. 62), S. 292f..

[137] Vgl. NICOLAUS VON KUES. De venatione sapientie, ed. von Raymund Klibansky: Opera omnia XII, 1982, S. 47: *Unde, cum cognitio sit assimilatio, reperit omnia in se ipso ut in speculo vivo vita intellectuali, qui in se ipsum respiciens cuncta in se ipso assimilata videt. Et haec assimilatio est imago viva creatoris et omnium.*

[138] Cod. IE 26 (wie Anm. 50), fol. 83r: *Anima nostra est velut speculum, quia earum rerum in se recipit imagines, quibus applicatur. Si applicatur ad summa, tunc manet sibi sua naturalis dignitas et relucent ex illa celestia et divina et efficitur vere spiritualis. Si vero applicatur ad infima, tunc comparatur iumentis insipientibus, et similis fit illis.* Dieses Bild vom „Menschen als Spiegel Gottes" war auch sonst im Mittelalter bekannt, es kann daraus also nicht sicher der Schluß gezogen werden, daß Frederik van Heilo wirklich mit den Schriften des Nikolaus von Kues vertraut gewesen ist. Aber die Konsequenz, mit der es vertreten wird, scheint mir auf eine gemeinsame geistige Strömung und geistliche Intention zurückzugehen, was angesichts der Verbindung des Nikolaus von Kues zu den Brüdern vom gemeinsamen Leben auch gut denkbar ist.

Die Texte Frederiks van Heilo prägt die Spannung zwischen den philosophisch-moralischen Idealen, die er vertrat, und seiner Lebensrealität. Sein ernsthafter Versuch, durch einen inneren geistigen Fortschritt hier zu einer Übereinstimmung zu kommen, führte, zumindest außerhalb des schützenden Bereichs seines Haarlemer Klosters, zu unübersehbaren Diskrepanzen. Eine entwickelte und möglichst klare, von den Affekten befreite *ratio* stellte für ihn, wie auch für Nikolaus von Kues, den Zugang zur Gotteserkenntnis dar. Wenn man bedenkt, daß Frauen an der jahrhundertelangen Diskussion um die Beschaffenheit und die Möglichkeiten der *ratio* aktiv praktisch keinen Anteil gehabt hatten und ihnen die Fähigkeit zu ihrem souveränen Gebrauch im allgemeinen auch abgesprochen wurde, wird deutlich, in welch gänzlich anderen Zusammenhang ihr religiöses Leben gesehen werden konnte.[139] Eine genauere Kenntnis des religiösen Selbstverständnisses der verschiedenen Frauenkonvente wäre deshalb um so wissenswerter, weil sie von diesem Zugang zu Gott kaum oder nur mittelbar geprägt worden sind. Erst als im Zuge der Reformation der Aufstieg der Seele aus eigenen Kräften zu Gott grundsätzlich in Frage gestellt wurde und „die kleinen Leitern in den Himmel"[140] und mit ihnen die Zugangsklauseln wegbrachen, konnte eine grundsätzlich neue Situation geschaffen werden. Den hier so hell ans Licht gebrachten Konflikt jedoch „nur" als einen zwischen den Geschlechtern bestehenden zu begreifen, wäre aber, sozusagen mit Frederik van Heilo, zu kurz gegriffen. Die hier beschriebene „weibliche Sensualität" und die männlichen Vorstellungen vom Gebrauch der *ratio* scheinen mir eher zu den Polen religiöser Vorstellungen und Lebensauffassungen zu gehören, die das 15. Jahrhundert prägten und die durch die Ernsthaftigkeit, mit der sie gelebt und weitergegeben wurden, auch innerhalb der Gesellschaft zu großen Spannungen führen konnten oder mußten.

---

[139] Ganz grundsätzlich war Frederik van Heilo der Meinung, von den Frauen werde in dieser Hinsicht einfach „zu viel verlangt": *Plus enim nostro tempore a feminis exigitur, quam apostolica est institutio, qui mulierem in ecclesia noluit loqui – cum venia loquor – qui propter notam animi infirmitatem, qua inepte sunt ad spirituales theorias, earum salutem constituit in filiorum generatione.* 1. Kor 14,34. Vgl. Cod. IE 26 (wie Anm. 50), fol. 28v. Im Versuch der Frauen überhaupt ein geistliches Leben zu führen, sah er den Grund der für ihn unlösbaren Problematik – und auf der anderen Seite gleichzeitig die Lösung: Das Seelenheil sei von den Frauen nicht im monastischen Leben zu gewinnen (weil die *ratio* nicht dementsprechend ausgebildet sei), sondern liege in der Geburt der Nachkommenschaft. Dem ganz ähnlich fällt später die protestantische Kritik am Klosterleben der Frauen aus: *Ir künd nitt speculieren vnd ain rechts anschawlichs leben fieren, dann jr seyt nit gelert, ir höret die hailigen geschrifft nitt [...].* Auch die Schlußfolgerung in diesem Sendbrief des BERNHARD REM von 1523 an die Klosterfrauen zu Sankt Katharina und Sankt Niklas in Augsburg ist eindeutig und verläuft in den Bahnen des nun tatsächlich von den Lutheranern eingeschlagenen Weges: die Heirat wird als einzige Möglichkeit für die Frauen propagiert, der Bestimmung Gottes wirklich Folge leisten zu können. Vgl. BERNHARD REM. Ein Sendbrief an etlich Klosterfrauen zu Sant Katharina und Sant Niclas in Augsburg 1523, hrsg. von Hans-Joachim Köhler, Flugschriften der frühen Reformationszeit, Microfiche-Edition, Fiche 225, Nr. 632, B1a.

[140] Vgl. HAMM: Von der Gottesliebe (wie Anm. 70), S. 357–360.

Direkte Zuwendung zu den ‚Laien'
und Rückgriff auf Vermittler in spätmittelalterlicher katechetischer Literatur

CHRISTOPH BURGER

1. Vermittlung von Heilswissen elementarer und anspruchsvoller Art im Spätmittelalter

Nicht wenige spätmittelalterliche Theologen haben sich darum bemüht, Laien Kenntnisse über den Gehalt des christlichen Glaubens zu vermitteln, um ihnen auf diese Weise einen sicheren Weg zum Heil zu zeigen. Darin liege der wichtigste Dienst, den sie einfachen Christen erweisen könnten, behaupteten sie. Es ging bei diesem Bemühen um einen ersten Schub der Vermittlung von ‚Glaubenswissen' an Laien, wie es ihn meines Wissens weder in der Alten Kirche noch im Früh- oder Hochmittelalter gegeben hatte. Im sechzehnten Jahrhundert sollte dann ein zweiter vergleichbarer Schub folgen. Beide Schübe der Vermittlung von Glaubenswissen sind quantitativ und qualitativ unterschieden von früheren katechetischen Bemühungen im Verlauf der Kirchengeschichte.

Berndt Hamm hat für die Autoren, die als Theologen für Laien tätig wurden, die Bezeichnung ‚Frömmigkeits-Theologen' vorgeschlagen.[1] Ich habe ergänzend dazu auf ihr Bemühen hingewiesen, Laien neben elementarer Katechese sogar Ergebnisse universitärer Theologie, monastischer Theologie und mystischer Gotteserkenntnis zu vermitteln.[2]

---

[1] Vgl. neuerdings zusammenfassend BERNDT HAMM: Von der spätmittelalterlichen reformatio zur Reformation: der Prozeß normativer Zentrierung von Religion und Gesellschaft in Deutschland, in: Archiv für Reformationsgeschichte 84 (1993), S. 7–82, hier: S. 19–20, Anm. 26, sowie BERNDT HAMM: Was ist Frömmigkeitstheologie? Überlegungen zum 14. bis 16. Jahrhundert, in: Praxis Pietatis. Beiträge zu Theologie und Frömmigkeit in der Frühen Neuzeit, hg. von Hans-Jörg Nieden und Marcel Nieden, Stuttgart 1999, S. 9–45. Auf die Arbeiten, in denen der Verfasser den Begriff einführte, den Aufsatz von 1977 und die Monographie von 1982, wird hierin verwiesen.

[2] Vgl. CHRISTOPH BURGER: Theologie und Laienfrömmigkeit. Transformationsversuche im Spätmittelalter, in: Lebenslehren und Weltentwürfe im Übergang vom Mittelalter zur Neuzeit. Bericht über Kolloquien der Kommission zur Erforschung der Kultur des Spätmittelalters 1983–1987. Hg. von Hartmut Boockmann, Bernd Moeller und

Mehrere spätmittelalterliche Theologen haben sich bei diesen literarischen Versuchen zunächst der Volkssprache bedient und haben später ganz ähnliche Inhalte wieder in lateinischer Sprache publiziert. Mein Interesse gilt besonders dieser Rückkehr zur lateinischen Sprache nach literarischen Versuchen in der Volkssprache. Nach dem Selbstzeugnis der Verfasser solcher Schriften sind Laien die eigentliche Zielgruppe auch der lateinischen Schriften. Die Autoren sprechen Lateinkundige als Vermittler der mitgeteilten Inhalte an, als Propagatoren und Multiplikatoren, nicht als eigentliche Adressaten. Diese Re-Latinisierung der Inhalte, die in ähnlicher Form bereits einmal in der Volkssprache mitgeteilt worden waren, erweiterte einerseits den Hörer- und Leserkreis, weil Lateinkundige sich dann eher angesprochen fühlten, wenn ihnen diese Inhalte in der Sprache der Bildung nahegebracht wurden. Andererseits aber bedeutete sie auch eine Rückwendung zu dem vertrauten Kreis der Lateinkundigen von der Seite von Autoren, die bereits einmal versucht hatten, die Laien direkt zu erreichen.

Anknüpfen kann ich bei meiner Darstellung in besonderer Weise an mehrere Publikationen des Bielefelder Historikers Klaus Schreiner. Im Jahre 1984 wies er in zwei Artikeln auf die Widerstände hin, die der Weitergabe von Wissen an Laien im späten Mittelalter und in der Reformationszeit entgegenstanden.[3] Acht Jahre später gab er einen Sammelband zur Laienfrömmigkeit im späten Mittelalter heraus, die Frucht eines von ihm veranstalteten Kolloquiums am Historischen Kolleg.[4] Diese drei Publikationen bilden einen guten Bezugsrahmen für die folgende Darstellung.

Unterlassen muß ich es in diesem Zusammenhang, näher auszuführen, daß nicht nur ein Angebot von seiten der ‚Frömmigkeitstheologen‘, son-

---

Karl Stackmann. Göttingen 1989 (= Abhandlungen der Akademie der Wissenschaften in Göttingen. Phil.-Hist. Klasse. Dritte Folge, Nr. 179), S. 400–420 und CHRISTOPH BURGER: Transformation theologischer Ergebnisse für Laien im späten Mittelalter und bei Martin Luther, in: Praxis Pietatis (wie Anm. 1), S. 47–64, sowie demnächst CHRISTOPH BURGER: Die Vermittlung von Ergebnissen scholastischer und monastischer Theologie und mystischer Gotteserkenntnis an Laien in einem Sermo des Johannes von Paltz OESA (etwa 1445–1511), in: Predigt im Kontext. Internationale Fachtagung am Fachbereich Germanistik der Freien Universität Berlin, 5.- 8. Dezember 1996, hg. von Volker Mertens und Hans-Jochen Schiewer, Tübingen 2000.

[3] KLAUS SCHREINER: Grenzen literarischer Kommunikation. Bemerkungen zur religiösen und sozialen Dialektik der Laienbildung im Spätmittelalter und in der Reformation, in: Literatur und Laienbildung im Spätmittelalter und in der Reformationszeit. Symposion Wolfenbüttel 1981. Hg. von Ludger Grenzmann und Karl Stackmann. Stuttgart 1984 (= Germanistische Symposien. Berichtsbände V), S. 1–23. In einer Langfassung dieses Artikels hat er seine These breiter ausgeführt: KLAUS SCHREINER: Laienbildung als Herausforderung für Kirche und Gesellschaft. Religiöse Vorbehalte und soziale Widerstände gegen die Verbreitung von Wissen im späten Mittelalter und in der Reformation, in: Zeitschrift für Historische Forschung 11, 1984, S. 257–354.

[4] Laienfrömmigkeit im späten Mittelalter. Formen, Funktionen, politisch-soziale Zusammenhänge, hg. von Klaus Schreiner unter Mitarbeit von Elisabeth Müller-Luckner, München 1992 (= Schriften des Historischen Kollegs: Kolloquien 20).

dern auch eine Nachfrage von seiten der Laien bestand. Als Verfasser katechetischer Schriften, manchmal sogar als Transformatoren der Ergebnisse
akademischer Theologie, monastischer Theologie und mystischen Gottes-
erkennens produzierten sie ja keineswegs ins Blaue hinein. Sie entsprachen
vielmehr oft genug einem Bedürfnis, das von ihren Adressaten formuliert
worden war, sei es nun im Beichtstuhl, durch eine Frage bei einer akademi-
schen ‚quaestio disputata‘ oder durch ein auf der Kanzel hinterlegtes Zettel-
chen.[5]

Nur indirekt erfassen heutige Leser in diesen Quellen die Frömmigkeit
der Adressaten selbst. Zu Recht hat Scribner darauf hingewiesen, daß fast
alle Quellen, die aus dem Mittelalter erhalten geblieben sind, von einer Elite
stammen und keinen direkten Rückschluß auf Denken und Handeln der
Adressaten erlauben.[6] Man darf also nicht meinen, in diesen Schriften
Frömmigkeit der einfachen Christen ohne literarische Stilisierung greifen
zu können.

2. Zum Begriff ‚Laien‘

2.1. Der Begriff ‚Laien‘ ist unscharf, aber unentbehrlich

Die von den Autoren ins Auge gefaßte Rezipientengruppe ist heterogen.
Auf die Unschärfe des Laien-Begriffs in soziologischer Hinsicht hat Rudolf Schenda schon 1987 hingewiesen: „Gemeint sein konnte der Unge-
lehrte = Ungebildete = illiteratus, gemeint sein konnte der Nicht-Geist-
liche = Nicht-Kleriker, gemeint sein konnte auch der Laienbruder im
Kloster ohne die höheren Weihen des geistlichen Paters. Soziologisch sind
nun aber alle diese Erklärungen unbefriedigend [...] Soziologisch noch weniger präzise ist der Laie als nicht zum klerikalen Stand gehöriges Glied der
Kirche [...] die Gefahr ist groß, daß ein Leser meint, mit den ‚illiterati‘ seien
hier die 40 bis 60 Prozent einer Stadtpopulation und die 80 bis 90 Prozent
einer Landbevölkerung angepeilt, die den Unterschichten angehörten
[...]“[7] Schenda hat recht. Nimmt man jedoch den Mangel an soziologischer

---

[5] Vgl. JOHANNES VON PALTZ: Supplementum Coelifodinae = Johannes von Paltz:
Werke 2, hg. von Berndt Hamm, Berlin/New York 1983 (= Spätmittelalter und Reformation 3), S. 264, 20–23: „Interrogatus enim quondam reverendus pater noster Dorsten per
schedulam, quam repperit in ambone, anne securi essent in conscientiis, qui confiterentur
mendicantibus, respondet in fine sermonis [...]“ Hinweis bei BERNDT HAMM: Was ist
Frömmigkeitstheologie? (wie Anm. 1), S. 30.

[6] Vgl. ROBERT W. SCRIBNER: Volksglaube und Volksfrömmigkeit. Begriffe und Histo-
riographie, in: Volksfrömmigkeit in der Frühen Neuzeit, hg. von Klaus Molitor, Münster
1994 (= Katholisches Leben und Kirchenreform im Zeitalter der Glaubensspaltung 54),
S. 121–138; hier: S. 130.

[7] RUDOLF SCHENDA: Rezension von: Literatur und Laienbildung (wie Anm. 3), in: Fa-
bula 28 (1987), S. 117–122, hier: S. 117–118.

Präzision hin und konzentriert sich auf die Differenz an theologischer Bildung, dann darf man sehr wohl von theologischen ‚Laien' im Gegenüber zu Theologen sprechen. Denn der Vorsprung an ‚Heilswissen' oder ‚Glaubenswissen', den Theologen dieser ansonsten so differenzierten Gruppe gegenüber haben, erlaubt es, Menschen, die in anderen Beziehungen (soziologisch, kirchenrechtlich, ökonomisch, nach politischer Macht oder Ohnmacht und nach weltlicher Bildung oder Unbildung) voneinander grundverschieden sind, dennoch unter dem Sammelbegriff ‚Laien' zusammenzufassen. Dieser umfassende Begriff der ‚Laien', was Glaubenswissen betrifft, ist trotz aller seiner Unschärfe als Gegenbegriff sowohl zu den Geweihten als auch zu den Lateinkundigen als auch zu den universitär Gebildeten sogar unverzichtbar, wie Nikolaus Staubach erst vor kurzem erneut betont hat.[8] Es sind einfach zu verschiedene Menschengruppen, die in den Blick kommen, wenn man über die Rezipienten von Frömmigkeitstheologie in Spätmittelalter und Reformationszeit spricht, als daß ein minder umfassender Begriff sie alle auf einen Nenner bringen könnte. Die möglichen Wechselbegriffe für ‚Laien': ‚simplices christiani',[9] ‚illiterati', ‚idiotae', ‚homines saeculares' decken jeweils nicht die ganze Bandbreite dessen ab, was in unserem Zusammenhang mit ‚Laien' gemeint ist. So lange kein besserer Oberbegriff gefunden ist, muß die unscharfe Bezeichnung ‚Laien' auch weiterhin gebraucht werden.

Ich gehe dennoch kurz auf Versuche ein, innerhalb der ‚Laien' weiter zu differenzieren. Bilden doch die Interessenten an ‚Glaubenswissen' innerhalb der Laienschaft dadurch eine besondere Gruppe, daß sie auf religiöse Fragen ansprechbarer sind als andere. Deshalb will ich auf einige Versuche der Begriffsbildung zur Bezeichnung etwa desselben Personenkreises in der modernen Forschung eingehen, ob diese nun durch Zufügen eines Adjektivs oder durch Übernahme spätmittelalterlichen Sprachgebrauchs geschieht.

---

[8] NIKOLAUS STAUBACH: Gerhard Zerbolt von Zutphen und die Apologie der Laienlektüre in der Devotio moderna, in: Laienlektüre und Buchmarkt im späten Mittelalter, hg. von Thomas Kock und Rita Schlusemann, Frankfurt etc. 1997 (= Gesellschaft, Kultur und Schrift. Mediävistische Beiträge 5), S. 221–289, hier: S. 222, Anm. 2: „Die Widersprüchlichkeit und Inkonsistenz der Terminologie ist für die gesellschaftliche Situation des Spätmittelalters charakteristisch und läßt sich durch die Vermeidung des Laienbegriffs, der ja in der Überlieferung allenthalben begegnet, allein nicht beheben [...]" Zum Begriff des Laien vgl. auch GEORG STEER: Der Laie als Anreger und Adressat deutscher Prosaliteratur im 14. Jahrhundert, in: Zur deutschen Literatur und Sprache des 14. Jahrhunderts. Dubliner Colloquium 1981. Hg. von Walter Haug u. a., Heidelberg 1983 (= Reihe Siegen. Beiträge zur Literatur- und Sprachwissenschaft 45), S. 354–367, sowie DERS.: Zum Begriff ‚Laie' in deutscher Dichtung und Prosa des Mittelalters, in: Literatur und Laienbildung (wie Anm. 3), S. 764–768.

[9] Zu Jean Gersons Reden von den einfachen Christen als von den ‚simplices' vgl. CHRISTOPH BURGER: Aedificatio, Fructus, Utilitas. Johannes Gerson als Professor der Theologie und Kanzler der Universität Paris, Tübingen 1986 (= Beiträge zur Historischen Theologie 70), S. 98–100.

2.2. ‚Laien' und Semireligiosen

Die Grenze zwischen ‚devoten Laien' und den Mitgliedern dritter Orden, Beginen oder Brüdern und Schwestern vom Gemeinsamen Leben, die als Leser und Hörer dieser Literatur auch in Frage kommen, bleibt unscharf. Ein ‚devoter Laie' kann von solchen an eine feste Lebensform gebundenen Christen eigentlich nur noch dadurch unterschieden werden, daß er sich nicht für eine dieser Lebensformen entschieden hat. Wie schwierig es ist, zwischen Semireligiosen und ‚devoten Laien' exakte Grenzen zu ziehen, hat Kaspar Elm schon 1985 skizziert: „Die religiösen Bewegungen des hohen Mittelalters haben […] Assoziationen und Lebensformen wiederbelebt und neu entstehen lassen, die es den Gläubigen erlaubten, allein oder in Gemeinschaft ein geistliches Leben zu führen, das intensiver war als das der Laien, sie aber dennoch nicht zu Ordensleuten oder Klerikern machte."[10] Aus zeitgenössischen Quellen hat er für die Lebensform von Semireligiosen die Bezeichnungen *status tertius, via media, vita mediocris, status citra religionem, genus medium und status religiosus largo sensu* zusammengetragen.[11] Wie schwierig es ist, die schillernde Vielfalt von Semireligiosen zu klassifizieren, hat Elm erst vor kurzem erneut dargestellt.[12] Er verweist dafür auf Semireligiose, Halbmönche, laici religiosi, ‚religiosi irregolari ed independenti', auf sich halb geistlich, halb weltlich gebende Personen.[13] Da die Grenze zwischen Semireligiosen und ‚devoten Laien' so schwierig zu ziehen ist, spricht desto mehr dafür, vor allem das Defizit an Glaubenswissen hervorzuheben und nicht die ungebundene oder gebundene Lebensform.

2.3. ‚Laici spirituales', ‚devote Laien' und ‚verständige Laien'

Für Laien, die sich von der ‚Welt' abkehren, verwendet Gerhard Zerbolt von Zutphen in ‚De libris teutonicalibus' den Terminus ‚laici spirituales'.[14] Man könnte meinen, in diesem Begriff oder in dessen Übersetzung ‚geistliche Laien' den angemessenen Terminus für den angestrebten Leserkreis gefunden zu haben. Doch hat Honemann darauf hingewiesen, daß Gerhard Zer-

---

[10] KASPAR ELM: Die Bruderschaft vom Gemeinsamen Leben. Eine geistliche Lebensform zwischen Kloster und Welt, Mittelalter und Neuzeit, in: Ons Geestelijk Erf 59 (1985), S. 470–496, hier: S. 477.

[11] Vgl. ELM ebd., S. 481.

[12] KASPAR ELM: *Vita regularis sine regula*. Bedeutung, Rechtsstellung und Selbstverständnis des mittelalterlichen und frühneuzeitlichen Semireligiosentums, in: Häresie und vorzeitige Reformation im Spätmittelalter, hg. von František Šmahel, München 1998 (= Schriften des Historischen Kollegs: Kolloquien 39), S. 239–273.

[13] Vgl. ELM ebd. S. 243.

[14] „ipsi layci quantumcumque spirituales vel perfecti in vita fuerint, dicuntur parvuli secundum intellectum." GERHARD ZERBOLT VON ZUTPHEN: De libris teutonicalibus, hg. von Albert Hyma, S. 64–65, zitiert bei STAUBACH (wie Anm. 8), S. 252. Der Traktat wurde kurz vor 1400 verfaßt.

bolt hier eher von einem Laien-Ideal als von der Laien-Wirklichkeit spricht. Stellt er doch die spirituellen Laien denen gegenüber, die als fehlgeleitete ‚litterati' die Heilige Schrift nicht recht verstehen und die Väter nicht zur Kenntnis nehmen und deswegen den ‚laici spirituales' verbieten wollen, die Heilige Schrift zu lesen und sich Büchlein in der Volkssprache zu verschaffen.[15] Ein normativer Begriff, der ein Ideal beschreibt, sollte aber vorsichtshalber dann nicht verwendet werden, wenn es darum geht, deskriptiv zu beschreiben, an welche Personengruppe die hier beschriebene Literatur sich wendet. Damit scheiden die termini ‚laici spirituales' und ‚geistliche Laien' als für eine nähere Kennzeichnung unbrauchbar aus.

Staubach spricht, im Zusammenhang seiner Darlegungen völlig zu Recht, von ‚devoten Laien in der Welt'. Schreibt doch der spätmittelalterliche Chronist Johannes Busch über Laien, die nicht in einen Orden eintreten und sich nicht dazu verpflichten, ein Leben lang die *consilia evangelica* zu befolgen, sie seien „bekehrt von der Eitelkeit der Welt".[16] Doch sind ‚devote Laien, die in der Welt leben' nur eine Teilgruppe derer, die Schriften der Frömmigkeitstheologen lesen. Daneben sind es beispielsweise auch Semireligiose, die auf der Grenze zwischen Konvent und ‚Welt' leben.

Von ‚verständigen Laien', die Bücher in der Volkssprache lesen können, spricht der Wiener Theologe Ulrich von Pottenstein (gest. 1416 oder 1417). In der Vorrede zu seiner umfangreichen katechetischen Summe schreibt er, er verfasse sein Werk: „Christo Jhesu czu lob, seiner lieben muoter vnd allem hymlischen her czu eren, der heiligen kirchen vnd iren kindern, *den frumen vnd verstanden layen, die geschikchet sind vnd lieb haben in dewtschen puechern zu lesen*, czenucz vnd cze uebung."[17] ‚Laien' in diesem Sinne sind also fähig, Bücher in der Volkssprache zu lesen. Doch wären dann, wenn man als die Zielgruppe der katechetischen Schriften nur die ‚verständigen Laien' betrachten wollte, zu Unrecht diejenigen ausgeschlossen, die sich katecheti-

---

[15] Vgl. VOLKER HONEMANN: Der Laie als Leser, in: Laienfrömmigkeit (wie Anm. 4), S. 241–251, besonders S. 243 und 249. Honemann bevorzugt die Schreibweise: Gerard Zerbold van Zutphen. Vgl. auch ERNSTPETER RUHE: Pour faire la lumière as lais? Mittelalterliche Handbücher des Glaubenswissens und ihr Publikum, in: Wissensorganisierende und wissensvermittelnde Literatur im Mittelalter. Perspektiven ihrer Erforschung. Kolloquium 5.-7. Dezember 1985, hg. von Norbert Richard Wolf, Wiesbaden 1987 (= Wissensliteratur im Mittelalter 1), S. 46–56.

[16] „in seculo persone sexus utriusque, que a seculi vanitate converse [...] quamvis ad omnia evangelica consilia statim arripienda propter multa impediencia nondum dare se valent, vitam attamen sanctam a peccatis alienam [...] student observare." JOHANNES BUSCH: Liber de origine devotionis modernae, cap. 47, in: Des Augustinerpropstes Iohannes Busch Chronicon Windeshemense und Liber de reformatione monasteriorum, hg. von K. Grube, Halle 1886 (= Geschichtsquellen der Provinz Sachsen 19), S. 374. Hier zitiert nach Staubach (wie Anm. 8), S. 225.

[17] ULRICH VON POTTENSTEIN: Vorrede zu seiner katechetischen Summe, in: GABRIELE BAPTIST-HLAWATSCH: Das katechetische Werk Ulrichs von Pottenstein. Sprachliche und rezeptionsgeschichtliche Untersuchungen, Tübingen 1980 (= Texte und Textgeschichte. Würzburger Forschungen 4), S. 145, Zeilen 59–63. Hervorhebung von mir.

sche Schriften immerhin vorlesen lassen können. Regelmäßig werden ja Lesefähige dazu aufgerufen, denen, die das nicht beherrschen, solche Schriften vorzulesen, um ihnen auf diese Weise ‚Glaubenswissen' weiterzugeben. Auch der Begriff ‚verständige Laien' bezeichnet also nur eine Teilgruppe.

Zusammenfassend läßt sich sagen: Der Begriff ‚laici spirituales' kann nicht als nähere Bestimmung dienen, weil er normativ ist, und die Begriffe ‚devote Laien' oder ‚verständige Laien' bezeichnen nur Teilgruppen des Zielpublikums transformierter Schriften.

3. Die lateinkundigen Vermittler

Mehrere Frömmigkeitstheologen versuchten, lateinkundige Kleriker als Propagatoren und Multiplikatoren ihrer Ideen zu erreichen.[18] Gerade auch durch deren Vermittlung wollten sie für die zuvor in der Volkssprache angeredeten Laien wirken.[19] Die Orientierung auf eine institutionell der Kirche verbundene Gruppe von Vermittlern verfolgte das Ziel, gerade auf diesem Wege der eigentlichen Zielgruppe, den Laien, noch besser zu dienen. In aller Regel ging die Suche nach solchen Vermittlern Hand in Hand mit dem Schritt weg von der Volkssprache hin zur Sprache der Gelehrten, zum Latein. Um Priester dazu anzuspornen, sich für die Verbreitung der eigenen Schriften und der darin enthaltenen Gedanken zu engagieren, setzten die Frömmigkeitstheologen häufig genug mit der Feststellung ein, es bestehe ein Übelstand. Drei Argumente seien hervorgehoben. a) Sie versicherten wiederholt, sie wollten damit Mängel der *regulären* religiösen Unterweisung ausgleichen. Hätten doch viele ‚Laien' keine Gelegenheit, Grundkenntnisse des christlichen Glaubens zu erwerben, weil viel zu wenig katechetische Predigten gehalten würden. Ihre Schriften erwuchsen oft aus solchen Predigten, die sie selbst gehalten hatten, und propagierten, sie wollten Ersatz bieten. Sie schulten also mit ihren Schriften zu wenig gebildete Pfarrer. b) Sie forderten, als Beichtväter und Prediger müßten einfache Priester eigentlich viel mehr wissen, als ihnen in ihrer Ausbildung nahegebracht worden sei. Um ihren Adressaten die ihnen zugedachte Rolle als Multiplikatoren schmackhaft zu machen, versuchten sie also, diesen ein schlechtes Gewissen zu machen und gleich Abhilfe dafür anzubieten. c) Und sie behaupteten, Prälaten versäumten ihre Pflicht, für die Kenntnis an Glaubens-

---

[18] Diejenigen Autoren, die gerne lateinkundige Kleriker als Vermittler heranziehen wollten, teilten freilich das Laien-Pathos des Gerhard Zerbolt von Zutphen nicht, auf das HONEMANN (wie Anm. 15) hinweist.

[19] Vgl. BERNDT HAMM: Was ist Frömmigkeitstheologie (wie Anm. 1), S. 13: „Oft richten sich die Schriften an die vermittelnde Instanz der Prediger, Beichtväter oder einfach Lesekundigen, die darüber informiert und instruiert werden, wie sie anderen, die meist nicht lesen können, die dem Seelenheil dienlichen Kenntnisse, Weisungen und Tröstungen zueignen können."

wissen bei den ihnen untergebenen Pfarrern zu sorgen. Damit sprachen sie die Vorgesetzten auf eine vergleichbare Weise an wie die Untergebenen.

4. Die Quellen

Ich ziehe als Quellen Schriften von Verfassern der ‚Devotio moderna‘, Jean Gersons (1363–1429), Ulrichs von Pottenstein aus dem Wiener Kreis (gest. 1416 oder 1417) und des Augustinereremiten Johannes von Paltz (ca. 1445– 1511) heran und möchte die inhaltlichen Zusammenhänge und ansatzweise auch die Rezeptionswege zwischen diesen auf den ersten Blick sehr verschiedenen Autoren vom Beginn und vom Ende des 15. Jahrhunderts deutlich machen.[20] Die hier dargestellten Ergebnisse werden im Laufe der Zusammenarbeit zwischen drei Forschergruppen weiter präzisiert werden können: der Augsburger Forschergruppe unter Leitung des Germanisten Werner Williams, die das Schrifttum des Wiener Kreises erforscht, der Erlanger Forschergruppe unter Leitung des Kirchenhistorikers Berndt Hamm, die sich in erster Linie mit den Predigten von Nürnberger und Bamberger Dominikanern und Franziskanern beschäftigt, und der von mir geleiteten kirchenhistorischen Forschergruppe an der Vrije Universiteit Amsterdam, die in erster Linie die Schriften Jean Gersons und deren Wirkung untersucht sowie Schriften aus den Schwesternhäusern in Geldern und Sonsbeck in die geistigen Strömungen in diesem Raum einordnet. Das Ziel dieser Kooperation ist es, Gemeinsamkeiten und Unterschiede zwischen hervorragenden Vertretern spätmittelalterlicher Frömmigkeit zu erforschen.

4.1. Mitglieder der ‚Devotio moderna‘

Zunächst führe ich einige programmatische Äußerungen wichtiger Vertreter dieser Frömmigkeitsbewegung an, in denen Wirken für die Laien als wichtig bezeichnet wird. Danach skizziere ich die Annäherung der Bewegung an klerikale und klösterliche Lebensformen und stelle die Frage, was Mitglieder der ‚Devotio moderna‘ denn für die Bildung von Laien im Glauben unternahmen und was sie erreichten.

Geert Grote, der Gründer der ‚Devotio moderna‘, schreibt – wahrscheinlich kurz vor dem Ausbruch des Großen Abendländischen Schismas 1378 – in einem Brief an den Pariser Theologen Salvarvilla, der dort sein Lehrer gewesen war: „Ihr wißt, daß die unschuldigen, einfältigen Ungebildeten von unseren gelehrten Theologen wenig Hilfe erfahren, und zwar *an zentralen Orten* wie an der Kurie, in Avignon und in Paris […] noch weniger als *an*

---

[20] Es kann hier nicht darauf eingegangen werden, wieviel die genannten katechetisch tätigen Theologen Mönchen des Kartäuserordens verdankten und wie Angehörige dieses Ordens dazu beitrugen, diese Gedanken zu verbreiten.

einfachen, abgelegenen Orten. Daher schien mir, man müsse sich der einfältigen Armen, der Verachteten und Unwissenden mit großer innerer Glut und mit Eifer annehmen. Denn sie sind um so empfänglicher für das Wort Gottes, als sie auf andere Würden verzichten müssen. Und so scheint mir denn, daß in Paris ein Anfang gemacht werden muß [...] ebenso muß man die Häuser auf dem platten Lande aufsuchen [...]."[21] Der Gegensatz ‚Ungebildete – gelehrte Theologen' springt ins Auge. Gerade bei Unwissenden setzt Grote Empfänglichkeit für das Wort Gottes voraus. Auf welche Weise jedoch gelehrte Theologen den Ungebildeten helfen sollen, wird aus diesem Brief nicht recht deutlich.

In einem Brief an den Rektor der Stadtschule in Zwolle, Johannes Cele, vom 5. Juli 1384 mißbilligt Grote, daß der für ihn zuständige Ortspfarrer es Cele verboten hatte, vor Schülern und Erwachsenen die Heilige Schrift auszulegen: „Ich wundere mich darüber, daß er sich einmischt, wenn Frauen mit guten Menschen sprechen oder wenn Laien Gutes antworten oder Gutes sagen, und wenn er sich das Recht dazu vorbehält." Mit ‚Gutem' meint Grote Fragen, die für das Erlangen des Seelenheils relevant sind.[22]

In dem Traktat des Gerhard Zerbolt von Zutphen über die ‚deutschsprachigen Bücher' heißt es kurz vor dem Jahr 1400: „Die Laien und *illiterati* sollen wissen, zu welcher Lehre und zu welchen Büchern sie ihre Zuflucht nehmen sollen, um mehr Nutzen und Frucht davon zu haben, und sie sollen nicht in Unkenntnis darüber bleiben, wo ihnen weniger Anstoß droht."[23] Die auf den ersten Blick alltäglichen Formulierungen ‚mehr Nutzen' und ‚mehr Frucht', *utilius* und *fructuosius*, gewinnen hier unterscheidenden Charakter. Nur wenige Jahre später wird sie auch Jean Gerson verwenden, um fruchtbringende Lektüre von ‚nutzloser' Lektüre zu unterscheiden. Ist solcher Lesestoff doch schon dadurch gefährlich, daß man mit ihm Zeit vertut, die für die Suche nach dem Heil nötig wäre. Ganz ähnlich wie Gerhard Zerbolt formuliert der Wiener Theologe Ulrich, Pfarrer von Pottenstein: „Ich dachte mir auch, es sei lobenswerter und besser, da nun doch einmal menschliches Begehren Übung haben möchte, wenn man in dem Buch [in seiner katechetischen Summe] lese als in den Büchern der alten Sagener-

---

[21] GEERT GROTE: Epistola 9 = Ad Guilhelmum de Salvarvilla, cantorem Parisiensem, in: Gerardi Magni Epistolae, hg. von W. Mulder, Antwerpen 1933 (= Tekstuitgaven van ‚Ons geestelijk Erf' 3), S. 23–36, hier: S. 30–31, in eigener Übersetzung. Hervorhebung von mir. Hinweis und kürzeres Zitat im lateinischen Original bei GEORGETTE EPINEY-BURGARD: Die Wege der Bildung in der Devotio Moderna, in: Lebenslehren (wie Anm. 2), S. 181–200, hier: S. 184, Anm. 17. Zur Datierung des Briefs an Guillaume de Salvarvilla vor dem Ausbrechen des Großen Abendländischen Schismas vgl. W. MULDER: Guillaume de Salvarvilla, in: Ons Geestelijk Erf 5, 1931, S. 186–211, hier: S. 202.

[22] GEERT GROTE: Epistola 64 = Brief an Johannes Cele vom 5. Juli 1384, in: Gerardi Magni Epistolae (wie Anm. 21), S. 254–255, hier: S. 254. Hinweis und lateinisches Zitat bei EPINEY-BURGARD (wie Anm. 21), S. 186, Anm. 31.

[23] GERHARD ZERBOLT VON ZUTPHEN: De libris teutonicalibus, im lateinischen Original zitiert von STAUBACH (wie Anm. 8), S. 233.

zähler oder im Titurel oder im Buch über Dietrich von Bern oder in den Büchern von den Kämpfen der anderen Recken, die nichts anderes als törichte Dinge lehren und sagen."[24]

Nach diesen drei Beispielen der Zielsetzung von Autoren der ‚Devotio moderna' wende ich mich der Frage zu, wen die Schriften der Bewegung in der Praxis erreichten und wie sich ihre Lebensform entwickelte.

Die Frömmigkeitsbewegung der ‚Devotio moderna' begann ihren Siegeszug zweifellos als Laienbewegung. Priester lebten gemeinsam mit Laien in den Häusern der Brüder vom Gemeinsamen Leben, Frauen lebten als Schwestern vom Gemeinsamen Leben, ohne Klostergelübde abzulegen. Die fundamentale Differenz zwischen einem Leben ‚in der Welt' und einer ‚vita religiosa' schien durchbrochen zu sein.[25] Doch schon bald entwickelte sich innerhalb der Bewegung neben den Brüdern und Schwestern eine Klerikergemeinschaft regulierter Augustinerchorherren, zusammengeschlossen zur Windesheimer Kongregation. In der zweiten Hälfte des 15. Jahrhunderts waren auch die Brüder vom Gemeinsamen Leben in ihrer Mehrzahl nicht länger Laien, sondern Kleriker.[26] Tertiarier und Tertiarinnen bildeten einen dritten Zweig der ‚Devotio moderna'.[27]

Eine Mehrheit der Brüder behielt trotz dieser Annäherung an vertraute kirchliche Lebensformen das alte Selbstbewußtsein der Modernen Devoten bei. Sie blieb bei der Auffassung, in einer ‚Mittelposition' zwischen kirchlich approbierten Lebensformen und ‚Welt' zu leben, in einem *status medius*. Diese Mehrheit verband damit den Anspruch, dieser *status medius* verwirkliche nach dem Vorbild der Apostel christliche *fraternitas, caritas et libertas*. Sie

---

[24] ULRICH VON POTTENSTEIN: Vorrede zu seiner katechetischen Summe (wie Anm. 17), S. 145, Zeilen 64–69 in eigener Übersetzung.

[25] Dafür kämpfte Jean Gerson auf dem Konstanzer Konzil gegen den Dominikaner Johannes Grabow. Gerhard Zerbolt von Zutphen bezeichnete diese Lebensform als einen *status medius*. Vgl. ELM: Bruderschaft (wie Anm. 10), S. 476, mit Verweis auf ALBERT HYMA: Het traktaat ‚Super modo vivendi devotorum hominum simul commorantium', door Gerard Zerbolt van Zutphen, in: Archief voor de geschiedenis van het aartsbisdom Utrecht 52, 1926, S. 1–100, hier: S. 7. Weitere Bezeichnungen in zeitgenössischen Quellen stellt Elm im gleichen Aufsatz auf S. 481 zusammen. Vgl. auch ELM: Vita regularis (wie Anm. 12), S. 262, Anm. 78.

[26] Vgl. R. REGNERUS Post: The Modern Devotion. Confrontation with Reformation and Humanism, Leiden 1968 (= Studies in Medieval and Reformation Thought 3), S. 444, 449ff., 487. Hinweis bei BERNHARD NEIDIGER: Das Dominikanerkloster Stuttgart, die Kanoniker vom gemeinsamen Leben in Urach und die Gründung der Universität Tübingen. Konkurrierende Reformansätze in der württembergischen Kirchenpolitik am Ausgang des Mittelalters, Stuttgart 1993 (= Veröffentlichungen des Archivs der Stadt Stuttgart 58), S. 43, Anm. 247.

[27] Auf diesen Zweig richtete sich die Aufmerksamkeit der Forschung erst vor kurzem. Vgl. nun jedoch KOEN GOUDRIAAN: De derde orde van Sint Franciscus in het bisdom Utrecht. Een voorstudie, in: Jaarboek voor Middeleeuwse Geschiedenis 1, 1998, S. 205–260. Der Berichtsband mit den Vorträgen, die am 8.10.1999 in Amersfoort auf dem Kolloquium ‚De Derde Orde van Franciscus in het bisdom Utrecht' gehalten wurden, verspricht die Diskussion zum Thema ‚Semireligiosen' erheblich voranzubringen.

beanspruchte in einer Gemeinschaft zu leben, die nicht auf Recht und
Zwang begründet sei wie im *ordo monasticus*, im *ordo canonicus* oder in den
ordines mendicantes. Doch entsprach dieses Selbstbewußtsein nicht länger der
Realität. Die Brüder standen in Wirklichkeit mittlerweile viel eher vertrauten kirchlichen Lebensformen nahe, dem Seelsorgeklerus, den Orden und
den Mendikanten. Die Sensibleren unter ihnen bemerkten das auch. Petrus
Dieburg, gestorben 1494 als Rektor des Bruderhauses in Hildesheim, beklagt denn auch, daß die Brüder von ihrer ursprünglichen Zielsetzung, die
via media zu leben, abgewichen seien. Er tadelt das Hinüberwechseln vom
Leben als Fratres zum Leben in einem Orden als einen schmählichen Handel, bei dem die Brüder ihre Freiheit, die einzigartige Zierde christlichen
Lebens, gegen Fesseln eingetauscht hätten.[28]

Was die Adressaten ihrer Schreibertätigkeit angeht, so ist je nach Konvent
zu unterscheiden. Einerseits hat Thomas Kock am Beispiel des Fraterhauses
St. Martini in Wesel dargestellt, daß die dort tätigen Brüder vom Gemeinsamen Leben in erster Linie im Auftrag von Klerikern, Stiften und Frauenklöstern für Geld (pro pretio) abschrieben. Laien waren keineswegs ihre wichtigsten Auftraggeber und Zahler.[29] Andererseits hat Lydia Wierda für das
Brüderhaus und die Stadtschule in Zwolle festgestellt, daß dort durchaus
auch für Menschen, die nicht institutionell der Kirche verbunden waren, repräsentative Stundenbücher und Gebetsbücher abgeschrieben wurden. In
Zwolle wurden nicht allein Aufträge erledigt, sondern es wurde auch auf
Vorrat produziert.[30] Es läßt sich also nicht generalisieren: in Brüderhäusern
wurde weder nur für Kleriker noch auch nur für Laien geschrieben.

Sehr zurückhaltend waren die Brüder überall in der Auswahl dessen, was
sie vermittelten. Diffizile theologische Inhalte wollten sie Laien jedenfalls
nicht anvertrauen. Bereits 1433 beschloß das Münstersche Kolloquium der
Brüder, keine subtilen theologischen Werke in der Volkssprache an Personen außerhalb des Hauses weiterzugeben, sie seien nun Kleriker oder
Laien.[31] Das paßt ganz und gar in die vorherrschende Linie.[32] Da die Brüder

---

[28] „vendere libertatem nostram, singulare decus christianae religionis et emere vincula
et carceres." PETRUS DIEBURG: Brief an das Colloquium von Münster, 1490. Zitiert nach
ELM: Bruderschaft (wie Anm. 10), S. 490, bei Anm. 48. Vgl. auch ELM: Vita regularis (wie
Anm. 12), S. 267, mit Anm. 87.

[29] Vgl. THOMAS KOCK: Theorie und Praxis der Laienlektüre im Einflußbereich der
Devotio moderna, in: Laienlektüre (wie Anm. 8), S. 199–220, hier: S. 209: „Will man aus
diesen Angaben für ein Halbjahr ein Fazit ziehen, so läßt sich sagen, daß die Fraterherren
auch für Laien im Scriptorium tätig waren. Bücher geschrieben und illuminiert haben sie
aber zum überwiegenden Teil für den Klerus und geistliche Gemeinschaften. Ein
Schriftapostolat der Fraterherren fhr Laien läßt sich aus den belegten Rechnungen des
Scriptoriums nicht ableiten."

[30] Vgl. LYDIA WIERDA: De Sarijs-handschriften. Laat-middeleeuwse handschriften uit
de IJsselstreek, Zwolle 1995, S. 165–169.

[31] Vgl. KOCK (wie Anm. 29), S. 217, mit Anm. 59.

[32] Vgl. ELM: Vita regularis (wie Anm. 12), S. 260: „Sie [...] fordern den Verzicht auf die
Beschäftigung mit theologischen Subtilitäten [...]".

sich auf Stundenbücher und Gebetsbücher beschränkten, erweiterten sie
das Glaubenswissen der Adressaten nicht. Kock faßt so zusammen: „Die devote Bewegung verfestigt sich zu religiösen Zirkeln, die sich verstärkt auf
sich selbst zurückziehen und kaum noch in inhaltliche Beziehung zu Au-
ßenstehenden treten."[33] Die im Bereich der ‚Devotio moderna‘ geschrie-
benen Handschriften haben meistens „nicht Laien im Allgemeinen zum
Adressaten, sie wenden sich im wesentlichen an Laienbrüder und Schwestern, also an semireligiose Mitglieder der eigenen Gemeinschaft."[34]

Mißt man diese Realität an der oben zitierten Kritik des Stifters Geert
Grote, daß „die unschuldigen, einfältigen Ungebildeten von unseren gelehrten Theologen wenig Hilfe erfahren", mißt man sie an dem Wunsch,
dem abzuhelfen, so muß man konstatieren, daß die Orientierung auf die
institutionell nicht der Kirche verbundenen Laien hin in der ‚Devotio moderna‘ bald verflogen ist.

4.2. Jean Gerson

Auch bei Gerson soll zunächst die Zielsetzung und dann die Wirkung skizziert werden. Als Professor der Theologie und Kanzler der Universität Paris
nahm Jean Gerson vom 4. Juni 1399 bis zum 21. September 1400 die mit
einer seiner Pfründen verbundenen Pflichten selbst wahr, die Aufgaben eines Dekans des Kapitels von St. Donatianus in Brügge. Gerne hätte er seine
ehrenvollen, aber schlecht bezahlten und mit viel Ärger verbundenen Ämter
in Paris aufgegeben und wäre in Brügge geblieben. Doch der Herzog von
Burgund, dem er viel verdankte, brauchte ihn in Paris. Gerson mußte sein
Gesuch, einen Nachfolger in Paris für ihn zu suchen, zurückziehen. Im
April 1400 erkrankte er schwer. In dieser Lebenskrise orientierte er sich
neu, weg von der Universitätstheologie und hin zum Wirken für einfache
Christen.[35] Die Kanoniker des Kapitels schätzten ihn zwar und tolerierten
sogar seine Reformversuche, aber sie scheinen doch in erster Linie daran
interessiert gewesen zu sein, ihn daran zu erinnern, daß er ihnen als ihr Dekan festliche Mahlzeiten geben müsse.[36] Ob er während dieses Aufenthalts
in Brügge Kontakte mit einzelnen ‚einfachen Christen‘ oder mit gemeinsam lebenden Semireligiosen hatte, die seine Neuorientierung auf Wirksamkeit für ‚einfache Christen‘ hin erklären könnten, dazu fehlen noch Vor-
arbeiten.[37] Auffällig ist jedenfalls die Parallele zwischen der Zuwendung

---

[33] Kock (wie Anm. 29), S. 218.

[34] Ebd., S. 219.

[35] Vgl. Christoph Burger: Aedificatio (wie Anm. 9), S. 24–25 (Skizze von Gersons
Lebenslauf) und S. 42–43 (Gersons Lebenskrise im Jahr 1400).

[36] Zu Gersons Aufenthalten in Brügge vgl. Edmond Vansteenberghe: Gerson à
Bruges, in: Revue d'histoire ecclésiastique 31, 1935, S. 5–52.

[37] Da Gerson später auf dem Konstanzer Konzil als Verteidiger der Brüder und
Schwestern vom Gemeinsamen Leben auftreten sollte, drängt sich mir die Frage auf, ob er

Geert Grotes und Jean Gersons zu den ,einfachen Christen'. Beide behaupten ein Bekehrungserlebnis durchgemacht zu haben.[38] Beide waren vor ihrer intensiven Zuwendung zu den ,simplices christiani' für die damalige Zeit durchaus normale Theologen gewesen, wozu eben auch Ehrgeiz und das Streben nach einträglichen Pfründen gehörten. Vom Zeitpunkt seiner Bekehrung an aber orientierte sich Geert Grote neu und wurde so zum Begründer zunächst der Brüder und Schwestern vom Gemeinsamen Leben, denen später dann der Windesheimer Zweig und der der Tertiarier und Tertiarinnen folgten. Gerson wollte nach seiner Neuorientierung Theologie für ,einfache Christen' treiben. Von nun an verfaßte er eine ganze Reihe von Traktaten in der Volkssprache. Noch auf dem Krankenbett in Brügge wandte sich Gerson an seine leiblichen Schwestern. In französischer Sprache verfaßte er die Schriften ,Der Berg der Kontemplation', ,Vom geistlichen Betteln'[39] und einige Briefe.

Einige Zitate sollen verdeutlichen, welche Ziele Gerson sich stellte. Zu Beginn seines ,Seelenspiegels' (1400/1401) schrieb er: „Ehre sei Gott! In seinem [Namen] ist diese kurze Schrift zum Heile der Seelen des einfachen christlichen Volkes [simple peuple chrétien] verfaßt. Sie soll ihnen auf schlichte Weise den Gehalt unseres Glaubens zeigen. Sie soll sie wissen lassen, was Gott uns gebietet und verbietet. Sie soll es denen auslegen, die nicht häufig andere Predigten hören können."[40] Einmal mehr verwendet er das oben schon erwähnte Argument, einem Mangel an katechetischen Predigten müsse abgeholfen werden.[41] Gerson beginnt mit einer knappen Formulierung des Glaubens an die Schöpfung der Welt durch Gott, an den Sündenfall des Menschen und den Loskauf durch Jesus Christus. Dann schärft er ein, in welcher Haltung ein Christ diese Inhalte glauben solle: Er hat dabei „seine Vernunft zu gebrauchen demütig ohne Neugier [curiosité], rein ohne Falschheit, gewiß ohne Zweifel. Er hat sich ferner zu beziehen auf den

---

schon damals in Brügge Kontakte mit für ihn überzeugenden Semireligiosen gehabt hat. Untersucht sind bisher Einflüsse des Windesheimer Klerikerzweiges der Devotio Moderna in und bei Brügge, freilich erst einige Jahrzehnte später, vgl. NOËL GEIRNART: Sporen van Windesheimse invloed in en rond het laatmiddeleeuwse Brugge, in: W. Verbeke u.a.: Serta devota. In memoriam Guillelmi Lourdaux. Bd. 1: Devotio Windeshemensis, Leuven 1992 (= Medievalia Lovaniensia. Series 1, 20), S. 115–131.

[38] Zu GROTES Bekehrung vgl. seine ,Conclusa et proposita, non vota', überliefert in den Opera omnia des THOMAS A KEMPIS, hg. von M. I. Pohl, Bd. 7, Freiburg/Br. 1922, S. 97–102, hier: S. 97. Vgl. auch J. G. J. TIECKE: De werken van Geert Groote, Nijmegen 1941, S. 67–72.

[39] Vgl. VANSTEENBERGHE (wie Anm. 36), S. 27.

[40] JEAN GERSON: Le miroir de l'âme (ed. Glorieux 7, Paris 1966), S. 193, in eigener Übersetzung. Bei Zitaten aus der Ausgabe Glorieux' habe ich in einigen Fällen die Interpunktion geändert.

[41] Der Traktat ,De libris teutonicalibus' des Gerhard Zerbolt von Zutphen beansprucht selbst eine Überlegenheit des katechetischen Traktats gegenüber der katechetischen Predigt: „cum forsitan melius et cicius discerent ex libris quam sermonibus." Zitiert bei HONEMANN (wie Anm. 15), S. 247, Anm. 39.

Glauben der heiligen Kirche, auf weise Prälaten und Kleriker, auf männliche und weibliche Heilige, die fhr diesen Glauben so standhaft gekämpft und Zeugnis abgelegt haben bis hin zum Martyrium."[42] Auffallend genug meinte Gerson also nicht nur Universitätsangehörige vor ungebührlicher Neugier warnen zu müssen, wie er das in zwei lateinischen Vorlesungen ‚Contra curiositatem studentium‘ vor ‚un-nützer Neugier‘ tat, sondern auch einfache Christen in der Volkssprache. Einfache Christen sollen sich an den Glauben, ‚wie ihn die Kirche vertritt‘, anschließen, ohne daß sie in der Lage sein müßten, alle Glaubensfragen denkend nachzuvollziehen. Gewährleisten den Glauben der Kirche doch ihre Prälaten und Kleriker, ihre Märtyrer und Heilige. Nicht nur Häretiker und Schismatiker verstoßen gegen diesen Glauben, sondern auch die, die auf eine Allversöhnung hoffen oder glauben, Gott habe in Ewigkeit fürs Heil oder für die Verdammnis prädestiniert.[43] An anderer Stelle sagt Gerson unmißverständlich, daß einfache Christen nicht in der Lage sein müßten, eines der Glaubensbekenntnisse zu erklären.[44] Dieser Grundsatzerklärung läßt er eine Erklärung der Zehn Gebote folgen. Nicht nur Lesefähige müssen seiner Meinung nach Grundwissen erwerben. Denen, die des Lesens nicht kundig sind, muß vorgelesen werden, was sie wissen müssen: „Das muß man seine Söhne, Töchter, Diener und andere Menschen lehren, über die man gebietet. Man muß es tun, denn es zu unterlassen ist ein keineswegs geringes Vergehen."[45]

Sein ‚ABC für einfache Leute‘ (1401/1402) beginnt Gerson mit dem Satz: „Hört alle her, Kleine und Große, Söhne und Töchter und andere einfache Leute [gens simples]! Ich werde euch auf Französisch euer ABC aufschreiben, das das ‚Vater Unser‘ enthält, das Gott mit seinem eigenen Munde schuf; das ‚Ave Maria‘, das der Engel Gabriel der gebenedeiten Jungfrau Maria ankündigte; das Credo, das durch die Zwölf Apostel gemacht worden ist; die Zehn Gebote des Gesetzes; die Tugenden und Gaben des Heiligen Geistes und andere Punkte unseres christlichen Glaubens […]. Wenn ihr mehr erfahren wollt, verweise ich euch auf das ‚Beispiel für kleine Kinder‘, auf den ‚Spiegel der Seele‘, der von den Zehn Geboten spricht, auf die ‚Kunde vom seligen Sterben‘, auf die ‚Gewissensprüfung‘ und auf andere kleine Traktate."[46] In dieser Schrift stellt er die wichtigsten katechetischen Texte zusammen und fügt eine Liste der Tugenden, Gaben des Heiligen

---

[42] JEAN GERSON: Le miroir de l'âme (wie Anm. 40), S. 194, in eigener Übersetzung.

[43] Vgl. ebd., S. 195.

[44] JEAN GERSON in der Ansprache an Kirchenrechtler: Dominus his opus habet, 13. consideratio (ed. Glorieux 5, Paris 1963), S. 225: „nemo diceret quod declaratio Symboli Apostolorum vel Nicaeni Concilii ad simplices spectet, quibus tamen illud indicitur et explicatur et datur ad credendum." Vgl. dazu BURGER: Aedificatio (wie Anm. 9), S. 95.

[45] JEAN GERSON: Le miroir de l'âme (wie Anm. 40), S. 197–198, in eigener Übersetzung.

[46] JEAN GERSON: ABC des simples gens (ed. Glorieux 7, Paris 1966), S. 154–155, in eigener Übersetzung.

Geistes, Werke der Barmherzigkeit, kirchlichen Ämter, sieben Sakramente, evangelischen Ratschläge, Freuden des Paradieses und Qualen der Hölle an.

Doch auch bei Gerson, der sich selbst so konsequent in der Volkssprache den Laien zuwendet, läßt sich beobachten, was eben von Autoren der ‚Devotio moderna' gesagt wurde: Auch er wandte sich schon bald außer den Laien auch dem vertrauteren Adressatenkreis zu. Schon bald kam er zu der Überzeugung, seine Schriftchen könnten einem größeren Leserkreis nutzen. Daraufhin bemühte er sich darum, sie in der lateinischen Gelehrtensprache bekannt zu machen, um auf diese Weise einen noch größeren Adressatenkreis zu erreichen. Er verbesserte seine Strategie und zog seine Folgerungen aus der Erkenntnis, daß die ‚simplices' auf direktem Wege eben doch nur sehr unvollständig erreichbar waren. Er versuchte seinen Schriften für Laien dadurch einen weiteren Leser- und Hörerkreis zu verschaffen, daß er sie nicht länger in der Volkssprache, sondern eben in der Sprache der Gelehrten ausgehen ließ, und zwar an Multiplikatoren.

Im Jahr 1404 sandte Gerson einem Bischof seinen französischen Traktat ‚Seelenspiegel'.[47] In seinem lateinischen Begleitbrief erläuterte er, Unkenntnis des Gesetzes Gottes schade dem Erlangen des Heils. Weil aber nun einmal aus Unkenntnis oder Nachlässigkeit der Prediger viele ‚simplices' über das Gesetz Gottes nicht zureichend unterrichtet würden, habe er, Gerson, für die minder gut ausgebildeten Pfarrer eine Handreichung verfaßt, wie sie ihr Kirchenvolk unterrichten könnten.[48] Er skizzierte in diesem Begleitbrief den Inhalt seiner Schrift so: sie erkläre, wozu, weswegen und von wem Menschen geschaffen worden seien,[49] was Christen durchs göttliche Gesetz gehalten seien zu glauben, zu tun und zu unterlassen,[50] und sie verdeutliche, wie Christen von der Sünde wieder aufstehen könnten.[51] Der

---

[47] Der Editor Palémon Glorieux nennt in der Edition der Briefe Gersons als Titel noch ‚Dix commandements de la Loi' (‚Zehn Gebote des Gesetzes'; ed. Glorieux 2, Paris 1960, S. 72). In der sechs Jahre später erschienenen Edition von Gersons französischem Text dagegen spricht er nur noch von ‚Le miroir de l'âme' (‚Seelenspiegel'; ed. Glorieux 7, Paris 1966, S. XIII und S. 193).

[48] „Et quoniam multi sunt ex simplicibus, quibus non praedicatur verbum aut non taliter praedicatur, quod ad praefatam scientiam deveniat, agente hoc vel ignorantia vel negligentia praedicantium, commodum fore existimavi, si velut in tabula quadam tenorem nostrae legis et suorum praeceptorum rememorationem sententioso compendio objicerem, quatenus ipsi haberent curati minus instructi aliquod solidum et aptum, quod in toto vel per partes diebus dominicis et festivis legere possent suit plebibus [...]". JEAN GERSON: Brief an einen Bischof, geschrieben vor März 1404 (ed. Glorieux 2, Paris 1960), S. 72–73.

[49] Auf diese Weise faßt Gerson selbst den ersten Teil seines (vor Anm. 42) bereits kurz dargestellten Werks zusammen: JEAN GERSON: Le miroir de l'âme (wie Anm. 40), S. 193–194.

[50] Hier bezieht sich Gerson auf seine Erklärung der Zehn Gebote und die Aufzählung der sieben Hauptsünden: vgl. JEAN GERSON: Le miroir de l'âme (wie Anm. 40), S. 195–203.

[51] Vgl. JEAN GERSON: Le miroir de l'âme (wie Anm. 40), S. 204–205. Es geht dabei um drei Stoßgebete. Gerson formuliert darin den Wunsch, Sünden zu meiden und sie zu beichten, wenn sie nicht vermieden werden konnten, eine Anweisung zur Beichte und zur gebotenen Vorsicht, damit man nicht andere zur Sünde verlockt.

Bischof solle dafür sorgen, daß der Inhalt des göttlichen Gesetzes jeden Sonntag überall in seiner Diözese verkündigt werde.[52]

Mit welcher Zielsetzung Gerson seine ursprünglich in der Volkssprache für ‚einfältige Christen' verfaßten Schriftchen für Kleriker und andere Propagatoren umgearbeitet hat, zeigen zwei weitere einleitende Texte. Gerson hat den schon genannten ‚Seelenspiegel' über die Zehn Gebote mit einer Schrift über die Beichte und einem dritten über die ‚Kunst zu sterben' zu einem dreiteiligen Werkchen zusammengestellt, dem ‚Opus tripartitum'. Für das so entstandene neue Ganze existiert sowohl ein volkssprachlicher Begleitbrief[53] als auch ein lateinischer, in dem bis auf einige hinzugefügte Wendungen einfach der volkssprachliche Brief übersetzt worden ist.[54] Das ‚Livre tripartite' oder ‚Opus tripartitum' soll vier Gruppen von Christen nutzen: einfachen Priestern, die illiterat sind, aber Beichte hören müssen; ungelehrten Leuten, ob sie nun in der Welt stehen oder Ordensleute sind, die – einmal mehr – keine Predigten hören können, die sie mit den göttlichen Geboten bekannt machen könnten; Knaben und Jugendlichen, die Grundlagen des christlichen Glaubens lernen müssen; Menschen, die in Hospitälern für Kranke zu sorgen haben.[55]

Nun handelt es sich bei diesem Adressatenkreis freilich um „sacerdotes et curati illiterati atque simplices", um „indocti", um Jugendliche, „qui a rudimentis infantiae circa fidei nostrae generalem tenorem et principalia puncta primitus debent erudiri". Vier Gruppen von Multiplikatoren sollen deshalb Gersons katechetische Schriften an diese vier Gruppen von Ungelehrten weitervermitteln: 1) Kirchliche Prälaten, die für die niederen Kuraten zu sorgen haben. Unterlassen sie es, dann wird ihnen Gott die grobe Unkenntnis des göttlichen Gesetzes bei den Kuraten und die ungenügende Erzie-

---

[52] „dignetur animadvertere vestra pastoralis sollicitudo […] quod singulis diebus dominicis et festivis divinae legis tenor per vestram dioecesim ubilibet publicetur […]" JEAN GERSON: Brief an einen Bischof, geschrieben vor März 1404 (ed. Glorieux 2, Paris 1960), S. 73.

[53] JEAN GERSON: französischer Begleitbrief zum ‚Opus tripartitum': ‚Ceste brieue doctrine […]' (ed. Glorieux 2, Paris 1960), S. 75–76.

[54] JEAN GERSON: lateinischer Begleitbrief zum ‚Opus tripartitum': ‚Christianitati suus […]' (ed. Glorieux 2, Paris 1960), S. 74–75. Eine in einer schwer erreichbaren Zeitschrift publizierte Spezialstudie war mir leider jetzt so wenig zugänglich wie bei der Arbeit an meiner Habilitationsschrift: EDMOND VANSTEENBERGHE: Le Doctrinal de Gerson à la Cathédrale de Thérouanne, Bulletin trimestriel de la société des antiquaires de la Morinie 15, 1934, S. 467–474.

[55] JEAN GERSON: Begleitbrief zu seinem ‚Opus tripartitum' (wie Anm. 53 und 54), S. 75 (frz.: ‚Ceste brieue doctrine […]') und S. 74 (lat.: ‚Christianitati suus […]'). Erneut taucht hier als Motiv für katechetisches Wirken auf, daß die eigentlich erforderliche Unterweisung durch Predigten oft genug unterbleibt. RUHE (wie Anm. 15), S. 53, hat auf die erhebliche Langzeitwirkung von Gersons ‚Livre tripartite' hingewiesen: 1528 empfahlen zwei französische Provinzialsynoden, wenn ein Pfarrer außerstande sei, die Zehn Gebote oder das Credo zu erklären, dann solle er daraus vorlesen, ja noch zu Beginn des 17. Jahrhunderts hatte es diese Funktion.

hung des einfachen Volkes als Sünde anrechnen. 2) Eltern, die sich eigentlich für ihre Kinder bei den Schulleitern einsetzen müßten. 3) Leiter von Krankenhäusern und 4) Menschen, die andere zur Sünde verleitet haben oder die andere von Amts wegen hätten belehren müssen und das zu tun unterlassen haben.[56] Sie sollen zumindest nun Mühe und Kosten auf sich nehmen, um die ihnen anvertrauten Menschen dadurch zu bessern, daß diese katechetischen Texte in Handschriften oder auf Tafeln zugänglich gemacht werden. Fürsten sollen das anordnen, Prälaten sollen es durch Ablässe fördern.[57]

Der Wunsch, seinen katechetischen Schriften eine möglichst weite Verbreitung zu sichern, hat Gerson auch dazu veranlaßt, ursprünglich volkssprachlich verfaßte Schriften ins Lateinische zu übersetzen, um ihnen eine weitere Verbreitung zu sichern.[58] Für einen Bischof entwarf Gerson eine Art von Pflichtenkatalog und legte ihm dabei auch ans Herz, für die Verbreitung von Glaubenswissen und für die notwendige Kenntnis für solche Wissensvermittlung bei den Pfarrern zu sorgen.[59] Bei Visitationen soll die Bildung des Pfarrers untersucht werden.[60] Auch für Studierende der Theologie versuchte er auf diese Weise gestaltend zu wirken.[61]

Gersons Schriften für ‚einfache Christen‘ sind in der Tat rezipiert worden, sowohl in Frankreich als auch in Süddeutschland und in den Niederlanden. Freilich lassen sich die bewahrt gebliebenen Handschriften und Frühdrucke, soweit man das bisher aufgrund der Bibliothekskataloge sagen kann, vor allem in Klöstern und in semireligiosen Gemeinschaften nachweisen. Dieses Faktum ist unterschiedlich deutbar. Es kann einfach daran liegen, daß die Schriften hier besser bewahrt geblieben sind als bei ‚Laien‘. Es kann aber auch darauf hinweisen, daß diese Schriften in erster Linie in diesen

---

[56] JEAN GERSON: Begleitbrief zu seinem ‚Opus tripartitum‘ (wie Anm. 53 und 54), S. 75 (frz.) und S. 74–75 (lat.).

[57] JEAN GERSON: ebd., S. 76 (frz.) und S. 75 (lat.). Siehe dazu auch BURGER, Theologie und Laienfrömmigkeit (wie Anm. 2), S. 402.

[58] JEAN GERSON schreibt 1402 in seiner Schrift ‚De vita spirituali animae‘: „Proderit tamen, nec negamus, circa species peccatorum regulas apponere, qualiter in vulgari iam fecimus, et examinatius in latino tradere, si Deus annuerit, proponimus." (ed. Glorieux 3, Paris 1962, S. 187). Die volkssprachliche Schrift, auf die er sich bezieht, ist ‚Le prouffit de scavoir quel est peche mortel et veniel‘, verfaßt im Jahre 1400/1401 (ed. Glorieux 7, Paris 1966, S. 370–389).

[59] JEAN GERSON: Brief an einen eben erst ernannten Bischof; möglicherweise Gilles des Champs, in diesem Fall aus dem Jahre 1408 (ed. Glorieux 2, Paris 1960), S. 108–116; hier: S. 111; S. 113. Siehe dazu auch BURGER: Theologie und Laienfrömmigkeit (wie Anm. 2), S. 402–403.

[60] JEAN GERSON: De visitatione praelatorum, prima pars (ed. Glorieux 8, Paris 1971), S. 48: „visitator poterit [...] interrogare [...] qualis est [...] in eruditione [...]"; S. 50: „Et hic videatur de Doctrinali simplicium vel de tractatulis aliis ad hoc ordinatis." Vgl. D. CATHERINE BROWN: Pastor and Laity in the theology of Jean Gerson, Cambridge etc. 1987, S. 248 und dazu Anm. 278 und 279 (auf S. 335).

[61] Vgl. BURGER: Aedificatio (wie Anm. 9), S. 49–50.

Kreisen gewirkt haben. Vor allem im Elsaß wurden Gersons Schriften aus dem Lateinischen in die deutsche Volkssprache übertragen. Gersons theologischen Schriften hat beispielsweise der Straßburger Münsterprediger Geiler von Kaysersberg in Süddeutschland große Breitenwirkung verschafft.[62] Kraume hat eine ganze Reihe von weiteren Zentren der Gerson-Rezeption aufgespürt.[63]

Doch blieb Gersons Wirkung nicht auf Theologie und Frömmigkeit beschränkt. Seine Stimme wurde vielmehr beispielsweise auch in der lebhaften Diskussion über die wirtschaftsethische Frage gehört, ob ein Christ einen (mäßigen) Zins nehmen dürfe. So berufen sich beispielsweise der Doktor beider Rechte Sebastian Ilsung, gelehrter Rat des Herzogs von Bayern, und der Ingolstädter Hochschullehrer der Theologie Johannes Eck in ihren Stellungnahmen auf Gerson.[64]

Jean Gerson hat beispielgebend für ‚einfache Christen‘ gewirkt, zunächst durch das Schreiben leicht faßlicher Schriften in der Volkssprache, dann durch seine Bemühungen dafür, sie gerade auf dem Umweg über Lateinkundige weiter bekannt zu machen. Die Rezeption seiner Schriften umfassend darzustellen ist ein Desiderat der Forschung.

4.3. *Ulrich von Pottenstein, Glied des ‚Wiener Kreises‘ (gest. 1416 oder 1417).*

Intention und Wirkung des Ulrich von Pottenstein, eines Vertreters des ‚Wiener Kreises‘, der in der oben bereits erwähnten Augsburger Forschergruppe intensiv erforscht wird, sollen hier skizziert werden. Als ‚Wiener Kreis‘ wird eine Gruppe von Schülern dreier Hochschullehrer der Wiener Universität bezeichnet. Dieser Schülerkreis bemühte sich darum, Laien zugänglich zu machen, was sie von diesen ‚recht gelehrten Meistern‘, wie sie

---

[62] Zu GEILER als Gerson-Rezipienten ausführlich: HERBERT KRAUME: Die Gerson-Übersetzungen Geilers von Kaysersberg. Studien zur deutschsprachigen Gerson-Rezeption, München 1980 (= Münchener Texte und Untersuchungen zur deutschen Literatur des Mittelalters 71). Es ist außerordentlich zu bedauern, daß die vom Herausgeber Gerhard Bauer auf wenigstens elf Bände geplante Ausgabe der Werke Geilers von Kaysersberg bereits nach dem dritten Band eingestellt werden mußte, vgl. dessen Vorwort zu: JOHANNES GEILER VON KAYSERSBERG. Sämtliche Werke. Hg. von Gerhard Bauer. Erste Abteilung: Die zu Geilers Lebzeiten erschienenen Schriften. Bd. 3, Berlin/New York 1995, S. V.

[63] KRAUME (wie Anm. 62), S. 34–78, nennt unter der Überschrift ‚Zentren und Persönlichkeiten der deutschsprachigen Gerson-Rezeption im 15. Jahrhundert‘ die Orte Melk, Wien, Nürnberg, Tegernsee, Marienthal-Butzbach, Blaubeuren, Elchingen, Wiblingen, Söflingen, Oggelsbeuren, Ursprung, Salzburg und Nonnberg. Daneben verweist er auf niederdeutsche und niederländische Gerson-Übersetzungen. Als Rezipienten hebt er heraus die Orden der Kartäuser und der Franziskaner, die Brüder vom gemeinsamen Leben, als Einzelpersonen Leonhard Peuger, Thomas Peuntner, Gabriel Biel, Thomas Finck, Johannes Kursi, Wolfgang Walcher.

[64] Vgl. JOHANN PETER WURM: Johannes Eck und der oberdeutsche Zinsstreit 1513–1515, Münster 1997 (= Reformationsgeschichtliche Studien und Texte 137), S. 75–77; 85, Anm. 135; 98; 105; 106, Anm. 216; 124; 128, Anm. 294; 225, Anm. 9 und 10.

sie nannten, gelernt hatten, von Heinrich Heinbuche von Langenstein, Nikolaus von Dinkelsbühl und Heinrich von Oyta.

Ulrich von Pottenstein dürfte um 1360 geboren, also mit Jean Gerson
etwa gleichaltrig sein.[65] Egino Weidenhiller behauptete im Jahre 1965, dieser Wiener Kreis sei sehr stark von Gerson beeinflußt, belegte diese Behauptung aber nicht.[66] Die Übereinstimmungen in der Zielsetzung zwischen Gerson einerseits, dem Schülerkreis der Wiener Hochschullehrer andererseits sind in der Tat frappierend. Es ist jedoch noch zu wenig erforscht,
ob wirklich Einfluß Gersons im Wiener Kreis vorliegt oder etwa wechsel-
seitige Beeinflussung. Diese wäre während des Konstanzer Konzils möglich
gewesen, vielleicht auch während Gersons Aufenthalt auf Schloß Ratten-
berg am Inn. Ein Beweis ist, soviel ich weiß, noch nicht geführt worden.

Der theologisch gebildete Pfarrer Ulrich von Pottenstein nennt in der
Vorrede zu seiner volkssprachlichen katechetischen Summe als seine Zielgruppe das ‚volckh'[67] oder ‚das gemaine volckh'.[68] Doch allzu simpel darf
man sich das ‚gemeine Volk' natürlich nicht vorstellen. Redet er doch von
den ‚Kindern der heiligen Kirche' als von „frumen vnd verstanden layen,
die geschikchet sind vnd lieb haben in dewtschen püchern zu lesen [...]".[69]
Es geht bei diesen ‚verständigen Laien' also um Menschen, die Bücher in
der Volkssprache lesen können. Ulrich von Pottenstein bemüht sich in seiner katechetischen Summe darum, seinen Lesern beispielsweise eine volkssprachliche Deutung der Trinitätslehre, im Zusammenhang mit der Schöp-
fungslehre Meteorologie und andere nicht eben leicht vermittelbare Ge-
genstände nahezubringen. Die Wiener Hofgesellschaft, der er zuvor in
Predigten solche Inhalte nahegebracht hatte, war ganz offensichtlich dazu
bereit und in der Lage, auf hohem intellektuellem Niveau über Glaubensfragen nachzudenken. Es ist durchaus möglich, daß am Hofe über Glaubenswissen nur auf eine Weise gesprochen werden konnte, die zugleich auch in-
tellektuell herausfordernd war.

---

[65] Vgl. GABRIELE BAPTIST-HLAWATSCH: Ulrich von Pottenstein. Dekalog-Auslegung.
Bd. 1: Das erste Gebot: Text und Quellen. Tübingen 1995 (= Texte und Textgeschichte
43), S. 3*.

[66] EGINO WEIDENHILLER: Untersuchungen zur deutschsprachigen katechetischen Literatur des späten Mittelalters. Nach den Handschriften der Bayerischen Staatsbibliothek,
München 1965 (= Münchener Texte und Untersuchungen 10), S. 7, Anm. 1. WEIDENHIL-
LER spricht von ‚Wiener Schule', womit vorausgesetzt ist, daß die inhaltliche Übereinstimmung innerhalb der Gruppe so groß war, daß von einer ‚Schule' gesprochen werden darf.
Zweifel daran meldete mein Schüler UWE BOCH an: Katechetische Literatur im 15. Jahrhundert. Stephan von Landskron (gest. 1477): Die Hymelstrasz, Dissertation (maschinen-
schriftlich), Evang.-theol. Fakultät der Universität Tübingen, 1994. Erst die Ergebnisse der
Augsburger Forschergruppe werden erweisen, ob wirklich eine so weitgehende Übereinstimmung innerhalb des Wiener Kreises geherrscht hat.

[67] ULRICH VON POTTENSTEIN: Vorrede zu seiner katechetischen Summe (wie Anm.
17), S. 146, Zeile 95.

[68] Ebd., Zeile 99.

[69] Ebd., S.145, Zeilen 61–63. Vgl. dazu bereits oben die Einleitung bei Anm. 17.

Wie bei den Autoren der ‚Devotio moderna' gibt es auch bei Pottenstein kein Eingeständnis einer bewußten Umorientierung auf Leser aus dem Klerikerstand. Doch soll, wie er schreibt, das Register zu seiner katechetischen Summe die verschiedenen Ansprüche der ‚gelerten' und der ‚layen' befriedigen.[70] Im Register verzeichnet er die Begriffe auf lateinisch, setzt also die Kenntnis der lateinischen Fachbegriffe voraus.[71] Auch Ulrich von Pottenstein hat also als Leser nicht allein Laien, sondern auch Gelehrte im Auge. Es liegt wohl unter anderem an dem kolossalen Umfang seiner katechetischen Summe, daß kein einziges vollständiges Exemplar überliefert ist. Selbst die Auslegungen einzelner Katechismusstücke sind so umfangreich, daß sie nur für Adelige der Wiener Hofgesellschaft und reiche Bürger erschwinglich gewesen sein können. Ulrich von Pottenstein beschränkt die Wirkung seines Bemühens zugunsten der ‚verständigen' Laien jedoch nicht allein durch seine Ausführlichkeit. Er erhebt vielmehr auch einen zu hohen intellektuellen Anspruch. Was die Wiener Hofgesellschaft herausfordernd findet, das überfordert viele andere Leser und Leserinnen. Von einer breiten Wirksamkeit seiner katechetischen Summe kann denn auch keine Rede sein.

4.4 Johannes von Paltz OESA

Der Augustinereremit Johannes von Paltz, Hochschullehrer an der Universität Erfurt, wirkt etwa ein halbes Jahrhundert später als die bisher genannten Autoren. Er läßt 1490 eine deutschsprachige Erbauungsschrift drucken, ausgearbeitet auf der Basis seiner Ablaßpredigten im sächsischen Silberbergbaugebiet, der er den Namen ‚Die Himmlische Fundgrube' (Bergwerk) gibt. Darin ruft er dazu auf, nach der Gnade Gottes ebenso eifrig zu suchen wie nach dem kostbaren Edelmetall.

Schaut man genauer hin, so geht Paltz in dieser volkssprachlichen Schrift nur ansatzweise auf die Lebenssituation von Laien ein. Setzt er doch Freiräume für das Stundengebet voraus, die den Tageslauf in einem Konvent prägen, die der Laie sich aber nicht schaffen kann: „Dise vorgeschriben form mag ein geistlich mensch halten, der alle nacht aufstet zu der mettin. Wer aber nit aufstet, der mag doch auf den obent anheben, wen er wil schlaffen gen und mag von dem obentessen gedenken als vor berurt ist. Und auf den morgen, wan er aufstet, so mag er das ander alles nach einander bedenken."[72] Den ins Auge gefaßten Leserkreis hat dieses Bemühen, den Lesern

---

[70] Ebd., S. 148, Zeile 180: „Auch tut die tauel den gelerten vnd den layen genug [...]".

[71] Vgl. THOMAS HOHMANN: ‚Die recht gelehrten maister'. Bemerkungen zur Übersetzungsliteratur der Wiener Schule des Spätmittelalters, in: Die österreichische Literatur. Ihr Profil von den Anfängen bis ins 18. Jahrhundert (1050–1750), hg. von Herbert Zeman, Teil 1, Graz 1986, S. 349–365, hier: S. 360.

[72] JOHANNES VON PALTZ: Die himmlische Fundgrube (hg. von Horst Laubner/Wolfgang Urban, in: Johannes von Paltz. Werke 3: Opuscula, Berlin/New York 1989, Einleitung: S. 155–200; Text in oberdeutscher Fassung: S. 201–253, hier: S. 227, 16–20).

eine am Klosterleben orientierte Lebensform vorzuschlagen, nicht gestört. Denn die volkssprachliche Schrift, im modernen Druck 53 Seiten stark, erreicht innerhalb von 31 Jahren 21 Auflagen.

Trotz dieses Erfolgs will auch Paltz bald danach die Laien auf dem Umweg über lateinkundige Vermittler erreichen.[73] Zwölf Jahre später, 1502, arbeitet er die ‚Himmlische Fundgrube' zu einer Summe pastoraler Theologie für lateinkundige, aber nicht universitär gebildete Pfarrer um und erweitert sie ganz wesentlich. Im modernen Satzspiegel beansprucht die lateinische ‚Coelifodina' 463 Seiten. Auch diese Schrift erreicht immerhin vier Auflagen. Aber an den Verkaufserfolg der volkssprachlichen Schrift kommt sie denn doch nicht heran.

Auf der Basis der bisher dargestellten Zielsetzungen und der Wirkung der genannten Frömmigkeitstheologen – Mitglieder der ‚Devotio moderna', Jean Gerson, Ulrich von Pottenstein und Johannes von Paltz OESA – ziehe ich nun ein Fazit.

5. Statt der Laien die einfachen Priester und die Religiosen ansprechen

5.1. Erreicht wurde ein institutionell an die Kirche gebundenes Publikum

Nach Versuchen, die ‚Laien' in der Volkssprache anzusprechen, wenden sich Frömmigkeitstheologen häufig in der lateinischen Sprache der Bildung an einfache Priester, Mönche und Mendikanten. Wie sie betonen, wollen sie gerade dadurch die ‚simplices christiani' noch besser erreichen.

Differenziert man innerhalb der nachweislich erreichten Adressaten, so wird deutlich, daß die katechetischen Texte zumindest in der lateinischen Sprachgestalt in erster Linie Menschen erreichten, die institutionell an die Kirche gebunden waren: Weltgeistliche, die sich von ihnen für ihre Seelsorge anregen ließen, Ordensmitglieder, Tertiarier und Tertiarinnen, Brüder und Schwester vom Gemeinsamen Leben und Beginen. Es waren wohl nur wenige Leser und Hörer, die wirklich gänzlich außerhalb institutioneller Bindungen an die Kirche standen, nur wenige Menschen, die weder ein

---

[73] Vgl. JOHANNES VON PALTZ: Coelifodina, = Johannes von Paltz: Werke 1, hg. von Christoph Burger/Friedhelm Stasch, Berlin/New York 1983, S. 3, 19–20: Es war der Wunsch des Erzbischofs von Köln, daß er auf der Basis der lateinischen Predigtkonzepte für seine volkssprachlichen Predigten, aus denen er die ‚Himmlische Fundgrube' zusammengestellt hatte, ein lateinisches Werk verfasse, „quo litteratis gratius et ex consequenti ceteris redderetur utilius […]" Vgl. zum Wechsel zwischen Latein und Volkssprache bei Paltz CHRISTOPH BURGER: Latijns denken, Duits praten. Een preek van Johannes von Paltz OESA (ca. 1445–1511) over het nut van het sterven, in: Millennium. Tijdschrift voor Middeleeuwse studies. 12. jaargang, 1998, S. 3–12 (deutsche Zusammenfassung auf S. 12), sowie demnächst CHRISTOPH BURGER: Die Vermittlung (wie Anm. 2).

Gelöbnis abgelegt hatten noch geweiht waren, die lateinische Texte für einen breiten Leserkreis rezipierten. Erhalten geblieben sind auch die volkssprachlichen Schriften in erster Linie in solchen Kreisen, wenn auch Herrscher, Bischöfe und führende Mitglieder der Landesverwaltung sich für ihre Verbreitung eingesetzt haben.[74]

5.2. Herrschaft durch Dienst

Dienen wollen die Theologen, die als Katecheten tätig werden, den Laien vor allem im Blick auf eine Reform der Lebensführung, auf christliche Lebensgestaltung hin. Moralische Bildung ist ihnen wichtiger als intellektuelle. Sie wollen durch Belehrung erbauen. Eben dieser Dienst soll zugleich Herrschaft über die Seelen der Adressaten sichern helfen. Als die berufenen Vermittler von Glaubenswissen festigen die Theologen durch ihr Wirken zugleich auch ihre eigene privilegierte Position und ihre eigene Teilhabe an der geistlichen Herrschaft. Wenn sie als Katecheten tätig werden und behaupten, damit einfachen Christen oder Laien dienen zu wollen, dann darf man davon ausgehen, daß sie das subjektiv ehrlich meinen. Sie sorgen freilich auch dafür, daß ihr Wissensvorsprung und damit ihre privilegierte Rolle erhalten bleibt. Sie allein können ihrer Meinung nach neue Glaubenswahrheiten finden, lehren und verteidigen.[75] Schreiner hat die Sorge davor, durch die Weitergabe von Bildung die eigene Position zu gefährden, treffend auf den Begriff gebracht: „Schichtenübergreifende Wissensverbreitung gefährdete die Statussicherheit traditioneller Bildungseliten."[76] Er meint zwei Gruppen unterscheiden zu können, wovon die eine voranschreitet und die andere zur Vorsicht mahnt: „Kirchen- und Bildungsreformer traten aus ethischen und religiösen Gründen für eine Ausweitung des Wissens ein; klerikale und weltliche Traditionalisten brandmarkten Laienbildung als Gefahrenquelle für die kirchliche und soziale Ordnung."[77] Doch gewann ich beim Lesen der von mir herangezogenen Quellen den Eindruck, daß es oft genug dieselben Leute sind, die zugleich als Reformer vorantreiben wollen und als Traditionalisten bremsen. Ein schlagendes Bei-

---

[74] Reinprecht II. von Wallsee, Hauptmann ob der Enns, hat zumindest die Abschrift der Magnifikat-Auslegung Ulrichs von Pottenstein in Auftrag gegeben, die mittlerweile im ungarischen Kalocsa aufbewahrt wird. Vgl dazu BAPTIST-HLAWATSCH: Das katechetische Werk (wie Anm. 17), S. 52–55. Paltz' ‚Fundgrube' regten die sächsischen Herzöge Friedrich der Weise und Johann der Beständige an. Die Umarbeitung zur lateinischen ‚Coelifodina' erbat der Erzbischof von Köln. Vgl. PALTZ: Coelifodina (wie Anm. 73), S. 3, Zeilen 2–26.

[75] Vgl. GERSON: La montaigne de contemplation (ed. Glorieux 7, Paris 1966), S. 18: „et vault ceste contemplation a trouver nouvelles verités ou a les declairer et enseigner, ou a les deffendre contre les aultres et faulsetez des herites et mescreans."

[76] SCHREINER: Laienbildung (wie Anm. 3), S. 258.

[77] Ebd. Ähnlich erneut auf S. 261: „Kräfte der Reform" – „Kräfte des Beharrens".

spiel ist Jean Gerson.[78] Nicht umsonst wendet er zustimmend immer wieder ein dictum des Pseudo-Dionysius vom Areopag auf Anstöße zur Reform der Kirche an: sie müßten stets von oben kommen und sie müßten hierarchisch vermittelt werden.[79] Gerson bildet, um einer anderen Art von Prägung durch Bildung vorzubeugen. So wie er sind auch die anderen katechetisch tätigen Theologen durch und durch konservative Reformer. Sie wollen Rechtgläubigkeit gewährleisten, die durch unkontrollierte Buchproduktion und Lektüre gefährdet werden könnte.

5.3. Den eigenen gesellschaftlichen Status sichern

Die ständische Gliederung der Gesellschaft kommt in den Schriften der als Katecheten tätigen Theologen deutlich zum Ausdruck. Bei den Autoren geht es um Menschen meist bürgerlicher, in Einzelfällen auch bäuerlicher Herkunft, die entweder als Professoren der Theologie oder doch als universitär gebildete Pfarrer einen relativ hohen Status in der feudalen Gesellschaft errungen haben. Das Publikum, das sie als Leser oder als Hörer ihrer Texte im Auge haben, steht in der Regel gesellschaftlich unter den Autoren. Diese brauchen die ‚einfachen Christen' nicht als Bundesgenossen. Sie müssen nicht um Zustimmung ringen. Sie sind in keiner Weise auf sie angewiesen.[80] Landesfürsten, Adelige und Patrizier können zwar als Auftraggeber und Mäzene fungieren, bilden jedoch nicht den Personenkreis, für den die Autoren in erster Linie schreiben. Diese können denn auch den Eindruck haben, sich für einen Personenkreis einzusetzen, der zu ihnen aufschaut. Das äußert sich in der Regel in einer väterlich-herablassenden Einstellung zu den Adressaten.

Manche katechetischen Schriften nehmen ausdrücklich Bezug auf die soziale Lage der Adressaten. Die anonyme ‚Unterweisung der Laien', erhalten in einer Handschrift des Jahres 1482, sagt ausdrücklich, jeder vernunftbegabte Mensch solle wissen und können, was seinem Stande gebührt.[81]

---

[78] Hübener hat ihn zu Recht als Konservativen bezeichnet: WOLFGANG HÜBENER: Der theologisch-philosophische Konservativismus des Jean Gerson, in: Antiqui und Moderni. Traditionsbewußtsein und Fortschrittsbewußtsein im späten Mittelalter, hg. von Albert Zimmermann, Berlin/New York 1974 (= Miscellanea Mediaevalia 9), S. 171–200.

[79] Vgl. beispielsweise GERSON: De sensu litterali sacrae scripturae (ed. Glorieux 3, Paris 1962), S. 340: „multiplicati sunt super numerum qui per seditiones et rebelliones contra omnem dominationem eriguntur et nolunt, quod infima per media reducantur in Deum, sed constituunt se iudices et supremos." Vgl. dazu BURGER, Aedificatio (wie Anm. 9), S. 46 und S. 148.

[80] Das wird sich bei einigen Reformatoren in der Umbruchsituation der 1520er Jahre ändern, man denke nur an Karlstadts Reden vom ‚neuen Laien'.

[81] Vgl. die ‚Unterweisung der Laien', in Auszügen ediert von Weidenhiller (wie Anm. 66), S. 159 (= Handschrift cgm 458), fol. 33r/v: „Zw dem funften mal, sol eyn yeder mensch, der seyn vernunfft hat wissen und können was seinem standt zuo gepürd. Eyn lay,

Der Traktat ‚Von einem christlichen Leben‘, überliefert in einer Handschrift von 1461, ist noch expliziter: Ein einfältiger, schlichter Dorfbewohner, der ledig ist, muß zumindest das Vaterunser, das Ave Maria, das Apostolische Glaubensbekenntnis und die Zehn Gebote auswendig können. Von weisen, vernünftigen, klugen Leuten, von Hausvätern, Ordensleuten oder Amtsinhabern aber ist erheblich mehr zu fordern.[82]

Das Gefühl des Abstandes und der geistigen Überlegenheit bleibt bei den Theologen, die als Katecheten tätig werden, spürbar. Erhebt ihre Bildung sie doch auch gesellschaftlich über Ungebildete.[83]

5.4. Selbstbeschränkung der Katecheten auf den vertrauteren Adressatenkreis

Die Priester und die Vertreter der *vita religiosa* lasen im Spätmittelalter begierig die ausdrücklich für Laien verfaßten Schriften. Deren Verfasser konnten sich dabei beruhigen, daß diejenigen unter ihnen, die Aufgaben der Seelsorge wahrnahmen, ja um so wirkungsvoller die vermittelten Inhalte weitergeben könnten. Und doch ist nicht zu verkennen, daß die ‚Vermittler‘ einmal mehr eingeschaltet worden waren. Die ‚einfältigen Christen‘ wurden auch weiterhin nur betreut, nicht mündig gemacht. Ich komme noch einmal auf meine Differenzierung gegenüber Schreiners Aussage zurück. Diese Reformer dienten den ‚Laien‘, um desto besser bestimmen zu können, was ‚Laien‘ lernen sollten. Sie gaben keineswegs Kompetenz aus der Hand.

Abschließend möchte ich andeuten, wie diese Versuche sich von denen der Reformatoren und der altgläubigen Kontroverstheologen unterscheiden. Der folgende Schub der Vermittlung von Glaubenswissen an Laien wird ja von zwei miteinander konkurrierenden Gruppen von Theologen verfaßt. Beide Gruppen schließen an die hier skizzierten Bemühungen an. Die altgläubigen Kontroverstheologen schreiben in ihrer großen Mehrheit lateinisch und wollen vor allem die Glieder der gesellschaftlichen Elite er-

---

er sey ein amptman oder / arbayter, was ym zugepürd, und wie er sich yn seinem stant halten sol, da mit er verdien gottes huld, und dye ewige säligkait.“

[82] Vgl. ‚Von einem christlichen Leben‘, in Auszügen ediert bei Weidenhiller (wie Anm. 66), S. 149 (= Handschrift cgm 509), fol. 343ra: Das Pater noster, das Credo und die Zehn Gebote „ist ein yetlicher einfeltiger und slehter und lediger dorf mensch schuldig zu wissen, zu kunnen und zu halten [...] Welher aber weyse und vernunftig ist oder clug ist oder in der ee ist oder in einem orden ist oder ein ampt hat [...] der selb ist schuldig und muz auch vil mer kunnen, wißen und auch thun.“

[83] SCHREINER: Grenzen (wie Anm. 3), S. 10: „Schreiben und lesen zu können, bildete in traditionalen Gesellschaften nicht nur einen intellektuellen Vorzug, sondern auch einen Faktor sozialer Schichtbildung. Mittelalterliche Autoren, welche Ungleichheit der Bildung als Ausprägung sozialer Ungleichheit zu deuten suchten, teilten die Gesellschaft in zwei dominante Großgruppen: In *litterati* und *illiterati* oder in *gelerte* und den *gemeinen man*.“

reichen.[84] Die Reformatoren dagegen fühlen sich zumindest in der Durchsetzungsphase ihrer Bewegung ganz entschieden auf Zustimmung breiter Kreise angewiesen und werben denn auch in den Volkssprachen um die Zustimmung der Laien.

---

[84] Eine Ausnahme ist Petrus Canisius, der drei Katechismen verfaßt: einen in der deutschen Volkssprache für ‚Einfältige', einen auf lateinisch für Gymnasiasten, den catechismus parvus, und einen dritten für Menschen mit Universitätsausbildung. Vgl. jedoch für den Regelfall MARK EDWARDS JR.: Catholic Controversial Literature, 1518–1555: Some Statistics, in: Archiv für Reformationsgeschichte 79, 1988, S. 189–205.

Wollen und Nicht-Können
als Thema der spätmittelalterlichen Bußseelsorge

BERNDT HAMM

1. Die bedrängende Fragestellung gegen Ende des Mittelalters

In welcher Weise stellt sich eine seelsorgerliche Theologie im ausgehenden Mittelalter dem Problem des geistlichen Unvermögens von Christen? Wie beurteilt sie die Jenseitsaussichten solcher Ordensleute, Priester und Laien, deren Lebensführung nach ihrer Selbsteinschätzung oder aus der Sicht ihrer Seelsorger alarmierende Frömmigkeitsdefizite aufweist? Und welche Maßstäbe, Lösungsangebote und Ratschläge gibt die Theologie einerseits den Seelsorgern, andererseits denjenigen, die tatsächlich oder vermeintlich zu wenig Frömmigkeit haben? Wie können sie am besten für ihre eigene schwache und ängstliche Seele sorgen? Diesem Fragenbündel wende ich mich im folgenden zu – wobei sofort deutlich sein dürfte, daß damit genau die Problemkonstellation angesprochen ist, aus der dann auch die Reformation hervorgegangen ist: jenes Laborieren des jungen Augustinermönchs Martin Luther an seinem Unvermögen vor Gott und jene Versuche seines Seelsorgers Johann von Staupitz, ihm tröstende Wegweisung zu geben. Staupitz ist ein Repräsentant jener für das Jahrhundert vor der Reformation so typischen Art von Theologie, auf die ich mich besonders konzentrieren möchte: einer ‚Frömmigkeitstheologie‘, die aus den Erfahrungen der Seelsorge hervorwächst und für die Seelsorge bestimmt ist, die in Reflexion und Anleitung ausschließlich der rechten, heilsamen Lebensgestaltung der Christen dienen will und dabei besonders der Frage nachgeht, wie Menschen in ihrer geistlichen Schwäche, ihrer Verhärtung oder Verängstigung, Ansporn und Trost, Stärkung und Schutz gegeben werden kann.[1]

---

[1] Zum Terminus ‚Frömmigkeitstheologie‘ vgl. jetzt meinen bilanzierenden Aufsatz: Was ist Frömmigkeitstheologie? Überlegungen zum 14. bis 16. Jahrhundert, in: Praxis Pietatis, Festschrift für Wolfgang Sommer, hg. von Hans-Jörg und Marcel Nieden, Stuttgart 1999, S. 9–45; zu Staupitz (ca. 1468–1524) vgl. meinen biographischen Artikel (mit Literatur) in: TRE 32, Lief. 1 (2000), S. 119–127; speziell zur Beziehung zwischen den beiden Augustinern vgl. neuerdings RICHARD WETZEL: „Meine Liebe zu Dir ist beständiger als Frauenliebe". Johannes von Staupitz († 1524) und Martin Luther, in: Luther und seine Freunde, hg. vom Evangelischen Predigerseminar Wittenberg, Wittenberg 1998, S.105–124.

Wir müssen diese intensive spätmittelalterliche Auseinandersetzung mit der geistlichen Insuffizienz im Kontext eines weit verbreiteten Strebens nach religiöser Vollkommenheit und Leistungsfähigkeit auf dem Wege zum Heil sehen. Das kirchliche und besonders klösterliche Reformstreben des 15. Jahrhundert wurde bekanntlich motiviert durch populäre Ideale der Strenge und Observanz, der Regularisierung und Perfektionierung im Spannungsfeld von Gerichtsangst, Lohnhoffnung und Erwerbsmentalität. Die Aufstiegsideale der Mystik wurden zwar in eine mehr alltagsbezogene und weniger elitäre, nicht ekstatisch-visionäre, sondern eher meditative Passions- und Bußfrömmigkeit für jedermann und jedefrau transformiert; doch stoßen wir nach wie vor allüberall in den Quellen auf ein Stufendenken, das auf Steigerung und Vervollkommnung von devotio, Liebe, Demut, Hoffnung, Geduld und Gehorsam zielt. Auch die Frömmigkeitsanleitungen des ausgehenden Mittelalters sind auf Schritt und Tritt von einem gradualistischen Denken der steigerungsfähigen Hingabe an Gott bestimmt. Auf der Tugendleiter soll der Christ nach oben steigen; und die Überzeugung ist allgemein gültig, daß niemand ohne sein Wollen und Können gerettet wird. Christliches, heilsames Sterben ist eine „ars", eine Befähigung und Tugend, die man erlangen muß und durch die man – einem Kaufmann gleich – die himmlischen Güter erwirbt[2]. Um nicht der ewigen Verdammnis anheimzufallen, muß der Sterbende zumindest im Zustand einer echten Reue, der „vera contritio", sein, d.h. eines völlig freiwilligen, aus der Spontaneität reiner Gottesliebe hervorgehenden Schmerzes über die eigenen Sünden und des damit verbundenen Vertrauens auf das göttliche Erbarmen. Seit dem 12. Jahrhundert, seit den Tagen eines Bernhard von Clairvaux, verschmolz das augustinische Vollkommenheitsideal der Liebe und Willenshingabe mit der neuen Gefühlskultur der Passionsmystik, d.h. mit der Kultivierung von mitfühlendem Schmerz (compassio) und emporhebend-tröstender Süßigkeit (dulcedo)[3]. Die christlichen Lebensziele der wahren Buße, der Genugtuung und des Verdienstes waren von nun an eingebettet in diese anspruchsvolle, die tiefsten Seelenregungen auslotende Willens-, Liebes-, Schmerz- und Süßigkeitskultur.

---

[2] Zu der für die religiöse Erwerbsmentalität so charakteristischen Metapher der geistlichen „Kaufmannschaft" vgl. BERNDT HAMM: Humanistische Ethik und reichsstädtische Ehrbarkeit in Nürnberg, in: Mitteilungen des Vereins für Geschichte der Stadt Nürnberg 76 (1989), S. 65–147: hier 129. Zur Anwendung der Erwerbs- und Kaufmetapher im Rahmen der Ars moriendi vgl. JOHANNES VON PALTZ: Die himmlische Fundgrube [1490], ed. Horst Laubner u.a., in: J. v. P.: Opuscula = Paltz: Werke 3, Berlin – New York 1989, S. 241,18–242,10; 243,1–11 (mit Verweis auf das Gleichnis vom Kaufmann und der Perle Mt 13,45f.); 248,10–12.19–23.

[3] Vgl. PETER DINZELBACHER: Über die Entdeckung der Liebe im Hochmittelalter, in: Saeculum 32 (1981), S. 185–208 (mit Literatur); BERNDT HAMM: Von der Gottesliebe des Mittelalters zum Glauben Luthers. Ein Beitrag zur Bußgeschichte, in: Lutherjahrbuch 65 (1998), S. 19–44.

Die Folge dieser Verinnerlichung und Steigerung der Frömmigkeitsmaß-
stäbe war ein geschärfter Blick für das geistliche Unvermögen des Menschen[4]. Mit der Intensivierung der Ansprüche wuchsen auch die Defiziterfahrungen und eine Panik des Ungenügens. Hinter den kognitiven Schwächen der Christen auf dem Felde der Glaubenserkenntnis und hinter ihrem
Mangel an effektiven guten Werken diagnostizieren die Theologen und
Seelsorger als Wurzel aller Probleme gravierende Defizite im Bereich des
Willens- und Gemütslebens. Wie ist zu helfen, so fragen sie, wenn ein Sün-
der das Heilsame zwar erkennen, aber nicht wirklich wollen kann, wenn er
Gott nicht lieben, mit dem leidenden Christus nicht mitleiden, über seine
Sünden keinen echten Reueschmerz empfinden und daher auch in der
Beichte kein aufrichtiges Sündenbekenntnis aussprechen kann, wenn er
nicht mit der gebotenen Andacht eines gottliebenden und -begehrenden
Herzens zum Abendmahl gehen und nicht die Süßigkeit der Vereinigung
mit Christus spüren kann?

Solche Fragen häufen sich im 15. Jahrhundert. In offensichtlich zunehmendem Maße sieht sich die ‚Frömmigkeitstheologie‘ des ausgehenden
Mittelalters mit einer affektiven Schwäche der Menschen konfrontiert. In
welchem Maße es nach der ‚Großen Pest‘ und nach den Reformkonzilien
von Konstanz und Basel zu einer Zunahme der Wahrnehmung geistlicher
Schwäche kommt, ist eine offene Frage der Forschung. Auf der einen Seite
steht das eherne Prinzip, daß es am Ende des Lebens entscheidend auf die
Befähigung zur Gottesliebe und zum Reueschmerz, d.h. auf die innerlich-
affektive Verbundenheit des Sünders mit Gott, ankommt. Auf der anderen
Seite steht eine spirituelle Desillusionierung, die krisenhafte Beobachtung,
wie verbreitet, auch unter Ordensleuten, die Unfähigkeit zu lieben und
Schmerz zu empfinden ist, von der Unfähigkeit, beseligende Gefühle der
süßen Gottesnähe zu empfinden, ganz zu schweigen. Zugleich aber ist im
Bereich der Frömmigkeitstheologie die Überzeugung verbreitet, daß Gott
auch diese große Zahl der affektiv schwachen Sünder und Sünderinnen er-
retten will, und daß es daher Mittel und Wege geben muß, wie ihnen gehol-
fen werden kann.

---

[4] Vgl. Adolar Zumkeller: Das Ungenügen der menschlichen Werke bei den deutschen Predigern des Spätmittelalters, in: Zeitschrift für Katholische Theologie 81 (1959),
S. 265–305. – Daß das geistliche Vermögen des sündigen Menschen, besonders seine
Reue und Beichte, im späteren Mittelalter zum Problem wird, sieht Ohst in unmittel-
barem Zusammenhang mit dem rechtlich verfeinerten, für Laien zunehmend unüber-
sichtlich werdenden Normengefüge der Kirche. Die Undurchschaubarkeit der Sünde
macht die spontan-unmittelbare Reue unmöglich. Vgl. Martin Ohst: Pflichtbeichte.
Untersuchungen zum Bußwesen im Hohen und Späten Mittelalter, Tübingen 1995
(= Beiträge zur historischen Theologie 89), S. 117–138.

2. Die typische Lösung des Johannes von Paltz (gest. 1511): Angesichts des Nicht-Könnens genügt der gute Wille

Als höchst instruktives Beispiel für eine solche Problemstellung und ihre Lösung kann uns eine Passage aus der 1502 erschienenen ‚Coelifodina' des Johannes von Paltz, einem Handbuch für anleitungsbedürftige Seelsorger, dienen[5]. Als drei Jahre später Martin Luther als Novize in den Erfurter Konvent der Augustinereremiten aufgenommen wurde, gehörte der Verfasser der ‚Himmlischen Fundgrube' (so der Titel der deutschsprachigen Vorläuferin des lateinischen Opus) zu seinen Mitbrüdern. Wie für alle scholastischen Theologen liegt auch für Paltz der wesentliche Qualitätssprung im Leben des Christen darin, daß Gott seiner Seele den Habitus der rechtfertigenden Gnade, der sog. ‚gratia gratum faciens', eingießt. Erst durch dieses Gnadengeschenk, das den Menschen auf eine neue Ebene des Wollens und Könnens emporhebt, wird, wie Paltz ausführt, seine Seele fähig zur wahren Gottesliebe und damit auch zu einem echten Reueschmerz, der nicht aus Angst vor der drohenden Strafe, sondern aus kindlicher Ehrfurcht geboren wird[6]. Das Problem der affektiven Schwäche und des religiösen Unvermögens wird freilich durch den Hinweis auf die Zäsur der Gnadeneingießung und Rechtfertigung nicht gelöst. Die bedrängende Frage von Können und Nicht-Können des Menschen bleibt in zweifacher Blickrichtung bestehen: von der Rechtfertigung her zurückgeblickt und in die Zukunft gesehen. Da ja nicht alle Menschen zur Eingießung der rechtfertigenden Gnade gelangen, stellt sich zum einen die Schlüsselfrage: Gibt es eine Art von Können, durch die sich der Mensch im Stand der Todsünde auf den Empfang der ‚gratia gratum faciens' vorbereiten kann, so daß seine Befähigung und Disposition den entscheidenden Ausschlag gibt? Wieviel Nicht-Können ist dabei verzeihlich? Zweitens aber, im Blick auf die Zukunft, stellt sich die Frage, welche genugtuend-straftilgende und verdienstliche Wirkung der Gnadenstatus des Menschen hat. Wieviel Können ist notwendig, damit alle Fegefeuerstrafen getilgt werden? Wie gravierend ist dabei der Mangel an ‚Süßigkeit', das Ausbleiben beseligender Andachtsgefühle und die Unfähigkeit zum mystischen Vorgeschmack des Einswerdens mit Gott?

---

[5] Kritische Ausgabe: Coelifodina, ed. Christoph Burger, Friedhelm Stasch = JOHANNES VON PALTZ: Werke 1, Berlin – New York 1983; vgl. auch den 1504 im Erstdruck erschienenen zweiten Band des Paltzschen Handbuches für Seelsorger: Supplementum Coelifodinae, ed. Berndt Hamm = Paltz: Werke 2, Berlin – New York 1983. Zu diesen beiden Hauptwerken, die ihre Krönung in einem von Paltz geplanten, aber offensichtlich nicht realisierten dritten großen Band „Summa divinorum beneficiorum" finden sollten, vgl. – ebenso wie zur Person des Autors – BERNDT HAMM: Frömmigkeitstheologie am Anfang des 16. Jahrhunderts. Studien zu Johannes von Paltz und seinem Umkreis, Tübingen 1982 (= Beiträge zur historischen Theologie 65), S. 119–128 und 131; DERS.: Artikel ‚Paltz, Johannes von', in: TRE 25 (1995), S. 606–611.

[6] Vgl. HAMM: Frömmigkeitstheologie (wie Anm. 5), S. 275–277.

Was die erste Fragerichtung betrifft, so antwortet Paltz ganz im Sinne der
spätfranziskanischen, d.h. skotistischen und ockhamistischen, Rechtfertigungslehre, daß es am freien Entscheidungsvermögen des Sünders liegt, sich
mit seinen natürlichen Kräften auf den Empfang der rechtfertigenden Gnade vorzubereiten[7]. Vorbildhaftes Paradigma für diese positive Möglichkeit
menschlichen Könnens ist in Paltz' Augen der Schächer am Kreuz zur
Rechten Christi (Luk. 23, 39–43). In einem längeren Abschnitt der ‚Coelifodina' über die ‚Ars bene moriendi' erklärt er, in welcher Weise der Ver-
brecher seine natürlichen Fähigkeiten eingesetzt und so die Gnade Christi
erlangt hat[8]: Er hat sich mit einem guten Vorsatz (bonum propositum) den
Geboten Gottes zugewandt und sich dabei voller Hoffnung dem verzeihen-
den Erbarmen Gottes anvertraut[9]; er ist, wie Paltz in Anlehnung an Augustin formuliert, vom zornigen zum versöhnten Gott geflüchtet[10] und hat
damit gezeigt, wie man auch noch am Ende des Lebens durch Hoffnung zur
Gnade gelangen kann.

Nun mag freilich, wie Paltz fortfährt, ein ängstliches Gewissen angesichts
der Menge seiner Todsünden und der Nähe des Todes Zweifel daran haben,
daß es diesem Weg des Schächers folgen und durch die Gnade Christi lebendig gemacht werden kann. Der Blick auf Schuld und Unvermögen kann
lähmen und zur Verzweiflung führen. Dieser Gefährdung setzt Paltz ein klä-
rendes Wort seines verehrten Lehrers Johannes von Dorsten, wie er Augustinereremit und Professor an der Erfurter Universität (gest. 1481), entgegen.
„Einem solchen Menschen", habe Dorsten gesagt, „verkündige ich im Vertrauen auf das Erbarmen Christi, daß er das Erbarmen Christi betrachten
soll. Christus fragt nicht nach langen Zeiträumen (der Frömmigkeit), er verlangt nicht viele Anstrengungen. Es genügt nämlich der gute Wille. Um dies
zu zeigen, haben die Engel bei seiner Geburt den Frieden der gegenwärtigen Gnade und der künftig-ewigen Herrlichkeit ‚den Menschen des guten
Willens' (hominibus bonae voluntatis) verkündet."[11] Nicht von den guten

---

[7]   Vgl. ebd. S. 254–259: zum Zusammenhang von Gnadenvorbereitung, facere quod in
se est, liberum arbitrium, ex puris naturalibus und meritum de congruo.

[8]   JOHANNES VON PALTZ: Coelifodina (wie Anm. 5), S. 210,20–228,2: De arte bene
moriendi.

[9]   Ebd. S. 218,7–219,22.

[10]   „[…] consulit beatus Augustinus, quod fugere debemus a deo ‚irato' ad ipsum ‚placatum'. Et si quis dicat: Quomodo inveniam ipsum placatum?, respondet Augustinus: ‚Pla-
cabis eum, si speras in misericordia eius.'" Ebd. S. 218,11–14; Zitat aus Augustinus: Enar-
rationes in Psalmos, in Ps. 146, n. 20 (PL 37,1913; CChr 40,2137,18f.).

[11]   „Forte nec adhuc quiescit tremula conscientia dicetque: […] Qualiter gratia Christi
vivificabit me, qui pluribus peccatis mortalibus gravor et naturae mortem in foribus ex-
specto? Hic respondet mecum institutor meus, magister Ioannes de Dorsten, dicens: Huic
ego de pietate Christi confisus pietatem Christi considerandam praedico. Hic non quaerit
multa temporis spatia, non requirit multos labores, dumtaxat bona sufficit voluntas, in
signum cuius eo nato angeli nuntiaverunt pacem gratiae praesentialiter et gloriae futurae
aeternaliter *hominibus bonae voluntatis* [Luk. 2,14]." Coelifodina (wie Anm. 5), S. 219,27–
220,1.

Werken, die man mit dem Körper wirkt, hängt also der Zugang des Sünders zu Gnade und Heil entscheidend ab – wie ja der ans Kreuz geheftete Räuber nichts Gutes mehr mit seinen Füßen und Händen wirken konnte und doch sofort nach seinem Tode ins Paradies kam –, sondern von der inneren Grundrichtung des Affekts und Willens[12]. Diese Quintessenz seiner tröstenden Überlegungen faßt Paltz einige Seiten später, wo er die unaussprechliche Barmherzigkeit Christi eigens thematisiert[13], in die Worte: „Warum fürchten wir, von ihm verdammt zu werden, der doch, damit wir nicht verdammt würden, durch den schändlichsten Tod verdammt werden wollte und die Strafe, die wir verdient haben, selbst als das wahre Lamm Gottes trug? […] Ihm also, der für dich dargebracht worden ist, weil er es so wollte, dem bringe das dar, was du hast, zumindest den guten Willen (bonam saltem voluntatem), und vertraue kraft seines Opfers darauf, daß du gerettet sein wirst! […] Er wägt nicht die Größe des Werks, sondern die Seele des Gebenden. Der Erforscher des Herzens sieht und sucht mehr das Herz als die Hand, mehr die Füße des Affekts als des Körpers. Bemühe dich also, ihm dein Herz zu geben! Eile mit den Füßen des Herzens zu ihm!"[14] – so wie der Schächer am Kreuz die Arme seines Herzens nach ihm ausgestreckt hat[15].

Die stellvertretende Passion Christi bewirkt also, daß Christus vom Sünder als Vorbereitung auf die rechtfertigende Gnade nur ein Minimum an Können verlangt. Dieses Minimum ist ein guter Wille und der damit verbundene gute Vorsatz, sich zu bessern. Mit diesem Minimum begnügt sich der barmherzige Gott, sofern der Sünder damit das ihm in seinem desolaten Zustand maximal Mögliche erbringt, also tut, was in seinen Kräften steht. Der Paltzsche Rekurs auf das scholastische ‚facere quod in se est'[16] steht bei

---

[12] „Si igitur non vales iam currere pedibus corporis nec operari corporis manibus, curre ad Christum pedibus affectus et voluntatis, extende ad ipsum brachia cordis. Sic fecit latro ille, qui pedes et manus cruci alligatos habuit et statim audire meruit: *Hodie mecum eris in paradiso* [Luk. 23,43]. Et sic patet, quomodo iste latro spem habuit." Ebd. S. 220,3–7.

[13] Ebd., Überschrift für den Teil S. 230,19–232,18: „Secundum confortativum peccatoris, ne desperet in extremis, est ineffabilis Christi pietas."

[14] „Quomodo damnari timemus ab eo, qui, ne damnaremur, morte turpissima damnari voluit et poenam, quam nos meruimus, ipse verus agnus dei tulit? *Iniquitates* profecto *omnium nostrum* deus pater *posuit super eum,* Isaiae 53 [6.5]. Illi ergo, qui pro te *oblatus est, quia voluit* [Jes. 53,7], hoc offeras, quod habes, bonam saltem voluntatem, et vigore oblationis ipsius confide, quia salvus eris! Quia secundum beatum Hieronymum non attendit in oblatione quantum, sed ex quanto; non pensat magnitudinem muneris, sed animam donantis. *Cordis scrutator* [Sap. 1,9] plus cor respicit et quaerit quam manum, plus pedes affectus quam corporis. Cor igitur tuum illi dare studeas! Cordis pedibus ad ipsum festines!" Coelifodina (wie Anm. 5), S. 232,6–15.

[15] Ebd. S. 220,4f. (brachia cordis), zitiert oben Anm. 12.

[16] Vgl. HEIKO A. OBERMAN: Facientibus quod in se est deus non denegat gratiam. Robert Holcot, O.P. and the beginnings of Luther's theology, in: Harvard Theological Review 55 (1962), S. 317–342; WILFRID WERBECK: Indices zu Gabrielis Biel Collectorium circa quattuor libros Sententiarum, Tübingen 1992, S. 160, Stichwort ‚facere quod in se est'.

ihm wie bei anderen Frömmigkeitstheologen des 15. und beginnenden 16.
Jahrhunderts in einem seelsorgerlich-tröstlichen Kontext[17]. Man formuliert
damit im Bezugsrahmen göttlicher Stellvertretung und Barmherzigkeit ein
Minimalprogramm menschlichen Beteiligtseins: wenigstens ein Wollen, und
sei es noch so dürftig, muß der Sünder haben können. Zugleich zeigen die
zitierten Textstücke deutlich, wie sehr Paltz im Traditionsstrom der Verinnerlichung steht, unter dem Einfluß jener Wendung nach innen, die hinter
die leibliche Tatsphäre zurückgeht auf die Intention der Seele, auf ihr Wollen, Lieben und Trauern.[18] Typisch für die veränderte Situation des 15. Jahrhunderts aber ist, wie bei Paltz die Introspektion und das Ausloten der Affekte nicht einer Steigerung spiritueller Ansprüche, sondern einer Entlastung dienen soll: Wenn Christus alles Nötige für dich getan hat, dann
kommt es letztlich nicht mehr auf dein Tun an, sondern nur noch darauf,
daß du seinem Einladungsruf folgst und in sein Genugtun einwilligst, auf
seine Güte hoffst und Schmerz über deine Sünden empfindest. Mehr mußt
du nicht können. Das Wollen-Können genügt.

3. Das noch weiter gehende Herunterschrauben der Minimalforderung: Wenn der gute Wille fehlt, dann genügt das Wollen des Wollens

Die Absicht der Minimalisierung der menschlichen Bedingung und der
Maximalisierung der göttlichen Barmherzigkeit tritt noch deutlicher hervor, wenn man genauer beobachtet, wie Paltz sogar die Bedingung der
‚bona voluntas' hinterfragt. Er beschäftigt sich mit der Lage von Sündern,
die sagen: „Ich kann keinen guten Willen und kein wahres Mißfallen an
meinen Sünden haben."[19] Paltz antwortet diesen Schwachen, denen es an
der Willensintention des Reueschmerzes fehlt: „Wenn du ihn nicht hast,
dann habe Schmerz darüber, daß du ihn nicht hast. Wenn du deine Sünden
nicht vollkommen verabscheust, dann habe Schmerz darüber, daß du sie
nicht verabscheust. Wenn du keine Frömmigkeit (devotio) hast, dann habe
Schmerz darüber, daß du sie nicht haben kannst. Und begehre danach, sol-

---

[17] Vgl. HAMM: Frömmigkeitstheologie (wie Anm. 5), Sachregister S. 371, Stichwort
‚facere quod in se est'.

[18] Diese augustinische Tradition tritt deutlich in der Frühtheologie LUTHERs hervor,
wenn er in seiner Römerbriefvorlesung schreibt: „Quia qui sic operatur, ut per ea ad gratiam iustificationis se disponat, iam aliquo modo iustus est. Quia magna pars iustitiae velle
esse iustum." WA, 56.254,23–25. Vgl. AUGUSTINUS: Epist. 127,5 (PL 33,485): „Iusta vero
vita, cum volumus, adest, quia eam ipsam plene velle iustitia est; nec plus aliquid perficien-
da iustitia quam perfectam voluntatem requirit."

[19] „Ego non possum habere bonam voluntatem et displicentiam veram peccatorum."
Coelifodina (wie Anm. 5), S. 221,7f.

che Güter zu haben!"[20] Wenn man aber kein solches Begehren spüren kann, fährt Paltz fort, dann soll man wenigstens begehren, daß man begehren kann. Dies ist unter solchen psychischen Umständen jedenfalls ein ‚facere quod in se est' – tun, was man beim besten Bemühen kann –, und Gott wird dann durch seine Gnade das fehlende Begehren und den fehlenden Reueschmerz ergänzen. Der geeignete Weg dazu sind die Sakramente. Wenn du im Nicht-Können befangen bist und keinen echten Reueschmerz aus Liebe und kindlicher Furcht empfinden kannst, dann, so rät Paltz, habe wenigstens eine unvollkommene Reue aus Furcht vor der Verdammnis und fliehe zu den Sakramenten Christi. Sie werden deine Angstreue (attritio) in eine wahre Liebesreue (contritio) wandeln[21].

Paltz bekräftigt seine Lehrmeinung von der psychischen Wandlungskraft des Buß- und Eucharistiesakraments und seine minimalisierende Seelsorge-strategie durch eine anschließende Exempelerzählung aus dem Leben Bern-hards von Clairvaux – eine Geschichte, die er von seinem Lehrer Dorsten übernommen hat und die in den Viten des hl. Bernhard nicht nachgewiesen werden konnte[22], dagegen sehr charakteristisch für die spätmittelalterliche Denkweise ist: Bernhard kam in eine Stadt, wo ein Adeliger mit einer Bluts-verwandten in schwerer Sünde gelebt hatte. Als er krank wurde, der Priester mit dem Abendmahlssakrament zu ihm kann und ihn fragte, ob er Schmerz darüber empfinde, daß er mit der Verwandten gesündigt hatte, antwortete er, daß er keinen Schmerz empfinde, sondern immer noch Wohlgefallen an ihr habe. Da antwortete der Priester, daß er ihn nicht absolvieren könne und ihm die Kommunion nicht zu reichen wage, und ging davon. Als Bernhard aber vom Priester diesen Vorfall erfuhr, ging er mit ihm zusammen zurück zu dem Adeligen und fragte ihn ebenfalls, ob ihm ein so großes Vergehen nicht leid tue. Als dieser erneut verneinte und sagte, daß er sogar Freude dar-über empfinde, da sagte Bernhard: „Empfindest du keinen Schmerz darüber, daß du keinen Schmerz über eine solche Sünde empfinden kannst?" Er ent-

---

[20] „Dico: Si non habes, doleas te non habere. Si non perfecte odis peccata tua, doleas te non odire. Si non habes devotionem, doleas te non habere. Et desidera talia bona habere iuxta illud: *Concupivit anima mea desiderare iustificationes tuas*" [Vulg.-Ps. 118,20]. Ebd. S. 221,8–11.

[21] Fortsetzung des Zitats von Anm. 20: „Sensit enim David se non semper aeque bene dispositum, et quando non desideravit iustificationes dei, tunc desideravit, quod possit desiderare; et sic fecit quod in se fuit, et tunc dominus deus residuum supplevit. Sic etiam si non doles pro peccatis tuis ex timore filiali, id est ex amore dei, tunc saltem doleas pro eis ex timore servili, id est ex timore inferni vel mortis, et fugias ad sacramenta Christi, et iuvaberis per ipsa. ut ad veram contritionem pervenias, ut postea patebit" [Verweis auf S. 260,7–263,12]. Ebd. S. 221,11–17.

[22] Vgl. ADOLAR ZUMKELLER: Die Lehre des Erfurter Augustinertheologen Johannes von Dorsten († 1481) über Gnade, Rechtfertigung und Verdienst, in: Theologie und Phi-losophie 53 (1978), S. 27–64 und 179–219: hier S. 61f. mit der Exempelerzählung, wie sie DORSTEN in einer Predigt wiedergibt, in Anm. 167 und dem Vermerk ZUMKELLERS: „Eine Quelle für diesen Bericht, den wir in den authentischen Viten des hl. Bernhard (PL 185,221ff.) nicht nachweisen konnten, gibt D. nicht an."

gegnete: „Gewiß schmerzt es mich, daß ich keinen Schmerz empfinden kann." Da wies Bernhard den Priester an, ihn zu absolvieren und die Kommunion zu reichen, „weil er tat, was in seinen Kräften stand" (quia fecit quod in se fuit); und Bernhard hoffte, daß die Sakramente das Fehlende ergänzen würden. Dies geschah auch, denn, so schließt Paltz die Erzählung, „nachdem er die Sakramente Christi empfangen hatte, spürte er eine solche Reue und Verabscheuung der Sünde in sich, daß er diese Person künftig nicht mehr sehen konnte"[23].

Was uns hier und an vielen vergleichbaren Stellen bei Paltz begegnet, ist die völlige Flexibilisierung des ,facere quod in se est'. Dieses Axiom ,Wenn ich tue, was in meinen Kräften steht, schenkt mir Gott unweigerlich seine Gnade' formuliert in seinem Denken nicht mehr eine feste Norm im Kontext göttlicher und kirchlicher Gebote, sondern ermöglicht ein flexibles Absenken der Anforderungen gemäß dem jeweiligen Kräftepotential eines konkreten Menschen. Wenn er sich nicht von seinen Sünden lossagen will, dann soll er wenigstens wollen, daß er es will. Ein Wollen des Wollens reicht – und ein Minimum an Wollen wird immer möglich sein. Wenn er keinen Schmerz empfinden kann, soll er wenigstens Schmerz darüber haben, daß er keinen Schmerz hat – gemäß dem Prinzip „doleas, quod non doleas!" Und wenn er das von Gott Gebotene nicht begehren kann, dann soll er wenigstens begehren, daß er es begehren kann[24].

---

[23] Fortsetzung des Zitats von Anm. 21: „Ista profunde novit sanctus Bernhardus, quando venit ad quandam civitatem, ubi quidam vir nobilis infirmabatur, qui cum quadam consanguinea sua, quam secum habuit, graviter peccavit. Ad quem cum sacerdos cum venerabili veniens sacramento interrogaret, an doleret, quod cum propinqua sua peccaverat, respondit: Non doleo, sed beneplacitum in ea habeo. Respondit sacerdos: Tunc vos absolvere non possum nec communicare audeo. Et abscessit. Cui sanctus Bernhardus obvians causamque intelligens reduxit sacerdotem ad nobilistam et eo praesente interrogavit similiter eum, an doleret de tanto crimine. Respondit iterum, quod non, sed gauderet. Dixit sanctus Bernhardus: Non doles, quod non potes dolere de tanto peccato? Respondit: Certe doleo, quod non possum dolere. Tunc sanctus Bernhardus iussit eum absolvi et communicari, quia fecit quod in se fuit; et sperabat, quod sacramenta residuum deberent supplere. Quod factum est, nam postquam perceperat Christi sacramenta, tantam contritionem et detestationem peccati in se sensit, quod nec istam personam de cetero videre poterat." Coelifodina (wie Anm. 5), S. 221,18–222,5. Die entscheidende Passage mit der Intervention Bernhards lautet bei Dorsten: „Tunc beatus Bernhardus interrogavit ipsum, an ne desideraret, quod posset eam odire et a se dimittere et dolere de peccatis. Qui respondens dixit: Immo multum desidero, quod possem. Mox beatus Bernhardus dixit sacerdoti: Absolvite eum et communicate! Quod ut factum fuit, statim virtute venerabilis sacramenti mox in tantam contritionem et amaritudinem cordis de suis peccatis cecidit, ut etiam, quam intime diligebat, de cetero videre non poterat." Zitiert bei Zumkeller ebd. S. 61f. Anm. 167. Der Vergleich der Paltz-Version mit Dorstens Erzählung zeigt, daß Paltz offensichtlich besonderen Wert auf den Gesichtspunkt des mit dem ,doleo quod non doleo' gleichgesetzten ,facere quod in se est' legt und darauf, daß Gott durch die Kraft der Sakramente das zum wahren Reueschmerz Fehlende ergänzt.

[24] Vgl. unten Anm. 25, 31 und 34.

Paltz hat dieses von ihm so geschätzte ‚wenigstens' (*saltem*, seltener *solummodo*)[25] an allen möglichen Problemzonen des christlichen Lebens durchexerziert, vor allem im Blick auf das Ende des Lebens und besonders im Blick auf die hilfreiche Rolle der Sakramente, der Ablässe und eines vereinfachten Programms von Passionsmeditation, in der, wenn ich recht sehe, das Gewicht von der compassio des Menschen auf die rettende compassio Christi verlagert wird[26]. Typisch ist z.B., wie Paltz sogar innerhalb der unvollkommenen Reue (attritio) noch einmal zwischen drei Stufen des Angstschmerzes unterscheidet, um so auch auf die größte Insuffizienz des Sünders eingehen und ihr Hilfe in Aussicht stellen zu können[27]. Der unterste Intensitätsgrad der zum gültigen Sakramentsempfang noch ausreichenden attritio ist für die Schwerkranken reserviert, weil Gott vom Kranken weniger fordere als vom Gesunden. Man kann hier geradezu von einem ‚Gradualismus nach unten' sprechen – in dem Sinne, in dem Petra Seegets von der Lehre und Anleitung für angefochtene Menschen des Franziskanertheologen Stephan Fridolin sagt, daß sie „die Stufen der an den Menschen gestellten religiösen Anforderungen immer weiter nach unten schreitet und schließlich vor dem absoluten Minimum steht"[28].

Ein anderes Beispiel für diese seelsorgerliche Methode des Minimalisierungsprogramms[29] ist Paltz' Umgang mit dem Unvermögen solcher Ordensleute, die klagen, es sei ihnen unmöglich, das Gelübde der Keuschheit zu halten. Es widerstrebe ihrer Natur, und es sei daher töricht und vielleicht sogar eine Einflüsterung des Satans gewesen, so etwas zu geloben. Paltz antwortet: Nicht das Gelübde, sondern der Zweifel am Gelübde kommt vom Teufel. Um es halten zu können, muß man die Keuschheit

---

[25] Vgl. folgende saltem-Stellen in der Coelifodina (wie Anm. 5): S. 62,14; 64,4; 102,24 (saltem affectu devoto); 108,15; 109,12f.; 200,3; 211,3 (saltem timorem servilem); 221,15 (saltem dolere ex timore servili); 232,10 (bonam saltem voluntatem); im Supplementum Coelifodinae (wie Anm. 5): S. 55,12; 56,3; 98,6 (saltem in proposito); 103,2; 115,2; 120,4 (saltem desiderare castitatem); 181,12; 205,12; 206,6f.; 243,22 (saltem attritionem); 244,35; 252,19; 254,22; 258,24; 285,29 (saltem attritus); 401,26. Zur entsprechenden Verwendung des ‚solummodo' vgl. z.B. Coelifodina S. 126,16 (solummodo peccator faciat, quod faciendum est).

[26] Vgl. die Passagen über die Passionsmeditation bei PALTZ: Die himmlische Fundgrube (wie Anm. 2), S. 228,1–236,8, besonders S. 234,12–235,7, und Coelifodina (wie Anm. 5), S. 106,7–137,15, besonders S. 126,8–17.

[27] Vgl. HAMM: Frömmigkeitstheologie (wie Anm. 5), S. 279f.

[28] PETRA SEEGETS: Passionstheologie und Passionsfrömmigkeit im ausgehenden Mittelalter. Der Nürnberger Franziskaner Stephan Fridolin (gest. 1498) zwischen Kloster und Stadt, Tübingen 1998 (= Spätmittelalter und Reformation. Neue Reihe 10), S. 133 Anm. 51. Vgl. FRIDOLINs Traktat: Lehre für angefochtene und kleinmütige Menschen, ediert unten S. 189–195.

[29] Den Begriff „Minimalisierungsprogramm" hat SEEGETS (ebd.) in treffender Abwandlung meines Terminus „Minimalprogramm" verwendet, um so den prozessualen Charakter der – Paltz' Intentionen nahestehenden – Seelsorgestrategie Stephan Fridolins zu verdeutlichen.

von Gott begehren und erbitten[30]. Auf den Einwand: „Ich bin so schwach,
daß ich sie nicht einmal begehre" folgt die typische Lösung: „Wenn du die
Keuschheit nicht begehrst, dann mußt du gleichwohl begehren, daß du sie
begehren kannst."[31] Christus, Maria und die Heiligen soll man um
Keuschheit oder zumindest das „desiderium castitatis" anflehen[32]. Wird
sie einem nicht gewährt, dann hat man doch getan, was man kann, und
Gott wird am Ende vielleicht den Willen für die Tat (voluntatem pro facto)[33] und den Affekt für den Effekt (affectum pro effectu) entgegenneh-
men[34]. Paltz bleibt mit dieser gewagten Minimalisierung des ‚facere quod
in se est' stets auf der traditionellen Verinnerlichungsebene des Willens,
des Affekts, des geistlichen Begehrens und des seelischen Schmerzes; aber
er bietet im Blick auf die göttliche Stellvertretung, die Interzession der
Heiligen und die Gnadenhilfen der Kirche eine konsequente affektive
Entlastung an. Die Absenkung der vom Menschen geforderten Selbstbe-
teiligung treibt er nach unten bis zu einem Minimalrest eigenen Wollens,
Begehrens und Schmerzempfindens – mit dem erklärten Ziel, daß auch
die große Zahl der ‚maximi peccatores' in ihrer Schwäche und Angst gerettet werden kann[35]. Was dann in der Theologie seines Erfurter Ordensbruders Martin Luther[36] folgt, ist – wenn man so will – die Tilgung auch
dieser letzten Minimalbedingung und die Proklamation der völlig bedin-
gungslosen Rechtfertigung und Rettung des sündigen Menschen. Damit

---

[30] Supplementum Coelifodinae (wie Anm. 5), S. 119,23–33.

[31] „Sed forte dicis: Ego sum ita tepidus vel tepida, quod etiam non desidero castitatem.
Dico tibi: Si non desideras castitatem, tamen debes desiderare, quod possis eam desiderare,
iuxta illud Psalmistae: *Concupivit anima mea desiderare iustificationes tuas* [Vulg.-Ps. 118,20].
Debes igitur cotidie orare pro desiderio castitatis, quousque sentias te desiderare [...]"
Ebd. S. 119,33–38. Zum Psalm-Zitat vgl. oben Anm. 20 und 21.

[32] Supplementum Coelifodinae (wie Anm. 5), S. 119,38–120,15.

[33] „[...] tamen forte dominus recipit voluntatem pro facto, cum non consentias turpi-
tudini. Quia saepius contingit, quod quis magnum habet conatum pro virtute et instanter
petit pro ea et redditur domino ita gratus, sicut qui sine labore videtur eam habere de
facto." Ebd. S. 120,16–20.

[34] „[...] saltem desidera, quod possis desiderare potius mori quam consentire [scil. tur-
pitudini]. Et continua hanc petitionem per totum tempus vitae tuae; et tunc in fine forte
dominus recipiet affectum pro effectu." Ebd. S. 177,14–17.

[35] Vgl. HAMM: Frömmigkeitstheologie (wie Anm. 5), S. 146–156 (Die seelsorgerliche
Grundintention: Gnade und Heil für die multitudo peccatorum).

[36] Persönlich hatte der Novize Luther nach seinem Eintritt in den Erfurter Konvent
am 17. Juli 1505 wohl kaum noch näheren Kontakt zu Paltz finden können, da dieser zwischen Ende August 1505 und Januar 1506 das Erfurter Augustinerkloster verließ, um das
Amt des Priors in Mühlheim bei Koblenz zu übernehmen. Vgl. HAMM ebd. S. 78f. und
332. Die beiden umfangreichen lateinischen Hauptwerke seines prominenten Mitbruders
wird Luther aber ebenso kennengelernt haben wie seine deutschsprachige Erbauungsschrift ‚Die himmlische Fundgrube', die mit ihren 21 Druckausgaben von 1490 bis 1521
geradezu ein Bestseller der frömmigkeitstheologischen Literatur des Spätmittelalters war;
vgl. die Edition der Schrift in: JOHANNES VON PALTZ: Opuscula = Paltz: Werke 3 (wie
Anm. 2), S. 155–284.

aber betreibt Luther keine weitere Absenkung nach unten im Sinne der
Paltzschen Intention, also keine weitere seelsorgerliche Ermäßigung auf
der menschlichen Ebene des ,facere quod in se est'[37]; vielmehr löst er die
Begnadigung der Sünder und Sünderinnen völlig von der Kategorie des
minimal notwendigen und ausreichenden Bußaffekts und knüpft sie allein
an die Verheißung Gottes ,extra nos' angesichts des absoluten Nicht-Könnens aller Menschen vor Gott[38].

4. Entlastung – ein Trend des Spätmittelalters

Die beschriebene Minimalisierung des heilsnotwendigen Wollens und
Könnens bei Johannes von Paltz ist – obwohl er darin wohl weiter als fast
alle seiner Zeitgenossen geht – hoch signifikant und exemplarisch für einen
auffallenden Trend in der Seelsorge und Frömmigkeitstheologie vor der
Reformation. Es ist bezeichnend, daß Paltz auch ein rühriger Prediger und
Verteidiger des päpstlichen Jubiläumsablasses war[39]. Die Jubiläumskampa-
gnen mit ihrem marktschreierischen Angebot einzigartiger Gnaden gehören in diesen noch näher zu charakterisierenden Zusammenhang. Der Ausweg, den Paltz aus dem Dilemma des notorischen Unvermögens der meisten Gläubigen zeigt, ist, wie ich meine, eine Art Endstufe vielfältiger
spätmittelalterlicher Ansätze zu einer religiösen Entlastung schwacher, be-
sorgter und kleinmütiger Menschen, die an ihrem Nicht-Können laborieren – unabhängig davon, ob es ein reales oder ein nur vermeintliches Unvermögen ist[40]. So oder so werden von seelsorgerlich orientierten Theologen
psychische Erleichterungen angeboten, indem sie die religiösen Anforderungen verringern und die Wirkung der Gnadenhilfen entsprechend ver-
größern. Sven Grosse charakterisiert daher zutreffend die Trostmethode Johannes Gersons und der zahlreichen von ihm geprägten Frömmigkeitstheo-

---

[37] Vgl. allerdings das durchaus noch im Rahmen der spätmittelalterlichen Tradition zu
sehende ,facere quod in se est' in LUTHERs Erster Psalmenvorlesung 1513–15; dazu
BERNDT HAMM: Promissio, pactum, ordinatio. Freiheit und Selbstbindung Gottes in der
scholastischen Gnadenlehre, Tübingen 1977 (= Beiträge zur historischen Theologie 54),
S. 377–385.
[38] Vgl. OSWALD BAYER: Promissio. Geschichte der reformatorischen Wende in Luthers Theologie, Göttingen 1971 (= Forschungen zur Kirchen- und Dogmengeschichte
24); BERNDT HAMM: Von der Gottesliebe des Mittelalters zum Glauben Luthers. Ein Beitrag zur Bußgeschichte, in: Lutherjahrbuch 65 (1998), S. 19–44: hier S. 38–44.
[39] Vgl. HAMM: Frömmigkeitstheologie (wie Anm. 5), S. 84–91 und 284–291.
[40] Zum Problemzusammenhang vgl. SVEN GROSSE: Heilsungewißheit und Scrupulositas im späten Mittelalter. Studien zu Johannes Gerson und Gattungen der Frömmigkeitstheologie seiner Zeit, Tübingen 1994 (= Beiträge zur historischen Theologie 85), ferner
den Traktat des Franziskaners STEPHAN FRIDOLIN: Lehre für angefochtene und kleinmütige Menschen, ediert unten S. 189–195, dazu: SEEGETS (wie Anm. 28), S. 123–141.

logen im Umgang mit skrupulösen und überforderten Menschen als eine „Strategie der Mindestforderung“[41].

Hinter der seelsorgerlichen Methode oder Strategie steht freilich eine theologische Dynamik, bestimmte, sich wandelnde Vorstellungen von Gott und Mensch, Gerechtigkeit und Barmherzigkeit, Gericht und Gnade. Bemerkenswert ist in diesem Zusammenhang auch die Entlastungswirkung einer bestimmten theologischen Anthropologie. Sie betrifft sowohl die Außendimension des leiblichen Tuns als auch die Innendimension der mit dem Leib verbundenen Sinnlichkeit der Seele sowie der höheren geistigen Seelenvermögen. Bezeichnend ist z.B., daß man immer wieder hervorhebt, bei einer wahren Buße sei nicht unbedingt ein leibliches Weinen nach Art des Petrus erforderlich, vielmehr sei das innere Weinen des Herzens entscheidend und ausreichend[42]. Typisch ist auch, wie man zwischen einem sinnlichen Schmerz und dem geistigen Schmerz des Willens und Affekts unterscheidet und betont: Ausschlaggebend und genügend sei die geistige Willensrichtung, auch wenn das sinnliche Empfinden widerstrebt und sich nicht zu einer Antipathie gegen die Sünde bzw. einer Sympathie mit dem leidenden Christus oder dem zu liebenden Mitmenschen bereitfinden kann. Wie beim Sündigen nicht die Schwäche der Sinnlichkeit und Begierde (sensualitas und concupiscentia) entscheidend sei, sondern die Beteiligung von Vernunft und Wille (ratio und voluntas), so genüge auch bei der Abkehr von der Sünde und der Bekehrung zu Christus die – möglicherweise nur rudimentäre und noch in den Anfängen steckende – Intention der höheren Seele[43]. Solche Differenzierungen sollen einen Ausweg aus dem leiblichen und seelischen Unvermögen weisen und einer Überforderung entgegenwirken. Zwei Prinzipien spielen dabei eine wichtige Rolle:

---

[41] Grosse ebd. S. 93–96 u.ö.

[42] Maßgeblich war für die scholastische Bußlehre die Gleichsetzung von Buße und Beweinen der Sünde bei Petrus Lombardus (Sententiae IV, dist. 14, cap. 1–2), der hier Gregor den Grossen zitierte. Wegweisend für das Spätmittelalter wurde ferner die Auslegung Thomas von Aquins in seinem Sentenzenkommentar (IV, dist. 14, q. 1, art. 1, qcl. 6, ad 2), die Paltz genau wie sein Lehrer Johannes von Dorsten mit den Worten zitiert: „Sed diceret quis: Ego vellem libenter deflere peccata mea, sed lacrimas habere non possum. Respondet beatus Thomas Super quarto, distinctione 14, quod flere seu plangere in descriptione poenitentiae non dicit fletum sensibilem exteriorem, sed fletum mentis interiorem, qui non est aliud quam detestatio peccati seu dolor cordis de peccato.“ Supplementum Coelifodinae (wie Anm. 5), S. 209,20–24 (dort Angabe des Dorsten-Textes, aus dem Paltz schöpft).

[43] Vgl. Johannes von Paltz: Supplementum Coelifodinae (wie Anm. 5), S. 213,19–214,24 und 217,18–218,6, jeweils in Anlehnung an den Sentenzenkommentar des Thomas von Aquin. Vgl. auch Johannes Geiler von Kaysersberg: 18 Eigenschaften eines guten Christenpilgers, 1.Eigenschaft: „[…] Und nach dem willen deiner vernu<n>ft soltu ym [scil. deinem Nächsten] gutes wollen und sol die laid sein, das dein sinnlichait darwider ist.“ J.G.v.K.: Sämtliche Werke, ed. Gerhard Bauer, Teil 1, Abt. 1, Bd. 2, Berlin-New York 1991, S. 138,27–29. Stephan Fridolin: Lehre für angefochtene und kleinmütige Menschen, unten S. 191, Z. 11–15.

1. Es wird betont, daß Gott selbst den durch die Sünde und ihre Folgen geschwächten Menschen nicht überfordert – gemäß dem stereotyp zitierten, auf Hieronymus zurückführbaren lateinischen Gemeinspruch: Gott will nicht, daß dem Menschen etwas abverlangt wird, was sein Können übersteigt („Ultra posse viri / non vult Deus ulla requiri")[44], in frühneuhochdeutscher Fassung: „Got fo[r]dert nit mer von unß, dan wir vermugen."[45]

2. Damit wird unmittelbar die Vorstellung verbunden, daß vom Menschen nur etwas gefordert werden kann, was in seiner Verfügungsgewalt (potestas), d.h. im Spielraum seiner vernunftgeleiteten Willensfreiheit, liegt, daß der ganze Bereich sinnlich-emotionaler Gefühlsregungen sich aber der souveränen Verfügung des denkenden und wollenden Subjekts entzieht[46].

Ein religiöses, vom rationalen Glauben geleitetes Wollen der Seele und entsprechende leibliche Akte können daher als minimales Können des Sünders verlangt werden; ein Schmerz-Empfinden-Wollen, eine feste Willensrichtung des Schmerzes muß möglich sein, auch wenn sich die Sinnlichkeit verweigert und Tränen unmöglich sind.

Das Minimalprogramm des frommen Lebens, wie es Paltz so konsequent zu Ende denkt, hat im 14. und 15. Jahrhundert viele geistige Väter. Man kann von einer starken Entwicklungsdynamik der Entlastung und des Trostes sprechen. Allerdings ist immer wieder zu beachten, was ich bereits anfangs hervorgehoben habe: Diese verändernde Dynamik gehört zu einem frömmigkeitstheologischen Kontext, der nach wie vor im Zeichen geistlicher Leistung steht. Eine Fülle von Literatur – darunter besonders Predigten und katechetisches Schrifttum –, die der Erbauung und Anleitung einfa-

---

[44] Dieses besonders in der spätfranziskanischen (skotistischen und ockhamistischen) Tradition rezipierte ‚Dictum commune' ist aufgeführt bei HANS WALTHER: Lateinische Sprichwörter und Sentenzen des Mittelalters, Bd. 5, Göttingen 1967, Nr. 32 und 105; zur Verwendung im Bereich Gersons vgl. GROSSE (wie Anm. 40), S. 49 mit Anm. 21.

[45] STEPHAN FRIDOLIN: Lehre für angefochtene und kleinmütige Menschen, unten S. 194, Z. 22f.

[46] Genau in diesem Sinne äußert sich der Dominikaner JOHANNES DIEMAR (gest. Ende 15. Jh.) in einer vor den Nonnen des Nürnberger Katharinenklosters gehaltenen Predigt, wenn er auf die Frage nach der Notwendigkeit der Tränen bei der Reue wie PALTZ auf THOMAS VON AQUIN verweist (oben Anm. 42): „verantwort sant Thomas und spricht, das die zeher nit standen in des menschen gewalt, das er das hab, wen er wol. Darumb ist es nit not; wol es ist gut, wer sye hat; darumb ist es genunck, das er das im willen hab." ANDREW LEE: Materialien zum geistigen Leben des späten fünfzehnten Jahrhunderts im Sankt Katharinenkloster zu Nürnberg, Diss. phil. masch., Heidelberg 1969, S. 166. – Zu BIELS Standpunkt, der ihn die beiden Prinzipien bejahen läßt, vgl. WILFRID WERBECK: Gabriel Biels fünfter Predigtjahrgang (1463/64). Ein Bericht über die Gießener Hs. 838, in: Ulrich Köpf, Sönke Lorenz (Hgg.): Gabriel Biel und die Brüder vom gemeinsamen Leben. Beiträge aus Anlaß des 500. Todestages des Tübinger Theologen, Stuttgart 1998 (= Contubernium 47), S. 93–135, hier S. 111 Anm. 78 („nihil enim praecipitur nobis nisi quod est in facultate liberi arbitrii") und S. 112 (zur Unterscheidung zwischen dem aus Notwendigkeit geschehenden „appetitus animalis bzw. sensitivus" und dem am freien Urteil orientierten „appetitus rationalis bzw. intellectivus", in Anlehnung an THOMAS VON AQUIN: Summa theologiae I/II, q. 26, art. 1 corpus).

cher Menschen im Kloster- und Weltleben dienen will, ist nicht von seelsorgerlichen Impulsen der Ermäßigung bestimmt, sondern von einer Seelsorge des mahnenden Anspornens zu geistlichen Tugenden und guten Werken, zur Steigerung, Kumulation und Vervollkommnung innerer und äußerer Frömmigkeit. Damit verbunden können traditionelle Leitbilder von
schreckeneinflößender Strenge und rigider Zucht weitergepflegt und sogar
forciert werden.

Nicht selten sind es die gleichen Theologen, die einen starken Akzent auf
die tröstlichen Gnadenhilfen Gottes und der Kirche legen und doch auch
das ,Dies irae, dies illa', das furchteinflößende Szenario der Todesstunde, des
göttlichen Gerichts, der vom Menschen geforderten Rechenschaft, der
Qualen des Fegefeuers und der ewigen Verdammnis, im alltäglichen Bewußtsein halten wollen[47]. Auch Paltz kann in diesem Sinne als Gerichtstheologe sprechen, obgleich das Thema der Strenge des gerecht urteilenden
Weltenrichters Christus nur einen Nebenkrater der dominanten Barmherzigkeitstheologie des Erfurter Augustiners bildet[48]. Er gehört zu den seelsorgerlichen Theologen des Spätmittelalters, denen mit der Aussicht auf das
göttliche Gerichtstribunal die ganze Dringlichkeit der Aufgabe vor Augen
steht, den geistlich schwachen oder sich schwach fühlenden Christen die
Heilmittel des göttlichen Erbarmens nahezubringen, damit sie einen Ausweg aus ihrem Dilemma finden, sich nicht gegen die Gnadenangebote ver-
schließen, nicht in ihrem unbußfertigen Wesen steckenbleiben oder in der
Buße verzweifeln, sondern am Ende gerettet werden. Die Gerichtsperspek-
tive kann so die Barmherzigkeitsperspektive und das Entlastungsbemühen
verstärken; zugleich aber kann sie dem rückblickenden Betrachter auch
deutlich machen, wie wenig das spätmittelalterliche Angebot tröstlicher
Gnadenhilfen einen prinzipiellen Gegensatz zu verbreiteten Idealen geistlicher Strenge und Vervollkommnung auf dem Wege zum Heil bildete. Solche Ideale wurden vor allem für Ordensleute und Semireligiose propagiert.
Minimalisierung nach unten schloß forciertes Bemühen nach oben nicht
aus, da in der Jenseitserwartung die abgestufte Spannweite zwischen der
Bewahrung vor der Hölle und den obersten Graden der paradiesischen Seligkeit sehr groß ist.

So präsent also auch im 15. und beginnenden 16. Jahrhundert und selbst
bei Vertretern einer pointierten Trosttheologie die Dimension von geistli-
chem Leistungsvermögen, Lohnerwerb, Gericht, Gerechtigkeit und Strenge

---

[47] Vgl. CHRISTOPH BURGER: Die Erwartung des richtenden Christus als Motiv für katechetisches Wirken, in: Norbert Richard Wolf (Hg.): Wissensorganisierende und wissensvermittelnde Literatur im Mittelalter. Perspektiven ihrer Erforschung, Wiesbaden
1987, S. 103–122.

[48] Als Gerichtstheologe spricht PALTZ in seiner 1487 gehaltenen Predigt ,De adventu
domini ad iudicium', die nur fragmentarisch erhalten ist; ed. Christoph Burger, in: Paltz:
Opuscula (wie Anm. 2), S. 381–408; vgl. auch die Passage ,De reddenda ratione de misericordia dei' in PALTZ: Supplementum Coelifodinae (wie Anm. 5), S. 379,7–384,29.

Gottes ist, so deutlich zeichnet sich doch die spätmittelalterliche Tendenz ab, daß angesichts der menschlichen Insuffizienz und Unsicherheit ein stärkeres Gewicht auf die entlastenden Heilsgarantien Gottes und der communio sanctorum – besonders im Wirkungsfeld der Passion Christi – fällt. Jedenfalls weisen die wichtigsten theologischen und ikonographischen Innovationen des Spätmittelalters[49], soweit sie von Relevanz für die Frömmigkeit sind, genau in diese Richtung: Ihre Besonderheit besteht vor allem darin, daß im Kontrast zu einer Predigt der Drohung und des Schreckens[50] und inmitten eines Klimas der Angst[51] der Akzent stärker auf das überreiche Erbarmen Gottes verlagert und so den schwachen bzw. kleinmütigen Menschen die Chance der Gnade, Stellvertretung, Interzession und Rettung gezeigt wird. Das Prinzip des Leisten- und Erwerben-Müssens wird damit nicht außer Kraft gesetzt. Aber im Kontext der religiösen Leistungs- und Versicherungsgemeinschaft werden von zahlreichen Lehrern des geistlichen Lebens die Gesichtspunkte der Ermäßigung und Entlastung, des Schutzes

---

[49] Zu den ikonographischen Innovationen oder Bilderfindungen des Spätmittelalters, die in vielfältiger Weise die barmherzige Milde Gottes, die heilwirkende Kraft der Passion Christi und die schützende Interzession Marias und der Heiligen hervorheben, also ganz zur erwähnten Tendenz gehören, vgl. BERNDT HAMM: Normative Zentrierung im 15. und 16. Jahrhundert. Beobachtungen zu Religiosität, Theologie und Ikonologie, in: Zeitschrift für historische Forschung 26 (1999), S. 163–202: hier 180–199, besonders S. 191 mit Anm. 90.

[50] Vgl. etwa die Bußpredigt der oberitalienischen Bettelordensprediger des 15. Jahrhunderts, besonders GIROLAMO SAVONAROLA mit seiner „terrifica praedicatio" im Florenz der neunziger Jahre; vgl. PIERRE ANTONETTI: Savonarola: Ketzer oder Prophet? Eine Biographie, Zürich 1992 (franz. Erstausgabe Paris 1991: Le prophète désarmé), besonders S. 71–73; ferner BERNDT HAMM: Between Severity and Mercy. Three Models of Pre-Reformation Urban Reform Preaching: Savonarola – Staupitz – Geiler, in: Robert J. Bast, Andrew Colin Gow (Hgg.): Continuity and Change: The Harvest of Late-Medieval and Reformation History, Festschrift für Heiko A. Oberman, Leiden 2000, S. 319–356: hier 324–334.

[51] Vgl. JEAN DELUMEAU: La Peur en Occident (XIVe – XVIIIe siècle). Une cité assiégée, Paris 1978; deutsch: Angst im Abendland. Die Geschichte kollektiver Ängste im Europa des 14. bis 18. Jahrhunderts, 2 Bde., Reinbek 1985, Neuausgabe in einem Bd.: Reinbek 1985/1989; DERS: Le péché et la peur. La culpabilisation en Occident (XIIIe–XVIIIe siècle), Paris 1983; PETER DINZELBACHER: Angst im Mittelalter. Teufels-, Todes- und Gotteserfahrung: Mentalitätsgeschichte und Ikonographie, Paderborn 1996, speziell zu Spätmittelalter und Frühneuzeit: S. 135–260. Insgesamt kommt DINZELBACHER zur Bilanz, daß es in dem von ihm untersuchten Zeitraum eine „Dominanz des Schrecklichen" und der religiösen Drohbotschaft gegenüber den Zeugnissen von Hoffnung, Vertrauen und Trost gegeben habe, ein quantitatives und qualitatives Übergewicht der „negativen, angstbesetzten Aspekte der Religion" gegenüber den „positiven, schenkenden Vorstellungen" (S. 264). Ich möchte dieses Übergewicht beim jetzigen Stand der Forschung nicht bestreiten, aber im Blick auf die von mir untersuchten Text- und Bildquellen zu bedenken geben, wie beachtlich die – offensichtlich zunehmende – Dynamik einer hoffnungsstärkenden Gegenströmung im Zeitraum 1480 bis 1520 war. In der Forschung wurde diese Seite des Spätmittelalters – die Botschaft des Erbarmens inmitten einer Mentalität der Angst – bisher nicht genügend berücksichtigt. Die Folge war eine überscharfe Kontrastbildung zwischen Spätmittelalter und Reformation.

und Trostes und eines Gesichertseins trotz geistlicher Mängel deutlich stärker als vor dem 15. bzw. 14. Jahrhundert betont.

Um dies zu verdeutlichen und so zu zeigen, vor welchem Hintergrund das Paltzsche Erleichterungsprogramm zu sehen ist, skizziere ich im folgenden vier Überlieferungsstränge, die bei den Minimalisierungs- und Entlastugsvorgängen im Jahrhundert vor der Reformation eine wichtige Rolle spielten.

5. Vier theologische Überlieferungsstränge der tröstenden Entlastung schwacher und angefochtener Menschen

1. Großen Einfluß auf die Bußlehre aller Orden gewannen der Franziskaner *Johannes Duns Scotus (gest. 1308) und die Skotistenschule* mit ihrer pointierten Attritionslehre[52]. Ausgehend von der Position ihres Meisters und sie weiterführend vertraten die Skotisten den Standpunkt, daß der Sünder im Normalfall ohne die sakramentale Hilfe nur zur unvollkommenen Reue der attritio befähigt ist. Darin liegt sein ‚facere quod in se est'. Im Bußsakrament gleicht die Absolutionsvollmacht des Priesters kraft der Passion Christi sein Unvermögen aus und wandelt die attritio zur vollgültigen contritio. Der Weg über das Sakrament wird daher den Schwachen als ein leichter und sicherer Weg empfohlen. Nur wenige könnten auf dem schweren außersakramentalen Weg die wahre Reue der Gerechtfertigten erlangen. Durch die sakralinstitutionelle Vermittlung der priesterlichen Schlüsselgewalt kommt so die entlastende Barmherzigkeit und Freigebigkeit Gottes zu ihrer gesteigerten Wirkung.

Die Stärke dieser Theorie lag darin, daß sie die verunsichernden und ängstigenden Defiziterfahrungen der Zeitgenossen seelsorgerlich ernstnahm und zum Sicherheitsangebot der Sakramente in Beziehung setzte. Wie sehr die Skotisten mit ihrer Reuelehre auch auf Theologen jenseits ihres engeren franziskanischen Schulbereichs einwirkten, zeigen einerseits die Augustinereremiten Johannes von Dorsten[53] und Johannes von Paltz[54]; sie sind, wenn man so will, sogar noch skotistischer als die meisten Skotisten, indem sie – unter dem Eindruck der sündhaften Verhärtung der Menschen – die für den Empfang des Bußsakraments hinreichende attritio mit einer Furcht- oder Galgenreue identifizieren, die der ‚knechtischen Furcht' (timor servilis) vor den Höllen- und Fegefeuerstrafen entspringe, während es in der Skotistenschule üblich war, auch den unvollkommenen Reueschmerz der

---

[52] Zur Reuelehre der mittelalterlichen Skotistenschule vgl. vor allem die Arbeiten von Valens Heynck, z.B. Heynck: Zur Lehre von der unvollkommenen Reue in der Skotistenschule des ausgehenden 15. Jahrhunderts, in: Franziskanische Studien 24 (1937), S. 18–58; vgl. auch Hamm: Frömmigkeitstheologie (wie Anm. 5), S. 276f. und 280f.

[53] Vgl. Zumkeller (wie Anm. 22), S. 60–62.

[54] Vgl. Hamm: Frömmigkeitstheologie (wie Anm. 5), S. 276–284.

attritio aus dem Motiv der Gottesliebe herzuleiten[55]. Andererseits steht auch der Mainzer Domprediger und spätere Tübinger Professor Gabriel Biel (gest. 1495) als Säkularkleriker mit seinem Bußverständnis im Bann der skotistischen Lehrrichtung[56]. So sagt er bereits in einer seiner ersten Mainzer Predigten am 1. Januar 1458 (zum Fest der Beschneidung Christi), daß das Tauf- und das Bußsakrament die Gnade aufgrund des sakramentalen Vollzugs mitteilten, da keine gute Seelenregung verlangt werde, die in der Art eines Angemessenheitsverdienstes (de congruo) die Eingießung der Gnade herbeiführe. Es genüge, daß im Empfänger kein Unglaube und keine Einwilligung in eine Todsünde vorhanden sei. Eine solche Vorbereitung sei aber nicht nur den in geistlichen Dingen Geübten möglich, sondern auch den noch fleischlich Gesinnten und Unvollkommenen. „Siehe: Wie groß und wertvoll dieser Nutzen in den Sakramenten ist, das wird jeder zu Genüge kennenlernen, der seiner eigenen Schwäche bewußt ist."[57]

Der Einflußbereich der Skotistenschule zeigt somit, wie man nicht nur schwache Liebesregungen, sondern sogar die angstvolle Furcht positiv werten kann, ohne doch Angst schüren oder Menschen in der Angst festhalten zu wollen. Vorhandene religiöse und theologisch begründete Ängste werden in eine Trostkonzeption integriert, indem man sündigen Menschen, die noch keine Gottesliebe, sondern nur Furcht vor den Jenseitsstrafen in sich spüren, sagt: Eure Angst ist ein erster Schritt zum Heil. Sie ist ein guter Anfang, weil Gott in den Sakramenten etwas Gutes daraus machen kann.

2. Eine hoch geschätzte Autorität in Kreisen der Frömmigkeitstheologie vor der Reformation war der dominikanische Mystiker *Heinrich Seuse (gest.*

---

[55] Eine Ausnahme bildet der Skotist Stephan Brulefer, ein Franziskaner, der wie Dorsten und Paltz die attritio als Furchtreue versteht und mit dem Wandel der attritio zur contritio in der Rechtfertigung auch den Wandel des Reuemotivs von der Straffurcht zur Gottesliebe gegeben sieht. Vgl. HAMM ebd. S. 278.

[56] Vgl. WILFRID WERBECK: Gabriel Biel als spätmittelalterlicher Theologe, in: Ulrich Köpf, Sönke Lorenz (Hgg.): Gabriel Biel und die Brüder vom gemeinsamen Leben. Beiträge aus Anlaß des 500. Todestages des Tübinger Theologen, Stuttgart 1998 (= Contubernium 47), S. 25–34; zur Predigttätigkeit Biels als Domprediger in Mainz (von Weihnachten 1457 bis zum Ende des Kirchenjahres 1463/64) vgl. auch WERBECK: Gabriel Biels fünfter Predigtjahrgang 1463/64. Ein Bericht über die Gießener Hs. 838, ebd. S. 93–135. Zu Biels späterer schulmäßiger Auseinandersetzung mit dem Attritionismus des Duns Scotus vgl. HEIKO A. OBERMAN: Der Herbst der mittelalterlichen Theologie (= Spätscholastik und Reformation, Bd. 1), Zürich 1965, S. 139–152.

[57] „Sic autem [baptismus et paenitentia] conferunt gratiam ex opere operato, quia ad consequendam gratiam per ea non requiritur motus bonus interior de congruo sufficiens ad gratiae infusionem, sed sufficit, quod suscipiens ea non ponat obicem infidelitatis, contrariae voluntatis aut consensus in mortale peccatum commissum vel committendum [etwas höher am linken Rand: secundum Scotum 2.]." „Haec dispositio omnium est, infantium et adultorum, non solum in spiritualibus exercitatorum, verum etiam carnalium adhuc et imperfectorum. Ecce: quanta et quam appretiata sit haec [die letzten 5 Worte am rechten Rand] utilitas in sacramentis, quisquis propriae infirmitatis conscius satis noscit." 1. Predigtjahrgang BIELS, In circumcisione Domini, 1.1.1458: Gießen UB, Hs 827, fol. 18v/19r (eine Transkription des Textes verdanke ich Wilfrid Werbeck).

1366), besonders mit der breiten lateinischen und volkssprachlichen Überlieferung seines ‚Horologium Sapientiae'[58]. In Buch 1, Kapitel 14 beschäftigt
er sich eingehend mit dem Problem der affektiven Schwäche bei der Passionsmeditation, wobei zu bedenken ist, wie intensiv im Spätmittelalter die
compassio der Passionsbetrachtung und der Reueschmerz des sündigen
Menschen zusammengesehen werden. Wenn du nicht zum „affectus compassionis" gelangen kannst, wenn es dir nicht gelingt, „mit dem Weinenden
zu Weinen" (Röm 12,15) und „mit dem Schmerz Empfindenden (Christus)
Schmerz zu empfinden", dann sollst du dich, rät Seuse, wenigstens (saltem)
an den dir durch die Passion Christi umsonst erwiesenen Wohltaten freuen
und dafür danken. Gelingt dir aber auch das nicht und bleibt dein Herz in
affektiver Dürre und Härte, dann vertraue dich mit deinem Unvermögen
Gottes Händen an und übe deinen Geist im memorierenden Durchdenken
der Passion und deinen Leib in körperlichen Gebärden der Frömmigkeit,
im Ausstrecken der Hände und im Erheben der Augen zum Gekreuzigten,
im Schlagen der Brust, im Beugen der Knie und in dergleichen Frömmigkeitsübungen. So übst du Tugend, wo die Süßigkeit des Affekts ausbleibt.
Seuse lobt und empfiehlt diesen Weg des angestrengten Frömmigkeitsexer-
zitiums, das nicht auf Ergötzung, sondern auf das Gottwohlgefällige zielt.
Vorbildhaft für die Zukunft wurde sein abgestuftes Minimalprogramm:
Wenn du den Affekt des Schmerzes nicht hast, dann habe wenigstens die
‚intentio'! Vorbildhaft wurde aber auch seine Lösung, daß es im Leben der
Christen nicht auf jetzt genossene Süßigkeit und Erquickung ankomme,
sondern darauf, sich durch Übung des Gehorsams auf die künftige Beseli-
gung zuzubewegen[59]. Nicht das Können und Haben, sondern die Existenz-

---

[58] Zur Überlieferungsgeschichte der Schriften Seuses vgl. ALOIS M. HAAS/KURT
RUH: Artikel ‚Seuse, Heinrich OP', in: Die deutsche Literatur des Mittelalters. Verfasser-
lexikon, Bd. 8, Berlin – New York 1992, Sp. 1109–1129: hier 1113–1117, zum ‚Horologium
Sapientiae' 1116f.

[59] „Quod et si quidem *flere cum flente* aut dolere cum dolente non potes, saltem affectu
devoto de tantis beneficiis tibi per eam [scil. passionem] gratuito exhibitis gaudere debes et
gratias agere. Quod si nec affectu compassionis nec gratulationis desiderio moveris, sed
dura quadam affectione te in eius recordatione deprimi sentis, nihilominus in duritia cordis tui ad laudem dei memoriam huius salutiferae passionis qualitercumque percurre et,
quod a te habere non potes, ipsius manibus piissimis committas. Verumtamen persevera
petendo, pulsando, quaerendo, donec accipias.
Percute bis silicem [Num. 20,11], interiori videlicet recordatione et corporali nihilominus labore, *te ipsum exercens ad pietatem* [1. Tim. 4,7] per extensionem manuum seu oculo-
rum ad crucifixum sublevationem vel pectoris tunsionem aut genuflexiones devotas vel
cetera similia pietatis officia, continuando, donec egrediantur aquae lacrimarum largissime,
ut et ratio bibat devotionis aquas et corpus animale eius ex praesentia accensum ad gratiam
habilitetur. Quod si forsan causaris te affectum hunc delectabilem et *dulciorem super mel et
favum* [Ps. 18,11] rarius experiri, nimirum quia forsitan tentationibus interim exercitaris,
multo virilius agis, quia virtutem ipsam non pro delectatione quam experiaris, sed pro vir-
tibus ipsis et solo beneplacito dei tota intentione, etsi non affectione sectaris. Affectus enim
beatitudinis est, exercitium vero virtutis." HEINRICH SEUSE: Horologium Sapientiae, ed.
Pius Künzle, Freiburg/Schweiz 1977, S. 495,4–24.

bewegung, die Intentionalität ist entscheidend – das Sich-Ausstrecken bis in den Körpergestus hinein.

3. In ähnliche Richtung gehen die ebenfalls reich rezipierten seelsorgerlichen Empfehlungen des mystischen Franziskanertheologen *Marquard von Lindau (gest. 1392)*[60], wenn er sich zur Frage der rechten Vorbereitung auf den Abendmahlsempfang äußert. Die charakteristischen Akzente der franziskanisch-skotistischen Attritionslehre[61] sind auch bei ihm zu erkennen (auch wenn er mit seiner anspruchsvollen Stufenmystik selbst kein Anhänger dieser Lehre ist): Wiedererkennbar ist besonders das ausgeprägte Seelsorgeanliegen mit dem dreifachen Ansatz (1.) bei der Hilfsbedürftigkeit der armen Sünder, (2.) bei der allen menschlichen Mangel ausgleichenden Gnadenfülle der Sakramente und (3.) bei dem ‚facere quod in se est‘, dem Wollen- und Begehren-Können der sündigen Seele. Den kleinmütigen Menschen, die sich völlig unwürdig fühlen, sagt Marquard (unter Berufung auf Duns Scotus), daß Gott beim Eucharistiesakrament nicht ansieht, was der Mensch war oder ist, sondern was er gerne wäre und von Gott begehrt. Auf die ‚begird‘, das Gnaden- und Heilsverlangen der sündigen Seele komme es an, nicht auf ihr Vermögen – gemäß der Regel: „[...] nach der begird empfechst du got und get got zu dir.“ „Wie selig dann er mensch gern wer, nach der begird und seligkeyt enpfecht er got.“[62] „Wer da vil begert, dem wirt

---

[60]   Zur Überlieferungsgeschichte der Schriften Marquards vgl. NIGEL F. PALMER: Artikel ‚Marquard von Lindau OFM‘, in: Die deutsche Literatur des Mittelalters. Verfasserlexikon, Bd. 6, Berlin – New York 1987, Sp. 81–126.

[61]   Vgl. oben S. 127f. bei Anm. 52.

[62]   „Das vierd czeichen ist, das der mensch durch sein verloren czeit willen furcht gottes rach. [...] Das nu der mensch in diszem jamer aber nit verczweyfel, so hat sich got dem menschen geben in dem sacrament also, das der mensch mit dem sacrament hat gepusset alle seine verlorene czeit und hat in dem, das er das sacrament wirdiglich empfangen hat, ein als gut werck gewurcket, das er nit pessers in der czeit gethun mocht. Und also ist und wirt dem menschen sein jamer gepessert in dem sacrament. Und das das war sey, das bewert uns der Schott [= Duns Scotus]: Als er enpfangen wirt von dem menschen, nit an sicht als er was oder als er ist, mer er sicht jn an nach jm allen genaden als der mensch gern wer. Als wie got vergiszet aller deiner sunden, die du ye getest, und sicht dich nit an, als du warst ein sunder noch als du zu mol in sunden pist, mer er sicht dein synne an und dein begird. Und als gut, als du geren werest und an got begerest, das du dich geren peszerst, also nach der begird enpfechst du got und get got zu dir und wirt auch also enpfangen, als du geren werst. Und darumb, so sol ein mensch sich nit furchten noch forcht halben das sacrament nit lassen, sunderlichen so dem mensch sein sund leyt sein und geren sich pessert. Wie selig dann der mensch gern wer, nach der begird und seligkeyt enpfecht er got.“ MARQUARD VON LINDAU: Predigt ‚De corpore Christi‘, Nürnberg Stadtbibliothek, Cod. Cent. VI, 60, fol. 79r–106v: hier 94r–95r (aus Teil III,4); zu dieser Predigt vgl. PALMER (wie Anm. 60), Sp. 98f. Nr. A.6: Teil III benennt „sechs menschliche Schwächen, auf welche Gott durch die Eucharistie mit sechs Zeichen der Minne antwortet“. Die Transkription des Textes verdanke ich ANTJE WILLING/Erlangen; vgl. auch deren Dissertation: Literatur und Ordensreform im 15. Jahrhundert. Deutsche Abendmahlsschriften im Nürnberger Katharinenkloster. Mit textkritischer Ausgabe der Sakramentspredigten des Gerhard Comitis OP (Nürnberg, Stadtbibliothek: Cod. Cent. VI, 52, fol. 277r – 314v), Diss. phil. [masch.] Erlangen 2000, zu Marquard von Lindau S. 261–361.

ouch vil gegeben."[63] Die Leute, die sich arm ohne den Reichtum geistlicher Tugenden fühlen, trocken ohne die Tränen wahrer Reue und erkaltet ohne die Hitze der Liebe und deshalb nicht zur Eucharistie zu gehen wagen, die sind einem Menschen zu vergleichen, der meint, er könne zu einem Schatz nur dann hinzugehen, wenn er Geld mitbrächte, oder zu einem Brunnen nur mit einem Krug voll Wasser oder zu einem Feuer nur im Zustand der Wärme[64].

Wie die Gedanken und Bilder Marquards weiterwirkten und weiterentwickelt wurden, zeigt z.B. die Predigt über das Altarsakrament eines nicht näher bekannten Vater Sigmund[65]. Auch er war Franziskaner, und seine Predigt, die in einer Handschrift aus der Mitte des 15. Jahrhunderts überliefert ist, war wohl an Ordensschwestern gerichtet. Die von ihm beschriebenen Anfechtungsnöte der Menschen, die aus Besorgnis über ihre geistlichen Mängel vor dem Empfang der Eucharistie zurückschrecken, erinnern zwar an die Problemstellung Marquards, doch gewinnt die Situationsbeschreibung der sich völlig unfähig und unempfänglich fühlenden Sünderinnen an zugespitzter Dramatik. Sie empfinden und beklagen nicht nur Defizite an Tugenden, Reue und Liebe, sondern das gänzliche Fehlen andächtiger und nach dem Sakrament verlangender Herzensregungen, so daß sie in völliger Hoffnungslosigkeit vor dem Sakrament zurückscheuen: „Owe, ich dar nit dar gon [= ich wage nicht hinzuzugehn], ich bin also kalt und also lew [= lau] und also treg, an [= ohne] allen genoden bin ich kalt. Owe, es ist kein

---

[63] Marquard von Lindau: Eucharistie-Traktat, ed. Annelies Julia Hofmann, Tübingen 1960 (= Hermaea 7), S. 303,10f.; vgl. S. 301,16–20: Im Eucharistiesakrament will „der milt herre" nicht „mit dem menschen umb sin schuld rechnen, ob [= falls] er kumet mit waren ruwen. Noch will er in nit ansehen, als er ist gewesen, mer als er gern were, ob er echt kumt mit volkomner gantzer begird." Zu diesem Traktat, der die in Anm. 62 zitierte Predigt verarbeitet hat, und zu seiner überaus breiten Rezeption im süddeutschen Raum vgl. Palmer Sp. 99–103 Nr. A. 7.

[64] Ebd. (ed. Hofmann), S. 303,16–304,11, z.B. mit der Passage am Ende: „Die tůnd ze glicher wise, als ein kalter mensch wer, der hitze begerte und er ein heisses fúr [= Feuer] wusste, zů dem er doch nit gan wolte, er wurd denn vor warm und enzundet. Sich, dise lute wussent nit, das sich der riche kung [= König] so uss grosser minne hat gesetzet in das edel sacrament mit allem sinem schatz und richeit und begerte anders nit, denn dz der mensch sines schatzes kouffte mit minne und begirden. Owe dar umb alle armen hertzen an [= ohne] tugenden, alle turre hertzen an heissen trehen, alle lâwe hertzen an gôtlicher minne, kerend zů dirre edelen spise, gant zů disem richen krâmer und begerend allein, so wirt uch geben! Minnent allein von gantzem hertzen sinen schatz, so wirt uch nit verseit alles des, dz ir begerent!" Der Schlußsatz ist eine Umformung des scholastischen Axioms: „Facientibus quod in se est deus non denegat gratiam."

[65] Überschrift: „Dise predige det uns der wirdig vater Sygmund der barfůss in der pfingswuchen und seit von dem heiligen sacrament, wie man sich vor und noch halten sol. ‚Parasti in conspectu meo mensam' [Vulg.-Ps. 22,5] etc." Ediert in: Kurt Ruh, Dagmar Ladisch-Grube, Josef Brecht (Hgg.): Franziskanisches Schrifttum im deutschen Mittelalter, Bd. II: Texte, München-Zürich 1985, S. 100–116; vgl. auch Ruh: Artikel ‚Vater Siegmund OFM', in: Die deutsche Literatur des Mittelalters. Verfasserlexikon, Bd. 8, Berlin – New York 1992, Sp. 1206f.

hitz in mir noch andacht. Owe, es ist weder minn noch liebe in mir, noch kein begird zü der spis [= eucharistischen Speise]. Ich bin also dürr an genoden, ich mag [= kann] weder beten noch betrachten noch nütz gütes tün, ich bin ungeschickt zü allem güten, ich getar [= wage] nit dar gon, ich fund weder rüw [= Reue] noch leid in mir über min sund."[66]

In der theologisch-seelsorgerlichen Ermutigungstherapie seiner Predigt gebraucht Sigmund wie Marquard die Bilder des Schatzes, des Brunnens und des Feuers und erweitert sie um die des gedeckten Tisches, zu dem der Hungernde hinzutritt, und des Arztes, von dem der Kranke Heilung empfängt[67]. Immer geht es dabei um den entscheidenden Punkt, daß der Mensch keine Fähigkeit, keine Tugend und kein Können zum Sakrament mitbringen muß, sondern nur seine Bedürftigkeit und sein Verlangen nach Heilung und Reichtum, und daß er dann alles in der Gabe des Passionsleibes geschenkt bekommt: „So gang zü dem hochwürdigen sacrament, do will ich dir den artzet zöigen, der dich gesund kan machen an lip und an sel. Der arztet kan alle siechdagen [= Krankheiten] gesund machen. Er kan alle wunden heilen, wenn [= denn] alle, die sin begerent, zü denen kunt [= kommt] er. Die toten selen macht er lebendig. Ist die sel ussetzig, er macht sy rein von allen flecken und von allen mosen [= Makeln]. Bistu blind, er ist daz liecht. Bistu vinster in den sunden, er ist der dag. Bistu tot, er ist daz leben. Bist ein stum und horstu nit, so ist er die worheit. Bistu irrig, er ist der weg, der dih furen kan und wil […]. Du bedarfft nit verr [= fern] gon köffen die arztenig. Dorumb so ker dich zü im […] Enpfach den edlen schatz in dem hochwirdigen sacrament. Bistu arm an tugenden, so ist er der richtům und der schatz, in dem alles güt beschlossen ist, in dem du vindest waz din hertz begeren mag."[68]

Aus den Ratschlägen Sigmunds geht deutlich hervor, daß er in der franziskanischen Tradition Marquards steht. Wie dieser betont auch er, daß Gott mit der sakramentalen Gnadengabe nicht auf besondere geistliche Fähigkeiten des Menschen antwortet, sondern auf sein Wollen, Begehren, Hinzugehen und Bitten. Die ‚Begierde' (oder das ‚begeren') im Sinne des Begnadigtwerden-Wollens und des Heilsverlangens ist auch für ihn ein Zentralbegriff – selbst wenn er Menschen anspricht, die meinen, nicht einmal mehr ‚begird' nach dem Altarsakrament zu haben. Den Kleinmütigen gibt er daher den Rat, unbekümmert um die eigene geistliche Armut Gott aus der Tiefe ihres Heilsverlangens anzurufen: „Bit in, waz du wilt, und er erhört dich noch dinem willen und begirden."[69] Zugleich aber scheint mir der Vergleich zwischen den beiden Franziskanerpredigern deutlich zu zeigen, daß der hohe Anspruch, den Marquard auch im Kontext einer Ermutigung

---

[66] Edition (wie Anm. 65), S. 109, 293–298 mit Kontext Zeile 283–307.
[67] Ebd. S. 110, 308–112, 369.
[68] Ebd. S. 111, 347–363.
[69] Ebd. S. 112, 2f.

für geängstigte Gewissen an die Abendmahlsvorbereitung des Menschen stellt, von Sigmund heruntergeschraubt wird. Marquard spricht von einer ‚wahren Reue‘[70], einer Minne ‚von ganzem Herzen‘[71] und einer ‚vollkommenen, ganzen Begierde‘[72], mit der ein Sünder zur Eucharistie gehen soll, um dort den Schatz Christi „mit minne und begirden" zu kaufen[73]. Bei Sigmund ist von einer solchen Disposition nicht mehr die Rede, sondern nur von Verlangen und Flehen. Typisch für seinen Ansatz ist, daß er im weiteren Verlauf der Predigt auf die seelische Notlage solcher Ordensschwestern eingeht, die auch *nach* dem Abendmahlsempfang keine Empfindungen von Gnade und Süßigkeit, Andacht und Liebe haben und denen er daher den gleichen Rat gibt, nicht zu verzagen, sondern ‚mit begehrendem Herzen‘ Gott im Gebet um Gnade und Liebe anzuflehen[74].

Die Unterschiede zwischen Marquard und Sigmund sind vielleicht charakteristisch für den Wandel von der zweiten Hälfte des 14. zur Mitte des 15. Jahrhunderts. Gegenüber einem hohen mystischen Lebensverständnis der Vereinigung der Seele mit Gott, ihrer Jesusminne und ihrer Gefühle einer beseligenden Süßigkeit nimmt Sigmund die bedrängender gewordenen Erfahrungen geistlichen Unvermögens seiner Ära auf und integriert sie in ein ‚nach unten‘ verändertes Verständnis geistlicher Existenz – einer Existenz, die auch ohne mystisches Erleben von Glut, Süße und Erquickung eine geistliche Qualität hat. Ihr Grundprinzip sieht er im elementaren Wollen, Streben und Beten der Seele zu Gott: daß sie arm und mit leeren Händen vor ihm steht und von ihm alle Reichtümer der Gnade und des Heils begehrt. Dies ist die von Duns Scotus und seiner Schule geprägte Basis der spätfranziskanischen Armutstheologie, auf der dann gegen Ende des 15. und zu Beginn des 16. Jahrhunderts Theologen wie Stephan Fridolin und Johannes von Paltz ihr Minimalprogramm des guten Wollens und Begehrens für schwache oder kleinmütige Menschen entfalten können[75]. Auch Martin Luther steht trotz seines neuartigen Ansatzes beim Glauben in dieser Denk- und Sprachtradition der ‚Begierde‘ und des ‚Verlangens‘, wenn er 1520 schreibt: „Derhalben sol unnd kan auch niemant fruchtparlich bey der messe sein, er sey dan in betrubnisz und begirden gotlicher gnaden und seiner sund gerne losz were odder, so ehr yhe in bosem fursatz ist, das er doch unter der mesz sich wandele und vorlangen gewinne disses testamentes."[76]

---

[70] Vgl. oben Anm. 63 und im dort zitierten Eucharistie-Traktat ferner S. 300, 20–23.

[71] Vgl. oben Anm. 64: „minnent allein von gantzem hertzen".

[72] Vgl. oben Anm. 63. Vgl. im Eucharistie-Traktat auch S. 303,14f: „Won [= Denn] hand sie volkomen begird, jn wirt ouch volkomenlich gegeben."

[73] Vgl. oben Anm. 64. Vgl. im Eucharistie-Traktat auch S. 303,9f: „Won | = Denn] in dem wirdigen sacrament hat er all sin gaben veil und verkouffet si umb minne."

[74] VATER SIGMUND: Eucharistie-Predigt (wie Anm. 65), S. 114, 443–116, 539; „mit begirlichen herzen" S. 114, 444.

[75] Vgl. oben S. 120 bei Anm. 28.

[76] MARTIN LUTHER: Von den guten Werken, WA 6,230,34–231,2; zitiert nach: Martin Luther Studienausgabe, hg. von Hans-Ulrich Delius, Bd. 2, Berlin-Ost 1982, S. 44,3–7.

4. Schließlich sei noch der Überlieferungsstrang der Schriften des Pariser Kanzlers *Johannes Gerson (gest. 1429)* genannt, der zum wichtigsten Programmatiker und Anreger der Frömmigkeitstheologie des 15. Jahrhunderts wurde[77]. Bei ihm ist vor allem auffallend, wie er den Gesichtspunkt der Verzweiflung am eigenen Können in den Mittelpunkt seiner Spiritualität für Angefochtene rückt. Auch Gerson formuliert auf der Basis des ‚facere quod in se est' tröstliche Minimalprogramme menschlichen Wollens und Könnens[78]. Die höhere Stufe freilich, den Weg einer mystischen Theologie, sieht er darin, daß ein Mensch überhaupt nicht mehr auf sein Können oder Nicht-Können fixiert ist, sondern in konsequenter Demut an seinem geistlichen Vermögen verzweifelt, sich in Gottes Barmherzigkeit flüchtet und allein in ihren Verheißungen Hoffnungsgewißheit findet[79]. Dieses Überspringen der Frage nach dem eigenen Können ist für Gerson sozusagen ein Können höherer Ordnung. Wer sich ganz dem göttlichen Erbarmen anheimgibt und aus seiner subjektiven Perspektive mit völlig leeren Händen vor Gott steht, der erweist in Wahrheit, von objektiver Warte betrachtet, gerade mit dieser Haltung seinen Reichtum an religiösen Verdiensten und seine Würdigkeit vor Gott[80]. Für die veränderte Situation des 15. Jahrhunderts aber ist es bezeichnend, daß der Höhepunkt des geistlichen Vermögens gerade so und nicht anders artikuliert wird: als völlige Resignation und Ver-

---

[77] Vgl. CHRISTOPH BURGER: Artikel ‚Gerson, Johannes (1363–1429)', in: TRE 12 (1984), S. 532–538; zur Gerson-Rezeption vgl. HERBERT KRAUME: Artikel ‚Gerson, Johannes (Jean Charlier de Gerson)', in: Die deutsche Literatur des Mittelalters. Verfasserlexikon, Bd. 2, Berlin – New York 1980, Sp. 1266–1274. Zu Gerson als Programmatiker, Repräsentant und Anreger der Frömmigkeitstheologie vgl. BURGER: Aedificatio, Fructus, Utilitas. Johannes Gerson als Professor der Theologie und Kanzler der Universität Paris, Tübingen 1986 (= Beiträge zur historischen Theologie 70); GROSSE (wie Anm. 40); HAMM: Frömmigkeitstheologie (wie Anm. 5), besonders S. 136–175.

[78] Zu Gersons „Strategie der Mindesforderung" (GROSSE) siehe oben S. 122f. mit Anm. 41.

[79] Zu den zwei Stufen von Gersons Gewissenstrost, d.h. zur Dimension der Mindestforderung und zur Dimension der – von aller Tugend des Menschen absehenden – Hoffnungsgewißheit, vgl. die Untersuchung von GROSSE (wie Anm. 40), S. 75–131 u.ö. – Zu Gersons Ausdrucksweise, die Demut des geistlichen Menschen als ‚Verzweiflung an sich selbst' zu bezeichnen, vgl. BERNDT HAMM: Warum wurde für Luther der Glaube zum Zentralbegriff des christlichen Lebens?, in: Stephen E. Buckwalter, Bernd Moeller (Hgg.): Die frühe Reformation in Deutschland als Umbruch. Wiss. Symposion des Vereins für Reformationsgeschichte 1996, Gütersloh 1998 (= Schriften des Vereins für Reformationsgeschichte 199), S. 103–127: hier S. 109 mit Anm. 20. Die Frage verdient Klärung, ob und in welchen Kontexten diese theologisch zuspitzende Ausdrucksweise Gersons bei Theologen vor oder neben ihm zu belegen ist.

[80] Zur grundlegenden, aus der Untersuchung der theologisch-religiösen Quellen des Mittelalters gewonnenen Unterscheidung zwischen einer „verobjektivierenden und verallgemeinernden Aussageebene" (des Glaubens) und einer „subjektiv-existentiellen Aussageebene" (der Liebe, Demut und Hoffnung), zwischen einer reflektierenden Sprachform der Lehre und einer unmittelbaren Sprachform des Gebets vgl. HAMM ebd. S. 107–113.

zweiflung am eigenen Können und als Lobpreis des unendlichen göttlichen Erbarmens, der „sola misericordia dei". Darin war Gerson wegweisend[81].

6. Forcierte Barmherzigkeitstheologie um 1500: Johann von Staupitz im Unterschied zur spätfranziskanischen Tradition

Zwei Theologen, die das Gersonsche Ideal der Resignation über sich selbst und des Flüchtens in Gottes Barmherzigkeit um 1500 mit Nachdruck aufgenommen haben, waren der Straßburger Münsterprediger Johannes Geiler von Kaysersberg (1445–1510) und der Augustinereremit Johannes von Staupitz, Oberhaupt der observanten deutschen Augustinerkongregation (ca. 1468–1524). Staupitz repräsentiert allerdings einen wesentlich anderen Typ theologisch-seelsorgerlicher Entlastung, der in meiner bisherigen Darstellung noch nicht zur Sprache kam. Geiler nämlich steht (wie in unterschiedlicher Weise auch Stephan Fridolin und Johannes von Paltz) mit Gerson zusammen auf der Grundlage einer spätfranziskanischen Freiheitslehre, für die der Mensch – auch als Todsünder – prinzipiell Herr seiner eigenen Willensintention ist, die er entweder Gott oder dem Teufel zuwenden kann[82]. Staupitz dagegen ist einer der nicht gerade häufigen spätmittelalterlichen Vertreter einer radikal augustinischen Unfreiheitslehre[83]. Das bedeutet, daß es für Staupitz vor Eingießung der rechtfertigenden Gnade keinerlei Spuren eines religiösen Könnens gibt und daher auch keinerlei vorbereiten-

---

[81] Zum „sola misericordia dei" Gersons im Zusammenhang des 15. Jahrhunderts vgl. HAMM (wie Anm. 49), S. 171 Anm. 27.

[82] Zu dieser spätfranziskanischen Position Geilers, in der Ingredienzien der skotistischen und ockhamistischen Tradition kaum auseinandergehalten werden können, vgl. E. JANE DEMPSEY DOUGLASS: Justification in Late Medieval Preaching. A Study of John Geiler of Keisersberg, Leiden 1966 (= Studies in Medieval and Reformation Thought 1), mit der problematischen Behauptung eines Geilerschen Nominalismus; zu den Aspekten „sola misericordia dei" und „totalis de se desperatio" vgl. ebd. S. 162–176, besonders S. 168 Anm. 4, S. 169f. Anm. 1 und 4, S. 171 Anm. 5, ferner HAMM (wie Anm. 50), S. 342–354. Vgl. GEILERS Sterbe-ABC (1497), 19. Regel, in: Sämtliche Werke (wie Anm. 43), Bd. 1, Berlin – New York 1989, S. 107,13–20: „Tucken [= sich ducken] und sich demütecklichen trucken [= niederdrücken] durch ein gantze verzwyfelung an synen verdiensten und krefften. Hůt dich in der stund dynes sterbens vor hochfart, vermessenheit und üppigem wolgefallen dyner gůten werck, sunder all din hoffnung und vertrüwen setz in das lyden, sterben und verdienst unsers lieben herren Jesu Christi. Wann [= denn] alle unser gerechtikeiten falsch sind und vor der angesicht gottes als eyn befleckt, unrein tuch [Jes 64,6 Vulg.]."

[83] Zu Staupitz vgl. oben Anm. 1; hier vgl. besonders DAVID CURTIS STEINMETZ: Misericordia Dei. The Theology of Johannes von Staupitz in its Late Medieval Setting, Leiden 1968 (= Studies in Medieval and Reformation Thought 4); HEIKO A. OBERMAN: Werden und Wertung der Reformation. Vom Wegestreit zum Glaubenskampf, Tübingen 1977, S. 82–140 (6. Kap.: Augustinrenaissance im späten Mittelalter), zu Staupitz S. 97–118.

de Bewegung auf den Empfang der Gnade zu, auch nicht das geringste Wollen, Begehren und Schmerz-Empfinden. Erst die Gnade selbst entzündet ein geistliches Vermögen im Menschen und damit auch Herzensregungen eines echten, aus Liebe zu Gott hervorgehenden Schmerzes über die Sünden, der den Namen ‚Reue‘ verdient[84]. Interessant ist nun freilich, wie auch Staupitz ein abgestuftes Minimalprogramm des Reueschmerzes entwickelt, allerdings nicht wie Paltz, Dorsten und die Skotisten auf der Wegstrecke vor Empfang der rechtfertigenden Gnade, sondern auf der Ebene des durch die Rechtfertigung wiedergeborenen Menschen. Regungen des Erschreckens und der Angst kann er generell nicht positiv werten. Die Abstufungen, die er vornimmt, bezeichnen Stufen *innerhalb* des neuen Vertrauensverhältnisses der Seele zu Gott.

In einer seiner Nürnberger Fastenpredigten vom Frühjahr 1517, die in der Nachschrift des Ratsschreibers Lazarus Spengler überliefert sind[85], bringt Staupitz vier Aspekte des Ungenügens der menschlichen Reue zur Sprache; zugleich zeigt er vier Auswege aus dem Dilemma, daß der Sünder eine „genugsame“ Reue, die „zu abtilgung der sunden und erlangung gotlicher barmherzigkait“ ausreichend ist[86], haben muß, aber nicht haben kann:

1. Auch die vollgültige, wahre Liebesreue, die Gott durch seine Gnade im Herzen des Sünders entzündet, ist als Menschenreue stets so erbärmlich klein, daß sie aufgrund ihrer eigenen Gefühlsqualität überhaupt nicht an eine Sündenvergebung heranreichen kann. Nur weil der unendlich wertvolle stellvertretende Reueschmerz Christi über die Sünden der Welt im Garten Gethsemane, das seelische Leiden seiner Passion, alle Unzulänglichkeit unserer menschlichen Reue ausgleicht und sie so gleichsam zu Gott emporhebt, empfängt unser Reueschmerz die göttliche Vergebung für alle Sündenschuld und -strafe. Wir sollen daher, sagt Staupitz, wenn uns unsere Sünden herzlich leid sind, demütig zu Gott flehen, er wolle „unser rew un-

---

[84] Zu Staupitz’ Reueverständnis vgl. Lothar Graf zu Dohna, Richard Wetzel: Die Reue Christi: zum theologischen Ort der Buße bei Johann von Staupitz, in: Studien und Mitteilungen zur Geschichte des Benediktiner-Ordens und seiner Zweige 94 (1983), S. 457–482; Hamm (wie Anm. 3), S. 34–38.

[85] Staupitz: Nürnberger Predigtstücke, in: Joachim Karl Friedrich Knaake (Hg.): Johann von Staupitzens sämmtliche Werke, Bd. 1: Deutsche Schriften, Potsdam 1867, S. 15–42; die im folgenden zitierte Predigt über die Reue steht auf S. 15–19. – Spenglers Aufzeichnungen der Staupitz-Predigten sind von hoher Qualität und im Fall der Reue-Predigt von besonderer Ausführlichkeit (während bei anderen Predigten oft nur ein kurzes Stück referiert wird). Der Leiter der Nürnberger Ratskanzlei verfügte über die notwendige Schreibfertigkeit und theologische Bildung, um Staupitz’ Worte und Gedankengänge adäquat wiedergeben zu können, so daß man die Nachschriften als authentisches Zeugnis der Staupitzschen Predigtweise ansehen darf. Der Vergleich mit den von Staupitz selbst verfaßten und publizierten Schriften, besonders mit dem zeitlich benachbarten Libellus ‚De exsecutione aeternae praedestinationis‘, zeigt keinerlei Differenzen, sondern ein hohes Maß an theologischer und terminologischer Übereinstimmung.

[86] Ed. Knaake ebd. S. 18.

volkomenhait mit seiner rew und schmerzlichen traurigkait erfullen [= ausfüllen, ergänzen]"[87].

2. In seiner Auseinandersetzung mit den geistlichen Defiziten der Reue geht Staupitz freilich über die Feststellung ihres prinzipiellen Ungenügens ,coram deo' hinaus, indem er sich dem Grad des menschlichen Reueschmerzes zuwendet und hier Abstriche am Menschenmöglichen macht: Eigentlich sollte der Schmerz der wahren, herzlichen Reue, um alle Sündenstrafe abtilgen zu können, ebenso groß sein wie die „wollust", die der Mensch bei seinem sündigen Tun genossen hat. Da es aber sehr schwierig ist, „zu einer solchen hohen rew zu komen", begnügt sich Gott in seiner barmherzigen Geduld auch mit einem geringeren Reuevermögen des Sünders, wenn dieser nur durch echten Reueschmerz sein Bestmögliches tut – facit quod in se est – und sich der rettenden Wirksamkeit der Passion Christi anvertraut. Auch hier wieder („abermals") beruft sich Staupitz auf den christologischen Ausgleich, der die menschlichen Bußmängel ausgleicht[88].

3. In einem weiteren Schritt geht Staupitz auf die Not solcher Menschen ein, die wohl eine wahre, herzliche Reue haben, aber daran zweifeln, ob sie zur Tilgung von Sündenschuld und -strafen „genu(n)gsam" ist. Die typisch spätmittelalterliche Frage nach der sowohl qualitativ als auch quantitativ ausreichenden Buße spitzt sich hier zur bedrängenden Frage nach dem notwendigen Reue-Quantum zu. Der Augustinerprediger kann den ,beschwerten Gemütern' den ,guten, christlichen Trost' zusprechen, daß für sie der kumulative Weg wiederholter Reueakte infrage kommt: „Ob wol [= wenn auch] ein mensch uff einzeit und einmal [= zu einem Zeitpunkt und auf einmal] so genungsam rew, wie die nothurfft erfordert, nit haben mag [= kann], sol er doch den misfal seiner sunden und ein hitzige berewung zu offtermalen, und ye offter ye pesser und fruchtbarer, furnemen. Durch diese gemanigfaltige rew wirdet auch der schmertz gemert, dann offt wenig macht einmal vil, also das dodurch die menig [= Menge] des schmerzens und berewens zu abtilgung der sunden und erlangung gotlicher barmherzigkait und gnad genugsam wirdet."[89] – Dieser dritte Aspekt des Unge-

---

[87] Ebd. S. 16f. mit den zitierten Worten auf S. 17.

[88] Ebd. S. 17f. mit der entscheidenden Passage: „Wiewol nun gar beschwerlich ist, zu ainer solchen hohen rew zu komen, wil doch got der almechtig als ein parmherziger vater, wo wir durch ein geordente rew hierin unnser vermogen thun [= facimus quod in nobis est] und uns der mitwurcklichen krafft und erfullung [= Ausfüllung, Ergänzung] des pluts Christi underwerffen, abermals gedult tragen, uns auch nit verlassen, sonder unser purg [= Bürge] und selbhelfer [= in eigener Person unser Helfer] sein, also was auff moglichen ankerten vleis [= auf allen uns möglichen daran gekehrten Eifer hin] an unns erwindet [= an uns fehlt, uns ermangelt], das solchs an ime als unserm erloser und purgen zugee und erstatet werd [= zu seinen Lasten gehe und mit ihm ergänzt werde]. Und ob wol [= wenn auch] in berewung unser sunden der schmertz des herzens so gross und reichlich nit ist, das er sich mit dem wollust [der] begangen[en] sunden mag vergleichen, so wil sich doch der almechtig abermaln an menschlichen vermogen begnugen lassen [...]"

[89] Ebd. S. 18.

nügens und ‚Genugsam-Werdens' bildet im Vergleich mit den drei anderen
eher einen Nebenaspekt.

4. War eben noch davon die Rede, daß der Sünder oft eine ‚hitzige' Reue
haben soll, so kommt Staupitz schließlich zu der desillusionierten Feststellung, daß es sich bei der Beichte meist anders verhält und ein Mißverhältnis
zwischen Reden und Empfinden besteht: Zwar sei es üblich, daß man dem
Beichtvater gegenüber beteuert, man bereue die gebeichteten und vergesse-
nen Sünden „von grundt seins herzens" und sie tätem einem leid, doch ent-
spreche diesem Bekennen des Mundes sehr selten eine wahre Herzensreue,
die in der Liebe zu Gott gegründet ist. Angesichts dieser fundamentalen
Reuekrise, in der es um den „rechten grundt" der Reue geht, greift auch
Staupitz auf den damals verbreiteten, von Paltz hochgeschätzten Ratschlag
„doleas, quod non doleas!" zurück[90]. Kennzeichnend für seien Lösung ist allerdings, daß er nicht wie Paltz, Dorsten und die Skotistenschule in der ver-
wandelnden Kraft des Sakraments, besonders der priesterlichen Absoluti-
onsgewalt, den Ausgleich für das Ungenügen der Reue findet, sondern an
eine unmittelbare Gebetsbeziehung zwischen Mensch, Gott und Passions-
christus denkt. Staupitz variiert damit aufs neue ("abermaln") die christolo-
gische Konstante seiner Predigt, sofern der Mensch als Bereuender ohnehin
immer auf den christologischen Ausgleich seines menschlichen Unvermögens angewiesen ist. Der Aufforderung zum Schmerzempfinden über den
fehlenden Schmerz oder zur Reue über die mangelnde Reue gibt er daher
eine Wendung, die bis in einzelne Formulierungen hinein wieder zum ersten und zweiten Aspekt des Ungenügens zurückführt: „Ob er wol [= falls
der Mensch] kain volkomene rew erlangen mag [= kann], so sol er doch
uber das [= darüber] einen hertzlichen schmerzen und rewen nemen und
haben, das [= daß es] ime uber sein moglichen vleis[91] an genungsamer rew
mangelt [am Rand: Doleo quod non doleo], und got den almechtigen abermaln ermanen, diesen mangel durch sein pitters leiden und plutvergisen zu
erfullen [= auszufüllen, zu ergänzen] und neben seiner geprechenlichen rew
ain parmherziger mitwurcker zu sein. Bedarff es nit zweiffels [= Es ist un-
zweifelhaft]: Got wil sich an vermogen ains menschen setigen lassen und
diesem rewer sein gnad nit entziehen."[92]

Als Ergebnis ist festzuhalten: Obwohl Staupitz als Theologe und Seelsorger kein Attritionist ist, obwohl er einer Furchtreue nichts Nutzbringendes
abgewinnen kann, sondern den Beginn der Buße in einer herzlichen Liebe
zu Gott und in der Trauer über die Beleidigung Gottes durch die Sünden

---

[90] Vgl. zu PALTZ oben S. 119 bei Anm. 24.

[91] Gemeint ist: über sein ‚facere quod in se est' hinaus, trotz des seinen Möglichkeiten
entsprechenden Bemühens.

[92] STAUPITZ: Nürnberger Predigtstücke (wie Anm. 85), S. 18f. Der Schlußsatz ist wieder eine Adaption des scholastischen Axioms: „Facientibus quod in se est deus non denegat gratiam." Vgl. oben Anm. 64.

sieht[93], senkt doch auch er innerhalb seiner Vorstellung von einer ‚genugsamen' contritio die Mindesterwartung an einen reuigen Sünder und sein ‚facere quod in se est' schrittweise ab. Die abstufende Bewegung seiner Predigt führt vom „hochsten schmerz" der ganz von Christi Leiden Ergriffenen[94] über ein geringeres Schmerzempfinden der wahrhaft Bereuenden bis zum Schmerz über den fehlenden Reueschmerz. Denen, die sich schwach fühlen bzw. auch wirklich schwach sind, gibt er zu verstehen, daß die Gottesliebe und der Reueschmerz des Menschen stets einfach darin bestehen dürfen, mit flehentlichem Bitten zu Gottes Barmherzigkeit zu laufen und sich ganz der schützenden Wirkung der Passion Christi anzuvertrauen[95].

Wichtig scheint mir zu sein, daß auch der Wittenberger Augustinerprofessor Staupitz wie sein Erfurter Mitbruder und Kollege Paltz eine Endstufe des spätmittelalterlichen Bemühens repräsentiert, das Gewicht von der Seite der geistlichen Qualität und Aktivität des Menschen auf die Seite der gnadenwirkenden und rettenden Barmherzigkeit Gottes zu verlagern. Die vier von mir skizzierten einflußreichen Überlieferungsstränge einer entlastend-tröstenden Seelsorgetheologie des Spätmittelalters erfuhren so im Laufe des 15. und zu Beginn des 16. Jahrhunderts eine Art Forcierung und Zuspitzung. Paltz zeigt, wie weit man bei diesem Bemühen auf der Grundlage einer spätfranziskanischen Freiheitslehre gehen konnte, wenn man diesen Weg konsequent bis zu einem Minimum des eigenen Wollens und Könnens verfolgte. Staupitz hingegen demonstriert, wie man auf der Basis einer streng augustinischen Unfreiheits- und Prädestinationslehre, in der Tradition mystischer Theologie[96] und aufgrund einer sehr intensiven Vorstellung vom stellvertretenden und kommunikativen Eintreten des Leidens Christi noch weiter gehen konnte. In seiner Theologie verschwindet nicht nur jeglicher Rest einer ethischen Güte des Menschen vor und außerhalb der rechtfertigenden Gnadenwirkung Gottes. Auch innerhalb des Wirkungsstroms der eingegossenen Gnade betont Staupitz das völlige Unvermögen des Menschen, durch seine eigenen Herzensregungen und Werke der Liebe genugtuend oder verdienend Straferlaß bzw. Lohn bei Gott zu erwirken. Immer muß das Genugtun und Verdienen der Passion Christi mit unserem Mangel kommunizieren, ihn ausgleichen und damit erst ein menschliches

---

[93] Vgl. LUTHERs nachdrücklichen Hinweis darauf, daß es Staupitz gewesen sei, der ihn darin unterwiesen habe, daß die Liebe zu Gott und seiner Gerechtigkeit nicht die Vollendung, sondern den Ausgangspunkt der Buße bilde; Luther an Staupitz am 30. Mai 1518: WA 1,525–527. Zur Deutung vgl. HAMM (wie Anm. 3), S. 35–44. Zum Aspekt der Beleidigung Gottes vgl. STAUPITZ: Nürnberger Predigtstücke (wie Anm. 85), S. 16f.

[94] STAUPITZ: Nürnberger Predigtstücke (wie Anm. 85), S. 16f.

[95] Vgl. besonders ebd. S. 22–25 das Predigtstück mit der Überschrift: „Wie der mensch durch ain vertrewlich gemute und hoffen got dem almechtigen verainigt werden und aus menig seiner sunden an gotes parmherzigkait nit verzweiffeln sol".

[96] STAUPITZ' Vorstellung von der Unmittelbarkeit der Seele zu Gott/Christus („den edeln gespons unser selen", ebd. S. 16f.) und der mystischen unio mit ihm klingt deutlich in der eben zitierten Überschrift (Anm. 95) an.

Genugtun und Verdienen ermöglichen. Selbst wenn jemand die größte, al-
lerherzlichste Liebesreue hätte, die ein Mensch je haben kann, so wäre sie
doch ohne Einbettung in die Reue Christi nicht in der Lage, auch nur die
Schuld- und Straffolge einer einzigen Todsünde zu tilgen[97]. In diesem theologischen Kontext gewinnt dann auch die Gersonsche Verzweiflung an sich
selbst[98] eine neue Aussagekraft. Sie ist nicht nur subjektive Demutsgeste,
sonder entspricht dem realen, objektiven Zustand des gerechtfertigten Sünders vor Gott. Er hat tatsächlich allen Grund, an seinen eigenen Möglichkeiten – auch an seinem geistlichen Können – zu verzweifeln und seine Hoffnung ausschließlich auf jene Barmherzigkeit Gottes zu setzen, die ihn vor
aller Zeit erwählt hat und der Gott treu bleibt.[99]

7. Das Ungenügen der menschlichen Genugtuung
und der unendliche Wert der Genugtuung Jesu Christi

Die Aspekte des menschlichen Nicht-Könnens und Minimalvermögens,
von denen bisher die Rede war, betrafen vor allem den ersten Wegabschnitt
der Buße vor Empfang des Bußsakraments und des Abendmahls, also die
Schwierigkeiten des Reueschmerzes. Ich übergehe die Problemzone des
sorgfältigen Beichtens, die ebenfalls durch das Dilemma von Sollen und
Nicht-Können belastet ist[100] und ein entsprechendes Entlastungsbemühen
der Seelsorger hervorruft[101], und wende mich wenigstens kurz dem letzten
Teil der Buße, der Genugtuung (satisfactio), zu.

Bei Staupitz wird besonders deutlich, wie eng in der spätmittelalterlichen
Bußseelsorge die Probleme der wahren Reue mit der Frage nach einer vollgültigen Genugtuung zusammenhängen. Die satisfaktorische Dimension
der (lebenslangen) Reue zeigt sich in seinen Nürnberger Fastenpredigten
vor allem darin, daß er die Frage nach der „genu(n)gsamen rew" auf die

[97] STAUPITZ ebd. S. 16: „so gros kann des menschen nit rew sein […], das sie ain
ainige begangne todsundt ablesch".
[98] Vgl. oben S. 134 mit Anm. 79.
[99] Zur Verzweiflung an sich selbst bei Staupitz vgl. HAMM: Frömmigkeitstheologie
(wie Anm. 5), S. 222 mit Anm. 34.
[100] Vgl. HAMM ebd. S. 218f. Zu zwanghaften Zügen der Fixierung auf eine perfekte
Beichte im Spätmittelalter vgl. auch JOHAN HUIZINGA: Herbst des Mittelalters. Studien
über Lebens- und Geistesformen des 14. und 15. Jahrhunderts in Frankreich und in den
Niederlanden, 11. Aufl. der deutschen Fassung, hg. von Kurt Köster, Stuttgart 1975,
S. 258–260.
[101] Typisch für eine bestimmte spätmittelalterliche Tendenz ist auch in diesem Fall
wieder JOHANNES VON PALTZ, wenn er im Blick auf Schwerkranke zur Lösung kommt,
daß es nicht auf den Vollzug der Beichte, sondern auf das Beichten-Wollen ankommt: „si
non possunt confiteri et libenter vellent, tunc nihilominus virtute sacramenti extremae
unctionis eorum attritio fit contritio". Supplementum Coelifodinae (wie Anm. 5),
S. 244,15–17.

Befreiung sowohl von der ewigen Sündenstrafe der Hölle als auch von der zeitlichen des Fegefeuers bezieht[102]. Staupitz steht damit durchaus in einer breiten spätmittelalterlichen Tradition: Prinzipiell kann in der Frömmigkeitstheologie des 15. Jahrhunderts auch der Reue eine genugtuende Wirkung hinsichtlich der zeitlichen Sündenstrafen zugesprochen werden. Sie ist dann sozusagen eine innere Genugtuung der Seele im Unterschied zur Genug-tuung im speziellen Sinne, der Tilgung zeitlicher Sündenstrafen durch körperliches Tun oder auch durch williges körperliches Erleiden. Auch die Beichte wäre unter diesem Gesichtspunkt zu berücksichtigen, sofern auch sie als eine Art des Genugtuns, als eine orale Satisfaktion, verstanden werden kann – der Tatsache entsprechend, daß der Mensch nicht nur mit Gedanken und Werken, sondern auch durch Reden gesündigt hat[103].

Überall da aber, wo es um Genugtuung des Menschen für sein Sündigen geht, brechen genau die Grundfragen auf, denen wir bisher – vor allem mit Blick auf die Reue- und Schmerzthematik – begegnet sind: Wieviel oder wie wenig vermag der Mensch vor Gott? Kann er nicht wenigstens das Gute wollen oder dieses Wollen wollen? Kann der Wille von Gott für die Tat genommen werden, vor allem im Zustand der Schwäche und Todesnot, wenn der Mensch nichts mehr tun kann? Wieviel Wollen ist nötig, wieviel Nicht-Wollen und Nicht-Können verzeihlich? Welche stellvertretende und ausgleichende Wirkung gewinnt die Passion Christi, das Eintreten Marias und der Heiligen sowie der tätige Einsatz lebender Menschen für das Seelenheil ihrer verstorbenen Mitmenschen: durch Fürbitte, Ablaßkauf, Meßstiftungen usw.? Was wir bisher an Antworten gefunden haben, ließe sich an den Quellen analog auf der Ebene der Genugtuung bestätigen und weiterführen. Vor allem könnte man zeigen, wie auch beim Genugtuungsthema die gleiche Entwicklungsdynamik zu beobachten ist, die bei der Schmerzproblematik der Reue ins Auge fiel: wie im Spätmittelalter des 14. und 15. Jahrhunderts die seelsorgebezogene Theologie besonders darin innovativ ist, daß sie das Gewicht stärker vom Können und Tun des Menschen nehmen und auf die stellvertretend-entlastende Funktion der Barmherzigkeit Gottes und ihrer Vermittler verlagern möchte[104]. Unangefochten bleibt auch für diese intensivierte Gnaden- und Barmherzigkeitstheologie das Axiom der Gerechtigkeit Gottes: daß der himmlische Richter mit seiner vergeltenden Gerechtigkeit keine Sünde ungestraft läßt[105]. Da Gott seinem gerechten Wesen treu

---

[102] Vgl. STAUPITZ: Nürnberger Predigtstücke (wie Anm. 85), z.B. S. 17; dazu HAMM: Frömmigkeitstheologie (wie Anm. 5), S. 240.

[103] Zum Verständnis der Reue und Beichte als Genugtuung vgl. z.B. eine der Predigten des Dominikaners JOHANNES DIEMAR: bei LEE (wie Anm. 46), S. 231. Im Blick auf die genugtuende Wirkung der Beichte formuliert er die Regel: „so vil eins diemutigerlicher und unterscheidlicher sagt, so vil mer legt er die sund ab".

[104] Vgl. oben S. 126f. bei Anm. 49.

[105] Vgl. ARNOLD ANGENENDT: Deus, qui nullum peccatum impunitum dimittit. Ein „Grundsatz" der mittelalterlichen Bußgeschichte, in: Matthias Lutz-Bachmann (Hg.):

bleibt, ist die Äquivalenz eines genugtuenden Ausgleichs für die Sünde notwendig. Doch tritt diesem ehernen Gerechtigkeitsprinzip auf allen Stufen des menschlichen Lebens – und so auch beim bedrängenden Problem der ausreichenden Genugtuung – das Prinzip der Stellvertretung und Interzession entgegen. Weil Gott gerecht, aber in noch höherem Maße barmherzig ist, sorgt er selbst für die Genugtuung: Christus nimmt am Kreuz die Strafe auf sich und leistet für die Sünder Satisfaktion. Allerdings müssen auch sie in irgendeiner Weise, wenn auch nur minimal, an der Genugtuung mitwirken. Die Erbsünde kann ihnen allein um Christi willen ohne eigene Genugtuung vergeben werden, da sie an ihr nicht aktiv und willentlich beteiligt waren. Die Tatsünden hingegen verlangen eine satisfaktorische Eigenbeteiligung der Sünder, weil sie selbst verursachende Subjekte ihrer sündigen Akte waren. Indem sie nun als Wollende und Handelnde ein Minimum eigener Genugtuung erbringen, z.B. die Passion Christi durchdenken und affektiv nachvollziehen, kommt ihnen die ganze Heilswirkung der genugtuenden Passion zugute. Der Minimalbeitrag der eigenen Andacht ist sozusagen der Schlüssel, um sich die unermeßlichen Reichtümer der stellvertretenden Genugtuung des Gottessohnes erschließen zu können.

Heinrich Seuse bringt diese frappierende Entlastungswirkung der Passion in exemplarischer Weise zum Ausdruck, indem er angesichts der langen und furchtbaren Fegefeuerstrafen ausruft: O lange und schreckliche Qual![106] „Aber siehe, wie jeder Mensch diese Strafe durch die allerleichteste und -kürzeste Genugtuung ausgleichen (compensare) könnte, wenn er sie aus dem Schatz der Passion des unbefleckten Lammes zu entnehmen wüßte. Dieser Schatz, der wegen der größten Liebe, der würdigsten Person und des unermeßlichsten Schmerzes von größtem Wert ist, steht nämlich in ausreichender und überströmender Fülle zur Verfügung; und deshalb könnte sich ein Mensch auf ihn in der Weise beziehen und aus seinem Verdienst und seiner Genugtuung in andächtiger Haltung so viel zu sich herüberziehen, daß er in Kürze vom Ganzen befreit würde (in brevi de toto liberaretur), auch wenn er tausend Jahre (im Fegefeuer) gereinigt werden müßte."[107]

Und dennoch ist von Gott zu reden, Festschrift für Herbert Vorgrimler, Freiburg i.Br. – Basel – Wien 1994, S. 142–156. Vgl. auch die folgende Anm.

[106] Im Zusammenhang der Frage nach der genugtuenden Wirkung der Passionsmeditation hinsichtlich der Fegefeuerstrafe sagt Seuse: „Qualiter autem haec utilissima meditatio poenam purgatorii relaxare habeat, tibi indicabo. En autor naturae nil inordinatum in sua natura relinquit; sed nec divina iustitia quidquam mali impunitum dimittit, quod non aut hic aut in futuro debitae subiciat correctioni. […] O nimis longa miserae animae exspectatio! O diutina et acerba nimium cruciatio! Dolor perseverans et immensus! Paenitentia gravior omni terrestri cruciatu!" SEUSE: Horologium Sapientiae, lib. 1,14 (wie Anm. 59), S. 496,9–19.

[107] „Sed vide, quod hanc poenam levissima et brevissima satisfactione compensare posset, quicumque ipsam de thesauro passionis agni immaculati sciret recipere. Hic namque thesaurus pretiosissimus propter caritatem maximam personamque dignissimam ac dolorem immensissimum sufficiens et superabundans exstat; et ideo taliter posset se homo

„Der kleinste Tropfen meines allerkostbarsten Blutes", sagt Christus, „genügte für die Erlösung und Genugtuung der ganzen Welt"[108]. Größte Straflasten, die Gottes Gerechtigkeit den Sündern aufbürdet, werden für sie durch Christi Stellvertretung zu einem Strafrest, der in der kurzen Zeitspanne dieses Lebens leicht zu tilgen ist[109].

Mit diesen Sätzen hat Seuse im Zuge der intensivierten Passionsfrömmigkeit seiner Zeit die grundsätzliche Lösung des Dilemmas von Genugtun-Müssen und Nicht-Genugtun-Können formuliert – auch wenn dann im einzelnen umstritten blieb, welchen Charakter die Eigenbeteiligung des Menschen haben muß und welche Rolle dabei der Ablaß spielen kann. Ein offensichtlich franziskanischer Traktat ‚Von der göttlichen Liebe‘[110] hat um 1500 das genugtuend-verdienende Vermögen des gerechtfertigten Menschen und den grundlegenden bzw. ergänzenden Genugtuungs- und Verdienstwert der Passion Christi durch zwei Regeln so zueinander in Beziehung gesetzt: Grundsätzlich ist vorausgesetzt: Kraft des Leidens Christ und nur in seinem Wirkungskontext hat der Mensch die Möglichkeit, „das er gott mag [= kann] genüg thün für alles, das er gott schüldig ist"[111]. Dabei gilt erstens: „Was der mensch nit hat oder vermag auß seinem verdienst, das vermag er auß dem verdienst des leidens Ihesu."[112] Zweitens gilt die Regel: „So der mensch ym [= sich] das leiden Cristi inniklicher einpild und sich mer damit bekummert [= mitleidend zu Herzen gehen läßt], so er mer verdient [= desto mehr verdient er] die krafft und das verdienst des leidens Ihesu."[113]

Obwohl der Autor des Bamberger Traktats als Repräsentant einer spätfranziskanischen Denkweise weit mehr als viele andere Theologen um 1500 das religiöse Leistungsvermögen des begnadeten Menschen akzentuiert und dabei dem freien Willen des Menschen eine Schlüsselrolle als ‚Königin‘ zumißt[114], so ist doch die prinzipielle Polarität zwischen dem menschlichen

---

ad hunc applicare et de eius merito et satisfactione tam devote ad se trahere, ut si mille annis deberet purgari, in brevi de toto liberaretur." Ebd. S. 496,19–26.

[108] „Postea meritum passionis meae debes summo cum affectu extollere et magnificare cogitando, quoniam *apud me copiosissima est redemptio* [Vulg.-Ps. 129,7] et quod minima gutta pretiosissimi sanguinis, qui per omnes partes corporis mei vulneribus repleti largiter effluxit, pro redemptione et satisfactione totius mundi suffecisset." Ebd. S. 497,20–24.

[109] Zu den Aspekten ‚kurz‘ (brevis) und ‚leicht‘ (levis) vgl. ebd. S. 497,5f.

[110] Überschrift: „Von der gotlichen lieb etliche gütte stucklen zu mercken"; ediert in: RUH, LADISCH-GRUBE, BRECHT (Hgg.): Franziskanisches Schrifttum (wie Anm. 65), S. 232–247 (am Ende Datierung: 1508). Nach Auskunft der Editoren stammt die in der Bamberger Staatsbibl. aufbewahrte Sammelhandschrift, die den Traktat enthält, aus dem Bamberger oder Nürnberger Klarissenkloster.

[111] Ebd. S. 238f., Zeile 196–199 (mit der Begründung: „darum ist Cristus Ihesus unser teglich opfer für unser sund und fur alle gütter und gaben, die wir haben entpfangen und teglich entpfahen von gott").

[112] Ebd. S. 239,200f.

[113] Ebd. S. 239,207–209.

[114] „Man mag [= kann] auch dem willen die lieb nit nemen mit gewalt, wen [= denn]

Wollen und Können einerseits und der Gnadenwirkung und Stellvertretung Christi andererseits allgemein gültig für die theologische und seelsorgerliche Situation vor der Reformation: Durch die Pole soll ein Kraftfeld des Zusammenwirkens entstehen. Selbst Staupitz hält am menschlichen ‚facere quod in se est' und an der Notwendigkeit des eigenen Genugtuns und Verdienens fest[115]. Wie der Mensch verantwortliches Subjekt seiner Todsünde war, so muß er auch mit seinem intellektuellen und voluntativen Personsein mitwirkendes Subjekt seiner Bewegung auf das Heil hin werden. Der Weg zur Seligkeit muß notwendigerweise der Weg seines durch die Gnade geheilten Wollens und Könnens sein. Ob man um 1500 dieses Vermögen des Menschen eher perfektionistisch und optimistisch sieht oder eher minimalistisch und desillusioniert, ändert nichts an der prinzipiell bejahten soteriologischen Subjektrolle des Menschen – einer Subjektrolle, die in die soteriologische Hauptrolle Jesu Christi integriert ist[116]. In dieser Hinsicht bringt die von Luther ausgehende Reformation eine grundlegend andere Sicht der Stellung des Menschen vor Gott[117].

8. Die Reformation im Kontext des Spätmittelalters

Was zum Abschluß nachdrücklich hervorgehoben werden soll, ist der unmittelbare Zusammenhang zwischen der skizzierten Dynamik der spätmittelalterlichen Frömmigkeitstheologie und dem Impetus der Reformation. In vielen theologischen Entwürfen des 14. und besonders des 15. Jahrhunderts gewinnt das Unvermögen des Menschen vor Gott, das Ungenügen seiner inneren und äußeren Akte und seine Schutzbedürftigkeit als „armes Würmlein"[118] eine andere und schärfere Artikulation als in früheren Jahrhunderten – wie ja auch die Phänomene des skrupulösen und kleinmütigen Gewissens eine neue Dringlichkeit erreichen. In genauer Entsprechung

---

der frey willen ist die kunigin im reich des menschen und hat vollen gewalt und will ungezwungen sein. Und darum ist die lieb der gancz schacz des menschen und das allerpest, das edelist, das liebst; und das wil der herr von uns haben […]" Ebd. S. 237,144–147.

[115] Vgl. ADOLAR ZUMKELLER: Johannes von Staupitz und seine christliche Heilslehre, Würzburg 1994 (= Cassiciacum 45), Sachregister s.v. ‚Facienti quod in se est Deus non denegat gratiam' (S. 253), ‚Genugtuung' (S. 254) und ‚Verdienst' (S. 264).

[116] Zur soteriologischen Subjektrolle des Menschen in Staupitz' Verständnis vgl. JOHANN V. STAUPITZ: Libellus de executione aeternae praedestinationis, ed. Lothar Graf zu Dohna, Richard Wetzel (= STAUPITZ: Sämtliche Schriften 2), Berlin – New York 1979, S. 124, § 40 mit Anm. 50.

[117] Vgl. WILFRIED JOEST: Ontologie der Person bei Luther, Göttingen 1967.

[118] Zum Bild des armen, elenden, unreinen Wurms oder Würmleins (in Anlehnung an Vulg.-Ps. 21,7 und Hiob 25,6) vgl. z.B. HEINRICH SEUSE: Horologium Sapientiae, lib. 1,14 (wie Anm. 59), S. 497,15; VATER SIGMUND: Eucharistie-Predigt (wie Anm. 65), S. 103,72; STEPHAN FRIDOLIN: Lehre für angefochtene und kleinmütige Menschen, unten S. 191, Z. 30 und 193, Z. 25.

dazu tritt eine theologische Denkweise hervor, die bereits vorhandene Vorstellungen von der „unendlichen Liebe und Barmherzigkeit" Gottes intensiviert[119] und ihnen neuartige Funktionen der Entlastung, des Schutzes und Trostes im Sinne stellvertretenden Leidens und Schmerzempfindens, Genugtuns und Verdienens gibt. Dies ist das wohl wichtigste Ergebnis meines Aufsatzes, das durch die ikonographischen Innovationen auf den Bildwerken des 14. und 15. Jahrhunderts bestätigt und unterstrichen wird[120]. Im Kontakt und Kontrast zu den Ängsten, Schreckensvisionen und Drohpredigten der Zeit tendiert ein beachtlicher Strang der seelsorge-orientierten Theologie zu einem „sola misericordia", „sola gratia" und „solus Christus", wie es in der Tat schon vor der Reformation nicht selten sprachlich artikuliert wird[121]. Insofern bringt die Reformation eine spätmittelalterliche Dynamik zum Abschluß: Die spätmittelalterlichen Minimalisierungen menschlichen Könnens schlagen um in die Perspektive des völligen Nicht-Könnens ‚coram deo', während die spätmittelalterlichen Maximalisierungen der Barmherzigkeit Gottes zur Lehre von der soteriologischen Alleinwirksamkeit Gottes radikalisiert werden.

Diese Sichtweise nimmt der von mir wiederholt vertretenen These von der Reformation als Systembruch oder grundlegendem Wandel nicht ihre Berechtigung[122]. Das reformatorische Rechtfertigungsverständnis in seinen unterschiedlichen Ausprägungen bedeutet tatsächlich einen systemsprengenden Umbruch gegenüber den spätmittelalterlichen Vorstellungen vom Heilsweg des Menschen, auch gegenüber Konzeptionen einer forcierten Barmherzigkeits- und Entlastungstheologie, wie wir sie kennengelernt haben. Was ich gerade eben über die moralische Subjektrolle des sich auf das Heil zubewegenden Menschen nach mittelalterlichem Verständnis gesagt habe, ließ die Dimension dieses Umbruchs ahnen. Zugleich aber ist ein besseres Verständnis der Reformation, besonders ihrer Entstehung und ihrer hohen Plausibilität für viele Zeitgenossen[123], möglich, wenn man sie im Kontext des Spätmittelalters und von der innovativen Dynamik der spätmittelalterlichen Religiosität her versteht. So betrachtet, bilden Spätmittelalter

---

[119] Vgl. Traktat ‚Von der göttlichen Liebe' (wie Anm. 110), S. 238,176–178: „Und darum so hat got der hymlisch vater in dem werck gegen menschen erzaigt sein unentliche lieb und barmherzikait, wen [= denn] das was wider des menschen verdienst."

[120] Vgl. oben S. 126 mit Anm. 49.

[121] Zur Häufung von ‚Sola'-Formulierungen in den Jahrzehnten vor der Reformation (als Forschungshypothese!) vgl. BERNDT HAMM: Von der spätmittelalterlichen reformatio zur Reformation: der Prozeß normativer Zentrierung von Religion und Gesellschaft in Deutschland, in: Archiv für Reformationsgeschichte 84 (1993), S. 7–82: hier 37–41.

[122] Vgl. besonders BERNDT HAMM: Einheit und Vielfalt der Reformation – oder: was die Reformation zur Reformation machte, in: HAMM, BERND MOELLER, DOROTHEA WENDEBOURG: Reformationstheorien. Ein kirchenhistorischer Disput über Einheit und Vielfalt der Reformation, Göttingen 1995, S. 57–127.

[123] Vgl. BERND MOELLER: Die Rezeption Luthers in der frühen Reformation, in: Reformationstheorien (wie Anm. 122), S. 9–29.

und Reformation zusammen die Ära einer religiösen Transformation[124]; die Jahre zwischen 1300 und 1550 bilden das umfassende Zeitalter eines Neuverständnisses von Barmherzigkeit, Stellvertretung und Entlastung. Daß dabei wichtige Aspekte der Neuorientierung in die Jahrzehnte und Jahrhunderte vorher, besonders bis zum Umbruch des 12. Jahrhunderts zurückgeführt werden können, ist überdeutlich[125]. Es geht mir nicht um eine scharfe Abgrenzung an den Rändern des Zeitraums, zu der nichts zwingt, sondern um die Einsicht, wie stark *innerhalb* des 14. bis 16. Jahrhunderts eine kohärente religiöse Problemzuspitzung und eine sich ebenfalls zuspitzende kohärente Dynamik der Problemlösung wahrzunehmen sind.

Zur Kohärenz dieses Zeitalters der Transformation gehört freilich nicht nur die Dynamik des Erbarmens. Es gibt bekanntlich gleichzeitig auch eine Dynamik der zunehmenden Sozialregulierung und -disziplinierung, forcierter Leitbilder von Policey, Ordnung, Zucht, Gesetzesgehorsam und Heiligung gegenüber den ›satanischen Mächten‹ der Zügel- und Zuchtlosigkeit und des Libertinismus. Auch in ihrer regulativen und kontrollierenden Energie ist diese Ära innovativ[126]. Und auch darin sind Spätmittelalter und Reformation verbunden, daß sich theologisch, pastoral, sozial und politisch vielfältige Beziehungsmöglichkeiten zwischen einer Kultur der Barmherzigkeit und Entlastung und einer Kultur der Regulierung und Disziplinierung ergeben[127].

---

[124] Zu dieser Anwendung des Begriffs ‚Transformation‘ vgl. THOMAS LENTES: ›Andacht‹ und ›Gebärde‹. Das religiöse Ausdrucksverhalten, in: Bernhard Jussen, Craig Koslofsky (Hgg.): Kulturelle Reformation. Sinnformationen im Umbruch 1400–1600, Göttingen 1999 (= Veröffentlichungen des Max-Planck-Instituts für Geschichte 145), S. 29–67.

[125] Man bedenke etwa, wie stark die Frömmigkeitstheologie des ausgehenden Mittelalters mit ihrer Deutung der Passion Christi auf Bernhard von Clairvaux und seine Schule zurückgreift; zur Zäsur des 12. Jahrhunderts vgl. oben S. 112 mit Anm. 3.

[126] Dies ist zu unterstreichen, auch wenn sich, wie oben betont, im Bereich der Frömmigkeitstheologie und der Frömmigkeitsbilder die Innovationen und die Veränderungsdynamik besonders in einer stärkeren Hervorhebung von Erbarmen, Schutz und Sicherung für den hilfsbedürftigen Menschen zeigen.

[127] Vgl. HAMM (wie Anm. 50), besonders S. 354–356.

Contemptus mundi – contemptus Judaei?

Nachfolgeideale und Antijudaismus in der spätmittelalterlichen Predigtliteratur

Hans-Martin Kirn

1. Einleitung

Zu den wichtigen, bislang kaum in Angriff genommenen Aufgaben in der Erforschung des spätmittelalterlichen Antijudaismus und Antisemitismus auf dem Weg zu einer integralen Deutung religiös-mentaler, wirtschaftlicher, rechtlicher und sozialer Faktoren gehören Erschließung und Auswertung der zeitgenössischen Predigt und Predigtliteratur. Neben der volkssprachlichen Predigt verdienen die lateinischen Predigtwerke und -magazine besondere Beachtung, deren Entwicklung und Verbreitung seit dem 13. Jahrhundert unter Führung der Mendikanten in Deutschland, Italien, England und Frankreich eine reiche Blüte erlebte. Für den Bereich der Passionsfrömmigkeit sind dies vor allem die im Lauf des Spätmittelalters an Bedeutung gewinnende Gattung der Fasten- oder Quadragesimalpredigten.[1] Auch wenn die lateinischen Predigtwerke als vermittelnde Instanz von Glaubens- und Normenwissen weder die Predigtpraxis vor Ort noch ihre Wirkung unmittelbar widerspiegeln, eröffnen sie doch als verbreitete homiletische Hilfsmittel auf ideologisch-konstruktiver Ebene den Zugang zu einem wichtigen Aspekt des spätmittelalterlichen Antijudaismus: Seiner verstärkten Instrumentalisierung für die breitenwirksame Profilierung und Legitimierung christlicher Nachfolgeideale, wie sie sich im Wechselspiel von theologisch-scholastisch verpflichtendem Traktatwissen und den konkreten Ansprüchen der Predigtpraxis herausbildet. Die nähere Verfolgung der frömmigkeitsgeschichtlich akzentuierten Fragestellung dürfte zugleich eine

---

[1] Vgl. insgesamt JOHANN B. SCHNEYER: Geschichte der katholischen Predigt, Freiburg 1969; JEAN LONGÈRE: La prédication médievale, Paris 1983; MICHAEL MENZEL: Predigt und Predigtorganisation im Mittelalter, in: HJ 111, 1991, S. 337–384 (mit Lit. in Anm. 1, S. 337); ISNARD W. FRANK: Art. Predigt VI. Mittelalter, in: TRE Bd. 27 (1997), S. 248–262 (mit Lit.). Noch immer hilfreich ist RUDOLF CRUEL: Geschichte der deutschen Predigt im Mittelalter. Repr. d. Ausg. Detmold 1879, Darmstadt 1966. Zur Exempelliteratur vgl. schon J.-TH. WELTER: L'Exemplum dans la littérature religieuse et didactique du moyen âge, Nachdr. Genf 1973 (zuerst Paris-Toulouse 1927); zur Exemplaforschung s. u. Anm. 8.

unabdingbare Voraussetzung für die Rekonstruktion wesentlicher Teilbe-
reiche historischer Mentalitäten und damit auch für eine bessere epochale
Erfassung antijudaistischer und antisemitischer Phänomene sein.[2]

Angesichts der unbestritten hohen Bedeutung, welche den Mendikanten
sowohl für die Produktion einer reichen Predigtliteratur wie für die Verschärfung des Verhältnisses von Juden und Christen im Laufe des Spätmittelalters zukommt, liegt es nahe, Predigtwerke aus ihrer Hand in den Mittelpunkt zu stellen. Gerade in den Hauptbereichen ihrer Tätigkeit, der Bußpredigt und der Laienunterweisung, wurde die antijüdische Agitation zu
einem wichtigen Mittel der Konturierung von Nachfolgeidealen sowohl im
Blick auf die angestrebten Ordens- und Kirchenreformen wie auf die sozial
motivierten gesellschaftsreformerischen Anstrengungen. Gesellschaftsre-
form hieß für die Bettelordensprediger im städtischen Kontext in erster Linie eine Sakralisierung des Gemeinwesens unter kirchlicher Dominanz, so
in der Durchsetzung des kanonischen Rechts gegen die weltlichen Herr-
schaftsansprüche über die Juden und in der Stärkung kirchlicher Verhal-
tens- und Sozialkontrolle mittels des Beichtinstituts. Dieses Sakralisierungs-
interesse, das zugleich Teil des Kampfes um die Definition der klassischen
These von der Knechtschaft der Juden bedeutet, hat die konsequente Marginalisierung des Judentums und seine Stilisierung zur antikirchlichen Ge-
genwelt befördert und namhafte Mendikantenprediger zu Anwälten der seit
der Mitte des 14. Jahrhunderts zunehmend verbreiteten Judenvertreibungs-
politik werden lassen.[3] Dabei wurde der primär auf theologische Abgrenzung ausgerichtete Antijudaismus zusammen mit den traditionellen Antisemitismen gesellschaftlicher Ausgrenzung breitenwirksam radikalisiert und
zum typisch spätmittelalterlichen Antisemitismus christlich-sozialer Prägung fortgeschrieben und verdichtet. Die bei der kompilatorisch geprägten
spätmittelalterlichen Predigtliteratur oft vermißte Originalität ist dabei für
unsere Fragestellung kein Nachteil, zeigt dies doch um so deutlicher die von
einer breiten mittelalterlichen Tradition gespeiste Grundtendenz der funk-
tionalen Integration der Judenfeindschaft in Leitkonzepte christlicher
Glaubens- und Lebenspraxis. Die im 13. Jahrhundert mit dem inquisitorischen Kampf gegen die jüdische Traditionsliteratur und der offiziellen
Rechtfertigung von Judenausweisungen einsetzende Radikalisierung im
Verhältnis der Kirche zu den Juden offenbart nun auch auf breiterer literarischer Basis ihre inneren Ambivalenzen. Die polemisch forcierte Strategie

---

[2] Zur Gesamtkonzeption einer Mentalitätsgeschichte und ihrer Problematik vgl. insb.
VOLKER SELLIN: Mentalität und Mentalitätsgeschichte, in: HZ 241, 1985, S. 555–598; PE-
TER DINTZELBACHER: Zu Theorie und Praxis der Mentalitätsgeschichte, in: Peter Dintzel-
bacher (Hg.): Europäische Mentalitätsgeschichte. Hauptthemen in Einzeldarstellungen,
Stuttgart 1993 (= KTA 469), S. XV–XXXVII (mit Bibliogr.).

[3] Vgl. kurz HERMANN GREIVE: Die Juden. Grundzüge ihrer Geschichte im mittelalterlichen und neuzeitlichen Europa, 4. erg. Aufl., Darmstadt 1992 (= WB-Forum 74), Register: Dominikaner, Franziskaner.

gesellschaftlicher Ausgrenzung bis hin zur Ausweisung setzte das augustinische Koexistenzmodell faktisch außer Kraft und trieb die Ausbreitung mittelalterlicher Antisemitismen wie die der Ritualmord- und Hostienfrevelvorwürfe voran, die in Deutschland erstmals im 13. Jahrhundert auftauchten. Dies gilt insbesondere für die Zeit nach der Pestwelle Mitte des 14. Jahrhunderts, als das Judentum im Römischen Reich sein herkömmlich städtisches Gepräge zunehmend verlor.[4]

Die Verbreitung der antijüdischen Kritik verweist auf ein innerchristliches Krisenpotential bzw. ein gesteigertes Krisenbewußtsein, das aus der endgeschichtlich-apokalyptisch gedeuteten Differenz zwischen religiösem Anspruch und gesellschaftlicher Wirklichkeit entstand und vorrangig in der städtischen, in der Sicht der Bettelorden nach wie vor wesentlich von den Juden repräsentierten Lebenswelt verankert war.[5] Diese Differenz wurde in besonders intensiver Weise von den Trägern der dem Laienpublikum nahestehenden bettelmönchischen Reform wahrgenommen, mit Hilfe antijüdischer Vorurteile und Kollektivstereotypen identifiziert, in den Ordnungsrahmen einer schon frühmittelalterlich angelegten dualisierenden Weltsicht eingearbeitet und mittels Predigt bzw. Predigtliteratur verbreitet. Das klassische christliche Nachfolgeideal der Weltverachtung (contemptus mundi) öffnete sich perspektivisch hin zur rational und affektiv verankerten Judenverachtung, die auf eine verschärfte Einforderung der religiös-sozialen Distinktion und am Ende auf die Eliminierung der Juden als „Christenfeinde" aus dem Gemeinwesen zielte.[6] Anders ausgedrückt: Je konsequenter das contemptus-mundi-Ideal auf eine religiös-kirchliche Einheitsvorstellung der Gesellschaft hin ausgelegt wurde, desto enger wuchs es mit der Forderung nach obrigkeitlich geordneter Ausweisung der Juden zusammen oder nahm offen gewalttätig-eliminatorische Züge an wie im Vorfeld der Judenausweisung aus Spanien 1492.[7]

---

[4] Die bei JEREMY COHEN: The Friars and the Jews. The Evolution of Medieval Anti-Judaism, 2. Aufl., London 1986, auf der Basis des 13. Jh. entworfenen Grundgegensätze bedürfen nach wie vor der ordensspezifischen wie örtlichen und zeitlichen Differenzierung.

[5] Zur Verschränkung von Antijudaismus bzw. Antisemitismus und Apokalyptik vgl. ANDREW COLIN GOW: The Red Jews. Antisemitism in an Apocalyptic Age, 1200–1600, Leiden/New York/Köln 1995 (= SMRT 55).

[6] Die wohl populärste Entfaltung des vom späten 11. bis zum 17. Jh. verbreiteten contemptus-mundi-Ideals stammt aus der Feder des späteren Papstes Innozenz III.; vgl. ROBERT E. LEWIS (Hg.): Lotario dei Segni (Pope Innocent III). De miseria condicionis humane, Athens (USA) 1978. Die auch unter dem Titel *De contemptu mundi* bekannte Schrift führt ohne besondere antijüdische Akzentuierungen an zentrale mittelalterliche Tugend- und Frömmigkeitsideale heran. Als Papst Innozenz III. verfolgte Lotario dei Segni allerdings eine neue Form verschärfter Judenpolitik, welche die augustinische Toleranzforderung mit einer stark repressiven Grundhaltung gegenüber den Juden als feindlich gesehener Minderheit zu verbinden suchte.

[7] Vgl. BENJAMIN NETANYAHU: The Origins of the Inquisition in Fifteenth Century Spain, New York 1995.

Trotz dieser allgemeinen Tendenzen prägen die radikalen, von der Vertreibungsideologie geprägten Stimmen, die neben Spanien auch in Italien
bei den Franziskanerobservanten in der 2. Hälfte des 15. Jahrhunderts Raum
gewannen und auf Deutschland ausstrahlten, die bettelmönchische Predigtliteratur keineswegs im ganzen. Die traditionellen Zielvorstellungen friedli-
cher Koexistenz zwischen Christen und Juden als gesellschaftlich randstän-
diger Minorität blieben präsent, freilich in Gestalt der restriktiven kanonischen Judengesetzgebung. Doch auch hier verschärfte sich der latente
Widerspruch zwischen theoretisch festgehaltener Koexistenz und ihrer
praktischen Infragestellung im Gesamtduktus vieler Predigten.

Im folgenden soll eine schmale Auswahl von im deutschsprachigen
Raum verbreiteten gedruckten Predigtwerken auf ihre antijüdischen Elemente hin befragt werden, wobei der Schwerpunkt auf den Predigtwerken
des Nürnberger Dominikaners Johannes Herolt (gest. 1468 im Regensbur-
ger Dominikanerkloster) liegt.[8]

Johannes Herolt wurde vor allem durch seine lebens- und frömmigkeitspraktisch orientierten lateinischen Predigtmagazine und Promptuarien, also
systematisch gegliederte Nachschlagewerke für Predigtexempel, bekannt.
Die Wahrnehmung der Differenz zwischen spätscholastisch-gelehrtem Pre-
digtanspruch und gelebter Glaubenswirklichkeit, Sachbezogenheit und Hö-
rernähe führte ihn zur stärkeren Verwendung der Exempelliteratur wie auch
der Naturallegorese, was einen guten Teil des Erfolgs seiner Werke erklärt.
Sie sollten dem einfachen Seelsorger umfassendes Material für Predigt und
Unterweisung an die Hand geben. Herolt nannte sich statt mit Namen stets
nur „Discipulus": Er begründete dies mit seiner Abkehr von den Subtilia
der scholastischen Magistri und Doctores zugunsten der Simplicia des
Schülers, was freilich der scholastischen Grundorientierung der Predigten
keinen Abbruch tat.[9] Seine Werke gehören zu den verbreitetsten ihrer Art

---

[8] Vgl. FRANZ JOSEF WORSTBROCK: Art. Herolt, Johannes (Discipulus), in: VerLex
(2.Aufl.), Bd. 3 (1981), Sp. 1123–1127. ISNARD WILHELM FRANK, Art. Herolt, Johannes,
in: LThK (3. Aufl.), Bd. 5, Sp. 16 (Lit.). SOPMA, Bd. 2, S. 450–460, vgl. VD 16, I. Abt., Bd.
8, H 2563–H 2576. HEINZ SCHRECKENBERG: Die christlichen Adversus-Judaeos-Texte
und ihr literarisches und historisches Umfeld (13.-20. Jh.), Frankfurt/M. 1994 (= EHS.T
497), S. 534f. Einen älteren Überblick über die wichtigsten Werke (mit stark antipro-
testantisch-apologetischer Ausrichtung) bietet NICOLAUS PAULUS: Johannes Herolt und
seine Lehre. Ein Beitrag zur Geschichte des religiösen Volksunterrichts am Ausgang des
Mittelalters, in: ZkTh 26, 1902, S. 417–447. Vgl. auch CRUEL (wie Anm. 2), S. 480;
RICHARD NEWHAUSER: From treatise to sermon: Johannes Herolt on the novem peccata
aliena, in: Thomas L. Amos u.a. (Hg.): De ore domini. Preacher and word in the Middle
Ages, Kalamazoo (Michigan) 1989 (= SMC 27), S. 185–209; XAVIER HERMAND: Les
méthodes de travail d'un compilateur d'*Exempla* du XVe siècle: Jean Herold et le *Promp-
tuarium exemplorum*, in: AFH 64, 1994, S. 261–299 (mit weiterer Lit. zu Herolt in Anm. 2,
S. 261f., zur Exemplaforschung Anm. 38, S. 271f.). – Eine Predigt Herolts findet sich im
Anhang abgedruckt.

[9] Der im Vergleich zu anderen zeitgenössischen Werken stärkere lebens- und frömmig-
keitspraktische Akzent darf nicht nur als Mangel an theologischer Originalität oder als Zu-

im Spätmittelalter.[10] Wegen ihrer lebenspraktischen Orientierung fanden sie auch in den Kreisen der „Brüder des gemeinsamen Lebens" Resonanz.[11] Nürnberg beherbergte zu Herolts Zeiten eine finanziell starke, wirtschaftlich prosperierende Judengemeinde, die dieser in seiner Negativzeichnung zeitgenössischer Juden wohl mit vor Augen hatte. Erst nach der Mitte des Jahrhunderts wurden die Freiheiten der Juden obrigkeitlich immer mehr eingeschränkt. Auch die antijüdische Agitation dominikanischer Prediger nahm in dieser Zeit zu, bis der Rat schließlich im Jahr 1499 die schon in den 1470er Jahren angestrebte Ausweisung der Juden beschloß und vollzog.[12] Herolt dürfte mit in die Vorgeschichte dieser Judenvertreibung gehören, auch wenn er diese noch nicht explizit gefordert und die Spitzen antijüdischer Agitation nicht erreicht hat.

2. Die antijüdische Profilierung des Glaubenswissens

Die lehrmäßige Auseinandersetzung mit dem jüdischen Glauben spielt in Herolts Predigten keine eigenständige Rolle. Eine Ausnahme bildet die Antichristthematik, die üblicherweise am vierten Adventssonntag zum Text II Thess 2,1ff. abgehandelt wurde.[13] Hier finden sich traditionelle Antijudaismen wie die jüdische Herkunft des Antichristen und seine messianische Verehrung durch die Juden.[14] Herolt unterscheidet sich an dieser Stelle nicht von anderen großen Ordens- und Bußpredigern wie dem Spanier Vinzenz Ferrer (gest. 1419).[15] Zielpunkt blieb die Vergewisserung der Gläubigen, das anhebende endgeschichtliche Drama werde sich zugunsten des

---

geständnis an den Bildungsnotstand in weiten Kreisen des einfachen Klerus gedeutet werden, sondern hat zugleich auch das Nachfolgeideal der simplicitas mit zu veranschlagen.

[10] Für die frühen Sermones de tempore, geschrieben 1418, sind über 200 Handschriften des 15. Jh. erhalten, gleich in das letzte Viertel des 15. Jh. fallen rund 45 Drucke; insgesamt werden noch im ersten Drittel des 16. Jh. besonders in Deutschland zahlreiche Werke Herolts gedruckt, 1612 erscheint in Mainz eine erste Gesamtausgabe. Wirkungs- und Rezeptionsgeschichte sind bislang nicht näher erforscht, anhand der Drucke lassen sich Kontinuitäten bis ins (frühe) 18. Jh. feststellen.

[11] Die 1476 in Rostock erschienenen Ausgaben der Werke des „Discipulus" stammten von dortigen Fraterherren, vgl. Paulus (wie oben Anm. 7), S. 422f.

[12] Vgl. MISHAEL TOCH: Art. Nürnberg, in: GermJud Bd. III,2, S. 1001–1044.

[13] JOHANNES HEROLT (o. Vf.): Sermones discipuli de Tempore: de sanctis et quadragesimale eiusdem […], Lyon 1508, fol. b4ᵛ-b6ʳ; vgl. die Ausgabe Mainz 1612, S. 51–58.

[14] Herolt folgt der Tradition der Glossa ordinaria, Nikolaus von Gorran (gest. 1295) und anderen Ordensautoritäten.

[15] Ferrer war seit 1399 als Prediger unterwegs und betrieb zwischen 1409–1415 eine Aufsehen erregende Predigtarbeit in Spanien, bei der er sich auch an Juden und Mauren wandte. Vgl. VINZENZ FERRER: […] Sermones hyemales […], Antwerpen 1570, S. 69–73; DERS.: Quadragesimale […], in: Opera, Augsburg 1729, S. 55–58. Zur volkssprachlichen Predigt vgl. VINZENZ FERRER: Sermons de Quaresma, Introducció de M. Sanchis Guarner, 2 Bde., Valencia 1973 (= Classics Albatros 3–4). Andere Predigten machen klar, daß Juden, zweifelnde und lasterhaft lebende Christen analog gesehen wurden und die

Christentums entwickeln und die verbleibenden Juden durch Bekehrung und Taufe zur Kirche führen. Die in der Predigt verbreitete Antichristüberlieferung geht zwar von einem zunehmenden Gegensatz zwischen Juden und Christen aus, setzt aber das mittelalterliche Koexistenzmodell nicht außer Kraft. Vielmehr wird es als bleibend vorausgesetzt. Der Grundkonflikt zwischen jüdischer Messiashoffnung und Christusglaube hat demnach konstitutiven Charakter für die christliche Gesellschaft bis ans Ende der Weltgeschichte. Die Unlösbarkeit dieses dem umfassenden Sakralisierungsdrang entgegenlaufenden Sachverhalts beförderte die Anstrengungen gelehrter Judenmission, von der bei Herolt nichts zu spüren ist, ließ aber auch unabhängig davon die jüdische Messiashoffnung zum bevorzugten Gegenstand spöttisch-polemischer Distanzierung werden. So nahm Herolt die bei Caesarius von Heisterbach (gest. nach 1240) berichtete legendäre Geschichte von einer angeblich mit dem Messias schwangeren Jüdin in sein Promptuarium auf.[16] Die Erzählung wurde bis in die Flugschriftenliteratur hinein vielfach verbreitet. Direkte apokalyptische Dramatisierungen vermied Herolt, doch der Weg war gebahnt: Er teilte nicht nur das endgeschichtliche Sendungsbewußtsein der Bettelorden, sondern stärkte auch den Eindruck einer Affinität zwischen Juden und Antichristgestalt.[17] Dazu gehörte die typisierende Entgegensetzung von Christus als Inbegriff aller Tugenden (vas omnium virtutum) und dem Antichristen als Inbegriff aller Laster (vas omnium vitiorum). So kulminierten nach allgemeiner Auffassung im Antichristen und seinen Vorläufern die Todsünden Genußsucht (luxuria), Habgier (avaritia) und Hochmut (superbia). Diese markierten zwar allgemeine moralische Defizite, wurden aber in herausgehobener Gestalt der konkurrierenden jüdischen Glaubens- und Lebenswelt zugeschrieben. Abscheu vor Laster und Sünde zu wecken, tendierte eindeutig zum Provozieren von Abscheu vor den Juden. Schließlich wurde das contemptus-mundi-Ideal nicht nur glaubensbezogen, sondern auch geschichtstheologisch und sozial antijüdisch akzentuiert und dabei die augustinische „Zwei-civitates-Lehre" dualisierend aufgespalten.[18] Die Juden erschienen so, obwohl nicht die ein-

---

Judenmission wegen der christlichen Unbußfertigkeit als so wenig erfolgreich betrachtet wurde, VINZENZ FERRER: Festivale [...], in: Opera, Augsburg 1729, S. 36–38, 257–260.

[16] HEROLT (wie Anm. 13), fol. r6ʳ (in Sermo 105 zum 10. Sonntag nach Trinitatis), vgl. Ausgabe Mainz 1612, S. 384 (im Promptuarium, mit Verweis auf die genannte Predigt). Die Predigt findet sich als Textbeilage im Anhang. Zur Legende vgl. CAESARIUS VON HEISTERBACH: Dialogus miraculorum, 2 Bde., hg. v. Jos. Strange, Köln 1851, Bd. 1, 94f. (2, 24). Zu weiteren bibliographischen Angaben s. SCHRECKENBERG (wie Anm. 8), S. 109.

[17] Vgl. HEROLT (wie Anm. 13), fol. E3ʳ-E4ᵛ. Herolt stellt den Orden vor als den von Gott nach Lk 14,17 endzeitlich ausgesandten Knecht.

[18] Zum contemptus-mundi-Ideal vgl. Sermo 36, HEROLT (wie Anm. 13), fol. y3ᵛ-y4ᵛ. Zur ewigen Verdammnis von Juden, Häretikern und Heiden s. ebd., Sermo 41 (2. Sonntag der Fastenzeit), vgl. Ausgabe 1612, S. 231–241. Siehe auch die auf Augustins Unterscheidung der beiden Reiche fußende Predigt zum contemptus-mundi-Ideal im Quadragesimale von SILVESTRO PRIERIAS (Mazzolini): [...] Quadragesimale aureum, Venedig 1515,

zigen Adressaten der Antichristpolemik, kollektiv als vorrangige Repräsentanten des theologisch-moralischen Weltbegriffs und wurden als solche, Glieder der civitas Diaboli, auch Gegenstand offener Dämonisierung. In ihnen schien sich zu bündeln, was innerchristlich an endzeitlichen Krisenphänomenen wahrgenommen und vergeblich bekämpft wurde, so die Entfaltung der Geldwirtschaft in den Städten, das Erstarken des Antiklerikalismus und das Auftreten von (hier wohl hussitischen) Häretikern.

Andere im deutschsprachigen Raum verbreitete Predigtwerke sind von einer stärker lehrmäßig orientierten Akzentuierung des christlichen Wahrheitsanspruchs mit Hilfe antijüdischer Momente bestimmt, so etwa die Quadragesimalpredigten des in Mittel- und Süditalien bis in die Mitte des 15. Jahrhunderts tätigen italienischen Dominikaners und Ordensreformers Petrus Geremia (Petrus de Hieremia, gest. 1452).[19] Geremia griff vor allem das traditionelle Motiv der jüdischen Blindheit in Glaubensdingen auf. Obwohl er es zur internen Kritik an mangelnder biblischer und theologischer Bildung sowie an den zahlreichen Ordensstreitigkeiten nutzte und diese in einen endgeschichtlichen Zusammenhang rückte, stand nach außen die Häretisierung des Judentums im Vordergrund.[20] Dies zeigt eine charakteristische Predigt Geremias über die „Sünde wider den Heiligen Geist", in welcher der Glaubensgegensatz durch Aufnahme des Blasphemievorwurfs inquisitorisch zugespitzt wurde. Daneben findet sich die charakteristische Zusammenführung von christologischer Deutung der klassischen alttestamentlichen und sibyllinischen Weissagungen mit antijüdischen legendären Berichten aus älteren und neueren Chroniken und Volksbüchern wie der *Legenda aurea* sowie der liturgischen Praxis, welche den Gegensatz zwischen triumphierender Kirche und blinder Synagoge besang.[21] Auch die verbreitete *Summa praedicantium*, ein frühes Hilfswerk für Prediger aus der Feder des englischen Dominikaners und Wiclif-Gegners Johannes von Bromyard[e] (gest. um 1409), zeigt das charakteristische inquisitorische Gefälle. Zwar distanzierte er sich von expliziter Hetze der Prediger gegen die Ungläubigen, doch ausdrücklich wurde der papalistische Anspruch auf universale Herr-

---

fol. 27ʳ-28ᵛ. Zur augustinischen Gottes- und Weltliebe im Predigtkontext vgl. JOHANNES VON BROMYARD: Summa praedicantium, Nürnberg 1485, Stichwort Civitas C 4.

[19] Vgl. ANGELUS WALZ: Art. PETRUS GEREMIA, in: LThK (2. Aufl.), Bd. 8, Sp. 363.

[20] Zur jüdischen Blindheit vgl. PETRUS GEREMIA: Sermones […], (Hagenau) 1514, fol. 265ᵛ-268ᵛ (Sermo 24 in der Reihe „De fide").

[21] GEREMIA (wie Anm. 20), fol. 67ʳ-69ᵛ (Sermo 12). Die Juden machten sich demnach schon durch ihre als willentliche Bosheit interpretierte Ablehnung des christlichen Glaubens der Sünde wider den Heiligen Geist schuldig. Eine entsprechende Sünde wurde für Judas behauptet: Seine in den Suizid treibende Verzweiflung galt als Beleg, daß er Jesus aus reiner Bosheit verriet. Die Juden werden hier wie in anderen Zusammenhängen in einer schuld- wie schicksalhaften Gemeinschaft mit der Judasgestalt gesehen, die in der Passionszeit ihre besondere Vergegenwärtigung fand. Zum christlichen Wahrheitsbeweis vgl. Sermo 3 in der Reihe „De fide", ebd., fol. 211ᵛ-214ᵛ (mit der Geschichte einer Judentaufe). Zur jüdischen Gefolgschaft des Antichristen vgl. ebd., fol. 265ᵛ-268ᵛ.

schaft über die Juden auch in Religionsfragen erneuert, sofern sich diese von der kirchlich definierten mosaischen Gesetzestreue entfernten. Dies war Ausdruck der latenten Häretisierung der rabbinischen Literatur, die seit der Verbrennung des Talmuds 1242 in Paris wiederholt offene Formen angenommen hatte.[22]

Markanter als Geremia wandte sich der erste literarische Gegner Martin Luthers in Italien, Silvestro Prierias (Mazzolini; 1456–1523) von den Dominikanerobservanten, in seinem *Quadragesimale* lehrmäßig gegen die Juden, und zwar besonders zur Verteidigung des christlichen Trinitätsdogmas. Charakteristisch ist die sprachhumanistische Färbung und die kritische Aufnahme der Auslegungstradition des Nikolaus von Lyra (um 1270–1349): Dessen Betonung des Literalsinns wurde im Gefolge des Paulus von Burgos (um 1351–1435) eine zu große Nähe zum jüdischen Schriftverständnis unterstellt. Auffällig ist, daß Prierias den Juden nicht jede Art von Gotteserkenntnis absprach. Freilich blieb dies aufgrund einer geschickten scholastischen Distinktion ohne praktische Konsequenz: Den Juden wurde wohl eine Art spekulativer Gotteserkenntnis zuerkannt, nicht aber eine operative. Die Häretisierung des jüdischen Glaubens ist auch hier unverkennbar ein Mittel, der innerchristlichen Verhaltens- und Sittenkritik, etwa an der Spielleidenschaft, die nötige Schärfe zu geben.[23] ‚Schlimmer als die Juden‘ oder ‚schlimmer als Judas‘ wurde wie bei anderen Predigern zu einer stereotypen Grundformel innerchristlicher Desavouierung lasterhaften Verhaltens und zugleich zum Indiz für die in die Nachfolgeideale integrierte Judenfeindschaft.[24]

Ein weiteres im deutschsprachigen Bereich verbreitetes Predigtwerk stammt von einem nicht näher bekannten ungarischen Franziskanerobservanten, genannt Michael de Hungaria, aus dem Konvent in Pest (heute: Budapest). In seinen Quadragesimalpredigten schlägt sich die starke jüdische Präsenz im Vielvölkerstaat Ungarn deutlich nieder.[25] Die Schilderung der Gefahren und Anfechtungen, die er von der religiös-kulturellen und ethnischen Vielfalt für den römisch-katholischen Glauben ausgehen sah, zeigt eine starke innere Verunsicherung. Entsprechend scharf fielen die Angriffe auf die „perfidi Judaei" aus, mit denen er sich im Zusammenhang einer Predigt über Zweinaturenlehre und Messianität Jesu ausführlich auseinan-

---

[22] BROMYARD (wie Anm. 18), Strichwort Crux C 17, Art. 1,3.

[23] SILVESTRO PRIERIAS (Mazzolini): […] Quadragesimale aureum, Venedig 1515, fol. 56ᵛ-58ʳ.

[24] Vgl. PRIERIAS (wie Anm. 23), fol. 40ᵛ-41ʳ. Eine streng lehrmäßige antijüdische Akzentuierung findet sich auch in einer Reminiscere-Predigt des Dominikaners GABRIEL BARLETTA (geb. 1470): Sermones […] De tempore […]. De sanctis […], Hagenau 1514, fol. 43b-46b (De fide).

[25] MICHAEL DE HUNGARIA (o. Vf.), Quadragesimale […], Hagenau 1507, Prolog, fol. a2ʳ. Zur Verurteilung der „Griechen" „ vgl. die Sermones 28 und 29, zu den Hussiten s. Sermo 27.

dersetzte.[26] Die im corpus der Predigt vorgestellte christologisch-messiani-
sche Glaubensvergewisserung bediente sich zunächst der klassischen Argumentation mit dem alttestamentlichen Schriftbeweis und der Geschichts-
überlieferung des Josephus, nahm aber zur Stützung der *veritas hebraica* im
Gefolge des Nikolaus von Lyra auch die jüdische Traditionsliteratur zu Hilfe. Die Angriffe auf die „moderni Judaei" vollzogen sich mittels traditioneller Elemente wie der angeblichen Selbstverfluchung nach Mt 27,25,
doch wurde zugleich an der heilsgeschichtlichen Hoffnung auf die endzeitliche Judenbekehrung festgehalten. Auffallend gegenüber Herolt ist die of-
fensive Aufnahme rabbinischer und vor allem auch jüdisch-polemischer
Quellen, so der frühmittelalterlichen *Toledot Jeschu*, die den inquisitorischen
Zug der bettelmönchischen Bekämpfung des Judentums verstärkte.[27] Die
Denunzierung der Juden vollzog sich wiederum mittels Umkehrung christlicher Tugend- und Nachfolgeideale: Juden liebten zeitliche Güter und ver-
abscheuten das evangelische Armutsideal; sie erzögen ihre Kinder gegen das
Gebot der Nächstenliebe und verfluchten die Christen im synagogalen Gebet. Wenn dabei zugestanden wurde, *ein* Grund für die jüdische Ablehnung
des christlichen Glaubens liege in den Verstehensschwierigkeiten, die Juden
mit den zentralen trinitarischen, christologischen und sakramentstheologi-
schen Dogmen hätten, dann zeigt dies einmal das Scheitern rationaler
Überzeugungsarbeit in Predigt und Disputation gegenüber den Juden, sodann die Schwierigkeit, diese Überzeugungsarbeit intern in der christlichen
Predigt und Laienunterweisung erfolgreich zu leisten und den Laien ein
sicheres Glaubenwissen zu vermitteln. In der Schmähung des sog. „Taufjuden" treffen sich beide Aspekte: Nach allgemeiner Erfahrung bleibe ein ge-
taufter Jude dem Christentum selten treu, er falle wieder „ad vomitum" zurück, wie traditionell in Aufnahme der Häretikerpolemik von II Petr 2,22
formuliert wurde – ganz offenbar auch deshalb, weil die katechetische Tauf-
unterweisung wenig vermochte. Der an innerchristlichen Verunsicherungen über drohenden Heils- und Identitätsverlust elaborierende Charakter
der Polemik äußerte sich auch in den meist fiktiven Buß- und Umkehrru-
fen an die Juden. Gemeint waren die glaubensschwachen und zweifelnden
Christen, die *in persona Judaeorum* angesprochen wurden.[28] Die Juden fun-
gierten in der scholastischen Hierarchie der Verfehlungen als Anschauungs-

---

[26] Michael de Hungaria (wie Anm. 25), fol. s1^r-s5^r (Sermo 34, Sonntag Remini-
scere).

[27] Vgl. Samuel Krauss: Das Leben Jesu nach jüdischen Quellen, 2. Nachdr. d. Ausg.
Berlin 1902, Hildesheim 1994.

[28] Vgl. die beschwörenden Ausrufe am Schluß der Predigt über die Erfüllung des
Gesetzes in Christus, Sermo 35: „O igitur iudei obstinati, o christi domini occisores miseri […] attendite et intendite ad rectam christianam fidem. […] Hec sancta fides decla-
rat quod extra ipsam existentes omnes eternaliter peribunt et ad inferna transibunt. A
quo nos (!) eripiat christus filius dei vivi. Amen." Michael de Hungaria (wie Anm.
25), fol. s5^r-t^r; fol. t^r.

material für schwerste Schuld, schärfste Strafe und ewige Verdammnis.[29] In der Konsequenz bedurfte es daher nicht unbedingt der konkreten Anwesenheit von Juden, um antijüdische Kollektivstereotypen weiter zu tradieren und den latenten, in Spannungsmomenten leicht zu aktivierenden Antijudaismus zu festigen.

Ähnliche antijüdisch geprägte Vergewisserungsformen christlichen Glaubens finden sich bei den meisten großen Ordenspredigern der Zeit, so im *Quadragesimale* des Vinzenz Ferrer und bei Bernhardin von Siena, dem „alter Paulus" der franziskanischen Ordenspredigt mit seiner Predigerschule.[30] Biblische Ansatzpunkte waren dabei in der Passionszeit vor allem das Gleichnis von den Weingärtnern Mt 21,33ff. und das Lied vom unfruchtbaren Weinberg Jes 5,1ff. Die traditionelle Identifizierung der Juden der Gegenwart mit den unbußfertigen der biblischen Zeit fand hier ihre Einbindung in den liturgischen Rhythmus des Kirchenjahres.

Neben dem Bereich des Glaubenswissens wurde das bettelmönchische contemptus-mundi-Ideal in verschiedenen Bereichen der Frömmigkeitspraxis aktuell.

3. Die antijüdische Profilierung der Frömmigkeit

3.1 Passionsfrömmigkeit und Kreuzesverehrung

Die spätmittelalterliche Intensivierung der Passionsfrömmigkeit ist wesentlich mit dem Motiv der compassio, des Mitleidens der Gläubigen mit Christus und Maria, verbunden. Dem religiösen Subjekt wuchs eine neue Bedeutung gegenüber dem objektiven Kreuzesgeschehen zu, ein für die affektive Gründung des Antijudaismus wichtiger Tatbestand. Die Karwoche bzw. der Karfreitag mit seinem Höhepunkt liturgisch-dramatischer Vergegenwärtigung der Leidensgeschichte bot für die Predigtliteratur vielfache Gelegenheit, entsprechende Akzente zu setzen. Biblischer Ausgangspunkt für Johannes Herolts Karfreitagspredigt war wie üblich der Beginn der Klagelieder Jeremias („Ihr alle, die ihr des Weges zieht, schaut doch und seht, ob

---

[29] Dies wurde in einer weiteren Predigt lehrmäßig entfaltet und mit den Forderungen der kirchlichen Judengesetzgebung verbunden. MICHAEL DE HUNGARIA (wie Anm. 25) Sermo 39, fol. v7ᵛ-x3ᵛ.

[30] Vgl. FERRER (wie Anm. 15); BERNHARDIN VON SIENA, Opera omnia [...], Bd. 1, Venedig 1745, S. 3–8 (De fidei christianae firmitate). Zum contemptus-mundi-Ideal insg. vgl. ebd., S. 225–230. Luxuria, avaritia und superbia können auch direkt als contemptus divitiarum, contemptus deliciarum und contemptus magnificentiarum bestimmt werden, ebd., S. 226. Vgl. BERNHARDIN VON SIENA, Quadragesimale [...], Venedig 1745 (Opera omnia Bd. 2), S. 33–39; der amor inordinatus wird dreifach in amor avarus, amor luxuriosus, amor superbus aufgefächert. Zur fraternitas daemonialis der durch avaritia, luxuria und superbia Verbundenen s. die Polemik bei FERRER, Quadragesimale (wie Anm. 15), S. 81–84.

ein Schmerz ist wie mein Schmerz [...]", Thr 1,12). Vorgestellt als gesprochen *in persona Christi*, bildete der Vers im Gefolge bernhardinischer Kreuzesfrömmigkeit den Auftakt eines Werbens um Mitleiden und Nachempfinden, einmal als geschuldeter Dankeserweis für Leiden und Sterben Jesu, sodann als notwendiges Heilmittel gegen die Anfechtungen des Teufels.[31] Beide Elemente ließen sich für die Mobilisierung antijüdischer Affekte wie auch die innerchristlicher Heilserwartungen, wie sie mit dem Ablaß verbunden waren, instrumentalisieren.[32] Den traditionellen Ansatzpunkt, die sog. Selbstverfluchungsformel Mt 27, 25 („Sein Blut komme über uns und unsere Kinder [...]") wurde von Herolt auffallenderweise nicht über die Zerstörung Jerusalems im Jahre 70 n. Chr. hinaus aktualisiert. Ganz anders verhält sich dies beispielsweise im *Quadragesimale* des Vinzenz Ferrer, der in einer gespannteren Gesamtsituation sofort die Verbindung zur Gegenwart zog und den bleibenden Fluch drastisch vor Augen führte.[33] Die Unterschiede in der Konkretion sind freilich auch bei einer offensiven Aufnahme des Fluchwortes in den Predigtwerken groß: So wurde gelegentlich nicht nur auf Schande und Spott der jüdischen Elendsexistenz im Exil abgehoben, sondern auch auf angeblich vererbte körperliche Leiden und Deformationen wie den Blutfluß jüdischer Männer.[34] Diese und ähnliche Antisemitismen finden sich noch bis ins 18. Jahrhundert in katholischen Werken katechetischer Unterweisung.[35] Herolt übte diesen Stoffen gegenüber Zurückhaltung, sei es aus Überzeugung, sei es aus Rücksicht auf obrigkeitliche Interessen am Schutz der Juden.

Andere Predigtwerke, etwa die des rumänischen Franziskaners Pelbartus von Temesvar (gest. 1504), vertieften die Passionsmeditation durch Erörterung der nach Ludolf von Sachsens (gest. 1378) *Vita Christi* legendären tausendfachen Wunden Jesu. Dies konnte den Eindruck monströser Grausamkeit der Juden verstärken. Die in Bild und Wort vielfach demonstrierte Transparenz der Zeiten knüpfte den Ernst der Meditation und die Verin-

---

[31] HEROLT (wie Anm. 17), fol. B6^v-C3^v.

[32] In der Durchführung der Vergegenwärtigung des Passionsgeschehens verband HEROLT die biblischen Bezüge mit Väterauslegungen und legendären Stoffen, vor allem mit anschaulichen Details aus den Offenbarungen der Heiligen Birgitta von Schweden (gest. 1373). Zum Ablaß in der Karfreitagspredigt vgl. z. B. PELBARTUS VON TEMESVAR: Sermones Pomerii de Sanctis Hyemales et Estivales [...], (Hagenau 1507), fol. q4^v. Zur Passionsmeditation als wirksames Heilmittel gegen teuflische Einflüsterungen vgl. auch das verbreitete Predigtmagazin des Meißener „Meffreth" aus der Mitte des 15. Jh.: Hortvlvs Reginae sive Sermones Meffreth [...] Pars hyemalis [...], Köln 1625, S. 387–392, 391.

[33] FERRER, Quadragesimale (wie Anm. 15), S. 217–228, 223.

[34] Vgl. die Andeutungen bei PELBARTUS VON TEMESVAR (wie Anm. 32), fol. p3^v-q3^r, q^v.

[35] Vgl. MARTIN PRUGGER: Lehr- und Exempelbuch [...], 11. Aufl., Augsburg 1761. Zu diesen Antisemitismen gehörte auch, „wie glaubwürdig erzehlet wird", daß die jüdischen Frauen nur schwer ohne die Verwendung von Christenblut gebähren könnten. Dies mußte zugleich den Ritualmordvorwurf stützen.

nerlichung einer kollektiven Judenverachtung eng zusammen.[36] Spätmittelalterliche Frömmigkeitsintensivierung und (potentielle) Judenfeindschaft
treten hier in ein Korrespondenzverhältnis.

Die eigentliche antijüdische Profilierung christlicher Nachfolgeideale
setzte bei Herolt mit der Erkärung der besonderen liturgischen Vollzüge am
Karfreitag ein. Die bekannte Fürbitte für die „perfidi Judaei" stand dabei im
Vordergrund.[37] Deren Auslegung läßt nicht nur den Wechselbezug von
theologischem und liturgisch-homiletischem Antijudaismus, sondern auch
die Übergänge zu antisemitischen Vorstellungsgehalten deutlich erkennen.
So wird das nach Hebr 6,6 zunächst innerchristlich verwendete Motiv der
wiederholten Kreuzigung Christi antijüdisch gewendet und mit einem Antisemitismus belegt: Mit dem legendären, im *Promptuarium* Herolts eigens
mitgeteilten Bericht von Juden, die am Karfreitag zum Leidwesen Mariens
ein aus Wachs gefertigtes Abbild Jesu geißelten, kreuzigten und mit einer
Lanze durchstachen.[38] Dies weist auf die radikalisierte Form des Ritualmordvorwurfs, der den Juden nicht mehr nur die Verunehrung von Bildern,
sondern den Kindermord anlastete, ein in Deutschland seit 1235 wieder-
kehrender Vorwurf. Zwar ging Herolt nicht so weit, doch wurde auch bei
ihm die affektiv aufgeladene compassio Christi und Mariens direkt antijüdisch eingesetzt. Dafür gibt es im Umgang mit Häretikern und Heiden, für
die neben den Juden am Karfreitag besonders Fürbitte getan wurde, keine
Parallele.

Was so an Distanzierung von den Juden eingeübt wurde, machte die Tatsache der Fürbitte *pro Judaeis* erklärungsbedürftig. Dies war der Ort, den von
Sakralisierungsvorstellungen geprägten Gedanken einer judenfreien christlichen Gesellschaft zu relativieren und der Pflicht nachzukommen, die Vorschriften der kanonischen Judengesetzgebung des 13. Jahrhunderts gegenüber einer meist wenig willigen Obrigkeit in Erinnerung zu rufen, so etwa
die des Ausschlusses der Juden aus dem öffentlichen Leben an den drei heiligen Tagen. Dieser kann als ritualisierte symbolische Form von Vertreibung
und Wiederzulassung gelten, die den Grundcharakter jüdischer Dienstbarkeit
gegenüber kirchlichen Ansprüchen demonstrieren sollte und damit auch
zum Instrument der öffentlichen Anklage judenfreundlicher Obrigkeiten
werden konnte. Die regelmäßige Verkündigung der kanonischen Judengesetzgebung an das Kirchenvolk, die sich die Bettelorden zur Aufgabe gesetzt
hatten, ließ sich unterschiedlichen Zielsetzungen nutzbar machen, ihre größte agitatorische Virulenz in antijüdischer und obrigkeitskritischer Hinsicht
aber mußte sie erhalten, wo der endzeitlich motivierte Reformanspruch mit
der gesellschaftlichen Wirklichkeit besonders hart kollidierte.

---

[36] Vgl. Pelbartus (wie Anm. 32), fol. r1ʳ.

[37] Zur Erklärung der Karfreitagsliturgie s. auch die Karfreitagspredigt bei Pelbartus
(wie Anm. 32), fol. q3ʳ–q5ᵛ.

[38] Vgl. die Verwendung dieses Exempels am Schluß des im Textanhang abgedruckten
Sermo 105.

Die hier sichtbare Ambivalenz charakterisiert die bettelmönchische Passionspredigt in vielfachen Variationen. Dabei wurde das kanonische Recht stets als rein defensiv zum Schutz der einfachen Gläubigen dargestellt. Um dies glaubwürdig zu machen, wurde auf ältere inquisitorische Anklagen zurückgegriffen, hier auf die Kritik am Talmud, der als Quelle aktiver jüdischer Christenfeindschaft galt und stetes Angriffsziel der Bettelorden geblieben war. Auch wenn in Herolts Predigt keine direkt inquisitorischen Forderungen wie Talmudkonfiszierung und -verbrennung erhoben wurden, so liegen diese doch in der Konsequenz seiner von innerchristlicher Verunsicherung mitgetragenen Häretisierung des Judentums.[39]

Die antijüdischen Lesarten liturgischer Praxis sind schon vom *Rationale divinorum officiorum* des Kanonisten und Liturgikers Wilhelm Durandus (1230/31–1296) gegen Ende des 13. Jahrhunderts zusammenfassend verarbeitet worden.[40] Das eine Gesamtdarstellung der Liturgie gebende Werk, in zahlreichen Auflagen bis 1859 erschienen, führt im Kontext der Fasten- und Passionszeit verschiedene Übergänge vom theologischen in einen liturgischen Antijudaismus vor Augen. So wird etwa in der Vollzugsbeschreibung der Karfreitagsbitte für die „perfidi Judaei" neben den sonstigen Besonderheiten betont, daß dieses Gebet nicht zu nachdrücklich oder leidenschaftlich („vehementer") vorgebracht werden dürfe, da die jüdische Blindheit gegenüber den messianischen Weissagungen des Alten Testaments durch kein Gebet behoben werden könne.[41] Die antijüdische Akzentuierung blieb dabei in den heilsgeschichtlichen Ausblick nach Röm 11,25f. eingebunden, wie auch an weiteren Sonntagen des Kirchenjahres die Fürbitte für die Juden in trinitätstheologisch-eschatologischer Perspektive wiederkehrte, was die innere Ambivalenz des Judenbildes verstärkte.[42] Die Dramatik der Karfreitagsliturgie als dichte Form der imitatio Christi bot jedoch genug Raum, das Negativbild der „perversi et perfidi Judaei" zu festigen und die antijüdische Zuspitzung der Zwei-civitates-Lehre aufzunehmen: Das gegenwärtige Exil der Juden galt nicht nur als gerechte Strafe für die Kreuzigung Jesu, sondern auch für den Brudermord Kains an Abel, so daß die Vor-

---

[39] „Optimum christianorum occidere melius est quam caput serpentis conterere, et in eodem libro habetur quod omnis maledictio prohibita est iudeis nisi ecclesie." HEROLT (wie Anm. 17), fol. C2ᵛ.

[40] Gvillelmis Dvranti Rationale divinorvm officiorvm, hg. v. A. Davril u.a., 2 Bde., Turnholt 1995–1998 (= CChr.CM Bd. 140–140A). Der Topos jüdischer Blindheit und Hartnäckigkeit gegenüber dem christologischen Zeugnis des Alten Testaments wird mit Hilfe einer das hebräische Alphabet aufnehmenden christlichen Deutung der Klagelieder (Threni) aus dem *Mitrale* des SICARD VON CREMONA vor Augen geführt, VI, 72, 13f., in: CChr.CM Bd. 140A, S. 340f.

[41] DURANDUS (wie Anm. 40) VI, 77, 12f., in: CChr.CM Bd. 140A, S. 374.

[42] DURANDUS (wie Anm. 40) VI, 140ff., in: CChr.CM Bd. 140A, S. 578ff. (23. bis 25. Sonntag nach Pfingsten).

stellung vom „ewigen Juden" als umfassende geschichtstheologische Kategorie auch im liturgisch-deskriptiven Kontext Verbreitung fand.[43]

Unter den Beispielgeschichten zum Stichwort „Passio Christi" findet sich im Promptuarium Herolts eine ältere nach Hugo von St. Viktor (gest. 1141 Paris).[44] Ansatz ist das Motiv der zweiten Kreuzigung Jesu durch die Juden im Malträtieren eines Christusbildes, die Juden erfahren aber die Wunderkraft des blutenden Bildes, bekehren sich und widmen ihre Synagogen in Kirchen um. Die Anklage hat eine klar erkennbare apologetische Funktion: Sie diente der Bestärkung der christlichen Bilderverehrung und des Wunderglaubens. Ihre antisemitische Radikalisierung jedoch, wie sie in der Ritualmord- und Hostienfrevelanklage und ihren verhängnisvollen Folgen sichtbar wurde, ließ die positive Funktion der Bewahrheitung christlicher Frömmigkeitspraxis hinter dem Abschreckungs- und Verdammungsaspekt verschwinden. Herolt argumentiert hier gleichsam noch auf einer Vorstufe dieser Radikalisierung. Neben der typisch bettelmönchischen Verbreitung inquisitorischen Gedankenguts und judenmissionarischer Anstrengungen lebte auch die ältere Exempeltradition weiter, welche die Judenbekehrung nicht mit Überzeugungsarbeit, sondern mit einem Mirakel verband.[45]

Die Intensivierung der Passions- und Hostienfrömmigkeit führte im Laufe des 15. Jahrhunderts auch in gängigen Predigtwerken zur Aufnahme des Hostienfrevel- und Ritualmordvorwurfs und damit zu einer breiteren Rezeption dieser Anklagen. Dies wird schon im *Hortulus Reginae* des Meißener „Meffreth" deutlich, der eine entsprechende Legende aus der 2. Hälfte des 13. Jahrhunderts erzählt. Die Exempelgeschichte endet nicht mehr wie in früheren Zusammenhängen mit der Bekehrung der Juden, sondern

---

[43] „Nos enim sumus terra illa que aperuit os suum et bibit sanguinem Abel, id est Christi, quem effudit Cayn, id est iudaicus populus, unde factus est uagus et profugus super terram [...]", Durandus (wie Anm. 40), VI, 77, 26, in: CChr.CM 140A, S. 387, 512ff.; Durandus nimmt hier wiederum Sicards *Mitrale* auf; vgl. VI, 73, 3, in: ebd., S. 347. Zur Frage der Judentaufe und dem Mißtrauen gegenüber dem „Taufjuden" nach dem Decretum Gratiani s. Durandus (wie Anm. 40), VI, 83, 23, in: CChr.CM Bd. 140A, S. 422. Zur Erklärung der liturgischen Besonderheiten am Karfreitag s. auch Jacobus a Voragine: Sermones Quadragesimales [...], Venedig 1575, fol. 200b–203a (ohne besonderes Eingehen auf das Gebet für die „perfidi Judaei"); die antijüdischen Aussagen aus dem Streitgespräch Jesu nach Joh 8, ebd., fol. 34b–36a, sind ohne direkte Anklagen gegen die Juden der Gegenwart, auch wenn sie daraufhin transparent bleiben. Die innerchristliche Wucherpolemik ist dagegen scharf.

[44] Herolt (wie Anm. 13), fol. FF6ᵛ (Exempel P(assio Christi) 44). Das dem Bild entronnene Blut wurde demnach in einer Devotionsampulle in einer Kirche Roms ausgestellt.

[45] Zur Popularisierung eines weiteren antisemitischen Vorurteils, des vor allem im Zusammenhang des „Schwarzen Todes" im 14. Jh. wirksam gewordenen Vergiftungsvorwurfs, vgl. die Aufnahme des Vorwurfs in die Liste der den Juden zur Zeit des Neuen Testaments zur Last gelegten Versuche, Jesus zu töten, so z.B. bei Petrus Geremia: Sanctuarium Siue sermones de Sanctis [...], Hagenau 1514, fol. 73a.

mit ihrer von Wunderzeichen begleiteten Überführung und Bestrafung mit dem Tod.[46] Sie tragen ihren Teil wenn nicht zur Begründung, so doch zur Stabilisierung der religiös-politischen Vertreibungsideologie des Spätmittelalters bei.

Antijüdische Stereotypen finden sich auch im Zusammenhang der Bemühungen um Stärkung der Kreuzesverehrung und des Glaubens bzw. volkstümlichen Aberglaubens an die Wunderkraft des Kreuzzeichens mit seiner Schutzfunktion gegen körperliche und geistliche Gefahren. Die Feste des Kirchenjahres boten wiederholt Gelegenheit, das Thema Kreuzesverehrung in der Predigt anzusprechen, so besonders die Feste von Kreuzauffindung und Kreuzerhöhung. Hier finden sich antijüdische Motive, um die Bedeutung von Kruzifixen, Marien- und Heiligenbildern sowie des Kreuzzeichens für die Nachfolge hervorzuheben. Sie sind in katholischen Lehr- und Exempelbüchern noch mindestens bis ins 18. Jahrhundert hinein weiter vermittelt worden.[47]

Eine besondere Gelegenheit antijüdischer Profilierung rechter Bußgesinnung bot in den Fastenpredigten die Behandlung des Lasters der Undankbarkeit gegenüber den göttlichen Wohltaten (beneficia). Die Geschichte des unbußfertigen Israel wurde zum Instrument der Warnung und Abschreckung, führte aber auch des öfteren zur Erörterung der Toleranzfrage. Eine recht ausführliche Behandlung des Themas findet sich im *Quadragesimale* des Franziskanerkonventualen Conrad Grütsch (um 1409–1475), überliefert unter dem Namen seines Bruders Johannes Grütsch (Gritsch). Das Predigtwerk entstand in den 40er Jahren des 15. Jahrhunderts und war in zahlreichen Drucken verbreitet.[48] Nach Grütsch waren die Juden der Gegenwart aller

---

[46] Meffreth (wie Anm. 32), S. 376–388, 378. 2. Predigt zum 9. Sonntag nach Trinitatis über Lk 16,1ff. Die Ritualmordlegende wird als Beleg für die „evidentia malorum factorum" angeführt, die zu den dreifachen diffamatores des Verwalters gehörten; sie wird im badischen Pforzheim lokalisiert und auf das Jahr 1271 gelegt. Gemeint ist der 1267 in Pforzheim aufgekommene Ritualmordvorwurf mit anschließender Judenverfolgung, s. Berthold Rosenthal: Art. Pforzheim, in: GermJud Bd. II/2, S. 654f.

[47] Eine dieser Exempelgeschichten stammt aus den für den mittelalterlichen Wunderglauben bedeutsamen Dialogen Gregors d. Gr. vom Ende des 6. Jahrhunderts. Sie handelt von einem Juden, der in einem heidnischen Tempel übernachtet und sich nur mittels des Kreuzzeichens vor den ihn bedrängenden Dämonen retten kann. Der Dämon wendet sich nach einer Fassung von dem Juden mit den Worten ab: Vas vacuum, sed signatum. Petrus Geremia erzählt sie am Fest der Kreuzauffindung, Petrus Geremia: Sanctuarium Siue sermones de Sanctis [...], Hagenau 1514, fol. 72a–73b; 73b (Sermo 44). Vgl. z. B. auch Bromyard (wie Anm. 18), Stichwort Crux C 17, Art. 2; Vinzenz Ferrer: Festivale [...], Augsburg 1728 (Opera, Bd. 1), S.145–148, 151–153. Martin Prugger: Lehr- und Exempelbuch [...], 11. Aufl., Augsburg 1761.

[48] Johannes Gritsch (= Conrad Grütsch): Quadragesimale [...], (Lyon) 1487, fol. g7ᵛ–hᵛ. Vgl. Christine Stöllinger: Art. Grütsch, Conrad, in: VerLex Bd. 3 (1981), Sp. 291–294. Zu den 24 nachweisbaren Drucken des 15. Jh. vgl. Gesamtkatalog der Wiegendrucke, hg. von der Staatsbibliothek zu Berlin, Bd. 9, Lief. 2, Stuttgart 1994, Nr. 11538–11561.

heilsgeschichtichen Gnadenerweise Gottes aufgrund des schon in der römischen Antike verurteilten Lasters der Undankbarkeit beraubt und zur ewigen Verdammnis verurteilt (Text: Joh 8,21). In typisch spätscholastisch-juridischer Argumentationsform entfaltet Grütsch seine Antwort auf die Frage der Toleranz gegenüber den in Götzendienst (idolatria), Starrsinn (pertinacia) und willentlicher Bosheit (malicia) gefangenen „perfidi Judaei". Die Anwendung der Häretikergesetzgebung wurde mit der Tradition abgelehnt und das Toleranzgebot neben traditionellen Verweisen auf ungewöhnliche Weise mit der Unkündbarkeit des Bundes begründet, den Gott mit dem jüdischen Volk geschlossen hat. Die konkreten Verhaltensanweisungen für den Umgang mit Juden folgen wieder der restriktiven kanonischen Judengesetzgebung, ohne daß besondere Schärfen hervortreten. Nachdrücklich wurde Gewaltanwendung in Sachen des Glaubens abgelehnt und auf freie Überzeugung durch Vernunft und Traditionsargumente gesetzt. Dennoch scheinen auch die klassischen repressiven Züge durch, wie sie die Basler Konzilsbestimmungen aus dem Jahr 1434 (Decretum de Iudaeis et de neophytis) erneut aufgenommen haben, so, wenn neben der in Missionspredigten zur Geltung zu bringenden Vernunftautorität das Versprechen äußerer Hilfen und Vergünstigungen als probate Reizmittel zur Taufe empfohlen werden.[49] Auch Einzelbestimmungen wie das Tragen des Judenabzeichens finden sich bei Grütsch, allerdings eher im Sinn einer biblischen Erklärung kirchlicher Beschlüsse als in Gestalt konkreten Forderungen an die Obrigkeit.[50]

Auch im Bemühen um ein vertieftes Sündenbewußtsein und eine reine Bußgesinnung im Rahmen der Beichtpraxis bediente sich Herolt antijüdischer Momente. So nutzte er etwa die bei Caesarius von Heisterbach überlieferte Geschichte von der sexuellen Verfehlung eines Kanonikers zur Veranschaulichung dessen, was wahre Reue (contritio) und Bekenntnis (confessio) vermochten: Der Kanoniker wurde Dominikanermönch und das jüdische Mädchen getauft, beides zur Beschämung der Juden, die in der Erzählung sprachlos und verwirrt zurückbleiben.[51] Das Geschick des Verräters Judas dagegen veranschaulichte die trotz confessio und satisfactio unvollkommene Buße, wie er auch als Mahnung vor falscher Heilssicherheit (securitas) und unwürdigem Sakramentsempfang diente.[52] Außer in der Wucherpolemik spielte Judas zudem eine wichtige Rolle in der Warnung vor der Verzweiflung, die als schlimmere Sünder galt als der Verrat.[53] So blieb bei Herolt Judas im wesentlichen eine Figur innerchristlicher Kritik, nicht der antijüdischen Polemik.

---

[49] Vgl. COD S. 483f.

[50] Vgl. GRITSCH (wie Anm. 48), fol. m8r-n3r.

[51] HEROLT (wie Anm. 13), fol. AA7v; HEROLT, Ausg. 1612, S. 332–333.

[52] Vgl. HEROLT (wie Anm. 13), Sermo 12, fol. B4r-B5r. Abschließend heißt es mit Verweis auf Jes 14,12: Nusquam est securitas, fratres mei, nec in celo, nec in paradiso, multominus in mundo.

[53] Vgl. die Karfreitagspredigt in: MEFFRETH (wie Anm. 32), S. 433–445.

Die Tradierung antijüdischer Stereotypen vollzog sich im Zusammenhang der Passions- und Leidensfrömmigkeit breitenwirksam auch über das Medium des Bildes, so in zahlreichen illustrierten Texten der Passionsgeschichte. Der ikonographische Antijudaismus identifiziert die jüdischen Gegner Jesu aus dem biblischen Kontext mit den Juden der Gegenwart durch eindeutige Attribute: Neben dem auch in der jüdischen Selbstdarstellung verwendeten, nicht von vornherein negativ besetzten sog. Judenhut (Spitz- oder Trichterhut) steht hier vor allem das diffamatorische Stoffabzeichen auf der Kleidung („Judenring" als Schandzeichen). Auch andere Momente wie die eher traditionellen der Orientalisierung (wulstige Lippen) und physiognomischen Überzeichnung (Krumm- und Hakennase) finden sich. Diese und andere Verbildlichungen sind als Ausdruck weithin selbstverständlich gewordener antijüdischer Affekte wie als Mittel zu deren Stabilisierung im Kontext der Passionsfrömmigkeit zu interpretieren. Sie geben wenigstens tendentiell Aufschluß über die beim Publikum vorausgesetzte „Lesefähigkeit" der Bilder wie über den Grad der beabsichtigten Beschämung oder offenen Dämonisierung der zeitgenössischen Juden. Für die mentalitätsgeschichtliche Fragestellung dürfte insbesondere der nähere Verweiszusammenhang ähnlicher Typisierungen der Juden zu beachten sein, der die textliche und bildliche Verarbeitung der Wucherthematik, des Hostienfrevel- und Ritualmordvorwurfs und des Motivs der sog. Judensau einschließt.[54] Gerade die Darstellung der letzteren mittels Holzschnitt findet sich verschiedentlich in enger Verbindung mit der Darstellung der Kreuzigung Christi.[55]

Die stete Wiederkehr des Judenrings, oft in der auch zur Kennzeichnung der Prostituierten verwendeten Schandfarbe gelb, läßt freilich nicht auf dessen reale Verbreitung schließen. Als Gruppenattribut signalisierte er vor allem die ideale Zielvorstellung der kanonischen Judengesetzgebung. Allgemein durchsetzen ließ sich die Kennzeichnungspflicht keineswegs, was gerade die vermehrte Aufnahme entsprechender Vorschriften in die reichsstädtische Gesetzgebung im 15. Jahrhundert zeigt.[56] Für den ikonographischen Antijudaismus ohne spezifische Zuspitzungen seien die illustrierten

---

[54] Vgl. Isaiah Shachar: The „Judensau". A medieval anti-jewish motif and its history, London 1974, S. 35; zum ikonographischen Antijudaismus vgl. insgesamt auch Jörg Traeger: Renaissance und Religion. Die Kunst des Glaubens im Zeitalter Raphaels, München 1997 (s. Register: Juden, Judenhut), sowie die repräsentative Bildauswahl bei Heinz Schreckenberg: Die Juden in der Kunst Europas. Ein historischer Bildatlas, Göttingen 1996.

[55] Vgl. Monumenta Judaica. 2000 Jahre Geschichte und Kultur der Juden am Rhein. Katalog, hg. v. Konrad Schilling, 2. Aufl., Köln 1964, B 307.

[56] Vgl. Rainer Wohlfeil: Die Juden in der zeitgenössischen bildlichen Darstellung, in: Arno Herzig u.a. (Hg.): Reuchlin und die Juden (Pforzheimer Reuchlinschriften 3), Sigmaringen 1993, S. 21–35; Thérèse Metzger: L'iconographie de la bible hébraïque médiévale, in: Alfred Ebenbauer u.a. (Hg.): Die Juden in ihrer mittelalterlichen Umwelt, Wien u.a. 1991, S. 151–172.

Passionsgeschichten des Johannes Geiler von Kaysersberg (1445–1510) und des Franziskanerobservanten Daniel Agricola (erwähnt 1511–1520) vom Anfang des 16. Jahrhunderts genannt. Auch spätere Beispiele aus der Reformationszeit finden sich.[57] Hier wie in der bedeutsamen Gattung der Passionsspiele lassen sich vielfältige Konkretionen der spätmittelalterlich dramatisierten und radikalisierten antisemitischen Vorstellungsgehalte beobachten.[58]

In den weiteren Zusammenhang der Vermittlung typologisch erhobener antijüdischer Inhalte im klösterlichen und bürgerlichen Bereich gehört das Bild- und Textprogramm der *Biblia pauperum* und verwandter Gattungen, die auch als Hilfsmittel für Prediger Verwendung fanden.[59] Einblicke in die Breite der dem geistlichen Schriftsinn zugeordneten antijüdischen Elemente schulmäßiger Bibelauslegung im Rahmen der Erbauungsliteratur für hochgestellte Persönlichkeiten geben Text und Bild des Buchtyps der *Bible moralisée* seit der ersten Hälfte des 13. Jahrhunderts.[60]

3.2. Marienfrömmigkeit

Der marianische Antijudaismus findet sich insbesondere in Herolts Exempelsammlungen, von denen eine speziell den Marienwundern gewidmet ist. Die einschlägigen Erzählungen entstammen meist älteren Werken wie dem *Speculum historiale*, der enzyklopädisch angelegten Weltgeschichte des Ordensbruders Vinzenz von Beauvais (1184/94 – um 1264).[61] Neben Geschichten, die an jüdischen Untaten Bestrafung und schmähliches Ende von

---

[57] Johannes Geiler von Kaysersberg: Passio domini nostri Jhesu Christi ex euangelistarum textu […], Straßburg 1513, z. B. fol. Aᵛ, A5ᵛ; B1ᵛ; Daniel Agricola: Passio domini nostri iesu christi secundum seriem quatuor euangelistarum […], (Basel) 1512 (auch 1518 und 1519). Vgl. das anonyme Bilderwerk: Doctrina, vita et passio Iesv Christi […], Frankfurt 1537, fol. G4ʳ, I3ʳ.

[58] Vgl. Natascha Bremer: Das Bild der Juden in den Passionsspielen und in der bildenden Kunst des deutschen Mittelalters, Frankfurt/M. u.a. 1986 (= EHS. Reihe I. Deutsche Sprache und Literatur, Bd. 892); Edith Wenzel: „Do worden die Judden alle geschant". Rolle und Funktion der Juden in spätmittelalterlichen Spielen, München 1992 (= Forschungen zur Geschichte der älteren deutschen Literatur 14).

[59] Vgl. z. B. Biblia pauperum. Armenbibel. Die Bilderhandschrift des Codex Palatinus latinus 871, hg. v. Chr. Wetzel u.a., Stuttgart 1995; Karl-August Wirth: Art. Biblia pauperum, in: VerLex Bd. 1 (1978), Sp. 843–852.

[60] Vgl. Glanzlichter der Buchkunst. Bible moralisée. Codex Vindobonensis 2554 der Österreichischen Nationalbibliothek. Kommentar von Reiner Haussherr. Übersetzung der französischen Bibeltexte von Hans-Walter Stork, Darmstadt 1998 (zuerst Graz 1992), z.B. zu Kain bzw. Judas und den Juden 5= fol. 2ᵛ; zur Entgegensetzung von triumphierender Ecclesia und blinder Synagoga 16 = fol. 8; 18 = fol. 10; zur Juden- und Ketzerverfolgung 59 = fol. 30ᵛ; zur Antichristpolemik 72 = fol. 60; 102 = fol. 43; 103 = fol. 43v; zum Hostienfrevel 80 = fol. 65; zur endzeitlichen Judenbekehrung bzw. –vernichtung 96 = fol. 40; zum Verbot, Juden zu töten, 99 = fol. 41ᵛ; zur Wucherpolemik 58 = fol. 30; 131 = fol. 57ᵛ.

[61] Vinzenz von Beauvais: Speculum historiale, ND der Ausg. 1624, Graz 1965.

Marienfeindschaft mit dem Ziel innerchristlicher Disziplinierung verdeutlichen, stehen solche, welche die Wirksamkeit der Anrufung Mariens positiv demonstrieren. Besonders in Todesgefahr wirke die Anrufung Mariens Wunder; selbst Tote seien durch ihre lebensspendende Kraft wieder auferweckt worden. Sie enden nach frühen Vorbildern in der Regel mit einer Bekehrung der Juden.[62] Der Kontext dieser Legenden verweist auf den spanischen Raum der fortschreitenden Reconquista vom 10.-12. Jahrhundert, wo es ein relativ prosperierendes jüdisches Gemeindeleben gab, Juden als Landbesitzer – vor allem von Weinbergen – keine Seltenheit waren und eine friedliche Koexistenz von Juden und Christen bei meist guter Rechtsstellung der Juden chancenreicher war als in den Jahrhunderten danach.[63] Eine Fixierung auf die Juden als für das Gemeinwesen gefährliche Marienfeinde, deren soziale Ausgrenzung im Namen des Gemeinwohls in der spätmittelalterlichen Vertreibungsideologie Raum gewann, ist hier noch nicht erkennbar. Dennoch werden die Grundstrukturen einer frömmigkeitspraktisch legitimierten Polarisierung sichtbar. Bei den antimarianischen Untaten, die den Juden vorgeworfen wurden, handelt es sich zumeist um schwerste Blasphemien oder um Mord. Ausgangspunkt war vor allem die Bilderverehrung, die hier anhand der Juden widerfahrenen Wundertaten Mariens vertieft und mit entsprechenden Exempeln – wohl aus dem Kontext des östlichen Bilderstreits – den Predigern bzw. ihrem Publikum dringlich empfohlen wurde.[64] In krisenhaft empfundenen Zeiten ließ sich das Volkstümlich-Apologetische dieser Geschichten leicht zum Repressiv-Inquisitorischen hin verschieben und deren hoher Gefühlswert für die Häretisierung des Judentums im Rahmen der Predigt nutzen. So stellt Herolts Exempelsammlung auch direkt den Verweis zum Stichwort „Blasphemie" bereit.[65]

Wie eng christliche Nachfolgeideale mit dem Ziel praktischer Judenverachtung verbunden sein konnten, zeigen insbesondere die Begründungen von ritualisierten Formen öffentlicher Entehrung. So wurde der Ursprung des für Toulouse spätestens ab 1020 bezeugten Brauches der „Colaphisatio", bei dem die Judenschaft der Stadt jährlich am Karfreitag einen der ihren zum öffentlichen Empfang von Ohrfeigen stellen mußte, auf eine Marienschmähung zurückgeführt, die auf diese Weise fortlaufend in Erinnerung gehalten werden sollte.[66] Den eigentlichen Legitimationshintergrund bil-

---

[62] Vgl. Herolt (wie Anm. 13), fol. II7$^{r/v}$.

[63] Vgl. kurz Greive (wie Anm. 3), S. 31ff.

[64] Vgl. Herolt (wie Anm. 13), fol. II7^v, Stichwort Imago; fol. KK7^v, fol. LL6^r.

[65] Herolt (wie Anm. 17), fol. II7^v, mit Verweis auf fol. AA2^v.

[66] Vgl. Herolt, Ausg. Mainz 1612 (wie Anm. 13), S. 318f. Zum Brauch vgl. kurz Cecil Roth (Hg.): The Dark Ages. Jews in Christian Europe 711–1096, London 1966 (= The World History of the Jewish People, 2. Ser., Bd. 2), S. 136; eine ähnliche Sitte in Béziers verlangte am Palmsonntag die Steinigung der jüdischen Häuser; auch sie wurde 1161 gegen Geldzahlungen aufgegeben. Vgl. die Artikel Toulouse und Béziers in: EJ Bd. 15, Sp. 1286f. und Bd. 4, Sp. 729f.

dete die Dornenkrönung Jesu (Mk 15,16ff. par). Mag dies in der Realität
auch eine eher seltene Form öffentlicher Entehrung geblieben sein, die sich
zudem wie in Toulouse im späten 11. Jahrhundert durch Geldzahlungen suspendieren ließ, so gelangte sie auf literarischer Ebene doch zu einiger Verbreitung. Sie verweist auf andere Formen öffentlicher Entehrung in der
Tradition der Spottbilder, im Rahmen der spätmittelalterlichen Spiele sowie
in der Schwur- und Strafrechtspraxis.[67] Auch die Predigtliteratur hat mit
ihrem marianischen Antijudaismus an der Legitimierung und Popularisierung dieser Formen von ritualisierter Selbstvergewisserung mittels Degra-
dierung der jüdischen Minorität Anteil. Er gipfelt in der bettelmönchischen
Forcierung und Rechtfertigung der Vertreibungspraxis, die des öfteren
durch die Umwandlung von Synagogen in Marienkapellen triumphalistisch
besiegelt wurde.[68]

Wenigstens kurz eingegangen sei auf zwei weitere thematisch relevante
Bereiche, die mit den schon genannten zusammenhängen: Die Intensivierung der eucharistischen Frömmigkeit im Rahmen der Hostienverehrung
und die der Sterbefrömmigkeit im Rahmen des Beichtinstituts.

3.3 Die eucharistische Frömmigkeit

Im Kontext der Profilierung eucharistischer Frömmigkeit finden sich zahlreiche antijüdische Elemente, besonders in den Erzählungen von Hostienmira-
keln und, am radikalsten, im schon erwähnten Hostienfrevelvorwurf. Die bei
Herolt überlieferten Geschichten dienen der demonstrativen Bewahrheitung
des eucharistischen Dogmas gegen die Zweifel der Gläubigen und zur Stärkung der devotionalen Hostienschau wie des Glaubens an die Hostienmira-
kel. Sie sind also vor allem apologetisch.[69] Der weitere Kontext, die Entstehung von Hostienkultorten im 14. und 15. Jahrhundert (z.B. Deggendorf
1338), die mit angeblichen jüdischen Greueltaten verknüpft waren, beförderte freilich die tendentielle Gleichsetzung von eucharistischer Frömmigkeit

---

[67] Zum Judeneid und seinen entehrenden Formen vgl. VOLKER ZIMMERMANN: Die
Entwicklung des Judeneids. Untersuchungen und Texte zur rechtlichen und sozialen Stellung der Juden im Mittelalter, Frankfurt/M. u.a. 1973 (= EHS. DS 56).

[68] Zum marianischen Antijudaismus im Kontext der Stadtvertreibungspolitik vgl. nur
das Beispiel Regensburg 1519, RAPHAEL STRAUS (Hg.): Urkunden und Aktenstücke zur
Geschichte der Juden in Regensburg 1453–1738, München 1960 (= QEBG N. F. 18), Nr.
1052.

[69] HEROLT tradiert die legendäre Exempelgeschichte vom Pferd eines Juden, das die
Gegenwart Christi im Altarsakrament erkannte und seine Knie beugte, als ein Priester zur
Krankenkommunion eilte – was den von einer himmlischen Stimme erschütterten Juden
zur Bitte um die Taufe bewegte. In dieser und ähnlichen Geschichten wird das israelkriti-
sche Prophetenwort Jes 1,3 für eine realistisch-magische Sakramentsfrömmigkeit in Anspruch genommen. HEROLT, Ausg. Mainz 1612 (wie Anm. 13), S. 350, vgl. das vorausge-
hende Exempel vom Streit zwischen einem Bischof und einem Häretiker um die „veritas" des Leibes Christi in der Hostie, ebd., S. 349f.

und Judenverachtung, zumal die kollektive Bestrafung der Juden durch Verbrennen auf dem Scheiterhaufen bildlich und textlich in Szene gesetzt und schließlich mit Hilfe des Flugblatt- und Flugschriftenmediums breiteren Schichten vermittelt wurde.[70] Herolt blieb hier eher verhalten. Dies gilt beispielsweise auch für eine verbreitete süddeutsche Predigtsammlung aus dem 15. Jahrhundert, welche die Geschichte eines die Hostie marternden, aber nach älterem Muster schließlich bekehrten Juden aufnahm. Das für die Zeit offenbar wenig plausible Ende hatte zur Folge, daß die rechtliche Frage nach der Bestrafung des Juden für das Vergehen aufgeworfen und mittels einer genauen Analyse der möglichen Tatintentionen beantwortet wurde. Verkündigungs- und Rechtsaspekte gehen hier wie auch sonst in der scholastisch geprägten spätmittelalterlichen Predigtliteratur ineinander über.[71] Dabei spielt die scholastische Frage der Tatintention vor allem im Kontext der Kreuzigung Jesu eine wichtige Rolle, um die Schuld der Juden am Kreuzestod Jesu trotz der übergeordneten Perspektive göttlichen Heilshandelns in aller Deutlichkeit herauszuarbeiten, so lehrmäßig im *Quadragesimale* des Conrad Grütsch vorgeführt.[72]

3.4 Die Sterbefrömmigkeit

Gleichsam die letzte Bewährung des contemptus-mundi-Ideals vollzog sich in der Sterbekunst, der ars moriendi, wie umgekehrt die Weltentsagung in der bettelmönchischen Predigt als lebenslange Sterbevorbereitung interpretiert wurde.[73] Die Sterbefrömmigkeit war auch Gegenstand von Predigten Herolts. In seiner Behandlung der fünf klassischen teuflischen Versuchungen und der von Anselm von Canterbury und Johannes Gerson her bekannten sechs Gewissensfragen, die der Sterbebegleiter zu stellen hatte, werden die Juden nicht explizit genannt. Gleichwohl bot das contemptus-mundi-Ideal auch hier Ansatzpunkte für deren assoziative Präsenz, so im Bereich der dämonischen Glaubenszweifel, die in der populären *Bilder-Ars* wenigstens vereinzelt auch in Gestalt eines Juden vorgetragen werden konnten, wie im Bereich der Gewissenserforschung, die gerade von bettelmönchischer Seite immer wieder auf den „Judenwucher" und die drohende ewige Verdammnis zugespitzt wurde.

---

[70] Vgl. Alois Döring: Art. Hostie/Hostienwunder, in: TRE, Bd. 15, S. 604–606.

[71] Michael Lochmair; Paulus Wann: Sermones de sanctis […], Hagenau 1516, fol. k5ʳ-k8ᵛ, Sermo 39 (zu den Einsetzungsworten des Abendmahls nach Mt 27,26ff. und 1.Kor 11,23ff.). Eine Passionspredigt mit der klassischen Klage über die jüdische Undankbarkeit gegen die göttlichen Wohltaten und die verschärfte Anklage der „bösen Christen" findet sich ebd., fol. l8ʳ-m8ᵛ.

[72] Gritsch (wie Anm. 48), fol. b5ʳ-b8ᵛ.

[73] Vgl. die Zusammenstellung der Predigten de tempore 134–136, Herolt (wie Anm. 13), fol. yʳ-y3ᵛ.

Dies weist auf einen letzten Punkt, die Wucherthematik. Sie spielte für die Mendikanten eine wichtige Rolle im Bemühen um Gesellschaftreform und eine durch effektivere Beichtseelsorge verstärkte Sozialkontrolle.

3.5 Die antijüdische Profilierung sozialer Disziplinierung

Die Kritik am städtischen Erwerbsleben und insbesondere an der modernen Geldwirtschaft spielt bei Herolt wie bei den meisten Predigern der Bettelorden eine zentrale Rolle. Intendiert war die Erneuerung des Ideals der caritas im wirtschaftlichen Bereich, dem die als Diebstahl interpretierte Zinsnahme widersprach. Die im Zusammenhang des 7. Gebots entfaltete Wucherpolemik zielte zwar auf Juden, Christen und Obrigkeit gleichermaßen, doch blieb der „Judenwucher" die primäre Referenzgröße. Die forcierte Aufnahme des Wucherthemas zeugt insbesondere von den Schwierigkeiten einer zeitgemäßen Beichtseelsorge. Diese meldet sich in den Predigten wie in den Beichtspiegeln und in der seelsorgerlichen Sterbebegleitung.[74] Anspruch und Wirklichkeit klafften auf diesem Feld besonders weit auseinander, ließ doch das kirchenrechtliche Wucherverbot nach strenger Auslegung der fundamental angelegten Wucherdefinition so gut wie keinen Spielraum für die moderne Geld- und Handelswirtschaft. Dieser wurde eine meist realitätsferne Kasuistik aufgezwungen, was nicht wenige der um Kirchentreue Bemühten in ernste Gewissenskonflikte stürzte.

Die Mendikantenpredigt zeichnet sich in aller Regel durch eine entsprechend strenge moralisierende Auslegung des Wucherverbots aus. Dabei dienten die Juden vorrangig als Mittel zur Identifizierung der lasterhaften avaritia (Habsucht, Geiz), die man dem Geldgeschäft zugrundeliegen sah. Die Juden werden zu Anschauungsbeispielen des Grundsatzes „Divitiis servare est Deum negare". Gerade die Schärfe der sozialreformerisch motivierten Wucherkritik, die auch bei Herolt im Vordergrund steht, verlangte nach einer expliziten Rechtfertigung der Toleranz, die den Juden in der christlichen Gesellschaft nach dem augustinischen Koexistenzmodell zu gewähren war.[75] Dies beinhaltete die klassischen Hinweise auf die endzeitliche Judenbekehrung, die Bewahrung des Alten Testaments und die Memorialfunktion der Juden für die Vergegenwärtigung des Leidens Christi im praktischen Interesse der Laienfrömmigkeit. Der Schwerpunkt lag nicht auf der Erinnerung an die universale Heilsbedeutung des Kreuzestodes Jesu, sondern auf der Vertiefung

---

[74] Vgl. M. A. van den Broek (Hg.): Der Spiegel des Sünders. Ein katechetischer Traktat des fünfzehnten Jahrhunderts. Textausgabe und Beobachtungen zum Sprachgebrauch, Amsterdam 1976 (= QFEL 11), zum Wucher ebd., S. 261–265. Zur pflichtgemäßen Rückgabe von „Wuchergut" (restitutio) und Beichtgespräch s. auch Vinzenz Ferrer: Festivale […], Augsburg 1729 (in: Opera, 1729), S. 153.

[75] Vgl. Johannes Herolt: De eruditione christifidelium compendiosus […], Straßburg 1509, fol. K4ʳ-L1ᵛ, Predigt zum 7. Gebot; Herolt (wie Anm. 13), fol. s8ᵛ-t2ʳ (Sermo 114, De usurariis).

des Sündenbewußtseins durch abschreckende Präsentation von Schuld und Strafe.[76] Die geforderte Toleranz war freilich bedingt und wurde nach den Konkretionen des kanonischen Rechts und mancher städtischer Judenordnungen streng restriktiv ausgelegt, etwa durch die Kennzeichnungspflicht, die faktisch auf Segregation und Zwangsghettoisierung hinauslief.[77] In dieselbe Richtung wies die zunächst innerchristlich motivierte Kritik: Herolt beschwor die Ideale einer Vergangenheit, in welcher die religiösen und sozialen Ausgrenzungsmethoden wie Exkommunikation und Statusverlust gegenüber den Geldverleihern noch griffen.[78] Die Strategien der Ausgrenzung lassen unschwer eben jene Distanzierungsmechanismen erkennen, die mit zunehmender Schärfe von Ordenspredigern gegen die Juden propagiert und von den Obrigkeiten eingefordert wurden, und dies umso mehr, je schwieriger es schien, das christliche Gemeinwesen umfassend nach christlichen Frömmigkeitsmaßstäben zu reformieren und auf die Ideale einer überholten bedarfswirtschaftlich orientierten Berufs- und Ständeordnung einzuschwören. Für die bettelmönchische Agitation stand die Geldwirtschaft außerhalb des göttlich sanktionierten Ordo. Hier gerieten insbesondere die weltlichen Obrigkeiten in die Kritik, da sie durch ihre Privilegien- und Besteuerungspraxis am „Judenwucher" teilhatten und sich an sogenannter fremder Sünde mitschuldig machten. Faktisch ging diese Kritik vor allem zu Lasten der Juden.[79]

Neben der Behandlung des 7. Gebots bot insbesondere der 10. Sonntag nach Trinitatis mit dem Text Lk 19,41–44 Gelegenheit, das in der Fastenzeit

---

[76] Vgl. MICHAEL DE HUNGARIA (wie Anm. 25), fol. x3ᵛ. Er nennt vier klassische Gründe, warum die Juden trotz ihrer Schuld nicht gänzlich vernichtet werden sollten: propter virginis gloriose reverentiam et prophetarum honorem, propter dominice passionis memoriam, propter futuram illorum conversionem, propter christianorum utilitatem, quia tanquam asini portant libros legis in testimonium sue damnationis et nostre veritatis. Zu den Gründen bedingter Toleranz vgl. die fünf Gründe in: MEFFRETH (wie Anm. 32), S. 388–392 (Sermo 64, 10. Sonntag nach Trinitatis, über Lk 19,41ff.); für die ersten vier wird als Merksatz genannt: „Lex, patres, extrema fides, memoratio Christi". Den Schlußpunkt bildet die auf die leibliche Abstammung von den Vätern zielende „reverentia Christi et Apostolorum". Zur frömmigkeitspraktischen Bedeutung heißt es bei Herolt: „Ergo quotiescunque aliquem iudeum videmus totiens memoriam dominice passionis habere debemus." HEROLT (wie Anm. 13), fol. K4ᵛ; vgl. Textanhang.

[77] Zum Zusammenhang von kanonischem Recht und Bußinstitut vgl. die einflußreiche Beichtsumme des auch in der Judenmission engagierten Kanonisten RAIMUND VON PEÑAFORT: Svmma [...] de poenitentia, et matrimonio [...], Rom 1603 (Repr. 1967); sie geht gleich im ersten, den Vergehen gegen Gott gewidmeten Buch auf Juden und Sarrazenen ein, ebd., S. 32–38.

[78] Der Wucherer war in einer Stadt noch ein Einzelphänomen, man nannte angeblich das Haus des Wucherers ein „Haus des Teufels", verweigerte Kontakte und wies in der Öffentlichkeit mit Fingern auf den Übeltäter. HEROLT (wie Anm. 75), fol. K4ʳ.

[79] Vgl. BROMYARD (wie Anm. 18), Stichwort Usura, V 12, Art. 2, mit massiver Kritik an den christlichen Wucherern. Zur Wucherpolemik anhand der Judasgestalt vgl. auch MEFFRETH (wie Anm. 32), S. 421–433, 422. Zur rigorosen Behandlung des Wucherthemas im Blick auf Christen und Juden s. auch RAIMUND VON PEÑAFORT (wie Anm. 77), bes. S. 241ff.

erörterte Wucherthema erneut aufzugreifen und im Kontext von Predigten zu Kaufmannsstand und Handelsgeschäft zu vertiefen. So findet sich auch bei Herolt eine entsprechende Predigt, die sich in weiten Teilen mit der erwähnten Wucherpredigt deckt.[80] Die im Blick auf Judenbesteuerung und Privilegienpraxis gemachten obrigkeitskritischen Äußerungen zeigen zwar ein gewisses Bemühen um Realitätsnähe, doch der Grundton blieb unversöhnlich: Es wurde an die obrigkeitliche Schutz- und Fürsorgepflicht für die Armen appelliert, die als Opfer der jüdischen Geldgier erscheinen. Die Begründung für die Toleranz gegenüber den Juden wurde hier erweitert dargeboten, unter anderem durch den später in Martin Luthers Judenschrift von 1523 herausgekehrten und antirömisch gewendeten Gedanken des Judeseins Jesu.[81] Eine Signalwirkung für eine ausgesprochen judenfreundliche Haltung kommt diesem Argument weder bei Herolt noch bei Luther zu. Herolts auf typisch spätscholastische Art dargebotenen Predigt bot immer wieder erweiternde Konkretionen im Blick auf Gewissenserforschung und kirchliches Bußinstitut, so daß die Frage nach dem Seelenheil sachlich eng mit der kirchlich korrekten Sichtweise des Judentums zusammengebunden wurde. Dieses assoziative Verfahren bindet die Juden auch in die Negativzeichnung des städtischen Lebensraumes ein, der in die Nähe des apokalyptisch-lasterhaften Babylon gerückt wurde.[82] Am Ende der Obrigkeitskritik stand die Drohung mit der ewigen Verdammnis für den Unbußfertigen und die Mahnung, sich in Fragen der Verwendung von Martinsgans und ähnlichen jüdischen Zuwendungen nach dem Rat der Beichtväter zu richten. Grundsätzlich galt jeder geschäftliche Kontakt mit Juden als gefährlich für das Seelenheil.[83] Auch wurde der verpflichtende Charakter des Vertragsrechts bei allen als wucherisch definierten Geschäften zum einseitigen Nachteil der Juden in Frage gestellt, etwa wenn es um das Einklagen von Schulden ging.[84]

Die Ausführlichkeit, mit der konkrete Vorschriften des kanonischen Rechts behandelt wurden, kann nur zum Teil als Indiz für konkrete, im Rahmen der Bußdisziplin schwer lösbare Probleme gewertet werden. Die Rechtsthematik führte in der Predigtliteratur ein summarisch-lehrmäßiges Eigenleben, das auch weniger aktuelle Probleme im Bewußtsein hielt, so etwa das des christlichen Hauspersonals bei Juden, dem in scharfen Worten

---

[80] HEROLT (wie Anm. 13), fol. r5^v-r6^v.

[81] WA 11, (307)314–336.

[82] HEROLT (wie Anm. 13), fol. r5^v.

[83] HEROLT (wie Anm. 13), s8^v-t2^r. Vgl. die dortigen Versuche zur Bestimmung wucherischer Geschäftspraktiken nach der allgemeinen Regel: „Est enim generalis regula quod quidquid accidit ultra capitale est usura". Es galten die überholten Ideale einer an der Existenzsicherung orientierten Tauschwirtschaft.

[84] HEROLT (wie Anm. 13), fol. z6^r-z8^r (Predigten über die neun „fremden Sünden"), bes. Sermo 145 (participatio in peccatis alienis). Zur Wucher- und Obrigkeitskritik vgl. auch Meffreth (wie Anm. 32), S. 481–487.

mit Exkommunikation und Schandbegräbnis gedroht wurde. Wichtig war
hier vor allem das Aufgreifen oder Schüren von Ängsten vor dem drohenden Heilsverlust. Auch andere gelegentlich virulente Grundsatzfragen wie
die nach der Zwangstaufe jüdischer Kinder wurden angesprochen. Herolt
hat die letztere im Gefolge des Thomas von Aquin abgelehnt.[85] Auffällig ist,
daß Herolt zur Sonderfrage nach dem Schicksal ungetauft sterbender jüdischer Kinder im Zusammenhang seiner den Sakramenten gewidmeten Predigten eigens Stellung nahm. Er sah keinen Unterschied zwischen Kindern
von Juden und solchen von Christen, die er alle im *limbus infantium* enden
sah, so daß eine pauschale Polemik über die Höllenfahrt der Juden unter-
blieb.[86]

Weitere Predigten Herolts belegen, in welchem Ausmaße die Juden für
die Identifizierung lasterhaft-weltlicher und städtisch-unbußfertiger Lebensführung herangezogen wurden. Der christliche Wucherer galt als
Sünder schlechthin, machte er sich doch einer Sünde schuldig, die schwerer wog als der Wucher der Juden wie auch der Verrat des Judas.[87] Es finden sich zudem vielfältige Exempel vom schmählichen Ende unbußferti-
ger Wucherer. An ihnen wurde eingeübt, was sich in neuen Zusammenhängen gegen die Juden kehrte. Die Mittel drastischer Steigerung der
Kritik wurden auch gegen Blasphemiker eingesetzt: Sie sündigten ebenfalls schlimmer als die Juden, da sie Christus ständig und im vollen Wissen
um seine Gottessohnschaft töteten, was beides von den Juden nicht behauptet werden konnte.[88] Eine entsprechend scharf gegen die „falsi chri-

---

[85] Vgl. Textanhang, Anm. 25.

[86] Herolt (wie Anm. 75), fol. Aa7ʳ-Bbʳ. Schreckenberg (wie Anm. 8), S. 535, sieht
in Herolts Meinung zu dieser Frage einen Unterschied zur gängigen Auffassung, derzufolge die nicht getauften Juden pauschal zur *massa perditionis* gehörten. M. E. läßt sich die
Konzilsentscheidung von 1443, derzufolge Juden, Ketzer und Häretiker zur Hölle verdammt sind, nicht ohne weiteres in diesem Sinn interpretieren; die ewige Verdammnis
dürfte an die Fähigkeit zur *discretio* gebunden gedacht sein: Auch bei Herolt sündigen
die Juden „ipso facto" mortaliter und verfallen der ewigen Verdammnis, wenn sie in das
Alter der Unterscheidungsfähigkeit kommen und sich nicht taufen lassen. – Der Jurist
Ulrich Zasius gehörte zu denen, die das jüdische Elternrecht über ihre Kinder noch Anfang des 16. Jh. in Frage stellten, s. dessen Denkschrift über die Taufe jüdischer Kinder
(1508), vgl. Guido Kisch: Zasius und Reuchlin. Eine rechtsgeschichtlich-vergleichende
Studie zum Toleranzproblem im 16. Jahrhundert, Konstanz u. Stuttgart 1961 (= Pforzheimer Reuchlinschriften 1). Vgl. auch den das jüdische Elternrecht beschränkenden Kommentar des Dominikaners Johannes von Freiburg (gest. 1314) in der Beichtsumme des
Raimund von Peñafort (wie Anm. 77), S. 33 (Randglosse zum Stichwort „asperi-
tates").

[87] Herolt (wie Anm. 13), fol. tʳ. Immerhin bereute Judas seine Tat, was nach Herolt
von einem Wucherer kaum zu erwarten war. Entsprechend hart fielen die Drohungen gegen den unbußfertigen Wucherer und seine Familie aus (Exkommunikation, ewige Verdammnis, Schmachbegräbnis unter dem Galgen usw.).

[88] Herolt (wie Anm. 13), fol. v4ᵛ-v6ʳ (Sermo 123, de blasphemia). Den Juden wird
bei Herolt immerhin die wenn auch das Vergehen nicht entschuldigende, so doch teil-

stiani" gewendete Wucherkritik zeichnet zahlreiche Predigtwerke aus, so findet sie sich bei Conrad Grütsch, gefaßt als Kleruskritik (Simonie) wie als allgemeine Kritik am städtischen Wirtschaftsleben mit den üblichen Drohungen der Exkommunikation, des Schandbegräbnisses und der ewigen Verdammnis, der kasuistischen Demonstration des schmalen Rahmens erlaubter Geldgeschäfte und dem Ruf nach obrigkeitlicher Lasterregulierung.[89]

Eine ausgeprägte Form der Wucherpolemik findet sich bei allen großen Bußpredigern der Bettelorden, so bei Bernhardin von Siena und seiner Schule in Italien oder bei Vinzenz Ferrer in Spanien. Auf diesem sozialethisch dominierten Feld scheint am ehesten eine länderübergreifende Übereinstimmung der verschiedenen Bettelordensprediger erkennbar.[90] Auch im engeren katechetischen Kontext fehlte es nicht an Versuchen entsprechender Gewissensschärfung in der Wucherfrage, wie die kasuistisch aufbereitete Behandlung des 7. Gebots beim Franziskaner Marquard von Lindau (1320/30–1392 Konstanz) in seinem „De decem praeceptis", einem der katechetischen Hauptwerke des späten Mittelalters, zeigt. Der Rat an die Gläubigen, keine Kauf- oder Verkaufsgeschäfte ohne Hinzuziehung des Beichtvaters zu vollziehen, zeigt das Ausmaß der Verunsicherung und der Schwierigkeit, dem Beichtinstitut seine Bedeutung zu sichern bzw. zurückzuerobern.[91] Auffallend starke Antijudaismen zeigen sich hier in der kasuistischen Behandlung des 5. Gebots: Der absolute Verpflichtungscharakter des Tötungsverbots wie des Gebots der Nächstenliebe wurde relativiert, indem das Töten oder Schädigen eines Juden zur geringeren Schuld erklärt wurde als ein entsprechendes Vergehen gegenüber einem (Mit-)Christen. Verweise auf konkrete Zusammenhänge fehlen, doch fällt die Entstehung des Werks in die von wiederholten Judenverfolgungen bestimmten Jahrzehnte nach der Schwarzen Pest. Die antijüdische Profilierung wurde in einer weiteren kasuistischen Überlegung zum Tö-

---

weise verständlich machende _ignorantia_ gegenüber der göttlichen Natur Jesu nach I Kor 2,8 zugestanden.

[89] GRITSCH (wie Anm. 48), fol. g4r-g7v. Vgl. GABRIEL BARLETTA: Sermones […] tam quadragesimales quam de sanctis […], Lyon 1511, fol.104a-107a (weitere Ausgabe Hagenau 1514). PETRUS DORBELLUS: Quadragesimale hortuli conscientie, Paris 1508, Sermo 26, fol.130r. Zum _contemptus_-mundi-Ideal und den Gegengrößen _superbia, avaritia_ und _luxuria_ vgl. ebd., Sermo 12, fol. 54v-59r, 57v; Sermo 39, fol. 226r-232v, 228r.

[90] Zu Bernhardin von Siena vgl. IRIS ORIGO: Der Heilige der Toskana. Leben und Zeit des Bernardino von Siena. […] München 1989, S. 78, 82f., 124. Die von Bernhardin im Zusammenhang der Wucherpolemik kritisierten _barattiere_, die Besitzer von Spielbuden in den Städten, wurden demnach auf Gemälden oft mit dem spitzen Judenhut dargestellt. Vgl. BERNHARDIN VON SIENA: Opera omnia […] Bd. 1, Venedig 1745, S. 189–194.

[91] Vgl. MARQUARD VON LINDAU: Die zehe Gebot (Straßburg 1516 und 1520). Ein katechetischer Traktat. Textausgabe mit Einleitung und sprachlichen Beobachtungen, hg. v. Jacobus Willem van Maren, Amsterdam 1980 (= QFEL 14), S. 83f.

ten ungetaufter Kinder bestätigt, das zugleich vom tiefen Mißtrauen gegen die sog. „Taufjuden" zeugte.[92]

Mit der Wucherpolemik verband sich zunehmend auch die Polemik gegen den Müßiggang als Wurzel von superbia, luxuria und anderer Laster. So wird im Predigtwerk des Meißener „Meffreth" die Ausweisung von Müßiggängern aus dem christlichen Gemeinwesen gefordert.[93] Das tendenziell säkulare Argument der Nützlichkeit, das in der aufklärerischen Judenemanzipationsdebatte voll zum Zuge kommen sollte, drängt schon hier die theologisch-heilsgeschichtlich begründeten Toleranzforderungen zurück oder suspendiert sie ganz. Es fand freilich nicht nur gegen die bettelnden Unterschichten der Städte und gegen die Juden Verwendung, sondern kehrte sich mit zunehmendem Antiklerikalismus auch gegen die Mendikanten selbst. Von hier ging es in die reformatorische antimönchische Polemik ein, ohne von den Juden gelöst zu werden. So sind im Kontext der Predigt auch die Verteidigungsstrategien bettelmönchischer Existenz gegen die Vorwürfe von Faulheit und Nutzlosigkeit für das Gemeinwesen zu berücksichtigen. Zumindest die Verschärfung der antijüdischen Polemik scheint von entsprechenden Verunsicherungen mitgetragen. Bromyards *Summa praedicantium* konnte dagegen noch, ein eher seltenes Unterfangen, zur Verschärfung innerchristlicher Kritik positive Bezüge zum Judentum herstellen und die nach äußeren Maßstäben ehrliche und sozial verantwortliche Lebensführung bei Juden wie auch bei Sarrazenen als vorbildlich und der christlichen überlegen preisen. Besonders die funktionierende Armenfürsorge beider fand Bewunderung und wurde dem christlichen Bettelzwang der Armen entgegengesetzt. Dabei handelte es sich freilich wie im Lob der vorbildlich strengen Gesetze gegen Blasphemie, Diebstahl und dessen besondere Form, den Wucher um funktionale Idealisierungen des alttestamentlichen Rechts, mit dem die weniger konsequent erscheinende Praxis des weltlichen Rechts bloßgestellt werden sollte.[94]

---

[92] Marquard von Lindau (wie Anm. 91), S. 66f. Die antijüdische Rationalisierung beruhte auf einer dualistischen Leib-Seele-Vorstellung: Wer einen Juden tötet, tötet ihn demnach zwar dem Leib nach, aber der Seele nach töte ihn dessen eigener Unglaube. Zum Kindermord hieß es: Es sei eine größere Sünde, wenn eine Mutter ihr ungetauftes Kind tötet, als wenn es getauft sei, während es doch keine größere Sünde, einen Juden zu töten, als einen getauften Christen, obwohl der erstere ungetauft ist: Weil das ungetaufte Kind aller Voraussicht nach zum Glauben und zur Taufe gekommen wäre, während dies bei Juden oder Heiden nicht zu erwarten war.

[93] Meffreth (wie Anm. 32), S. 368–379, 372. Zur Wucherthematik s. ebd., S. 22–34.

[94] Vgl. Bromyard (wie Anm. 18), Stichwort Elemosyna, E 4, Art. 8,28; ebd., Stichwort Pena, P 8,11.

4. Zusammenfassung und Ausblick

Die im deutschsprachigen Bereich verbreitete spätmittelalterliche Predigtliteratur der Mendikanten trug, soweit bislang erkennbar, durch ihre spezifische Profilierung des contemptus-mundi-Ideals wesentlich zur Stabilisierung und Radikalisierung des traditionell negativen Judenbildes und damit zur Polarisierung des Gegensatzes zwischen Juden und Christen bei. In Bußpredigt und Laienunterweisung wurden, endzeitlich motiviert und von einer triumphalistischen Ekklesiologie getragen, zahlreiche antijudaistische und antisemitische Vorstellungsgehalte breitenwirksam rezipiert, die in Kernbereiche christlicher Glaubensüberzeugung und Frömmigkeitspraxis hineinreichten. Frömmigkeit im weitesten Sinn wurde so zu einem wichtigen Medium der Vermittlung von Antijudaismus und spätmittelalterlichem Antisemitismus, ohne daß es dazu stets einer konkreten Präsenz von Juden bedurfte. Antijüdische Elemente übernehmen dabei in aller Regel die Funktion einer negativen Konturierung christlicher Nachfolgeideale in einem dualisierend- angelegten Welt- und Geschichtsbilds. Häretisierung und Dämonisierung der Juden bedeuteten umgekehrt zugleich auch eine „Judaisierung" der Häretiker und der Teufelsvorstellungen.

Auch wenn das Ideal der Weltverachtung mit einiger Konsequenz auf das der Judenverachtung hin ausgelegt wurde, so geschah dies doch in der Predigtliteratur keineswegs einlinig, weder mit exklusiv antijüdischen Mitteln noch in gleicher Radikalität. *Theoretisch* hielt man in aller Regel am traditionellen Leitbild einer Koexistenz zwischen Juden und Christen fest, auch wenn *praktisch* die seit dem 13. Jahrhundert inquisitorisch in Gang gekommene Häretisierung und Dämonisierung der Juden forciert und damit in der Konsequenz alles auf die Alternative Taufe oder Vertreibung der Juden zugespitzt wurde.[95] Das zunehmende Bewußtsein vom Auseinandertreten kirchlich-religiöser Herrschafts- und Reformansprüche und gesellschaftlicher Wirklichkeit trieb offenbar die Radikalisierung voran, hob jedoch die grundsätzliche Verpflichtung gegenüber der traditionellen Grundfigur bedingter Toleranz nicht auf. Dabei ließen sich weder das von der papalistischen Theorie der Allgewalt (plenitudo potestatis) des Papstes über die Juden eingeforderte Herrschaftsrecht noch die von den Mendikanten verfochtenen Sakralisierungsideale der Gemeinwesen umfassend durchsetzen. Stattdessen verstärkten sich die Differenzen zwischen Anspruch und Wirklichkeit in allen Bereichen, welche sich die spätmittelalterliche Mendikantenpredigt zur Aufgabe gesetzt hatte: Einer breiteren Öffentlichkeit wie den einfachen Predigern zu vermitteln, was christliches Wissen, Handeln und

---

[95] Markante Beispiele offener Dämonisierung der Juden in nordfranzösischen Predigthandschriften des 15. Jh. finden sich bei HERVÉ MARTIN: Le métier de prédicateur en France septentrionale a la fin du Moyen Age (1350–1520), Paris 1988, S. 323–330. Die Juden waren bereits 1394 aus dem Königreich Frankreich ausgewiesen worden.

Hoffen ausmachte. Die *Wissensvermittlung* kam an ihre Grenzen bei der inhaltlichen Vertiefung dessen, was Credo, Vaterunser und Ave Maria an christologischen und trinitarischen Grundaussagen enthielten. So nutzte man die Abgrenzung vom jüdischen und muslimischen Glauben zur Konturierung des eigenen. Die schwierige *Vermittlung von Bußgesinnung und tugendzentrierten Nachfolgeidealen* verlangte nach wirkungsvoller Kontrastierung von Tugend und Laster, vorrangige Repräsentanten des theologischen Weltbegriffs wurden die Juden. Sie kamen als die wahren Feinde von Passions- und Marienfrömmigkeit, Hostienverehrung und Wunderglaube in den Blick und wurden damit auch zu Feinden des Gemeinwohls stilisiert, dessen Erhalt von der rechten Frömmigkeitspraxis abhängig gemacht wurde. Die Vermittlung von *Furcht vor der ewigen Verdammnis* erschien eindringlicher, wo die Konsequenzen unbußfertigen Verhaltens an der jüdischen Existenz im Exil demonstriert werden konnten, die in der scholastischen Hierarchie der Verfehlungen als Anschauungsmaterial für schwerste Schuld, schärfste Strafe und ewige Verdammnis fungierte.

Soweit zu sehen, war die in Deutschland gegen Ende des 15. Jahrhunderts verbreitete Predigtliteratur der Mendikanten nicht auf gleiche Weise von den Spitzen ihrer Agitation, der Forderung nach Zwangspredigt, Konfiszierung der jüdischen Traditionsliteratur und der Vertreibungsforderung bestimmt. Diese fanden ihre markantesten Vertreter bei den großen Bußpredigern der italienischen Franziskanerobservanten bis gegen Ende des 15. Jahrhunderts. Sie radikalisierten, was ansonsten eher ein ambivalentes Schwanken zwischen Toleranzgebot und Ausgrenzung der Juden war. Auch die Predigtwerke mit einer strengen Obrigkeits- und Kleruskritik ohne explizit ausgeformte antijüdische Polemik gehören zur Vielfalt im deutschsprachigen Raums, so die des hochrangigen Ordensmannes und bekannten französischen Franziskanerobservanten Olivier Maillard (1430–1502).[96] In seinen Quadragesimalpredigten richtet sich die prophetische Zeitkritik mit ihren scharfen Angriffen auf kirchliche Mißstände wie Ablaßmißbrauch, Simonie und Konkubinenwesen wie auch auf den Wucher der Langobaren und das moderne Vertragsrecht mit aller Kraft auf Buße und Umkehr zum Gehorsam gegenüber den göttlichen Geboten.[97]

Ein kurzer Ausblick soll in die Reformationszeit führen. Die fundamentale theologische Neuorientierung läßt mit ihren Umbrüchen für Kirche und Gesellschaft Kontinuitäten und Diskontinuitäten zum Spät-

---

[96] Maillard war dreimal Generalvikar der Konvente von Frankreich, Spanien, England und Deutschland. 518 lateinische Predigten (bzw. Predigtentwürfe) Maillards sind überliefert, bis 1530 wurden sie immer wieder gedruckt. Zu den Werken Maillards vgl. ARTHUR DE LA BORDERIE (Hg.): Olivier Maillard, Oeuvres Françaises. Sermons et Poésies [...], Genf 1968. Bibliogr. S. 138ff.

[97] Vgl. OLIVIER MAILLARD: Sermones de aduentu: quadragesimales: dominicales [...], Straßburg 1512, fol. 109a–112b; 132a–134a; 148a–149b; 177a–179a; 191a–192b; 197a–198b; 201b–209b; vgl. schon fol. 32a–34a.

mittelalter hin erkennen. Das reformatorische Predigtverständnis führte, hierin dem humanistischen Reformbemühen gleichgerichtet, zunächst zu einer Reduzierung der außerbiblischen und legendären antijüdischen Stoffe spätmittelalterlicher Verkündigung und zu einer neuen Konzentration auf die biblische Mitte der Christusbotschaft.[98] In der Frömmigkeitspraxis entfielen charakteristisch spätmittelalterliche Anknüpfungspunkte antijüdischer Agitation. Dennoch kam es zu keinem programmatischen Bruch mit der antijüdischen Tradition, wie nicht zuletzt an der fortgesetzten Polemik gegen den „Judenwucher" zu sehen ist. Die Juden blieben herausragende Repräsentanten des theologischen Weltbegriffs, mit dessen Hilfe nun die römische „Werkgerechtigkeit" demaskiert werden konnte. Zahlreiche antijüdische Kollektivstereotypen wurden so unter den veränderten Bedingungen neu situiert. Zwar ermöglichte der Kampf gegen Rom auch neue Formen der Kritik an Antisemitismen wie dem Ritualmordvorwurf, doch sie blieben Ausnahmen mit stark antirömischer Einbindung, wie das Beispiel des Nürnberger Reformators Andreas Osiander zeigt.[99] Vor allem aber lebte der bettelmönchische Sakralisierungsdrang bei einzelnen Reformatoren deutlich erkennbar weiter, wie sowohl Martin Bucers „Judenratschlag" aus dem Jahr 1539 mit seiner Forderung nach regelmäßigen Zwangspredigten für Juden als auch die gegenüber der Tradition verschärften antisemitischen Härten des späten Luther deutlich machen.[100] Daß es zu keinem Bruch mit der spätmittelalterlichen Tradition kam, lag an der in der Substanz ungebrochenen kirchlich-bürgerlichen Einheitsvorstellung. Die Zwei-Reiche-Lehre blieb ein Instrument innerchristlicher Differenzierung von geistlichen und weltlichen Zuständigkeiten, das die lehrmäßigen und frömmigkeitspraktischen Selbstvergewisserungsformen der antijüdischen Tradition nicht kritisch erreichte. Auf zwei Beispiele der Predigtliteratur sei hier hingewiesen.

Antonius Corvinus (1501–1553) gilt als einer der populärsten Postillen-Schreiber des 16. Jahrhunderts.[101] Den Umgang mit der Passionthematik bestimmt zunächst die bewußte Abgrenzung gegenüber der altgläubigen, als einseitig antijüdisch identifizierten Tradition und die Konzentration auf die persönliche Sünden- und Gnadenerkenntnis, wie dies auch in Martin

---

[98] Eine nähere Untersuchung zur Predigtliteratur in der Reformationszeit müßte neben den sich herausbildenden konfessionsspezifischen Gegensätzen vor allem die Weiterbildung vorreformatorischer Reformimpulse im „altgläubigen" Bereich berücksichtigen.

[99] Osiander versuchte u.a., die eigennützigen (Frömmigkeit-)Interessen der Mönche am Ritualmordvorwurf zu entlarven. ANDREAS OSIANDER d.Ä.: Schriften und Briefe 1539 bis März 1543 (= GA Bd. 7), hg. v. Gottfried Seebaß, Gütersloh 1988, S. 223–248.

[100] MARTIN BUCER: Schriften der Jahre 1538–1539 (= Opera omnia, Ser. 1, Bd. 7), hg. v. Robert Stupperich, Gütersloh 1964, S. (319) 342–361. MARTIN LUTHER, WA 53, (412) 417–552; WA 53, (573) 579–648; WA 54, (16) 28–100.

[101] Vgl. kurz MARTIN STUPPERICH: Art. Corvinus, Antonius, in: TRE Bd. 8, S. 216–218. Luther steuerte der Evangelien- und der Epistelpostille von 1535 bzw. 1537 eine Vorrede bei.

Luthers frühem *Sermon von der Betrachtung des heiligen Leidens Christi* (1519) der Fall war. So mahnte Corvinus, die Frage nach der eigenen Schuld nicht durch die Fixierung auf die Schuld der Juden und des Judas zu suspendieren. Über seine eigene Bosheit müsse der Sünder ebenso erschrecken wie über die der Juden.[102] Auch wurde die Meditation der Wunden Jesu neu als Konfrontation mit dem Gesetz und nicht als Mittel des Gnadenempfangs interpretiert. Dennoch lebt die spätmittelalterliche Perspektive im Vorwurf der Undankbarkeit gegen die Juden fort. Ihre Existenz im Exil blieb theologisch und historisch gerechtfertigte Strafexistenz. Der antijüdische Topos wurde voll in den reformatorischen Bußernst integriert. Das Fortleben des spätmittelalterlichen Erbes betrifft freilich nicht nur die gängigen Elemente des klassischen theologischen Antijudaismus, sondern auch die spätmittelalterlichen Antisemitismen. Dies zeigt sich im Werk des Andreas Hondorff aus der zweiten Hälfte des 16. Jahrhunderts, das u.a. auch auf Johannes Herolt zurückgriff. Es handelt sich hierbei einmal um Hondorffs Lebenswerk, ein Promptuarium, das *Theatrum historicum illustrium exemplorum*, sodann um einen Heiligenkalender, das *Calendarium sanctorum et historiarum*.[103] In beiden Fällen wird im Anschluß an Luthers Lob der Exempel davon ausgegangen, daß sich die Schwachgläubigen mit der Bibel allein nicht begnügen könnten, sondern zur Glaubensstärkung auch der Beispielgeschichten bedürften. Obwohl Hondorff sein *Calendarium* nach dem Kriterium historischer Glaubwürdigkeit ausstattete und die sog. Lügenmärchen der Mönche ausschied, fanden zahlreiche ältere und neuere Ritualmord- und Hostienfrevelgeschichten Eingang in das protestantische Martyrologium.[104] Aufgenommen wurden auch antijüdisch agierende spätmittelalterliche Wanderprediger wie Bernhardin von Siena und Vinzenz Ferrer. Zu den wichtigen Quellen gehörte die zuerst 1493 in einer lateinischen und deutschen Ausgabe erschienene Schedelsche Weltchronik.[105] Von den neueren Hostienfrevel- und Ritualmordgeschichten wurden die vom angeblichen Hostienfre-

---

[102] Antonius Corvinus: Breves expositiones super ea Euangelia quae in praecipuis festis sanctorum praedicati solent […], Schwäbisch Hall 1537, fol. 1a–7a, vgl. 5. Predigt, ebd., fol. 23b–31a. Vgl. WA 2, 136ff.

[103] Andreas Hondorff: Calendarivm Sanctorum et Historiarvm […], Leipzig 1573; Ders.: Theatrvm Historicvm Illvstrivm Exemplorum […], Frankfurt 1575. Vgl. Heidemarie Schade: Andreas Hondorffs Promptuarium Exemplorum, in: Wolfgang Brückner (Hg.): Volkserzählung und Reformation. Ein Handbuch zur Tradierung und Funktion von Erzählstoffen und Erzählliteratur im Protestantismus, Berlin 1974 (mit Motivregister), S. 647–703; 669f.; dies.: Art. Hondorff, Andreas, in: EdM Bd. 6, 1990, Sp. 1229–1233.

[104] Zu Bernhardin vgl. den Eintrag zum 20. Mai, T. 1, 117b–118a; seine spezifischen Verkündigungsformen zur Förderung der Namen-Jesu-Verehrung bringen ihm bei Hondorff den Verdacht ein, ein Werkheiliger gewesen zu sein („Er mag es nicht böß gemeint haben […]").

[105] Zu antijüdischen Stoffen vgl. Hartmann Schedel: Das bůch der Cronicken […], Nürnberg 1493 (Faks. 1965, verkl. Faks. Dortmund, 2. Aufl. 1979), fol. 149b; 254b (Ritualmordvorwurf von Trient 1475 mit Darstellung des angeblichen Mords); 257b (Hostienfrevelvorwurf Sternberg 1492 mit Holzschnitt zur Judenverbrennung).

vel in der Mark Brandenburg im Jahr 1510, der mit der Verbrennung von 38 unschuldigen Juden endete, und die vom vorgeblichen Ritualmord von Pösing in Ungarn aus dem Jahr 1529 erwähnt, auf die Osiander in seiner Schrift gegen die Ritualmordlüge 1540 kritisch eingegangen war.[106] Selbst die Erinnerung an die Judenvertreibung in Regensburg 1519, die Zerstörung der Synagoge und die Errrichtung der Marienkapelle fehlte nicht, auch wenn die damit einsetzende Wallfahrt mit ihren Wunderzeichen kritisiert und der zwischenzeitliche Einzug reformatorischer Predigt in jener Kapelle begrüßt wurde.[107] Daneben finden sich bei Hondorff auch sachlich gehaltene Informationen zum jüdischen Festkalender.[108] Insgesamt aber überdauern die Grundfiguren mittelalterlicher Judenfeindschaft die Um- und Aufbrüche der Reformation, so daß für die Juden die Reformationszeit im allgemeinen Mittelalter bleibt.

---

[106] HONDORFF: Calendarivm (wie Anm. 103), 1. T., zum 20. Mai, fol. 117b-118a (Pösing), zum 19. Juli, 2. T., fol. 19a. Vgl. weiter zum Ritualmordvorwurf in Krakau 1407, ebd., 1. T., zum 27. März, fol. 76b-77a.

[107] HONDORFF: Calendarivm (wie Anm. 103), fol. 46a-46b.

[108] So z. B. zum Purimfest (14. Mai), HONDORFF: Calendarivm (wie Anm. 103), T. 1, 63a-63b, und zu den Hohen Feiertagen im Herbst, siehe zum 1., 3., 9., 15. und 24. Oktober, ebd., 2. T. fol. 84bff.

Textbeilagen

1. Johannes Herolt (Dominikaner, gest. 1468): Sermo zum 10. Sonntag nach Trinitatis[1]

(Beilage zu: Hans-Martin Kirn: Contemptus mundi – contemptus Judaei?
Nachfolgeideale und Antijudaismus
in der spätmittelalterlichen Predigtliteratur)

Ediert von

HANS-MARTIN KIRN

Sermo 105: De Iudaeis

Videns Iesus *civitatem, flevit super illam dicens: quia si cognovisses et tu,* Luce xix.[2]

[1] Dominus noster Iesus Christus, qui nullam materiam flendi in seipso habuit, misericordia motus, nostras deflevit miserias, volens nos admoneri, ut et nos, qui veri miseri sumus, in hac lachrymarum valle defleamus nostras miserias exemplo sui, qui *videns civitatem, flevit super illam.*

[1.1] Scien[dum] secundum Guil. Lugd.[3], quod Christus ploravit super civitatem, et non super villam. Civitates enim magis periculose sunt, quia in eis plus regnat sapientia mundi quam sapientia Dei, quae multum adversatur

---

[1] JOHANNES HEROLT (o. Vf.): Sermones discipuli de Tempore: de sanctis et quadragesimale eiusdem […], Lyon 1508, fol. r5ᵛ-r6ᵛ (WLB Stuttgart: theol. qt. 3182). Es folgt zum selben Sonntag eine Predigt über die Kaufleute. – Zur Textgestaltung: Die spätmittelalterliche Orthographie wird in der Regel übernommen (e statt ae), abgekürzte Wörter sind mit Ausnahme der Bibelbücher ausgeschrieben und Eigennamen in Großschreibung vereinheitlicht; Interpunktion, Absätze und Nummerierungen sind so gewählt, daß sie die Lesbarkeit erhöhen und die scholastische Grundstruktur der Predigt verdeutlichen; zur Erleichterung des Lesens wird auch zwischen u und v unterschieden. Bibelzitate, die nicht immer wörtlich sind, werden kursiv gesetzt. Die Anmerkungen beschränken sich auf knappe Hinweise.

[2] Text: Die Klage Jesu über Jerusalem Lk 19, 41ff. (V), die auf den Palmsonntag verweist.

[3] Gemeint ist WILHELM PERALDUS (Guilelmus Lugdunensis), gest. 1271 in Lyon, von 1261-1266 Prior des dortigen Dominikanerklosters, der durch seine populäre *Summa virtutum ac vitiorum* (vielfach gedruckt, u.a. Paris 1512) und Predigten einen großen Bekanntheitsgrad erreichte (zahlreiche Handschriften und Drucke des 15., 16. und frühen 17. Jh.). Zu Lk 19,41ff. und Herolts Zitierweise, die hier nicht detailliert dargestellt werden kann, vgl. GUILELMUS PERALDUS: Conciones triplices et qvadruplices per omnes Dominicas totius anni, Köln 1629, S. 176.

deo. Unde Gre[gorius magnus] in mor[alia in Iob].[4] Valde difficile est, ut is, qui sapientem se estimat mentem ad humilitatem reducat, et recte predicantibus credat, unde Apost[olus] Rom. viii: *Sapientia carnis inimica est Deo*.[5] In civitatibus enim sunt homines magis ambitiosi, voluptuosi, luxuriosi, avari etc. quam in villis, et plura peccata perpetrantur in civitatibus, quia crapulose vivunt et tepescunt in ocio, quae duo plurimum administrant occasionem peccandi; sed homines habitantes in villis sunt ut frequentius in continuis laboribus: sic carnem suam macerant atque dormant et occasiones abscindunt.

[1.2] Sciendum quod dominus flevit super civitatem Hierusalem et hoc ex compassione cordis, quia cognovit plagam et destructionem civitatis et populi iudeorum, quae postea facta est a principibus scilicet Tito et Vespasiano.[6] Nam dominus noster Iesus Christus, qui neminem vult perire, expectavit xlii annis antequam plaga ista, quam deflevit super istam civitatem, venit. A passione ergo domini xlii anno a principibus romanis Hierusalem obsessa est tempore paschali, qui et omnes iudeos intra septa sue civitatis concluserunt et ad capiendum civitatem tres aggeres fecisse leguntur, ut nullus posset inde egredi nec ingredi. Biennio igitur a Tito obsessa Hierusalem tanta fames omnes tenuit, quod parentes filiis et filii parentibus et viri uxoribus cibos non tamen de manibus, sed etiam ex ipsorum dentibus rapiebant. Tanta enim fames ibi erat, quod calciamenta sua et corrigias manducaverunt pre magnitudine famis.

Et legitur in scholast[ica] hist[oria], quod fuit in Hierusalem quedam nobilis matrona nomine Maria, cui predones omnia rapiebant, et adhuc habuit parvum puerum lactantem et cum amplius non haberet lac ad nutriendum puerum suum, occidit eum dicens: „O mi nate, esto cibus matri, quae et tibi iam dudum cibum ministravi." Et dum medietatem pueri coxisset, predones odorantes carnes, ad domum ‖ (fol. r6^r) ipsius cucurrerunt, et minati sunt ei mortem nisi carnem eis ostenderet, que ostendit eis medietatem pueri cocti, quod predones videntes perterriti sunt.[7] Secundo igitur anno Titus civitatem coepit et funditus templum et civitatem evertit, ita quod lapis super

---

[4] Zur Stadtkritik im Anschluß an biblische Motive vgl. GREGOR D. GR.: Moralia in Iob, l. 6, par. 6, lin. 1ff. (CSEL Bd. 143, S. 288). Ein anderer Postillenschreiber, WILHELM VON PARIS: Postilla Guillermi super Epistolas et Euangelia: per totius anni circulum [...], Basel 1518, fol. 106b, betont die zahlreichen Sünden Jerusalems, ohne dies zu einer allgemeinen Stadtkritik zu erweitern.

[5] Röm 8,7a („Quoniam sapientia carnis inimicitia est in Deum [...]").

[6] Die Erinnerung an die Zerstörung Jerusalems 70 n. Chr. im Zweiten Jüdischen Krieg gehört zu den klassischen Topoi christlicher Selbstvergewisserung von der Messianität Jesu. Im Kontext der Chronik vgl. z.B. BEDA VENERABILIS, in CChr.SL Bd. 120, S. 346f.; WILHELM VON TYRUS, in: CChr.CM Bd. 63, S. 382f.

[7] Vgl. hierzu den Bericht bei FLAVIUS JOSEPHUS: De bello judaico VI, 3,3f. (193ff.), Euseb, hist.eccl. III,6,21ff. (=GCS Bd. 5, Eusebius 2,1, S. 209); Innozenz III.: De miseria condicionis humane (wie Anm. 6 im Textteil), I, 28; WILHELM VON PARIS (wie Anm. 4), fol. 106b-107a.

lapidem non remansit. Quod enim ista civitas Hierusalem, quae modo est
non sit eadem quae prius, nec in eodem loco ubi prius patet, quia sepulchrum domini nostri Iesu Christi tunc erat extra civitatem, modo autem est in
medio civitatis.[8]

Narrat enim Iosephus, quod undecies centena milia iudeorum fame et gla-
dio perierunt. Et idem Iosephus dicit, quod xcvii milia venditi et dispensi
sunt. Et sicut Christum xxx denariis emerunt, sic pro uno denario xxx iudeos
romani vendiderunt. Hanc futuram plagam Christus ex compassione deflevit,
unde dicitur in euang[elium]: *Videns* Iesus *civitatem, flevit super eam etc.*

[2] Sciendum, quod in presenti sermone tria sunt dicenda:
[2.1] Primo: quare ecclesia iudeos permittit vivere.
[2.2] Secundo: quomodo christiani erga iudeos se debent habere.
[2.3] Tertio: moventur alique questiones de pueris iudeorum.
[Ad 2.1] Quantum ad primum est sciendum, quod deus noluit, quod iudei penitus consumerentur, sed dispergerentur propter quinque causas,
propter quas etiam ecclesia non persequitur iudeos.
[2.1.1] Prima causa est, propter honorem patriarcharum et prophetarum, ex quibus populus iste processit.
[2.1.2] Secunda propter reverentiam Christi et apostolorum, qui ex illo
populo secundum carnem fuerunt geniti.
[2.1.3] Tertio, propter nostre fidei confirmationem, quia nobis utiles
sunt. Habent enim penes se libros veteris testamenti, ex quibus testimonium proferimus de Christo, ut habetur Esa. VII: *Ecce virgo conci-
piet et pariet filium.*[9] Et etiam de morte ipsius Christi dicitur Hiere. xi:
Quasi agnus mansuetus, qui portatur ad victimam.[10] Item Esa. liii de redemptione humani generis per passionem Christi factam sic dicitur:
*Vere languores nostros ipse tulit et dolores nostros ipse portavit, et nos reputa-
vimus eum quasi leprosum et percussum a deo et humiliatum.*[11]

Sed ipsi iudei nolunt credere Christum esse filium dei et virginis
Marie et redemptorem mundi, quamvis hoc ex scripturis suis habeant per dicta prophetarum, qui annunciaverunt de Christo. Sed
ipsi iudei false exponunt sacram scripturam et dicunt messiam adhuc
venturum; sed ipsi decepti sunt et decipiuntur.

Unde legitur in dialogo Cesarii, quod erat quidam dolescens et
studens, qui dormivit cum filia cuiusdam Iudei, que concepit a stu-
dente illo. Et studens accepit arundinem et accessit domum iudei de
nocte et loquebatur per arundinem per fenestram camere, ubi iudeus
cum propria uxore iacuit, dicens: „Gaudete et glorificate deum, quia
dominus visitavit plebem suam, quia vestra filia impregnata est et pa-

---

[8] So auch bei Wilhelm von Paris (wie Anm. 4), fol. 107a.
[9] Jes 7,14.
[10] Jer 11,19.
[11] Jes 53,4.

riet verum messiam, qui promissus est in lege et scripturis."[12] Et hoc ille studens fecit ter. Et cum parentes cognovissent filiam suam impregnatam, adhibuerunt fidem verbis istius suggestoris et annunciaverunt hoc ceteris iudeis, qui omnes gavisi sunt et deum glorificaverunt et illam puellam in magno honore tenuerunt. Et cum instaret tempus pariendi, omnes iudei congregati sunt ad videndum tam grande spectaculum. Tandem illa puella peperit cum magno dolore non filium, sed filiam. Quod cum iudei vidissent, confusi sunt omnes, videntes se esse deceptos. Et unus iudeus accurrens cum impetu ire sue arripiens illum puerum caput eius ad statuam elisit et sic omnes iudei illic existentes cum confusione et indignatione recesserunt.[13]

[2.1.4] Quarta causa quare ecclesia permittit iudeos vivere ita, quod non ex toto deleantur, est ista, ut ipsi nobis sint memoriale dominice passionis, ut quotiens iudeos videmus, totiens dominice passionis recordemur, unde Ps. *Ne occidas eos, nequando obliviscantur populi mei* etc.[14]

[2.1.5] Quinta causa est, quia omnes iudei in fine mundi debent converti, Ps. *Convertentur ad vesperam.*[15] *Et sic tunc fiet unus pastor et unum ovile* et tunc *omnis Israel salvus erit.*[16] Unde etiam Hiere. xxiii: *In diebus illi[u]s salvabitur Iuda* etc.[17]

[Ad 2.2] Quantum ad secundum sciendum, quod christiani debent decem habere quo ad iudeos.

[2.2.1] Primo: christiani secundum Ray[mundus de Pennafort] non debent cum iudeis comedere aut eos ad sua convivia invitare.[18]

[2.2.2] Secundo: christiani non debent in infirmitatibus suis ad se vocare iudeos aut accipere a iudeis medicinam.

[2.2.3] Tertio: christiani non debent cum iudeis balneari in eisdem balneis; xxviii. q. 1. nullus et c. omnes.[19]

---

[12] Vgl. den Anfang des Benedictus (Lk 1, 68).

[13] Vgl. CAESARIUS VON HEISTERBACH (wie Anm. 16 im Textteil).

[14] Ps 58,12 (V)

[15] Ps 58,7 (V).

[16] Joh 10,16 („[...] et fiet unum ovile unus pastor [...]"), gefolgt von Zitat aus Röm 11,26.

[17] Jer 23,6.

[18] RAIMUND VON PEÑAFORT (wie Anm. 78 im Textteil) stellte die einschlägigen Bestimmungen des Decretum Gratiani sowie der Dekretalen Gregors IX. zusammen, ebd., S. 33ff.; vgl. insgesamt AEMILIUS FRIEDBERG (Hg.): Corpus iuris canonici, Pars 1: Decretum Magistri Gratiani; Pars 2: Decretalium collectiones, Graz 1959 (Bd. 1, Sp. 1087f., Bd. 2, Sp. 771–778). Herolt bietet eine gleichsam in "Zehn Gebote" gefaßte Zusammenstellung der sozialen, religiösen und wirtschaftlichen Restriktionen, wobei die ausführlicher vorgestellten Punkte 7 (2.2.7), 9 (2.2.9) und 10 (2.2.10) besonders drängende Probembereiche aufgreifen dürften.

[19] c. 13f. C. XXVIII q. 1 (CIC Bd. 1, Sp. 1087f.)

[2.2.4] Quarto: non debent permitti habere inter christianos officia publica, ne occasionem seviendi habeant; xvii. q. iiii c. constituit.[20]

[2.2.5] Quinto: cogendi sunt iudei talem habitum continue deferre, quo manifeste a christianis distinguantur; extra eo[dem] in nonnullis.[21]

[2.2.6] Sexto: in diebus lamentationis et dominice passionis non debent in publicum procedere, et etiam in die parasceues non debent habere ostia aperta et fenestras apertas; extra eo[dem] quia super his.[22]

[2.2.7] Septimo: non debent habere famulos et famulas christiani nominis, quia nullo modo christiani debent esse assidui intra domos iudeorum neque tanquam famule aut nutrices aut obstetrices; alias ipsi christiani, si ab eis nolunt recedere, debent excommunicari; extra eo[dem] iudei et c. ad haec.[23] Et quamdiu tales christiani sunt in servitio iudeorum continue morando cum ipsis, sunt privati perceptione sacramentorum ecclesie et participatione omnium bonorum, que fiunt in ecclesia, et si sic morerentur, deberent sepeliri in sterquilinio et in campo, et nullo modo in loco sacro, nec etiam aliquod sacramentum ecclesie eis est administrandum. Et semper talis christianus inimicus est dei omnipotentis, beate Marie gloriose virginis et omnium sanctorum et angelorum in celo existentium.

[2.2.8] Octavo: Christiani non debent suas domos locare iudeis ad exercendum usuras in eisdem alias rei erunt peccatorum iudeorum, quae ipsi iudei in dominibus eorum committunt, quia est unum de novem alienis peccatis hospitare malos, et peccata in dominibus suis penetrare a malis permittere.

[2.2.9] Nono: Christiani ‖ (fol. r6ᵛ) non deberent retinere munuscula vel aliqua dona a iudeis eis data.

Circa quod queritur, an liceat christiano recipere munuscula vel dona a iudeis? Respondeo quod sic tali tamen modo, quod ipse recipiens non velit aliquid facere propter talia dona, quod sit contra deum, et tunc licite potest recipere; sed non debet sibi retinere nisi forte essent talia, que ab eo vel antecessoribus suis ipsi iudei per usuram recepissent, unde sanct[us] Tho[mas] in quadam epistola ad ducissam Lothoringie. Cum ea, que iudei per usuram extorserunt non possunt ab ipsis licite retineri, consequens est, ut si vos illa ab eis receperitis, nec vos licite retinere poteritis, nisi forte essent talia, que a vobis vel antecessoribus vestris hactenus extorserunt. Si quae vero dant, quae extorserunt ab aliis, debent restitui illis, quibus iudei resti-

---

[20] c. 31 C. XVII q. 4 (CIC Bd. 1, Sp. 823).
[21] X V 6, 15 (CIC Bd. 2, Sp. 776f.)
[22] X V 6, 4 (CIC Bd. 2, Sp. 772).
[23] X V 6, 5 u. 8 (CIC Bd. 2, Sp. 773f.)

tuere tenentur, si inveniuntur. Alioquin ad pios usus secundum sui diocesani consilium talia munuscula et dona danda sunt.[24]

O quid ad hec dicturi sunt, qui recipiunt propinas et dona a iudeis, qui non habent pecunias nisi quas cum usuris lucrati sunt. Sicut illi, qui recipiunt aucas vel cantros vel ciphos argenteos et sic de aliis propinis, quia omnia illa eroganda sunt pauperibus. Ergo quicunque receperit tali modo aliquid a iudeis et moritur sine restitutione, ipse et sui heredes, qui detinent illa dona, utuntur illis scienter, damnabuntur. Et etiam omnes illi qui comederunt de aucis, quas iudei propinaverunt suis dominis circa festum sancti Martini, quilibet talis tenetur pauperibus erogare secundum consilium sui confessoris. Insuper sciendum, quod tales, ut frequenter habent infortunia in illis bonis, que a iudeis receperunt, etiam si pro suis laboribus recepissent, tales enim nunquam vel raro ditantur.

[2.2.10] Decimo: christiani non debent sententiare nec aliquem cogere ad solvendum usuras siue iudeis siue christianis usurariis. Nam omnes potestates, rectores, consules, iudices, officiales, qui statuta faciunt scribunt vel dictant, per que quis compellatur solvere usuras vel etiam non repetere iam solutas, aut qui observant illa statura et secundum ea iudicant: omnes tales ipso facto incurrunt sententiam maioris excommunicationis, et tales non possent absolvi a peccatis nisi velint desistere et antea sint a sententia excommunicationis absoluti, quia absolutio a sententiis debet precedere absolutionem a peccatis.

[Ad 2.3] Quo ad tertium queritur, utrum pueri iudeorum invitis parentibus sint baptizandi?

Respondetur secundum Tho[mam] ii.ii q. x quod non licet ante annos discretionis, sed quando ad annos discretionis pervenire possunt fidem recipere etiam invitis parentibus, et baptizari.[25] Sed tamen si quis puerum iudei in agone mortis baptizaret, statim puer ad celum evolaret, si sic moreretur.

Item queritur utrum pueri iudeorum sine baptismo decedentes similes sint pueri christianorum. De hac materia quere supra ser[mo] lxxvii D.[26]

---

[24] Thomas von Aquin antwortete auf eine Frage der Herzogin Aleide von Brabant, vgl. kurz Karl Heinrich Rengstorf u.a. (Hg.): Kirche und Synagoge. Handbuch zur Geschichte von Christen und Juden. Darstellung mit Quellen, Bd. 1, Stuttgart 1968 (München 1988), S. 223f. Thomas von Aquin: De regimine principum ad regem Cypri et De regimine Judaeorum ad ducissam Brabantiae politica opuscula duo [...], hg. v. Joseph Matis, 2. verb. Ausg., Neudr. Turin 1971.

[25] Thomas von Aquin, Summa Theologiae 2-II q. 10a, 10 (DThA Bd. 15). Dagegen hielt Johannes Duns Scotus die Taufe von jüdischen Kindern auch gegen den Willen ihrer Eltern für erlaubt, begründet mit dem Herrschaftsrecht der Fürsten über die Juden, vgl. Karl Heinrich Rengstorf (wie Anm. 24), S. 219f.

[26] Sermo 76 zum Trinitatisfest: De Trinitate et baptismo.

[3] Ultimo sciendum, quod adhuc hodierno die tanta est invidia iudeorum contra christum et fidem catholicam, quod si auderent et possent, libenter Christum et fidem Christi persequerentur. De quo legitur exemplum tale, quod cum iudei in quadam civitate in die parasceues fecissent imaginem christi ceream et eam cruci clavis affixissent et lancea perforassent apparuit beata virgo conquerens christianis de hoc, quod sustinerent hoc, quod adhuc in urbe illa die iudei filium suum crucifigerent. Christiani autem iudeorum domos penetrantes et eos capientes, invenerunt imaginem crucifixi et eius vulnera cruentata. Quo viso miraculo multi iudei ad fidem christianam sunt conversi.[27]

---

[27] Der angehängte Schlußabschnitt zeigt deutlich die affektive Brisanz der Predigtagitation und das Negativgefälle der Gesamtargumentation, die den anfänglich begründeten Toleranzgedanken durch das Stereotyp der rituell eingeübten aktiven jüdischen Christenfeindschaft schwächt und offenbar selbst den im Exempel erzählten pogromartigen Exzeß billigend in Kauf nimmt.

2. Stephan Fridolin (Franziskaner, gest. 1498):
Lehre für angefochtene und kleinmütige Menschen

(Cgm 4439 Bayerische Staatsbibliothek München)[1]

Ediert von

PETRA SEEGETS

In der wahrscheinlich aus dem Nürnberger Klarissenkonvent stammenden[2], heute in München aufbewahrten Sammelhandschrift cgm 4439 findet sich auf fol 50v-54r ein kurzer an Klosterfrauen gerichteter Text, als dessen Autor die Schreiberin des Codex „vater steffan" nennt.

Dieser nicht näher bezeichnete Geistliche wurde erstmals durch Nikolaus Paulus als der Franziskaner Stephan Fridolin identifiziert[3]. Zwar waren die durch Paulus für die Zuweisung der *Lehre für angefochtene und kleinmütige Menschen* an den observanten Nürnberger Barfüßer vorgebrachten Argumente ebensowenig stichhaltig, wie die daran anknüpfenden Überlegungen Schmidts und Zawarts[4], jedoch führten sie zum richtigen Ergebnis. Legt bereits die Gesamtanlage des frühestens im Jahre 1500 entstandenen Codex 4439 den in Nürnberg tätigen Franziskaner als Verfasser der *Lehre* nahe[5], so belegt ein Vergleich der Inhalte der Traktats mit anderen seiner Texte[6], daß die kleine Seelsorgeschrift von Fridolin verfaßt sein muß.

Stephan Fridolin wurde um 1430 im schwäbischen Winnenden geboren und ist 1460 erstmals durch Quellen belegt. Zunächst als Prediger an der Bamberger Pfarrkirche „Unsere Liebe Frau" tätig, übernahm er ab den siebziger Jahren des 15. Jahrhunderts eine Fülle von Ordensämtern in verschiedenen observanten Klöstern Süddeutschlands und der Schweiz: Für

---

[1] Vgl. MORVAY/GRUBE: Bibliographie, S. 169. Bereits vorliegende, jedoch schwer zugängliche und nicht immer korrekte Edition: Konferenz, S. 367-373.

[2] Vgl. KIST: Klarissenkloster, S. 122, Nr. 20 und: Die deutschen Handschriften, S.128. Siehe auch SEEGETS: Passionstheologie, S. 129.

[3] PAULUS: Franziskaner, S. 467f.

[4] SCHMIDT: Franziskanerprediger, S. 125, und ZAWART: History, S. 344. Zu Paulus', Schmidts und Zawarts Versuchen, die *Lehre* mit Stephan Fridolins Leben und Werk in Verbindung zu bringen vgl. SEEGETS: Passionstheologie, S. 123f.

[5] Vgl. dazu: Die deutschen Handschriften, S. 128-130, und SEEGETS: Passionstheologie, S. 129.

[6] Siehe dazu SEEGETS: Passionstheologie, S. 124-126.

den männlichen Zweig der Franziskanischen Ordensfamilie wirkte er als Magister iuvenum, Professormeister und Lektor in den Konventen Mainz und Nürnberg, sowie durch die Vertretung seiner Mitbrüder auf Provinzkapiteln. Die Tätigkeit als Prediger in Klarissenklöstern bildete spätestens ab 1479 den zweiten Schwerpunkt in Fridolins geistlicher Laufbahn, denn bis zu seinem Tod im Jahre 1498 versorgte er die Schwestern im Baseler Konvent Gnadental (1487–1489) und im Nürnberger Klarakloster (1479–1487 und 1489–1498) regelmäßig mit Andachtsstoff und geistlicher Unterweisung, die in mehreren Predigtzyklen und erbaulichen Texten überliefert wurden[7]. Im Zentrum seines Werkes steht die Beschäftigung mit der Passion Christi, deren geistliche Bedeutung und segensvolle Früchte er Nonnen und in der Welt lebenden Menschen gleichermaßen auf vielfältige Art und Weise nahezubringen sucht[8].

Wie seine umfangreichen Arbeiten zur Passion, so zeigt auch die kleine, vermutlich nach 1479 entstandene *Lehre für angefochtene und kleinmütige Menschen*[9], daß Stephan Fridolin über Fähigkeit und Bereitschaft verfügte, sich mit Themen aus Theologie und Frömmigkeit auseinanderzusetzen, die für breite Kreise seiner klösterlichen und weltlichen Umwelt Bedeutung besaßen. Mit der nur wenige Seiten umfassenden, in der Tradition spätmittelalterlicher Anfechtungsliteratur[10] verfaßten *Lehre* wendet er sich an Klosterfrauen, deren Gewissen durch Erwählungssorgen und Zweifel an der eigenen Gnadenwürdigkeit belastet ist. Mit Hilfe eines gestuften Minimalisierungsprogrammes versucht er, die Angst vor der drohenden Hölle zu nehmen, sowie Wege aus der quälenden Selbsterforschung und dem Zwang, die eigene fromme Leistungsfähigkeit zu analysieren, aufzuzeigen. Er lehrt, Anfechtungen durch den Teufel angemessen entgegenzutreten und die Vereinigung des eigenen Willens mit dem Willen Gottes anzustreben, um auf diese Weise den Himmel zu erlangen.

Text

[50v][11] Dise noch volgende ler hat gethu(n) d(er) andechtig vater steffan vnd gehor zu angefochte(n) vnd klein mutige(n) mensche(n).

---

[7] Zu Fridolins Biographie vgl. ebd., S. 24–55. Zu seinen an Klosterfrauen gerichteten Werken siehe ebd., S. 57–141.

[8] Siehe ebd., S. 169–285.

[9] Zum Zeitraum der Abfassung vgl. ebd., S. 127.

[10] Zum Problem der Anfechtung und ihrer theologischen Bearbeitung während des Spätmittelalters vgl. z.B. Appel: Anfechtung, Werbeck: scrupulositas und Grosse: Heilsgewißheit.

[11] Zeichenerklärung und Zitationsschlüssel:
  [...] Erläuternde und ergänzende Hinzufügungen der Herausgeberin.
  (...) Auflösung von frühneuhochdeutschen Kürzeln.
  Die Interpunktion wurde behutsam durch die Herausgeberin modernisiert.
  Psalmzitate folgen der Zählung der Vulgata.

Item wen(n) dich dunckt, du habst diß vnd daz vn(d) kein gut vnd tugent nit: Daz kumpt auß groser begird, die du zu de(m) gute(n) hast, dez du nit ersetigt magst werden; daz ist recht.

Ite(m) wen(n) dich dunckt, dei(n) v(er)ganges leben so poß sein vnd allez, daz du tust, so vnrecht: daz kumpt auß de(m) mißfalle(n), daz du von de(n) sunde(n) hast; daz ist gut.

Ite(m) [wenn dich dünkt,] du habst nit genu(n)ck gelawbens: Daz ist ein zeichen, daz du so groß heltest vo(n) de(m) gelawbe(n), Daz dich vo(r) rechte(r) [51r] andacht vnd größ dez gelawbe(n)s Allez daz zu wenig du(n)ckt, wie du gelawbst; daz ist auch pillich.

Ite(m) so dich dunckt, du mugst nit wolle(n), waz got will: Daz ist nit war; daz merck do pey, Daz du begerst ode(r) gern wolst, daz du nichcz and(er)s mochst wolle(n), den(n) daz got will. Daz ist ein zaiche(n), daz du allei(n) nach der sindugkeit[12] fleuchst de(n) wille(n) gotez, d(er) dir swer ist zu leide(n), Aber nach d(er) v(er)nu(n)ft erwelstu jn; daz ist genu(n)ck.

Ite(m) dich tunckt, du habst nit rew genu(n)ck, dar vmb hab daz sacrame(n)t d(er) peinte(n)[cz][13] nit kraft an dir: Daz kumpt dar auß, daz du so groß scheczt die sund, die wid(er) got gescheche(n), daz du deinen halbe(n) nymer mer genwnck dar fur magst thun. Dise bekantnus ist auch pillich vnd recht.

Item kaum ein grosere leichteru(n)g magstu habe(n), den(n) daz du wid(er) die vnorde(n)liche(n) swermutigkeit ein gerings gemut nemst vnd mit gute(m) mut dich gancz dar ein ergebst. dar vmb: so oft es dir ein felt, es sey geschehe(n), du must jn die hell vnd do diß vn(d) daz leide(n), So gedenck od(er) sprich mit de(n) worte(n): „Woll an es ist gar gut. sol ich jn die hell farn, so wil ich es wiliglich thu(n), als fern daz du es, lieber herr, ordenst zu deine(r) err, vnd alle die grose(n) pein, die ich jme(r) vnd ewiglich jn d(er) hell sol leide(n): So beger ich, daz sy dir dynen zu grose(r) ewiger glori. O herr, mei(n) got vn(d) mei(n) schoper[14]: jch pin daz werck deine(r) hent[15]. jch pin ei(n) arms [51v] [vürmlein. du hast][16] mich geschafe(n) zu deine(r) glori[17]; jch pit dich, daz du mich auch wolst prauche(n) zu deine(r) glo(r)i. Es sey jn d(er) se- ligkeit od(er) jn d(er) v(er)damn(u)s: Laß dir es, lieb[er] herr, dine(n) zu deine(m) grose(n) lob; jch beger nach deine(r) gl(or)i jn deine(n) gewalt sein. Dar vmb so trost jch mich dez, daz ich waiß, daz ich nymer so weit vo(n) dir gefert mag werde(n), jch beleib den(n)och alweg jn deine(n) gewalt vnd jn deine(r) fursichtigkeit; jch mag nit so verr von dir schaide(n), daz jch dir mug entrine(n). Wan(n) 'sy asce(r)de jn celu(m)': jst es, daz ich auf steig jn de(n) hi-

---

[12] Eventuell verschrieben für „Sinnlichkeit", vgl. oben, S. 123 Anm. 43.

[13] Bußsakrament.

[14] Schöpfer.

[15] Vgl. Ps 118, 73: Manus tuae fecerunt me.

[16] Ergänzung nach: Konferenz, S. 369. Vgl. auch unten, Anm. 35.

[17] Vgl. Jes 43, 7: [...] et omnem qui invocat nomen meum in gloriam meam creavi eum et formavi eum et feci eum.

mel, so pistu do. steig jch jn die hell, so pistu aber[18] do[19]. Dar vmb frew ich
mich, so jch schun v(er)dampt pin, daz du den [n]och[20] mei(n) herr pist.
Wan(n) du pist auch ein herr alle(r) pose(n) gaist vnd alle(r) verdampten. O
lieber herr, jch pin dei(n) arme creatur; du magst mit mir thu(n), wie es dir wol
gefelt. wiltu, daz ich sey ei(n) faß deinez zor(n)s[21], so seistu ewiglich gelobt.
Wan(n) auch dein zorn so kosper ist, daz ich nit wirdig pin, den zu leide(n). Du
hast fil leut, die zu dir begere(n) jn daz himelreich. Du must auch leut habe(n),
die vmb deine(n) wille(n) leide(n). sol ich groslich gepeinigt werde(n), So sol
es dir diene(n) zu hohe(n) eren. jch wil dir den(n)och ewiglich dancke(n), daz
du mich geschafe(n) host dar zu, daz jch v(m)b deine(n) wile(n) leide(n) sol.
Wan(n) so ich nit wer, [52r] so kunt ich dir nit zu ere(n) leide(n). Ich beger je[22]
entlich[23], daz allez, daz mir geschicht – es tu mir wol od(er) we – dir dyn[24] zu
hoche(r) glori; vnd ob ich diser ding nit also begern mag, so wil ich doch, die
weil ich de(n) gaist hab, alzeit begern, daz ich sein noch tawse(n)t mal mer begern mocht. Wan(n) ich waiß wol: ob ich schon all mein lebtag vnd ewiglich
jn dise(n) leide(n) solt sein, als ich den wol wert pin vnd wol v(er)schult hab,
So magstu mich doch an meine(n) lecze(n) zeite(n) dar auß erlosen; vnd[25] es
dar zu kom – do dein erpermt vor sey – daz die zeit kom, jn d(er) ich von dir
scheide(n) must, daz ich den(n) furpaß nit mer v(er)mocht, dich zu lobe(n): So
will ich dich doch die weil loben, Als vil ich mag vnd mer, den(n) ich mag vnd
wil a[uch], daz dar nach jmer vnd ewiglich all mei(n) groß leide(n) vnd ewige
pein dir ein angenem opfer vnd ein hochs lob sey vnd als ein suser rawch[26] vor
de(m) angesicht deine(r) hochwirdigkeit, vnd recht als man hie auf zunt ein
wachß kercze(n), die do pri(n)t zu bedewte(n) dein maigestatliche groß tetig-
keit. Also sol ich v(er)dampt werde(n), so beger ich, daz mein sel vnd leib
ewiglich prin dir zu eine(m) angezunte(n) opfer vnd zu eine(r) lobliche(n)
erzeigu(n)g deine(r) gerechten vrteil."
   Wenn du also vil du kanst un(d) magst, diß willig ergebe(n) dick[27] jn dei-
ne(n) wille(n) seczt vnd gedencktst [sic], od(er) magstu es nit gedencke(n),
daz du es [52v] den(n) newr mit den worte(n) sprechst, vnd dich nit be-

---

[18] ebenfalls.

[19] Ps 138, 8: Si ascendero in caelum ibi es tu, si iacuero in inferno ades.

[20] Konferenz, S. 369: doch.

[21] Vgl. Röm 9, 22f: [...] quod si volens Deus ostendere iram et notam facere potentiam
suam, sustinuit in multa patientia vasa irae aptata in interitum, ut ostenderet divitias gloriae
suae in vasa misericordiae, quae praeparavit in gloriam [...].

[22] jedenfalls.

[23] ein für allemal.

[24] diene.

[25] Randkorrektur zu diesem Wort nicht lesbar. Laut Konferenz, S. 371: ob [= falls].

[26] Vgl. Ps 140, 2: [...] dirigatur oratio mea sicut incensum in conspectu tuo, elevatio
manuum mearum sacrificum vespertinum. Vgl. auch Apk 14, 11: [...] et fumus tormento-
rum eorum in saecula saeculorum ascendit [...]. Zum Brandopfer vgl. Lev 1, 17 (u.ö.): [...]
holocaustum est et oblatio suavissimi odoris Domino.

[27] oft.

trubst, waz dir v(er)zweifelte(r) gedancke(n) ei(n) falle(n), Sund(er) neur [?]
jme(r) dar[28] auf wartest, wen sy kume(n), Daz du den(n) de(m) teufel ant-
wurst mit gute(m) mut, als ob du d(er) pein nit achtest: „wil es got habe(n),
daz ich v(er)dampt sey, So wil jch es auch. Es sol jm diene(n) zu hoche(r)
ewig(er) gl(or)i vn(d) err."

Wenn du den(n) diß dick vnd vil thu(n) wirst, ja auch newr mit de(n)
worte(n) sprichst, So sind die wort gewißlich nit v(er)lorn; sy springe(n)
hinte(n) nach auß de(m) mund jn das hercz. Der tewfel wirt es nit muge(n)
leide(n). Es wirt jm so zorn tun, So du die glori vnd ere gotez oft nenst, daz
er wirt gedencken: „Auß an galge(n)![29] daz dich diß vnd genß an gee; jch
het gemei(n)t, du solst got lestern von forcht wege(n) der pein. So lobstu
nwn erst got! Dar zu[30] jch muß leuterlich[31] dar vo(n) lase(n). Wan(n) je mer
ich dir vrsach gib, got zu schelte(n), je mer du jn lobst vnd erst."

Ite(m) wen(n) du dich oft got also ergibst, so ist es seiner entlose(n) gutig-
keit vnmuglich, daz er dich mug v(er)dam(m)en. Und ob es schu(n) wer, daz
du jn die hell komst: So du dich for[32] jn solcher lieb gotz jn seine(n) wille(n)
zu seine(r) glory wiliglich jn die pein ergeben hest, So wer es vnmuglich, daz
dir die pein d(er) hell we tet. Wan(n) sie newr den v(er)dampte(n) so vil we
thut, so vil sy wid(er) de(n) wille(n) gotez strebe(n) vnd d(er) pey(n) nit
wolle(n). Wen(n) du aber dich also v(e)rwiglligst [sic], Daz du mit dem [53r]
willen gotez lieber jn d(er) hell, den(n) an[33] seine(n) wille(n) jn de(m) himel
wilt sein, So hat kein pein statt jn dir, Sund(er) die hell wirt dir jn daz himelreich v(er)wandelt[34].

Ite(m) wen(n) du betrubt wirst, so du die sweste(r) frum od(er) frolich
sichst, so gedenck: „O lieber herr, jch pin ein arms vn(n)ucz burmlei(n)[35].
Aber fur daz wolt ich nit sein d(er) hochst engel. Jch wil sein, wie du mich
gemacht hast vnd nit anders; pin ich fast[36] ellend, sundig vnd arm, So hastu
dester mer sach, dei(n) grosmechtigkeit mit erparme(n) an mir zu erzaige(n)."

Ite(m) wen(n) du ander leut vil gucz sichst thu(n), daz du nit v(er)magst,
So gun es jn wol vn(d) danck got dar vmb, daz er jn daz hat gebe(n) vn(d)

---

[28] Ursprünglich: dar jme(r). Nachträglich durch Doppelstriche in „jme(r) dar" geändert.

[29] Dieser Ausruf stellt eine Verwünschung dar. Vgl. GRIMM: Wörterbuch IV / I, 1, Sp.
1169f.

[30] Deshalb.

[31] völlig.

[32] vorher, zu Lebzeiten.

[33] ohne.

[34] Ausgangspunkt dieses Gedankens ist vielleicht Ps 138, 11f: Si dixero forte tenebrae
operient me nox quoque lux erit circa me, nec tenebrae habent tenebras apud te, et nox
quasi dies lucet similes sunt tenebrae et lux.

[35] Würmlein. Vgl. Hi 25, 6: [...] quanto magis homo putredo et filius hominis vermis.
Vgl. auch Ps 21, 7: [...] ego autem sum vermis et non homo obprobrium hominum et
dispectio plebis.

[36] sehr.

sprich: „O herr, nym mei(n) leide(n) fur alle gute werck. Du weist doch wol
die angst meins hercze(n); die ker alle zu deiner ere."

Ite(m) daz dich tunckt, du habst allei(n) vo(n) forcht wege(n) de(r) hell
rew vmb dei(n) sund vnd nit vo(n) lieb wege(n): Merck do pey, daz es nit
wor ist; so dir einfelt ein gedanck wider got, pald ee du gedenckst an die hell
od(er) an daz vrteil d(er) sund(er), So erschrickstu vnd hast eine(n) grauen
vor d(er) sund. Daz ist ein zaiche(n), daz ein guter grunt jn dir ist; de(nn) daz
arg wider zein[37] ist gotes halb vnd nit allei(n) der hell halb. Also entspringt
alle dei(n) anfechtu(n)g auß eine(m) gute(n) grunt; wer dei(n) grunt nit gut,
Der mangel dez [53v] gute(n) vnd die enpfindu(n)g dez arge(n) tet dir nit als
wee. Allein macht dir als[38] angst, daz du nit erkenst, was gucz du jn dir hast;
dar auß die anfechtu(n)g kumpt, Daz dir got ein zeit v(er)pirgt, daz er dir es
dar nach mit grosere(r) frewde(n) mug zeige(n)[39]; alhie zwische(n) so must
du gelawbe(n) de(n), die auß d(er) geschrift vnd auß erfarvng jrselbs vnd
and(er) leut paß wisen, den(n) du selbe(r), was jn dir ist. Dar vmb soltu
gelaube(n). wan(n) du pist nit d(er) erst, so pistu es auch nit allei(n).

Got gibt dir daz leide(n) zu eine(m) feg fewr vnd zu eine(m) zeichen groser lieb, daz er dich hie stroft, daz er dein dort mug schune(n)[40]; vnd jn
dise(n) leide(n) darfstu[41] nit mer, den(n) daz du folgst den leute(n), die es
verstien. Item vor alle(n) dinge(n) hut dich, daz du dir nit selbs sund machst!
laß dich and(er) weiser lewt vrteile(n); wa(n) du pist jeczund v(er)plent und
v(er)wickelt, daz du dir nit selber weiß genu(n)ck pist; wan(n) got fodert nit
mer vo(n) vnß, dan wir v(er)muge(n);

dar vmb: ob du schon ein dinck thest, daz vo(n) aige(n) geschlet[42] tod
sund wer: zu de(m) wurstu gezwunge(n), daz du es must thu(n). So tar ich
spreche(n), daz es dir kein todt sund wer. Wan(n) die sund muß so wilig sein,
daz augustin(u)s spricht: „ist sy nit wilig, so ist sy kein todt sund."[43] Es gilt
nit, do du ein weilt vnd ein weil nit, sund(er) es muß ein ganczer [54r]
volkumer will do sein.

---

[37] dieses starke dem Bösen Entgegengesetzt-Sein. Anders jedoch Konferenz, S. 372:
daz arg wider zem. Erläuterung des Editors: denn dieses Erschrecken.

[38] so.

[39] Vgl. Röm 8, 18: Existimo enim, quod non sunt condignae passiones huius temporis
ad futuram gloriam, quae revelabitur in nobis.

[40] Hier wird die mittelalterliche Formel „Deus, qui nullum peccatum impunitum di-
mittit" durch eine Theologie gedanklich weitergeführt, die das Handeln des gerechten
Richters durch die Barmherzigkeit des gütigen Vaters umschlossen sieht. Zur Formel
„Deus, qui nullum peccatum impunitum dimittit" vgl. ANGENENDT: Deus, S. 151–156.

[41] bedarfst du.

[42] an sich. Vgl. GRIMM: Wörterbuch IV / I, 2, Sp. 3903-3911 und Konferenz, S. 373.

[43] Vgl. AUGUSTINUS: Retractationes I, 13, 5 (PL 32, Sp. 603 / CChr. SL 57, S. 38).

Item hut dich auch, daz du als vil du kanst, d(er) anfechtu(n)g nit nach gedenckst, noch fantasierst, oder fur sorgst auf zukunftige ding; befilch es got de(m) herre(n)[44] vn(d) ergib dich gancz jn sein milt hend, Daz er es mit dir schaf zu seiner glori jn zeit vnd jn ewigkeit.

Literaturverzeichnis

(Abkürzungen folgen dem Abkürzungsverzeichnis der TRE)

ANGENENDT, ARNOLD: *Deus,* qui nullum peccatum impunitum dimittit. Ein „Grundsatz" der mittelalterlichen Bußgeschichte, in: Und dennoch ist von Gott zu reden. FS für Herbert Vorgrimler, hg. v. Matthias Lutz-Bachmann, Freiburg i.Br./Basel/Wien 1994, S. 142–156.

APPEL, HELMUT: *Anfechtung* und Trost im Spätmittelalter und bei Luther, Leipzig 1938.

Corpus Christianorum. Series Latina, Turnhout 1954ff (*CChr. SL*).

Die deutschen Handschriften der Bayerischen Staatsbibliothek München. Die mittelalterlichen Handschriften aus Cgm 4001–5247, neu beschrieben von Karin Schneider, Wiesbaden 1996.

GRIMM, JAKOB und WILHELM: Deutsches *Wörterbuch,* 16 Bde., Leipzig 1854–1954.

GROSSE, SVEN: *Heilsgewißheit* und Scrupulositas im späten Mittelalter. Studien zu Johannes Gerson und Gattungen der Frömmigkeitstheologie seiner Zeit, Tübingen 1994.

KIST, JOHANNES: Das *Klarissenkloster* in Nürnberg bis zum Beginn des 16. Jahrhunderts, Nürnberg 1929.

Eine *Konferenz* des Mystikers Stephan Fridolin bei den Nürnberger Klarissen. Erste Veröffentlichung eines alten Textes, hg. v. Ottokar Bonmann, in: An heiligen Quellen 29 (1936), S. 367–373.

MORVAY, KARIN und GRUBE, DAGMAR: *Bibliographie* der deutschen Predigt des Mittelalters. Veröffentlichte Predigten, hg. v. der Forschungsstelle für deutsche Prosa des Mittelalters am Seminar für deutsche Philologie der Universität Würzburg unter Leitung von Kurt Ruh, München 1974.

Patrologiae Cursus Completus. Series Latina. Accurante Jacques-Paul Migne, Paris 1878ff (*PL*).

PAULUS, NIKOLAUS: Der *Franziskaner* Stephan Fridolin. Ein Nürnberger Prediger des ausgehenden Mittelalters, in: HPBl 113 (1894), S. 465–483.

SCHMIDT, ULRICH: P. Stephan Fridolin. Ein *Franziskanerprediger* des ausgehenden Mittelalters, München 1911 (= VKHSM, 3. R. 11).

SEEGETS, PETRA: *Passionstheologie* und Passionsfrömmigkeit im ausgehenden Mittelalter. Der Nürnberger Franziskaner Stephan Fridolin (gest. 1498) zwischen Kloster und Stadt, Tübingen 1998 (= SuR, NR 10).

WERBECK, WILFRID: *Voraussetzungen* und Wesen der scrupulositas im Spätmittelalter, in: ZThK 68 (1971), S. 327–350.

ZAWART, ANSCAR: The *History* of Franciscan Preaching and of Franciscan Preachers (1209–1927), in: FrS 7 (1928), S. 241–596.

---

[44] Vgl. Ps 36, 5: […] volve super dominum viam tuam et confide in eo et ipse faciet […].

Die Autorinnen und Autoren des Bandes

Prof. Dr. CHRISTOPH BURGER
Vrije Universiteit Amsterdam, Faculteit der Godgeleerdheid,
De Boelelaan 1105, NL-1081 HV Amsterdam

Prof. Dr. BERNDT HAMM
Universität Erlangen-Nürnberg, Theologische Fakultät,
Institut für Kirchengeschichte, Kochstr. 6, 91054 Erlangen

Prof. Dr. HANS-MARTIN KIRN
Theologische Universiteit Kampen (NL) Koornmarkt; Privatadresse:
Lange Furche 52, 72072 Tübingen

Dr. THOMAS LENTES
Universität Münster, VW-Nachwuchsgruppe „Kulturgeschichte und
Theologie des Bildes", Hüfferstr. 27, 48149 Münster

Dr. EVA SCHLOTHEUBER
Technische Universität Braunschweig, Historisches Seminar,
Schleinitzstr. 13, 38106 Braunschweig

Dr. PETRA SEEGETS
Universität Erlangen-Nürnberg, Theologische Fakultät,
Institut für Kirchengeschichte, Kochstr. 6, 91054 Erlangen

Personenregister

Das Personenregister erfasst die in Text und Anmerkungen genannten Personen sowie die modernen Autorinnen und Autoren mit Ausnahme von Festschriftempfängern, Herausgebern von Sammelbänden und Editoren von Quellentexten. Befindet sich das Stichwort nur in den Anmerkungen, wird dies durch ein A hinter der entsprechenden Seitenangabe angezeigt.

Sachregister

Spätmittelalter und Reformation. Neue Reihe

begründet von Heiko A. Oberman

herausgegeben von Berndt Hamm
in Verbindung mit Johannes Helmrath,
Jürgen Miethke und Heinz Schilling

Band 9
Ulrich Hinz
Die Brüder vom Gemeinsamen Leben im Jahrhundert der Reformation
Das Münstersche Kolloquium
1997. XII, 357 Seiten. Leinen.

Band 10
Petra Seegets
Passionstheologie und Passionsfrömmigkeit im ausgehenden Mittelalter
Der Nürnberger Franziskaner Stephan Fridolin (gest. 1498) zwischen Kloster und Stadt
1998. X, 388 Seiten. Leinen.

Band 11
Gerhard Faix
Gabriel Biel und die Brüder vom gemeinsamen Leben
Quellen und Untersuchungen zu Verfassung und Selbstverständnis des oberdeutschen
Generalkapitels
1999. XI, 423 Seiten. Leinen.

Band 12
Sabine Vogel
Kulturtransfer in der frühen Neuzeit
Die Vorworte der Lyoner Drucke des 16. Jahrhunderts
1999. IX, 318 Seiten. Leinen.

Band 13
Ute Lotz-Heumann
Die doppelte Konfessionalisierung in Irland
Konflikt und Koexistenz im 16. und in der ersten Hälfte des 17. Jahrhunderts
2000. Ca. 510 Seiten. Leinen.

Band 14
Johannes a Lasco (1499–1560) – Polnischer Baron, Humanist und europäischer Reformator
Beiträge zum internationalen Symposium vom 14. bis 17. Oktober 1999 in der Johannes a
Lasco Bibliothek Emden
Herausgegeben von Christoph Strohm
2000. X, 390 Seiten. Leinen.

Band 15
Spätmittelalterliche Frömmigkeit zwischen Ideal und Praxis
Herausgegeben von Berndt Hamm und Thomas Lentes
2000. X, 212 Seiten. Leinen.

Band 16
Jürgen Miethke
De potestate papae
Die päpstliche Amtskompetenz im Widerstreit der politischen Theorie von Thomas von Aquin
bis Wilhelm von Ockham
2000. X, 347 Seiten. Leinen.

Band 17
Jan Ballweg
Konziliare oder päpstliche Reform
Benedikt XII. und die Reformdiskussion im frühen 14. Jahrhundert
2001. XIII, 399 Seiten. Leinen.

Einen Gesamtkatalog erhalten Sie vom Verlag Mohr Siebeck, Postfach 2040, D-72010 Tübingen.
Neueste Informationen im Internet unter http://www.mohr.de